utb 4656

Eine Arbeitsgemeinschaft der Verlage

Böhlau Verlag · Wien · Köln · Weimar
Verlag Barbara Budrich · Opladen · Toronto
facultas · Wien
Wilhelm Fink · Paderborn
Narr Francke Attempto Verlag / expert verlag · Tübingen
Haupt Verlag · Bern
Verlag Julius Klinkhardt · Bad Heilbrunn
Mohr Siebeck · Tübingen
Ernst Reinhardt Verlag · München
Ferdinand Schöningh · Paderborn
transcript Verlag · Bielefeld
Eugen Ulmer Verlag · Stuttgart
UVK Verlag · München
Vandenhoeck & Ruprecht · Göttingen
Waxmann · Münster · New York
wbv Publikation · Bielefeld
Wochenschau Verlag · Frankfurt am Main

Prof. Dr. Uwe Hunger ist Professor für Politikwissenschaft mit dem Schwerpunkt Migration an der Hochschule Fulda und Privatdozent am Institut für Politikwissenschaft der Universität Münster.

PD Dr. Stefan Rother ist wissenschaftlicher Mitarbeiter und Privatdozent am Arnold-Bergstraesser-Institut an der Universität Freiburg.

Uwe Hunger, Stefan Rother

Internationale Migrationspolitik

UVK Verlag · München

Einbandmotiv: © Fotolia, Bild Nr. 88975046, Fotograf: Markus Mainka

Bibliografische Information der Deutschen Nationalbibliothek
Die Deutsche Nationalbibliothek verzeichnet diese Publikation in der Deutschen Nationalbibliografie; detaillierte bibliografische Daten sind im Internet über http://dnb.dnb.de abrufbar.

– ein Unternehmen der Narr Francke Attempto Verlag GmbH + Co. KG
Dischingerweg 5 · D-72070 Tübingen

Internet: www.narr.de
eMail: info@narr.de

Einbandgestaltung: Atelier Reichert, Stuttgart
CPI books GmbH, Leck

utb-Nr. 4656
ISBN 978-3-8252-4656-3 (Print)
ISBN 978-3-8385-4656-8 (ePDF)
ISBN 978-3-8463-4656-3 (ePub)

Inhalt

Vorwort

Das Buch will eine Einführung in zentrale Bereiche der internationalen Migrationspolitik bieten. Es fußt auf den Erfahrungen aus zwei Jahrzehnten Lehrtätigkeit im Bereich der internationalen Migrationsforschung. Es fasst viele Diskussionen zusammen, die wir in unseren Seminaren mit interessierten und engagierten Studierenden geführt haben. Bei der Erstellung haben uns viele ehemalige Studierende geholfen. Besonderer Dank gilt dabei Dr. Stefan Metzger, Dr. Sascha Krannich, Jennifer Grunwald M. A., Manuel Erdmeier M. A., Clara Schick, Julia Seidel, Laura Ettinger, Annalena Kößer, Cara Hamann und Luisa Muhammad, die uns beim Schreiben vieler Kapitel unterstützt haben und ohne deren Hilfe dieses Buch nicht hätte fertiggestellt werden können. Prof. Dr. Dietrich Thränhardt, Dr. Elias Steinhilber, Dr. Mirjam Lücking und Hannah Riede, M. A. haben einzelne Kapitel gelesen und uns auf viele wichtige Punkte hingewiesen. Ihnen allen gilt unser Dank ebenso wie den vielen Studierenden in unseren Seminaren.

Freiburg und Münster im Juli 2020

Uwe Hunger und Stefan Rother

Hinweise zum Buch
Das Buch ist so aufgebaut, dass es innerhalb eines Semesters gut durchgearbeitet werden kann. So kann jede Woche ein Kapitel behandelt werden. Studierende finden am Ende des Kapitels weiterführende Literatur, die sie für die Vor- oder Nachbereitung eines Themas heranziehen können. Ebenfalls angefügte Fragen sollen Seminardiskussionen anregen.

Abkürzungsverzeichnis

AEMR	Allgemeine Erklärung der Menschenrechte
AfD	Alternative für Deutschland
AMCB	Asian Migrants Coordinating Body
AMIF	Asyl-, Migrations- und Integrationsfonds
ASEAN	Association of Southeast Asian Nations
AU	Afrikanische Union
BAMF	Bundesamt für Migration und Flüchtlinge
BIP	Bruttoinlandsprodukt
BRD	Bundesrepublik Deutschland
CDU	Christlich Demokratische Union (Deutschlands)
CEDAW	Convention on the Elimination of All Forms of Discrimination Against Women
COVID-19	Corona Virus Disease 2019
CSU	Christlich-Soziale Union
DDR	Deutsche Demokratische Republik
DIAC	Department of Immigration and Citizenship
ECOWAS	Economic Community of West African States
EG	Europäische Gemeinschaft
EGKS	Europäische Gemeinschaft für Kohle und Stahl
EGMR	Europäischer Gerichtshof für Menschenrechte
EMRK	Europäische Menschenrechtskonvention
EP	Europäisches Parlament
ERRIN	European Return and Reintegration Network
EU	Europäische Union/European Union
EUROSUR	European Border Surveillance System

FIFA	Fédération Internationale de Football Association
FPÖ	Freiheitliche Partei Österreichs
FRONTEX	Frontières extérieures/Europäische Agentur für die operative Zusammenarbeit an den Außengrenzen der Mitgliedstaaten der Europäischen Union
GAATW	Global Alliance Against Traffic in Women
GCIM	Global Commission on International Migration
GFK	Genfer Flüchtlingskonvention
GFMD	Global Forum on Migration and Development
GG	Grundgesetz
GIZ	Gesellschaft für Internationale Zusammenarbeit
GMG	Global Migration Group
GRF	Global Refugee Forum
HLD	High-Level Dialogue
HTA	Home Town Associations
IAMR	International Assembly of Migrants and Refugees
ICEM	Intergovernmental Committee for European Migration
ICPD	International Conference on Population and Development
IDP	Internally displaced persons
IDWF	International Domestic Workers Federation
ILO	International Labour Organization
IMA	International Migrants' Alliance
IME	Instituto de los Mexicanos en el Exterior/Institut für die Mexikaner im Ausland
IMF	International Monetary Fund
IMRF	International Migration Review Forum
IOM	International Organization for Migration
IRC	International Rescue Committee
IRO	International Refugee Organization

IRPA	Immigration and Refugee Protection Act
IS	Islamischer Staat
KPCS	Kimberley Process Certification Scheme
LGBTIQ	Lesbian, Gay, Bisexual, Transgender, Intersex, Queer
MFA	Migrant Forum in Asia
MHub	North Africa Mixed Migration Hub
MINT	Mathematik, Ingenieurwissenschaft, Naturwissenschaften und Technik
MOIA	Ministry of Overseas Indian Affairs
MRI	Migrants Rights International
NAFTA	North American Free Trade Agreement
NATO	North Atlantic Treaty Organization
NEA	New American Economy
NGO	Nichtregierungsorganisation
NNIRR	National Network for Immigrant and Refugee Rights
NPD	Nationaldemokratische Partei Deutschland
OECD	Organization for Economic Co-operation and Development
OFW	Overseas Filipino Workers
OHCHR	United Nations High Commissioner for Human Rights
ÖVP	Österreichische Volkspartei
OXFAM	Oxford Committee for Famine Relief
PANiDMR	Pan African Network in Defense of Migrants' Rights
PCME	Programa para las Comunidades Mexicanas en el Exterior/Programm für die mexikanischen Gemeinschaften im Ausland
PGA	People's Global Action on Migration, Development and Human Rights
PIO	Person of Indian Origin
PNAE	Partnership New American Economy
PRI	Partido Revolucionario Institucional

PSR	Private Sponsorship of Refugees (PSR) program
RCP	Regional Consultative Processes for Migration
SACM	South American Conference on Migration
SAR	(International Convention on Maritime) Search and Rescue
SDGs	Sustainable Development Goals
SEDESOL	Secretaria de Desarrollo Social
SOLAS	(International Convention for the) Safety of Life at Sea
SOLID	Solidarität und Steuerung der Migrationsströme
SPD	Sozialdemokratische Partei Deutschlands
SVR	Sachverständigenrat deutscher Stiftungen für Integration und Migration
TFAMW	Task Force for ASEAN Migrant Workers
UCB	University of California in Berkeley
UN DESA	United Nations Department of Economic and Social Affairs
UN	United Nations
UNCCP	United Nations Conciliation Commission for Palestine
UNCLOS	United Nations Convention on the Law of the Sea / UN-Seerechtsübereinkommen
UNDP	United Nations Development Programme
UNESCO	United Nations Educational, Scientific and Cultural Organization
UNHCR	United Nations High Commissioner for Refugees
UNICEF	United Nations Children's Fund
UNRWA	United Nations Relief and Works Agency for Palestine Refugees in the Near East
US	United States
USA	United States of America
VOICE	Victims of Immigration Crime Engagement
WFP	World Food Programme
WHO	World Health Organisation

WIMN	Women in Migration Network
WM	Weltmeisterschaft
WSA	World Service Authority
WTO	World Trade Organization
ZAV	Zentrale Auslands- und Fachvermittlung

1 Grundbegriffe und aktuelle Trends[1]

Wie viele Menschen migrieren weltweit? Welche Arten von Migration unterscheidet man? Wie wird Migration gemessen? Zählen sog. Binnenmigrant*innen (also Menschen, die innerhalb eines Landes wandern) zu den offiziellen Migrant*innen? Welche Schwierigkeiten gibt es bei der Erfassung offizieller Migrationsstatistiken? Diese und weitere Fragen zu aktuellen Migrationsbewegungen werden in dem Kapitel behandelt.

1.1 Definition internationaler Migration

Migration bedeutet, wörtlich aus dem Lateinischen übersetzt, wandern, von einem Ort zum andern; internationale Migration, von einem Land zum andern. Während Migration so alt ist wie die Menschheit selbst, gibt es internationale Migration seit der Zeit, in der es Länder bzw. Nationalstaaten gibt. Die Herausbildung von Nationalstaaten beginnt mit dem Ende des Dreißigjährigen Krieges im Jahr 1648, als in Europa die „Westfälische Staatenordnung" etabliert wurde, die für die Entstehung von Nationalstaaten grundlegend war. Die Regulierung von Migration gehört seither zu den ureigensten Domänen des Nationalstaates. Wer auf das Territorium eines Staates kommen darf und wer nicht, liegt vor allem in seiner Hand. Nur in einigen Aspekten gibt es internationale Regelungen, die versuchen, festzulegen, unter welchen Voraussetzungen Nationalstaaten möglicherweise auch gegen ihren Willen Menschen aufnehmen müssen und wie sie mit den Menschen, die zu ihnen kommen, umgehen müssen bzw. sollen. Diese Vergemeinschaftung bzw. Internationalisierung von Migrationspolitik ist besonders innerhalb der Europäischen Union weit fortgeschritten. Aber auch hier versuchen einzelne Nationalstaaten möglichst wenig von ihrer Souveränität abzugeben, wie auch der jüngste Streit in der Asylpolitik zeigt. Alle Vereinbarungen, die international gelten und Migration, die mindestens zwei Länder bzw. Nationalstaaten betrifft, regeln sollen, nennt man internationale Migrationspolitik.

1 Unter Mitarbeit von Sascha Krannich und Stefan Metzger.

Aber ab wann ist ein Mensch ein*e internationale*r Migrant*in? Sollen z. B. auch Tourist*innen oder Studierende, die ein Semester im Ausland verbringen, schon als internationale Migrant*innen gelten? Es ist nicht ganz leicht, hierfür eine allgemein gültige Definition zu finden, da auch die Ursachen und Umstände der Migration immer wieder ganz unterschiedlich sein können. Um mit diesen komplexen Fragen pragmatisch umzugehen, haben die Vereinten Nationen (United Nations, UN) 1998 eine einfache Definition vorgeschlagen, an der sich große Teile der Migrationsforschung (Koser 2007; Castles et al. 2014; Martin 2014) sowie internationale Organisationen wie etwa die International Organization for Migration (IOM) orientieren. Danach werden diejenigen Menschen zu internationalen Migrant*innen gezählt, die sich für mindestens ein Jahr außerhalb ihres gewöhnlichen Aufenthaltslandes aufhalten, unabhängig von den Wanderungsgründen (UN 1998, S. 10). Nach dieser Definition sind Binnenmigrant*innen, also Migrant*innen, die innerhalb eines Landes wandern, und temporäre Migrant*innen, die nur für eine kürzere Zeit als zwölf Monate migrieren, ausgeschlossen.

Nationalstaaten und der Westfälische Frieden von 1648

Mit dem Ende des Dreißigjährigen Krieges im Jahr 1648 entstand in Europa die „Westfälische Staatenordnung“, die für die Entstehung von Nationalstaaten grundlegend war. Der Dreißigjährige Krieg von 1618 bis 1648 ist eine Sammelbezeichnung mehrerer Kriege, die überwiegend auf dem Gebiet des Heiligen Römischen Reichs Deutscher Nation ausgetragen wurden und die sowohl Religionskriege als auch ein Konflikt um die Vormachtstellung in Europa waren (für mehr Informationen siehe Wedgwood 2011). Dabei standen sich sowohl habsburgische und französische Truppen als auch Katholiken und Protestanten gegenüber. Gemeinsam mit ihren jeweiligen Verbündeten und Schutzmächten trugen die habsburgischen Mächte Österreich und Spanien ihre Interessenkonflikte mit Frankreich, den Niederlanden, Dänemark und Schweden aus. Im Westfälischen Frieden von 1648, der in Münster und Osnabrück ausgehandelt wurde und der das Ende des Dreißigjährigen Krieges bedeutete, wurde zum ersten Mal eine Staatenordnung etabliert, die auf dem Prinzip der inneren und äußeren Souveränität territorial abgegrenzter, untereinander formal gleichberechtigter Staaten beruht. Der Territorialstaat war grundlegend für die spätere Herausbildung von Nationalstaaten.

Mit der Herausbildung von modernen Territorialstaaten gewinnt die Beziehung zwischen Staat und Staatsangehörigen an Bedeutung. Während der Staat sich zu unterschiedlichen Leistungen wie Sicherheit, Rechtsfrieden oder Wohlfahrt verpflichtet, erwartet er von seinen Staatsbürger*innen Loyalität. Wer in den Genuss dieser Leistungen kommt, wurde letztendlich über die Unterscheidung in Staatsangehörige und Ausländer*innen reguliert (Bommes 1999, S. 122-140).

Allerdings halten sich viele Nationalstaaten nicht an diese Empfehlung und definieren internationale Migrant*innen in ihren Ländern unterschiedlich. So setzen einige Länder die Aufenthaltsdauer deutlich unter einem Jahr an, teilweise werden (wie in den USA) sich irregulär aufhaltende Menschen ohne Aufenthaltstitel offiziell als Migrant*innen erfasst, während dies in den meisten Ländern Europas nicht der Fall ist (Münz 2009). Deutschland führt ein Einwohnermelderegister, was es woanders nicht gibt. Ein weiteres Problem bei der systematischen Erfassung globaler Migration ist, dass nicht alle Staaten ihre Einwanderungsdaten veröffentlichen oder internationalen Organisationen zur Verfügung stellen. Zum Beispiel geben mehrere Staaten am Persischen Golf, wie Katar, keine Daten über die Herkunft ihrer Einwanderer*innen frei, obwohl diese durch ein Visasystem gesammelt werden (Pew Research Center 2013). Andere Staaten wiederum haben aufgrund bürokratischer Überforderung grundsätzliche Defizite bei der Erfassung ihrer Einwanderungszahlen. So basieren viele Zahlen zur internationalen Migration nur auf Schätzungen, weil die Ermittlung registrierter Grenzübertritte teilweise schwierig ist. Auch die unten dargestellten Zahlen und Fakten zur internationalen Migration präsentieren zudem immer nur eine Momentaufnahme.

Probleme der Datenerhebung zur internationalen Migration
Grundsätzlich verschafft die Kategorisierung in einzelne Migrationsformen einen besseren Überblick über die weltweiten Migrationsgeschehnisse. Jedoch wird von den internationalen Organisationen, die die Daten zu den verschiedenen Migrationsformen erfassen (UN, OECD, Weltbank, IOM, ILO etc.), angemerkt, wie schwer es ist, Migrationsbewegungen realitätsnah abzubilden. Die IOM (2015) fordert deswegen, dass Daten zur internationalen Migration noch umfangrei-

cher, systematischer, komparativer und über einen längeren Zeitraum erfasst werden. Bisher gibt es noch keine regelmäßige Datenerfassung von ein und derselben Organisation oder Institution zu allen Migrationsformen weltweit.

Die UN selbst ist dazu übergegangen, als internationale Migrant*innen von nun an alle Menschen zu zählen, die zu einem bestimmten Zeitpunkt in einem anderen Land als ihrem Geburtsland bzw. dem Land, von dem sie die Staatsbürgerschaft besitzen, leben.

1.2 Umfang der globalen Migration heute

Legt man diese Definition zugrunde, gab es im Jahr 2019 rund 272 Millionen internationale Migrant*innen, was ungefähr 3,5 Prozent der Weltbevölkerung entspricht (UN 2019). Zusätzlich gab es noch 763 Millionen Binnenmigrant*innen (IOM 2019a). Insgesamt lebten also über eine Milliarde Menschen bzw. rund ein Siebtel der Weltbevölkerung an einem anderen Ort als ihrem Geburtsort. Die weltweite internationale Migration ist dabei in den letzten 30 Jahren deutlich angestiegen. Zwischen den Jahren 1990 und 2019 stieg sie um rund 77 Prozent und damit um fast 118 Millionen Menschen an. Dies entspricht einem relativen Anstieg von ca. 2,9 auf 3,5 Prozent gemessen an der Weltbevölkerung (UN 2019). Wären alle diese Migrant*innen in ein neues Land eingewandert, dann wäre dies das zwölftgrößte Land der Welt. Hinzu kommen, wie angesprochen, die zahlreichen Binnenmigrant*innen innerhalb der Landesgrenzen, die gerade in großen und bevölkerungsreichen Ländern, wie Indien und China, von großer Bedeutung sind.

Knapp die Hälfte der rund 272 Millionen internationalen Migrant*innen waren Frauen (47,9 Prozent). Das sog. Medianalter, das also die Gesamtgruppe der internationalen Migrant*innen in zwei gleich große Gruppen teilt, lag bei 39 Jahren. Dabei waren drei Viertel der internationalen Migrant*innen im sog. arbeitsfähigen Alter zwischen 20 und 64 Jahren. Zusätzlich waren etwa 38 Millionen unter 20 Jahre und 32 Millionen 65 Jahre und älter (UN 2019). Im Vergleich zu 1990 hat vor allem die Zahl der Migrant*innen im arbeitsfähigen Alter zugenommen. Der Anteil der unter 20-Jährigen nahm dagegen ab (ebd.).

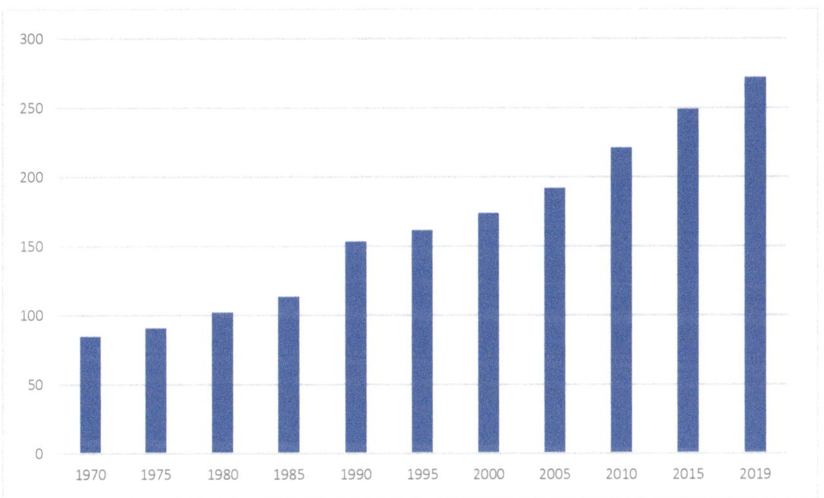

Abbildung 1: Entwicklung der Zahlen internationaler Migrant*innen weltweit (in Millionen)
Quelle: IOM, World Migration Report 2019.

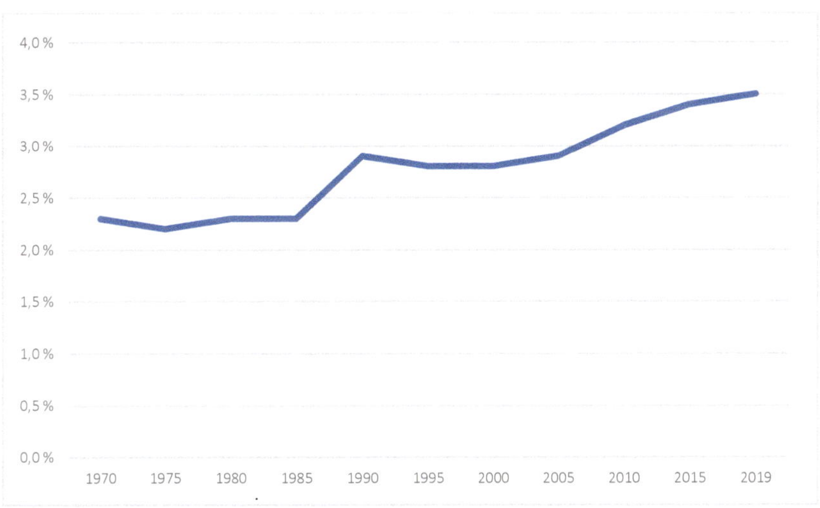

Abbildung 2: Entwicklung des Anteils internationaler Migrant*innen an der Weltbevölkerung (in %)
Quelle: UN, International Migration Report 2019.

Blickt man auf die grobe Verteilung der Migrant*innen auf die Weltregionen zeigt, dass die internationalen Migrant*innen mehrheitlich in den entwickelteren Regionen des Globalen Nordens leben. In absoluten Zahlen ist der Unterschied mit 152 zu knapp 120 Millionen Menschen gar nicht mal so groß. Setzt man die Migrationszahlen aber mit der Zahl der Gesamtbevölkerung ins Verhältnis wird der Unterschied sehr deutlich: Während der Migrant*innenanteil im Globalen Norden im Durchschnitt 12 Prozent beträgt, liegt er im Globalen Süden bei nur 1,9 Prozent. Allerdings ist der Migrationsanteil seit 2005 in den Ländern des Globalen Südens deutlich stärker angewachsen als im Globalen Norden.

Es ist herauszuheben, dass Migration zu einem erheblichen Teil innerhalb von Regionen stattfindet. So verteilt sich die Migration aus Ost- und Südostasien sowie aus Subsahara-Afrika zu fast 80 Prozent auf andere Länder innerhalb der Regionen. Auch findet viel Migration innerhalb der OECD-Länder statt, wie etwa zwischen den Ländern der EU. Blickt man auf die Regionen überschreitenden Migrationsbewegungen, sieht man, dass internationale Migration zudem überwiegend aus Ländern des Globalen Südens in die Länder des Globalen Nordens erfolgt. So war die Nettozuwanderung (also die Differenz zwischen Ein- und Auswanderung) in den Ländern des Globalen Norden aus Ländern des Globalen Südens in der Vergangenheit immer positiv, d. h. es wanderten mehr Menschen aus dem Globalen Süden ein als dorthin aus, während es in den Ländern des Globalen Südens mehr Auswanderer*innen in den Globalen Norden gab als Einwanderer*innen aus dem Globalen Norden. Zwar hat sich der Trend in den letzten zwei Jahrzehnten etwas abgeschwächt. Die Unterschiede sind aber nach wie vor deutlich, und es wird auch weiterhin damit gerechnet, dass diese Wanderungsrichtung bestehen bleibt (UN 2019).

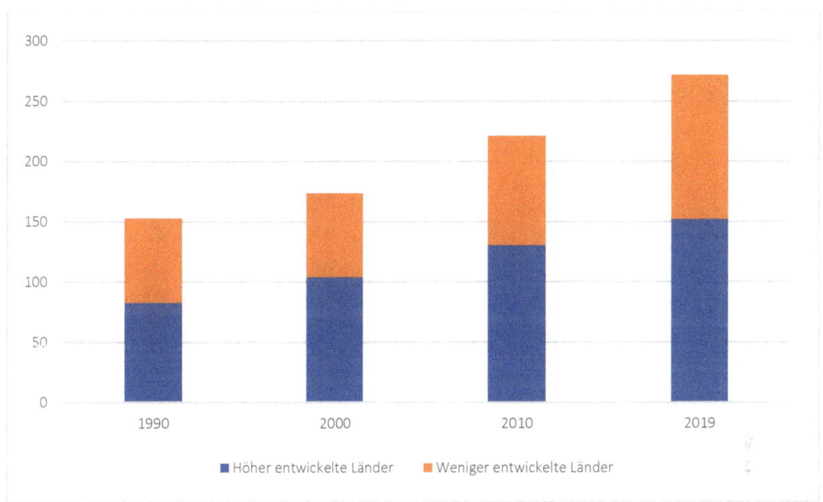

Abbildung 3: Entwicklung der Zahlen internationaler Migrant*innen nach Entwicklungsregionen (in Millionen)
Quelle: UN, International Migration Report 2019.

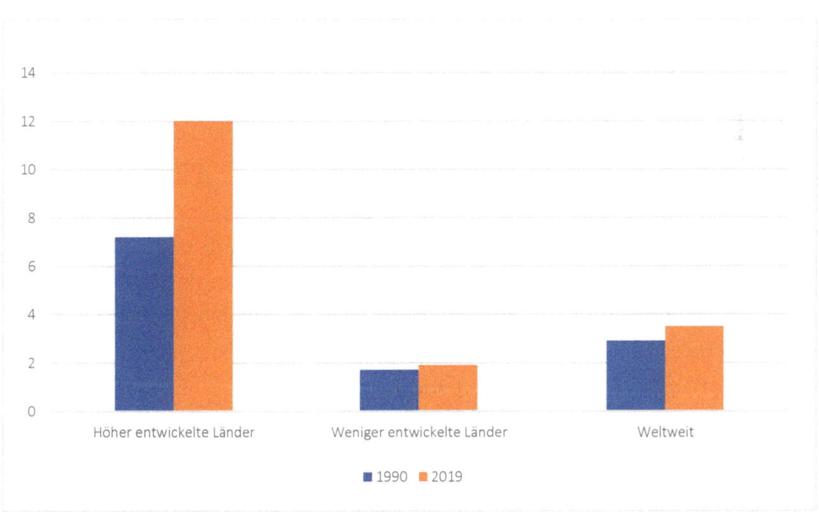

Abbildung 4: Veränderung der Anteile internationaler Migrant*innen an der Gesamtbevölkerung nach Entwicklungsregion (in %)
Quelle: UN, International Migration Report 2019.

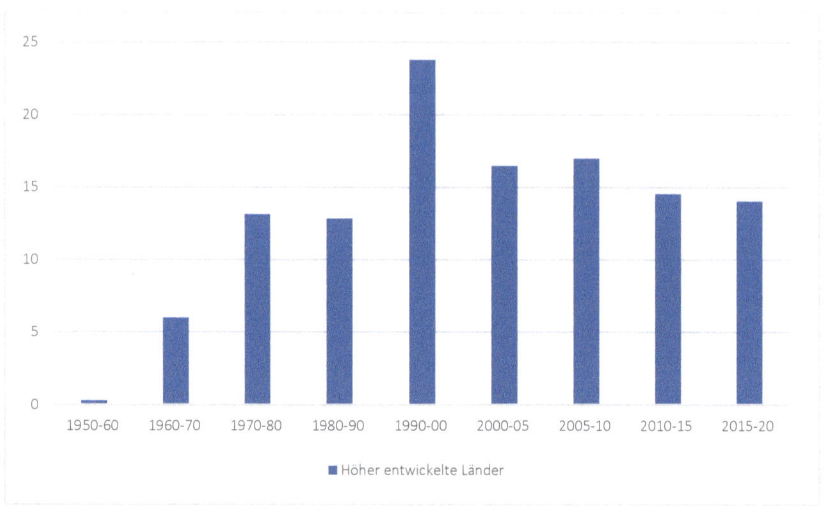

Abbildung 5: Nettomigration aus dem Globalen Süden in den Globalen Norden (in Millionen)
Quelle: UN, International Migration Report 2019.

1.3 Migration in und zwischen einzelnen Weltregionen

Blickt man auf die regionale Verteilung des internationalen Migrationsgeschehens, so sieht man, dass die meisten internationalen Migrant*innen in Europa leben (rund 30 %), gefolgt von Nordamerika (21,6 %) und Nordafrika und Westasien (17,9 %). In absoluten Zahlen ausgedrückt wohnten im Jahr 2019 82 Millionen Migran*innten in Europa, rund 59 Millionen in Nordamerika und rund 49 Millionen in Nordafrika und Westasien (UN 2019). Die nächstmeisten Migrant*innen entfielen auf Subsahara-Afrika (8,7 %, rd. 24 Millionen), Zentralasien und Südasien (7,2 %, rd. 20 Millionen) sowie auf Ost- und Südostasien (6,7 %, rd. 18 Millionen). Lateinamerika und die Karibik (4,3 %, rd. 12 Million) sowie Ozeanien (3,3 %, rd. 9 Millionen) bildeten das Schlusslicht. Dabei ist auffallend, dass in allen Regionen die internationale Migration in den letzten 15 Jahren noch einmal stark zugenommen hat, wobei nur in Nordamerika der Zuwachs geringer ausfiel als im Vergleich zu den Jahren 1990 bis 2005.

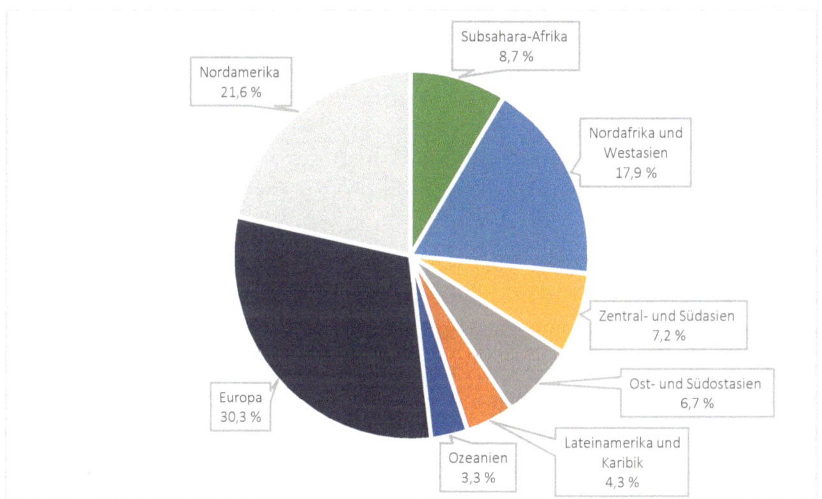

Abbildung 6: Regionale Verteilung der internationalen Migrant*innen 2019
Quelle: UN, International Migration Report 2019.

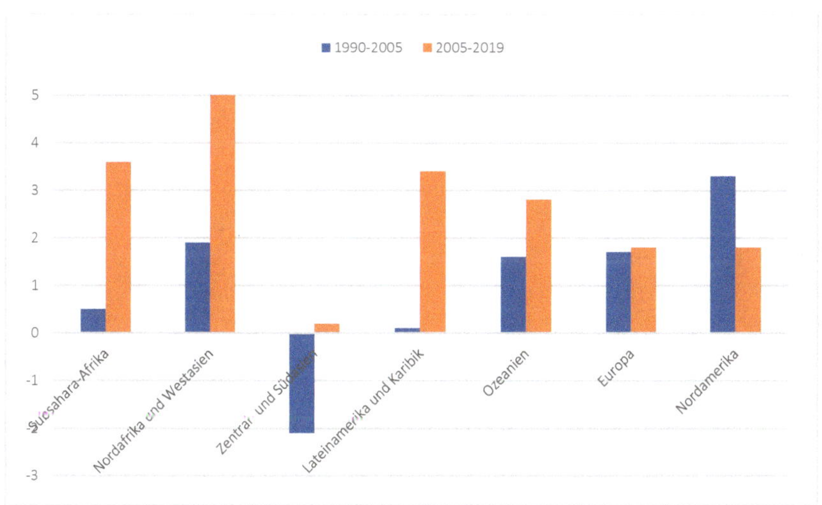

Abbildung 7: Veränderung des Anteils internationaler Migrant*innen in den verschiedenen Weltregionen (in %)
Quelle: UN, International Migration Report 2019.

Gemessen an der Gesamtbevölkerung ist demgegenüber die Migration in Ozeanien, insbesondere Australien, am höchsten. Hier beträgt der Migrant*innenanteil über 21,2 Prozent. Danach folgt Nordamerika mit 16 Prozent. Europa weist 11 Prozent und Nordafrika und Westasien weisen 9,4 Prozent auf. In allen anderen Regionen liegt der Anteil an internationalen Migrant*innen seit den 1990er Jahren unter drei Prozent.

Auffallend ist zudem, dass der Großteil der internationalen Migration überwiegend nicht zwischen, sondern innerhalb der einzelnen Weltregionen stattfindet. So wandert in den allermeisten Regionen jeweils die Mehrheit der internationalen Migrant*innen innerhalb der eigenen Region. In Ost- und Südostasien sowie in Subsahara-Afrika trifft dies auf fast 80 Prozent der Fälle zu. In absoluten Zahlen stellte Europa mit rund 30 Millionen Menschen den größten Wanderungskorridor weltweit dar, (noch vor der Migration aus Lateinamerika und der Karibik nach Nordamerika im Umfang von 26,6 Millionen Menschen). Ausnahmen bilden nur Ozeanien und Nordamerika, wo nur 11,9 (Ozeanien) bzw. 2,3 Prozent (Nordamerika) der Migrant*innen innerhalb ihrer eigenen Region verbleiben. Während Menschen aus Ozeanien vor allem nach Europa wandern, gehen Migrant*innen aus Nordamerika in den meisten Fällen nach Lateinamerika bzw. die Karibik. Hierbei handelt es sich vielfach auch um Rückwanderer*innen.

Betrachtet man wieder die Nettomigration, zeigt sich entsprechend der Darstellung zu den Entwicklungsregionen (Globaler Norden vs. Globaler Süden), dass vor allem Europa, Nordamerika, Ozeanien und seit 2000 auch die Region Nordafrika und Westasien Einwanderungsregionen, während Zentral- und Südasien, Lateinamerika und die Karibik sowie Ost- und Südostasien ebenso wie Subsahara-Afrika Auswanderungsregionen sind, wobei Zentral- und Südasien die größte Auswanderungsregion der Welt darstellen. Hier sind seit 2000 im Jahresdurchschnitt etwa 1,5 Millionen Menschen mehr aus- als eingewandert. Demgegenüber stieg in Europa die Zahl der internationalen Migrant*innen jährlich um etwa eine Million Menschen, wobei allerdings viele der Migrant*innen innerhalb Europas gewandert sind. Interessant ist dabei auch, dass Europa noch bis weit in das 20. Jahrhundert zu den Auswanderungsregionen der Welt gehörte.

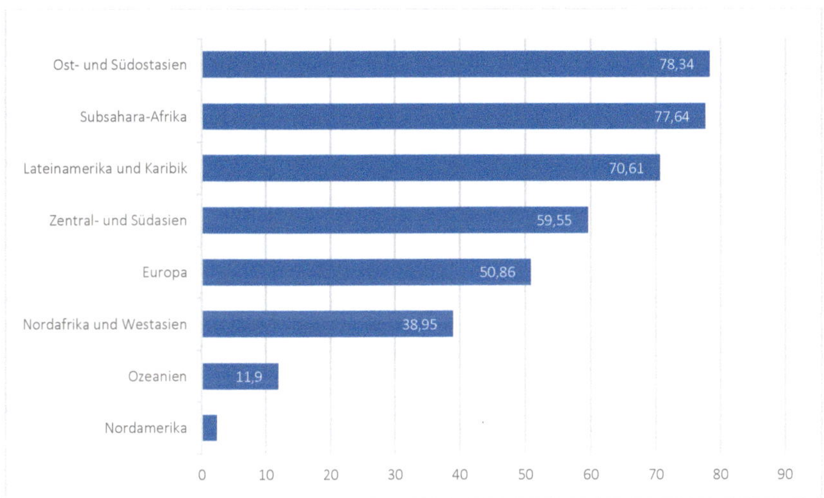

Abbildung 8: Anteile der Migrationen innerhalb der eigenen Region (in %)
Quelle: UN, International Migration Report 2019.

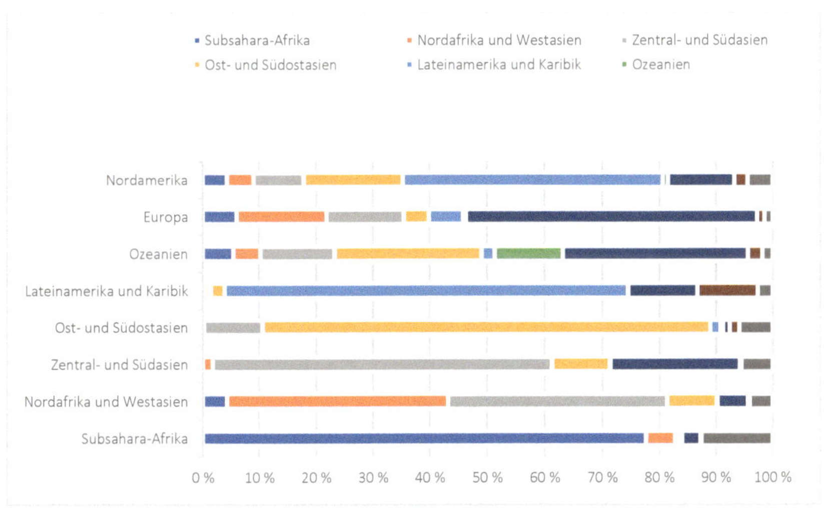

Abbildung 9: Ausgangs- und Zielregionen internationaler Migration
Quelle: UN, International Migration Report 2019.

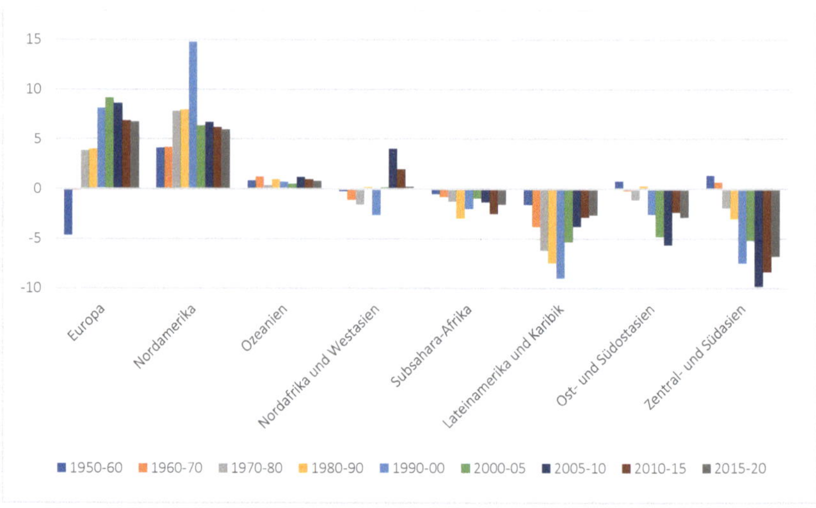

Abbildung 10: Bevölkerungsabnahmen und -zuwächse infolge internationaler Migration in verschiedenen Weltregionen seit 1950 (in Millionen)
Quelle: UN, International Migration Report 2019.

1.4 Migration auf nationalstaatlicher Ebene

Darüber hinaus gibt es auch große Unterschiede innerhalb der Regionen. So gibt es in den meisten Regionen Länder, in denen mehr Menschen ein- als abwandern und umgekehrt. In Europa hatten 2019 z.B. 25 Länder einen positiven Wanderungssaldo und 15 einen negativen. Die größten Empfängerländer waren Russland und Deutschland, während Rumänien und Polen zu den größten Herkunftsländern gehörten (UN 2019). Auch in Nordafrika und Westasien gibt es etwa gleich viel Auswanderungs- und Einwanderungsländer, wie etwa Syrien und der Sudan als Auswanderungs- und die Vereinigten Arabischen Emirate und Saudi-Arabien als Einwanderungsländer, die beide erst nach dem Steigen der Ölpreise zu extremen Zuwanderungsländern wurden. In Subsahara-Afrika gehörten Südafrika, Angola und Sierra Leone zu den Einwanderungs- und Simbabwe und Ghana zu den Auswanderungsländern.

Interessanterweise konzentriert sich die internationale Migration zudem auf wenige Länder. So stammen ein Drittel aller internationalen Migrant*innen aus insgesamt nur zehn Ländern. Umgekehrt beherbergen auch nur zehn Länder mehr als die Hälfte aller Migrant*innen. Zu den größten Auswanderungsländern weltweit gehören aktuell neben Syrien auf Platz 1 die bevölkerungsreichen asiatischen Länder Indien, Bangladesch und China sowie Pakistan, Myanmar, Nepal und die Philippinen. Weitere Hauptherkunftsländer sind die krisengeschüttelten Länder Venezuela und Simbabwe (UN 2019). Auf Seite der Einwanderungsländer stehen in absoluten Zahlen die USA unangefochten auf Platz 1. Allein in den letzten zehn Jahren wanderten netto pro Jahr knapp eine Million Menschen in das Land ein, gefolgt von Deutschland mit 466.000 Nettozuwanderer*innen pro Jahr und der Türkei mit 318.000. Weitere große Zuwanderungsländer sind Russland, Großbritannien, Kanada, Saudi-Arabien, Italien, Südafrika und Australien.

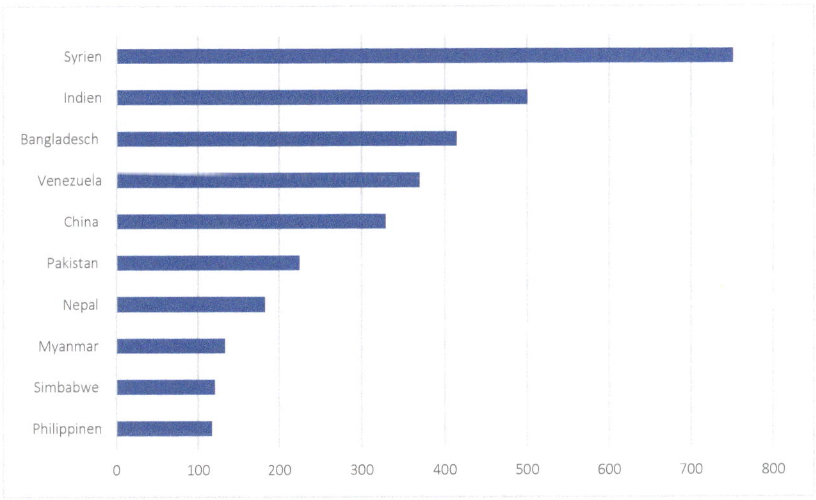

Abbildung 11: Größte Auswanderungsländer 2010-2020 (Nettomigration in Tausend pro Jahr)
Quelle: UN, International Migration Report 2019.

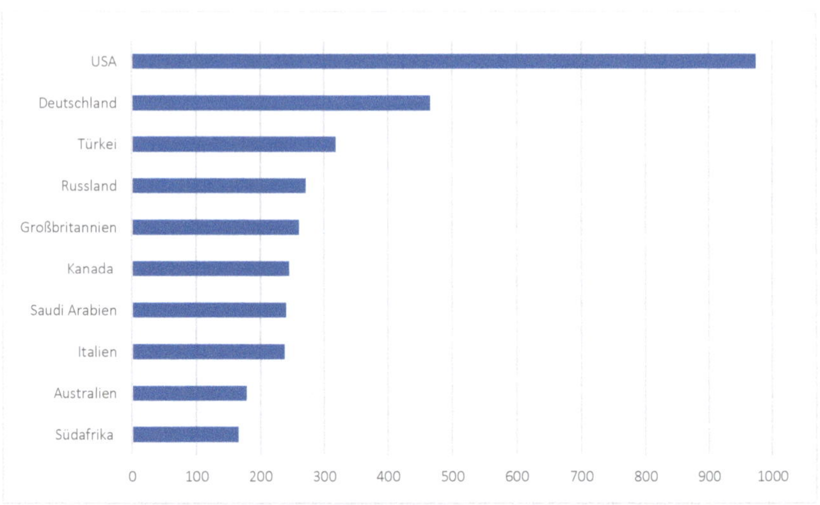

Abbildung 12: Größte Einwanderungsländer 2010-2020 (Nettomigration in Tausend pro Jahr)
Quelle: UN, International Migration Report 2019.

Die größte Migration zwischen zwei Ländern fand dabei in den letzten Jahren zwischen Syrien und der Türkei statt. In dieser Zeit flüchteten im Durchschnitt knapp 500.000 Menschen pro Jahr von Syrien in die Türkei, die meisten von ihnen in den letzten fünf Jahren. Durchschnittlich etwa 125.000 Menschen pro Jahr flüchteten in den letzten zehn Jahren zudem aus Syrien in den Libanon. Weitere bedeutende Migrationskorridore bestanden vom Südsudan nach Uganda, von Venezuela nach Kolumbien und Peru sowie von China und Indien in die USA. Aus Indien wanderten viele Migrant*innen nach Saudi-Arabien und in den Oman. Zudem bestand ein wichtiger Fluchtkorridor zwischen Myanmar und Bangladesch. Interessant ist, dass sich die Migrationskorridore in den letzten dreißig Jahren deutlich verschoben haben. In den zwei vorhergehenden Dekaden war jeweils die Migration von Mexiko in die USA weltweit am bedeutendsten. Inzwischen ist Mexiko selbst zu einem wichtigen Einwanderungsland für Migrant*innen aus dem Süden Lateinamerikas geworden.

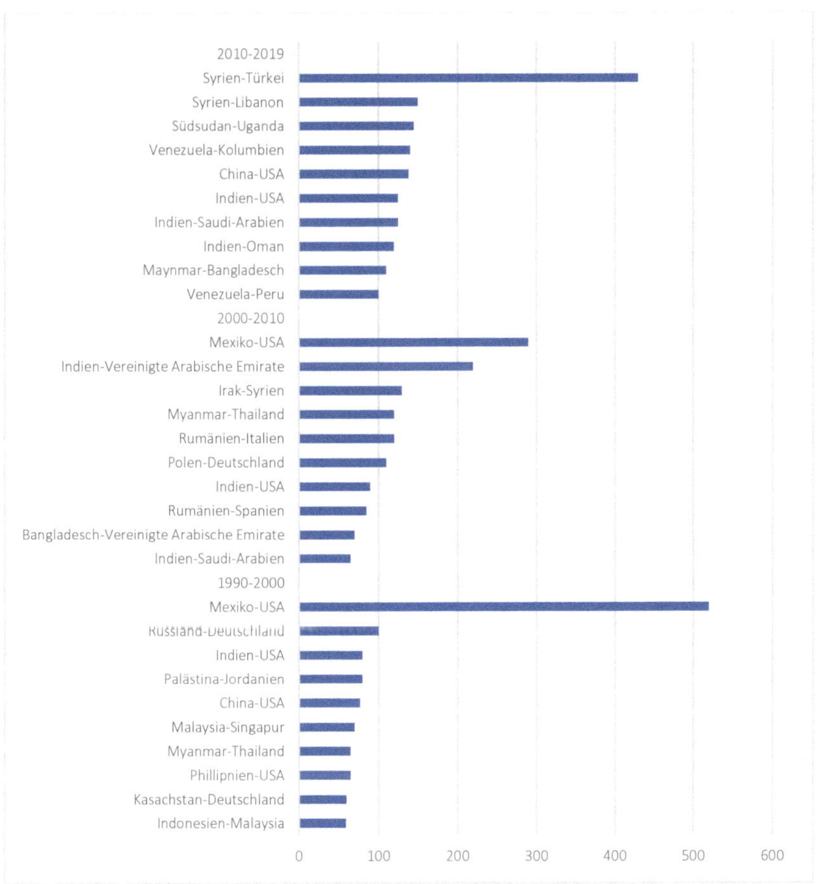

Abbildung 13: Größte Migrationskorridore zwischen zwei Ländern in den Jahren 1990-2000, 2000-2010 und 2010-2019 (durchschnittlicher jährlicher Zuwachs in Tausend)

Quelle: UN, International Migration Report 2019.

1.5 Urbanisierung von Migration

Ein weiterer wichtiger Trend der internationalen Migration besteht in der zunehmenden sog. Urbanisierung von Migration, d. h. dass immer mehr internationale Migration in Städte erfolgt und deshalb vor allem Städte anwachsen und immer mehr zum Dreh- und Angelpunkt der Verarbeitung von Migrationsprozessen werden. So hat die Soziologin Saskia Sassen (1991) die sog. Global-City-Hypothese entwickelt, die besagt, dass die Migrationsbewegungen aus ärmeren Ländern in reiche Länder eng mit der Entstehung globaler Städte verbunden sind. Diese hätten eine große Sogwirkung auf internationale Migrant*innen, die umgekehrt auch die Entwicklung der Städte stark beeinflussten. Globale Städte sind häufig von ihrem direkten regionalen Umfeld losgelöst und nur mit anderen globalen Städten wirklich vergleichbar, etwa in Bezug auf Mietpreise. Beispiele für Global Cities sind London, New York und Los Angeles, aber auch Frankfurt am Main mit seinem global agierenden Finanzsektor (Samers 2010, S. 74, 76).

Nach Daten des internationalen Migrationsdatenportals[2] lebten 2019 bereits 55 Prozent aller internationalen Migrant*innen in Städten, während es 1950 nur etwa 30 Prozent waren. Es wird geschätzt, dass bis 2030 bis zu 60 Prozent der Migrant*innen in Städten leben werden, insbesondere in sog. Megacities, die heute 13 Prozent der gesamten Weltbevölkerung beherbergen (UN 2018). Besonders rasant verläuft dieser Prozess in Asien und Afrika. Hier wird sich der Verstädterungsprozess bis 2050 in Asien um gut 60 Prozent erhöhen und sich in Afrika sogar verdreifachen (Migrationsdatenportal 2020). Insgesamt wird geschätzt, dass rund 20 Prozent der internationalen Migrant*innen in 20 Städten leben: „Peking, Berlin, Brüssel, Buenos Aires, Chicago, Hongkong, London, Los Angeles, Madrid, Moskau, New York, Paris, Seoul, Shanghai, Singapur, Sydney, Tokio, Toronto, Wien und Washington DC" (IOM 2015). Gemessen an dem Gesamtanteil von 3,5 Prozent internationaler Migrant*innen an der Gesamtbevölkerung sind dies sehr hohe Werte. Insbesondere Dubai (83 %), Brüssel (62 %) und Toronto (46 %) stechen weltweit heraus.

Hinzu kommt in fast allen Städten noch die Binnenmigration, die ebenfalls zumeist vom Land in die Städte erfolgt. Dies sorgt für eine weitere Verstädterung der Besiedlungsstrukturen. Dies ist insbesondere, aber nicht nur, in Ländern des Globalen Südens zu beobachten, wo Binnenwanderung die Verstädterung stark beschleunigt. Die am stärksten urbanisierte Region der Welt ist jedoch nach wie vor Nordamerika, wo 82 Prozent der Bevölkerung in Städten leben (ebd.).

---

2 https://migrationdataportal.org.

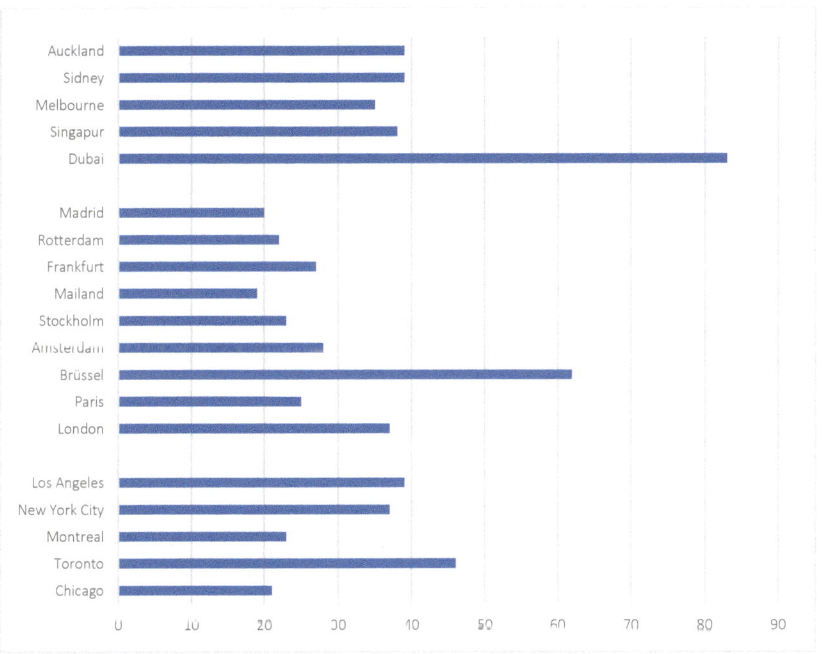

Abbildung 14: Städte mit den größten Anteilen im Ausland geborener Bürger*innen 2019 (in %)
Quelle: Migrationsdatenportal.

1.6 Ausblick: Migration und Demografie

Es wird von der UN angenommen, dass internationale Migration auch in den nächsten Jahren und Jahrzehnten weltweit zunehmen wird. Ein Grund dafür ist die weltweite demografische Entwicklung. So wird geschätzt, dass die Bevölkerungszahlen in den hochentwickelten Ländern des Globalen Nordens stagnieren und teilweise zurückgehen, während sie in den weniger entwickelten Länder des Globalen Südens steigen werden. Allein in Afrika und Asien, wo heute bereits die höchsten Geburtenraten verzeichnet werden, ist abzusehen, dass die Bevölkerung bis 2050 auf fast acht Milliarden Menschen ansteigen wird (UN 2013, S. 16). Dabei werden in den zwei bevölkerungsreichsten Ländern der Welt, China und Indien, jeweils ca. eineinhalb Milliarden Menschen leben, wobei Indien China als bevölkerungsreichstes Land der Welt überholen wird. Nigerias Bevölkerung könnte bis zum Jahr 2050 auf fast eine halbe Milliarde Menschen ansteigen und damit die USA (rund 400 Millionen Einwohner*innen bis 2050) als drittbevölkerungsreichstes Land überholen (UN 2019). Nach der „World Population Clock" der UN, die die Weltbevölkerung sekündlich zählt, leben gegenwärtig fast 7,8 Milliarden Menschen auf der Welt.[3] Im Jahr 1989 waren es noch 5,2 Milliarden. Die UN prognostiziert, dass es im Jahr 2050 rund 9,7 Milliarden Menschen geben wird (UN 2020).

Aufgrund dieser stark wachsenden Bevölkerungszahlen im Globalen Süden und den gleichzeitig stagnierenden Einwohner*innenzahlen – und der damit einhergehenden Verknappung an Arbeitskräften für die alternden Gesellschaften der Länder des Globalen Nordens – wäre es eine logische Folge, wenn die Süd-Nord-Migration in Zukunft weiter zunehmen würde. Sollte dies nicht geschehen, oder die Migration im Globalen Norden sogar zurückgehen, so würde dies unweigerlich in einen Bevölkerungsrückgang in diesen Regionen münden. Die nachfolgende Abbildung verdeutlicht dies am Beispiel eines Null-Nettozuwanderungsszenarios in den verschiedenen Weltregionen. Während die Regionen Ozeanien, Nordamerika und Europa zum Teil deutlich an Bevölkerung verlieren würden, wüchse die Bevölkerung bei ausbleibender Auswanderung in den bisherigen Auswanderungsregionen. Auch das Durchschnittsalter der Bevölkerung würde bei geringer oder ausbleibender Zuwanderung in den Regionen des Globalen Norden deutlich steigen.

Aber auch die Migration in sog. Schwellenländer, die sich weiter entwickeln werden, wird aller Voraussicht nach weiter zunehmen. Hier werden zunehmend hochqualifizierte Arbeitskräfte gesucht, die bereits in hochentwickelten Ländern knapp sind, so dass es um diese Migrant*innengruppe in Zukunft einen großen Wettbewerb geben wird (IOM 2014). Zudem ist von einem Anstieg der Geflüchtetenzahlen auszugehen, der von Konfliktherden und Kriegen, wie im Nahen und Mittleren Osten oder in Teilen Afrikas, noch zusätzlich beschleunigt werden kann. Internationale Organisationen gehen deshalb davon aus, dass die weltweite Migration bis zum Jahr 2050 auf über 400 Millionen ansteigen wird, was dann einem Anteil von über vier Prozent der Gesamtbevölkerung entsprechen würde (IOM 2018).

---

3 Um einen Blick auf die Weltzähluhr zu werfen, siehe www.worldometers.info/world-population/.

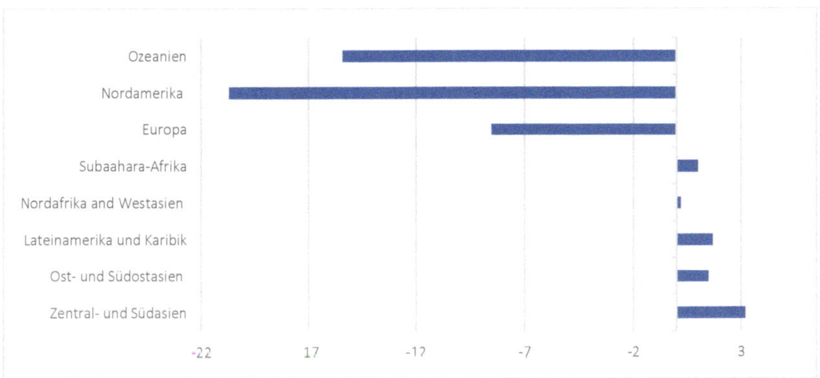

Abbildung 15: Prognostizierte Bevölkerungszuwächse und -abnahmen bis 2070 bei einem Null-Nettozuwanderungsszenario in den verschiedenen Weltregionen (in %)
Quelle: UN, International Migration Report 2019.

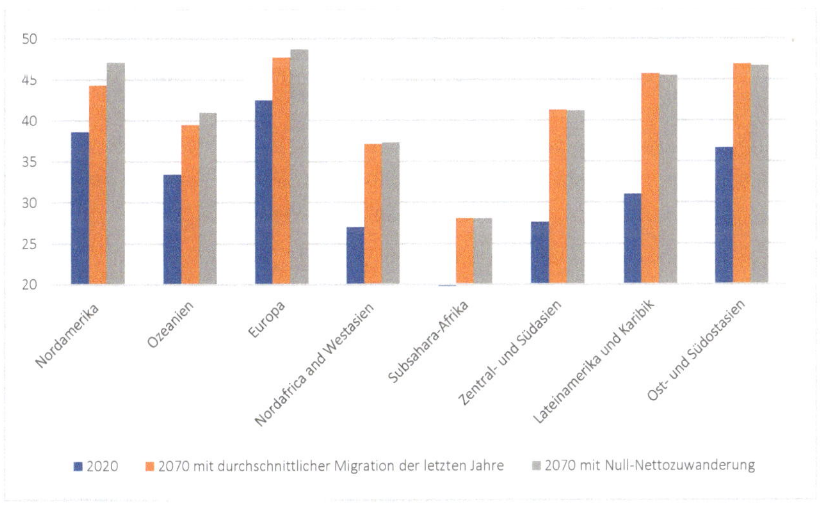

Abbildung 16: Prognostizierte Entwicklung des Durchschnittsalters bis 2070 bei einem durchschnittlichen Nettozuwanderungsszenario der letzten 20 Jahre und einem Null-Nettozuwanderungsszenario in den verschiedenen Weltregionen (in Jahren)
Quelle: UN, International Migration Report 2019.

Weiterführende Fragen und Literatur

Drei Fragen zum Weiterdenken

- Wie könnten sich die weltweiten Migrationsbewegungen in den nächsten Jahren verändern? Wird sich z. B. Asien von einem überwiegenden Auswanderungskontinent zu einem Einwanderungskontinent entwickeln?
- Welche Folgen hat die zunehmende Urbanisierung der Migration? Sollten Städte mehr Mitbestimmungsrecht in der internationalen Migrationspolitik erhalten?
- Welche Rolle spielt der demografische Wandel für das weltweite Migrationsgeschehen in den nächsten Jahrzehnten?

Drei Bücher zum Weiterlesen

UN (2019): International Migration Report 2019. New York.
Zentraler Bericht zum weltweiten Migrationsgeschehen, auf dem dieses Kapitel weitgehend fußt. Diese Quelle eignet sich für eine differenziertere Auseinandersetzung mit Daten zu internationaler Migration. Er umfasst auch Angaben zur aktuellen Migrationspolitik. Der Bericht erscheint jedes Jahr, so dass hier die aktuellsten Daten zu finden sind.

IOM (2019): World Migration Report 2019. New York.
Der Bericht der Internationalen Organisation für Migration der UN bietet noch differenziertere Daten zum weltweiten Migrationsgeschehen. Er wird wie der UN-Bericht jedes Jahr neu aufgelegt.

Jochen Oltmer (2016): Globale Migration. Geschichte und Gegenwart. München: C.H. Beck.
Kompakte Darstellung der globalen Migration in Geschichte und Gegenwart.

Online-Quellen:

https://migrationdataportal.org.
Hier finden sich alle Daten aus den Berichten zum Download und zur weiteren Vertiefung. Es gibt auch Analysen zu einzelnen Aspekten von Migration und Migrationsarten.

2 Migrationstheorien[1]

Warum migrieren Menschen und wie versucht die Politik Migration zu steuern? Während andere sozialwissenschaftliche Disziplinen, wie Soziologie, Geographie und Ethnologie, sich bereits früh mit diesen Fragen beschäftigt haben, kam die Politikwissenschat relativ spät zu diesem Themenfeld. Wie wir sehen werden, bedarf es für eine tiefergehende Analyse von Migration interdisziplinärer Zugänge. Dieses Kapitel gibt einen Überblick über das weite Feld der Migrationstheorien mit Schwerpunkt auf der politischen Dimension.

2.1 Sozialwissenschaftliche Migrationstheorie

Die Anfänge der Migrationstheorien gehen auf den Geografen Ravenstein zurück, der im 19. Jahrhundert erste statistische Untersuchungen zur Binnenmigration in Großbritannien durchführte. Er wertete dafür Daten zu Binnenwanderungen auf Basis der Zensuserhebungen zwischen 1871 und 1881 aus. Dabei kam er zu verschiedenen Ergebnissen, die er in allgemeinen ‚Migrationsgesetzen' formulierte. So kam er zu dem Ergebnis, dass Wanderungen zumeist über kürzere Distanzen und in Etappen erfolgten, wobei Frauen kürzere Distanzen zurücklegten als Männer. Weiterhin erkannte er, dass das Wachstum in den Städten primär auf Zuwanderung zurückzuführen sei (und nicht auf natürliches Bevölkerungswachstum). Zudem war Migration damals schon auf wirtschaftliche Zentren ausgerichtet (Ravenstein 1885/89). Ravensteins veröffentlichte ‚Migrationsgesetze' sahen also schon damals eine starke ökonomische Bedingtheit von Migration, scheinen aus heutiger Sicht aber viel zu eindimensional und deterministisch.

Dennoch können viele von ihm untersuchte Prozesse und Verhaltensmuster auch in der heutigen Migration beobachtet werden. Insbesondere die Beobachtungen, dass Arbeitsmigration (immer noch) zu den wesentlichen internationalen Migrationsformen zählt und sich Migrationen zunächst regional vollziehen, zeigen eine verblüffende Parallele zu den damaligen

1 Unter Mitarbeit von Jennifer Grunwald.

Erkenntnissen (Samers 2010, S. 54ff.). Auch in der späteren Migrationsforschung werden Ideen von Ravensteins Forschung aufgegriffen und weitergeführt. So unterschied Ravenstein bereits verschiedene Arten der Migration, die in der heutigen Migrationsforschung verwendet werden. Die ‚stage migration' wird zum Beispiel von späteren Theorien aufgegriffen. Auch seine Thesen zu Wanderungsbewegungen finden sich in der gegenwärtigen Migrationsforschung wieder, so zum Beispiel die große Bedeutung urbaner Zentren für internationale Migrant*innen, die von Frey (1998) mit dem Begriff „Immigrant gateway cities" und von Sassen (1991) mit der „Global City-Hypothese" → 1 Grundbegriffe und aktuelle Trends) aufgegriffen wurden.

Die gleich noch zu diskutierenden Push- und Pull-Faktoren gehen ebenfalls auf Ravensteins Analyse zurück und sind seitdem durch mehrere ökonomisch geprägte Migrationstheorien weiterentwickelt worden (insbesondere durch Lee 1966). Der Grundgedanke dabei ist, dass bestimmte Faktoren, wie ein hohes Bevölkerungswachstum, Armut oder bewaffnete Konflikte Migrant*innen aus einem Land ‚wegdrücken', während sie von Jobmöglichkeiten, höherem Lebensstandard oder Schutz vor politischer Verfolgung in einem anderen Land ‚angezogen' werden (Samers 2010, S. 56ff.). Bei aller Kritik an Ravensteins wissenschaftlicher Methode bilden seine Forschungsergebnisse daher die Basis der modernen Migrationstheorien und beeinflussen die Migrationsforschung nachhaltig. Gerade auch der von Ravenstein geprägte methodologische Individualismus in der Migrationsforschung, mit dem das Individuum als zentrale Untersuchungseinheit etabliert wurde, beeinflusst moderne Ansätze, auf die wir als nächstes eingehen, noch heute.

2.1.1 Theorien auf der Mikroebene

Nach der Geografie haben sich vor allem Ökonom*innen der Erforschung von Migrationsprozessen angenommen. Dies geschah sowohl auf Makro- als auch auf der Mikro-Ebene. Auf der Mikro-Ebene wurde das Individuum vor allem als ökonomisch nutzenmaximierend betrachtet, das sich für die Migration entscheidet, wenn es im Aufnahmeland bessere Beschäftigungschancen und höhere Löhne (Lohndifferentialhypothese) erwarten kann (Todaro 1976). Entscheidend sind hierbei sog. ökonomische Push- und Pull-Faktoren: Die schlechte Wirtschaftslage im Heimatland gibt den Anstoß zur Migration (push), während die Auswahl des Ziellandes aufgrund der als am günstigsten wahrgenommenen Bedingungen (pull) erfolgt.

Everest Lee unterscheidet vier Kategorien von Wirkungsfaktoren, die eine individuelle Migrationsentscheidung hervorrufen bzw. die Ursache von Migration erklären sollen: Faktoren in Verbindung mit dem Herkunftsgebiet, Faktoren in Verbindung mit dem Zielgebiet, sogenannte intervenierende Hindernisse („intervening obstacles") sowie persönliche Faktoren (Lee 1966). Die maßgebliche Hypothese des neoklassischen Push/Pull-Modells lässt sich darin nach Haug (2000) zusammenfassen, als „[...] dass je mehr offene Stellen an einem Zielort im Vergleich zum Herkunftsort sind, je größer die Einkommensdifferenz ist und je mehr Migranten bereits an diesen Zielort gewandert sind, desto stärker wird die Tendenz zur Migration sein" (Haug 2000, S. 3). Unter den Push-Faktoren werden alle Faktoren des Herkunftsortes verstanden, die Migrant*innen ‚wegdrücken'. Beispiele hierfür liegen in der Arbeitsmarktlage des Herkunftslandes, aber auch in der Diskriminierung oder Verfolgung ethnischer Minderheiten, in Naturkatastrophen oder kriegerischen Konflikten. Die (Migrant*innen ‚anziehenden') Pull-Faktoren werden nach Lee in den Merkmalen des Zielortes gesehen, die zur Immigration in ein Land bzw. eine Region motivieren. Klassische Beispiele hierfür liegen in besseren Arbeitsbedingungen, der Achtung von Menschen- und Bürgerrechten (u. a. Glaubensfreiheit) und politischer Stabilität (Lee 1966).

In der soziologisch gewendeten Theorie der rationalen Entscheidung (rational choice) werden die ökonomischen Anreize um soziale und psychologische Aspekte erweitert. Der Behaviorismus legte dabei ein spezielles Augenmerk auf Kognitionsprozesse in der Entscheidungsfindung. Forschende wie Mueller (1981) und Clark (1986) haben die psychologischen Hintergründe von Migrationsentscheidungen untersucht, um herauszufinden, warum Migrant*innen an bestimmte Orte auswandern bzw. warum sie überhaupt emigrieren. Im Gegensatz zu neo-klassischen Vertreter*innen sind Behaviorist*innen, wie Wolpert (1965), auch an ‚irrationalen' Aspekten im Entscheidungsprozess interessiert, die Migrant*innen beeinflussen. Soziale und emotionale Faktoren, etwa im Zielland lebende Verwandte, können sich ebenso auf die Auswahl des Migrationsziels auswirken wie ökonomische Faktoren (Samers 2010, S. 62f.). Entscheidend für die Migration ist demnach die Produktsumme aus ökonomischem, sozialem und psychischem Nutzen für den homo oeconomicus (Massey et al. 1993; Faist 1995).

Wie schon bei Ravenstein liegt der Fokus dieser Ansätze auf dem Individuum. Die Neue Ökonomie der Arbeitsmigration weist diesen engen Begründungszusammenhänge als zu einseitig und lückenhaft zurück und betont vielmehr, dass die Agierenden in der Migration nicht allein entscheidend seien, sondern auch Beziehungsnetzwerke eine Rolle spielen. Dabei werden Familien als wesentliche, kollektive Akteure der Migration betrachtet, weshalb der maßgebliche Bestimmungsgrund der Arbeitsmigration sich vor allem in der Diversifizierung des Familieneinkommens finden lässt (Stark 1984). Während klassische Theoreme wie das Push/Pull und andere neoklassische Theorien (u. a. Stadt-Land-Migration nach: Todaro 1969; Borjas 1989) stets die Lohndisparitäten und die individuelle Nutzenmaximierung als zentrale Motivatoren einer Migrationsentscheidung herausstellten, findet hier eine Einbindung der gesamten Familiensituation Eingang in die Gesamtbetrachtung (Stark 1984; 1991).

Gemäß dieser Überlegung wird z.B. in dem sog. „Household"-Ansatz die Entscheidung zur Migration nicht isoliert, sondern innerhalb eines Haushalts oder einer Familie betrachtet. Migration ist demnach eine kollektiv beschlossene, rationale Strategie, welche die innerhalb einer Familie vorhandenen Ressourcen zum Zwecke der Einkommenssteigerung einsetzt (Massey 1990). Auch kann die Migration zur Risikodiversifizierung eingesetzt werden, um das Risiko eines Einkommensausfalls in einem Haushalt zu senken. Migration ist demnach kein individueller Prozess, sondern das Resultat komplexer Gruppen- und Netzwerksstrukturen. Die Strategien können sich dabei im Laufe der Jahre durchaus wandeln: Wurden beispielsweise auf den Philippinen zunächst vorwiegend männliche Arbeiter ins Ausland gesandt, setzen zahlreiche Haushalte mittlerweile bevorzugt auf die Migration von weiblichen Angehörigen. Diese gelten als zuverlässiger und senden regelmäßigere und höhere Anteile ihres Einkommens an die Familien im Heimatland (Semyonov und Gorodzeisky 2004). Auch ist es möglich, dass durch die Migration anderer der eigene Wunsch ebenfalls zu migrieren, erst geweckt bzw. vergrößert wird. Da Migration oftmals mit einem Einkommenszuwachs verbunden ist, wächst auch bei anderen Familien der Wunsch, in den Genuss höherer Einkommen zu kommen, insbesondere dann, wenn sich die Menschen „im Verhältnis zur sozialen Referenzgruppe in ihrer Herkunftsregion" (Pries 2010, S. 15) benachteiligt sehen (relative Deprivation).

2.1.1 Theorien auf der Makroebene

So wichtig der Fokus auf die individuelle Ebene ist, so lässt sich auch argumentieren, dass diese Entscheidungen letztlich durch die Makroebene beeinflusst sind, etwa durch das kapitalistische Weltsystem, das den Druck zur Migration erst hervorruft. Strukturelle Ansätze haben in der Migrationsforschung daher ebenfalls eine große Tradition und großes Gewicht. Sie gehen zumeist auf (neo-)marxistische oder historisch-soziologische Theorien zurück. Dieses Bündel von Ansätzen lässt sich nicht eindeutig (nur) den Migrationstheorien zuordnen, so gibt es starke inhaltliche Überschneidungen mit den Bereichen Kapitalismus, Kolonialismus, Imperialismus und Neoliberalismus. Die Entstehung der strukturellen Theorien ist eng mit der in den 1970er und 1980er Jahren stattfindenden Arbeitsmigration aus ehemaligen Kolonien nach Nordamerika, Europa und Südafrika verbunden.

Politisch-ökonomische Ungleichheiten zwischen diesen Ländern bilden daher einen Analyseschwerpunkt in Bezug auf Migration. Im Gegensatz zu den Ansätzen der Mikroebene fokussieren strukturelle Ansätze, wie die Weltsystemtheorie oder Dependenztheorie, auf die Makroebene und beschäftigen sich mit den Rahmenbedingungen und Kontextfaktoren von Migration, wobei das Wirtschaftssystem eine zentrale Rolle einnimmt (Samers 2010, S. 67; Smoliner et al. 2013, S. 14). Im Folgenden werden einige strukturelle Ansätze vorgestellt, um ihre Unterschiede und Vielfalt herauszustellen.

Die Theorie der ‚Articulation of modes of production' geht auf das Konzept der Produktionsweise nach Marx zurück und beschreibt die unterschiedlich starke Einbindung in das kapitalistische System zwischen einzelnen Regionen bzw. Ländern. Die Entwicklung des Kapitalismus in Regionen mit vorkapitalistischen Strukturen hat einen zerstörerischen Effekt auf landwirtschaftliche und soziale Netzwerke gehabt (Portes und Walton 1981), sodass die Menschen in kapitalistische (Arbeits-)Strukturen gezwungen werden und schließlich in reichere Länder (zumeist in den Globalen Norden) emigrieren (Samers 2010, S. 68f.).

Auf dieser Grundprämisse bauen auch neomarxistische Ansätze wie die sog. Weltsystemtheorie auf, zu deren Begründern Immanuel Wallerstein gehört. Diese Theorie geht von einem komplexen weltweiten System internationaler Arbeitsteilung und Machtstrukturen innerhalb des kapitalistischen Weltsystems aus (Wallerstein 2004). In diesem Weltsystem (das nicht zwangsläufig die gesamte Welt umfassen muss, aber in sich geschlossen ist) findet eine Umverteilung von Ressourcen von der Peripherie ins Zentrum statt. Während die früheren „Weltreiche" nur ein Zentrum hatten, finden sich in der heutigen „Weltökonomie" mehrere Machtzentren, die miteinander konkurrieren. Diese Machtzentren werden durch das zwischenstaatliche System in Balance gehalten, wobei Staaten zeitweise durchaus hegemoniale Führungsrollen einnehmen können. Zwischen Zentrum und Peripherie finden sich zudem oft autoritär regierte Staaten der „Semi-Peripherie", die das System weiter stabilisieren.

Diesen Gedanken hatten bereits die sog. Dependenztheorien in den 1960er Jahren entwickelt und in vielen Studien aufgezeigt, wie sich die Abhängigkeiten (Dependenzen) der Länder in der sogenannten „Dritten Welt" – heute spricht man eher vom „Globalen Süden" – von den Industriestaaten des Nordens negativ auf ihre Entwicklung auswirken (für die deutsche Debatte siehe: Senghaas 1974). Wichtig im Kontext der Migrationsforschung ist, dass das Zentrum neben Rohstoffen und Profit aus Investitionen auch von billigen Arbeitskräften aus der Peripherie profitiert. Migrationsbewegungen ergeben sich demnach aus der Funktion der jeweiligen Länder im modernen kapitalistischen Weltsystem. Der „Brain Drain" (→ 10 Migration und Entwicklung) aus Ländern der Peripherie und Semi-Peripherie ließe sich ebenso mit der Weltsystemtheorie erklären wie etwa die Nachfrage nach philippinischen Hausangestellten in Dubai oder Hongkong (→ 6 Migration und Gender). Kritisiert wird an diesen Theorieansätzen aber vor allem, dass sie dem Individuum kaum Entscheidungsfreiheit zugestehen.

Auf der anderen Seite des Spektrums spielen neo-liberalistische Ansätze im Kontext der Globalisierung eine wichtige Rolle, um die Zusammenhänge zwischen Migration und der Wirtschaftspolitik von Industrieländern, Unternehmen oder internationalen Organisationen (z.B. WTO, IMF) zu erklären. Der Neoliberalismus umspannt dabei verschiedene Politiken, Programme und Diskurse, die sich tendenziell deregulierend auf Arbeitsmärkte auswirken und staatliche Wohlfahrtsprogramme zugunsten einer wettbewerbsorientierten Logik beschränken. In reicheren Ländern werden häufig gezielt hochqualifizierte Immigrant*innen angeworben, um sich auf dem globalen Markt zu behaupten, wobei sich insbesondere die internationale Studierendenmobilität hervorheben lässt. Ärmere Länder erfahren ebenso eine (zum Teil unfreiwillige) strukturelle Anpassung, die durch voranschreitende Liberalisierungen, ausländische Direktinvestitionen und Handel noch verstärkt wird. Durch Rücküberweisungen der Migrant*innen partizipieren auch die Herkunftsorte der Migrant*innen am wirtschaftlichen Fortschritt in den Einwanderungsländern. Auch durch Rückwanderung oder zirkuläre Migration können positive Entwicklungsprozess in den Ausgangsräumen angestoßen werden (sog. Migration-Development-Nexus, Van Hear und Sorensen 2003).

In der Migrationsforschung ist dabei strittig, ob die dargestellte Zunahme der Migration allein durch die Globalisierung hervorgerufen wurde. Während einige Forscher*innen auf die Möglichkeit von Langstreckenreisen und die einfachere Kommunikation mit Personen im Herkunftsland verweisen und uns im Zeitalter der Migration („Age of migration", Castles et al. 2014) sehen, dessen gewaltiges Ausmaß an internationalen Wanderungsbewegungen ohne die Globalisierung so nicht möglich gewesen wäre (Brettel und Hollifield 2008), bestreiten andere die Neuartigkeit des Phänomens. So verweisen Hirst und Thompson (1996) zum Beispiel auf Parallelen zu Migrationsbewegungen im späten 19. Jahrhundert.

2.1.2 Theorien auf der Mesoebene

Neuere Theorieansätze schließen an die Veränderungen infolge der Globalisierung an und konstatieren die Herausbildung einer Meso-Ebene in Form von neuen transnationalen sozialen Feldern oder Räumen, die die Grenzen von Nationalstaaten überschreiten (Faist 1995). Zum Informationsaustausch, zur Verringerung der Kosten und Risiken und zur Erleichterung der Integration bilden sich sog. Migrationsnetzwerke heraus, die für die Wahl des Ziellandes entscheidend sind. Die kontinuierliche Migration zwischen gleichbleibenden Herkunfts- und Zielländern entwickelt eine Art Eigendynamik (kumulative Verursachung); durch Rücktransfers von Einkommen und Informationen aus dem Zielland werden weitere Migrant*innen angezogen (Shah und Menon 1999). Dadurch kann sich eine „Migrationskultur" herausbilden. In vielen Fällen ist diese längst für junge Männer und Frauen zu einem normalen Bestandteil ihres Lebens geworden (Massey et al. 1994).

Das Konzept der Migrationskultur weist über die weiter oben vorgestellte Lohndifferentialhypothese hinaus und erklärt, warum Migration auch dann noch stattfindet, wenn die Margen der durch Mobilität erzielten Einkommensgewinne schrumpfen. Es ließe sich auch mit konstruktivistischen Ansätzen in Einklang bringen (→ Seite 56): Migration als eine kulturell gegebene Option zur Lebensgestaltung inklusive bestimmter Verhaltensregeln, Wahl der Zielländer etc. Aus historisch gewachsenen Strukturen entstehen informelle internationale Migrationssysteme, die weitgehend unabhängig von der Staatenwelt existieren können.[2]

Die Migrationsforschung hat in den vergangenen beiden Jahrzehnten durch diese auf abstrakteren Raumbegriffen basierende Ansätze wesentliche Impulse erfahren. Hierzu zählt zum einen das zu Beginn der 1990er Jahre von amerikanischen Forscherinnen entworfene Konzept der transnationalen sozialen Felder, „transnational social fields“ (Glick Schiller et al. 1992; Basch et al. 1994) und zum anderen das von deutschen Wissenschaftlern maßgeblich geprägte Konzept der „transnationalen sozialen Räume“ (Faist 2004; Pries 2008). Hiernach greift die Vorstellung des Staates als eines sozial und geographisch abgeschlossenen Raumes, im Sinne einer Art „Container-Gesellschaft“, zu kurz. Vielmehr zeige die tatsächliche Migrationserfahrung, dass durch die Migration ganz neue Arten von Verbindungen und auch Institutionen entstehen, die die durch die Migration verbundenen Staaten auf neue Art zusammenführen und überspannen. „Wir nennen diese Prozesse Transnationalismus, um zu unterstreichen, dass viele Migranten heutzutage soziale Felder errichten, die geographische, kulturelle und politische Grenzen überschreiten“ (Basch et al. 1994, S. 7, eigene Übersetzung).

Während die Begründer des Begriffs der transnationalen Felder eine „Deterritorialisierung des Nationalstaats“, also eine Entkopplung von politischer und räumlicher Einheit sehen (Glick Schiller et al. 1992) halten die Verfechter*innen des Raum-Begriffes den Staat immer noch als wichtigen Referenzrahmen; schließlich stünden Migrant*innen weiterhin unter dem Einfluss von Politiken und Praktiken von Herkunfts- und Zielstaaten und Staatengemeinschaften, die einem spezifischen Territorium zugeordnet sind (Smith und Guarnizo 1998, S. 10). Diese Debatte befasst sich auch mit den mit der Staatsbürgerschaft verbundenen Rechten; Soysal spricht hier von einer „postnationalen Mitgliedschaft“, bei der in Europa zunehmend Rechte,

2 Die breite Definition für Migrationssystem stammt von Orlando Patterson (Patterson 1987, S. 228): „any movement of persons between states, the social, economic, and cultural effects of such movements, and the patterned interactions among such effects.“ Kritz, Lim und Zlotnik sehen Migrationssysteme dagegen vor allem als staatenzentriert und die (Migrations-)Politik als wesentlichen Faktor in deren Entstehung und Ausgestaltung (Kritz et al. 1992). Solche Ansätze untersuchen dann beispielsweise „Das Westafrikanische Migrationssystem“ oder „Das Migrationssystem zwischen Frankreich und Afrika“ und dessen koloniale Hintergründe, berücksichtigen dabei aber auch die Rolle von Migrationsnetzwerken.

die zuvor ausschließlich Staatsbürgern vorenthalten gewesen sein, auch an Immigrant*innen gewährt wurden (Soysal 1994).

Mit dem Begriff der „transnationalen Politikräume" (Rother 2009) soll die explizit politische Dimension dieses Phänomens erfasst werden: Politik von und für Migrant*innen kann sich demnach nicht mehr an den Grenzen des Nationalstaats orientieren. Auch wenn Herkunfts- und Zielstaaten aufgrund diplomatischer Zwänge oder mangelnden Willens Migrationspolitik weiterhin in diesem Rahmen betreiben, schaffen Migrant*innen durch ihr Engagement neue Räume, in denen sie auch Aufgaben übernehmen, die Staaten nicht wahrnehmen können oder wollen; diese reichen von der Rechtsberatung bis hin zur politischen Partizipation (→ 7 Migration und Demokratie).

2.2 Politikwissenschaftliche Theorien und Migration

Wie eingangs erwähnt, war die Politikwissenschaft eine „Spätstarterin" in der Migrationsforschung, was sicher auch darauf zurückzuführen ist, dass das Themenfeld den sogenannten „low politics" zugerechnet wurde. Damit werden all jene Politikfelder bezeichnet, die nicht unbedingt notwendig für das Überleben des Staates und seiner wirtschaftlichen und sozialen Ordnung sind. Im Laufe der Zeit wurde aber immer deutlicher, welche zentrale Rolle Migration für moderne Nationalstaaten spielt. Der amerikanische Migrationsforscher James F. Hollifield spricht in diesem Zusammenhang davon, dass Staaten, so wie sie zunächst die Sicherheit ihrer Bürger*innen garantiert haben und später durch Handel zu wirtschaftlichem Wohlstand gekommen sind, auch lernen müssen, mit Migration umzugehen, weil sie ohne Migration ihren wirtschaftlichen Wohlstand nicht halten können, was angesichts der oben dargestellten demografischen Entwicklung in den Ländern des Globalen Nordens außer Frage zu stehen scheint. Zentrales Anliegen der seit den 1980er Jahren dann doch verstärkt einsetzenden politikwissenschaftlichen Auseinandersetzung mit Migration war daher die Frage, wie der Staat in Theorien der Migration eingebunden werden kann, also „how to bring the state back in" (Hollifield und Wong 2015). Die Antworten auf diese Frage fallen naturgemäß sehr unterschiedlich aus, wie wir es schon bei den anderen sozialwissenschaftlichen Theorien gesehen haben. Um die Vielfalt der politikwissenschaftlichen Theorien ein Stück weit zu ordnen, stellen wir nachfolgend die Rolle der Migration im Kontext politikwissenschaftlicher Großtheorien der Internationalen Beziehungen vor, die sich über viele Jahrzehnte etabliert und ausdifferenziert haben, und unterschiedliche Erklärungen für staatliches Handeln liefern, wie Staaten auf Migration reagieren.

2.2.1 Klassischer Realismus und Neorealismus

Max Weber, Thomas Hobbes, Niccolò Machiavelli, Thukydides – die Wurzeln des Realismus reichen weit zurück. Alle diese Autoren teilen mit dem klassischen Realismus ein zentrales Motiv: Macht (*power*) und der Kampf um diese als zentrales Charakteristikum der internationalen Politik. Während es innerhalb eines Staates Organe und Institutionen gibt, bei denen die hoheitliche Macht des Staates liegt, gibt es im internationalen System keine solche Hierarchie – es ist letztlich von Anarchie geprägt und Nationalstaaten sind die zentralen Akteure (Dougherty und Pfaltzgraff 2001). Nach Morgenthau, dem wohl bekanntesten Vertreter des Realismus geht es Politik letztlich immer darum, „either to keep power, to increase power or to demonstrate power" (Morgenthau 1978, S. 5). Zwar sind alle Nationalstaaten rechtlich gleichgestellt und souverän, sie unterscheiden sich jedoch deutlich hinsichtlich ihrer Ressourcen und ihrer Macht. Dies lässt sich an der Bedeutung der so genannten Supermächte nachvollziehen. Das Ziel von Nationalstaaten ist es aber immer, das eigene Überleben zu sichern, koste es, was es wolle. Daher versuchen Staaten, ihre politischen, militärischen und wirtschaftlichen Kapazitäten immer weiter zu erhöhen. Erst wenn das gesichert ist, kann sich ein Staat nachrangigeren Interessen zuwenden. Bündnisse mit anderen Staaten werden nur eingegangen, wenn es dem Ziel der eigenen Selbsterhaltung dient.

Nachfolgende Theorien, wie der Neo-Realismus, auch struktureller Realismus genannt, betonen, dass das Streben nach Macht dabei aber nicht als Selbstzweck verstanden werden dürfe, sondern sich aus dem Sicherheitsstreben der Staaten heraus erkläre: „In crucial situations, the ultimate concern of states is not for power but for security." (Waltz 1979, S. 37).

Vertreter*innen der realistischen Schule, wie Myron Weiner, sehen Migration vor diesem Hintergrund vor allem als Sicherheitsbedrohung für die soziale Stabilität eines Nationalstaats (Weiner 1985). Dabei wird der Nationalstaat von außen durch Einflüsse der Globalisierung und von innen durch einen wachsenden Multikulturalismus bedroht (Schlesinger 1998). Auch Samuel L. Huntington vertrat in seinem letzten Buch "Who are We?

The challenges to American identity“ eine solche Auffassung, indem er argumentierte, die zunehmende „Latino culture“ sei eine Bedrohung der amerikanischen Identität, die er vor allem als angelsächsisch-protestantisch begreift (Huntington 2004) (→ 8 Migration und Sicherheit). Solche Ansichten haben auch weit über den akademischen Bereich Auswirkungen – etwa in den Arbeiten von Peter Brimelow, der Immigration als „Krieg gegen den Nationalstaat“ (Brimelow 1996, S. 222) betrachtet (dabei aber selber aus Großbritannien in die USA eingewandert ist). In Deutschland schlug das Buch von Thilo Sarrazin (2010) „Deutschland schafft sich ab“ einen ähnlichen Tonfall an. So unterschiedlich diese Autoren sind, so eint sie die Einordnung von Migration als Bedrohung und eines drohendes Kontrollverlusts des Nationalstaates.

2.2.2 Der neoliberale Institutionalismus

Neoliberale Institutionalist*innen stimmen zwar der Einschätzung des internationalen Systems als anarchisch zu, unterscheiden sich aber von den Neorealist*innen hinsichtlich der Bewertung von Kooperationen. Zwar betrachten auch Realist*innen diese als möglich, gehen aber davon aus, dass Kooperationen nur so lange funktionieren, wie die mächtigen Staaten ein Interesse daran haben. Aus neoliberaler Sicht haben Kooperationen jedoch einen Wert an sich und versprechen Gewinne, die ohne Kooperationen niemals möglich wären und selbst bei ungleicher Verteilung jedem Staat Zugewinne bescheren könnten. Ziel der Staaten müsse es daher sein, Kooperationen auf supranationaler Ebene anzustreben. Aus Sicht eines der prominentesten Vertreter des neoliberalen Institutionalismus, Robert Keohane, sind Kooperation aufgrund der zunehmenden Interdependenz in einer globalisierten Welt für Staaten unabdingbar.[3] Obwohl sich institutionelle Regeln im anarchischen internationalen System nicht hierarchisch durchsetzen lassen, argumentiert Keohane, dass Veränderungen in der Institutionalisierung der Weltpolitik signifikanten Einfluss auf das Verhalten von Regierungen haben (Keohane 1989) und diese ihr Handeln zu einem beachtlichen Grad von bestehenden institutionellen Einrichtungen

3 Mit Joseph Nye hat Keohane den Begriff der „komplexen Interdependenz“ geprägt; dieser bezeichnet die zunehmende Verflechtung von Staaten und ihrer Bewohner in ökonomischer und sozialer Hinsicht und die Möglichkeit von Staaten, über eine Vielzahl von Kanälen miteinander zu verhandeln und zu kommunizieren.

abhängig machen. So führte beispielsweise die Aussicht auf Gewährung von Einreisevergünstigungen oder Zugang zum EU-Binnenmarkt zu Veränderungen im staatlichen Verhalten. Abweichendes staatliches Verhalten wird dadurch nicht unmöglich, aber die Kosten-Nutzen-Rechnung verschiebt sich zugunsten regelgeleiteten Verhaltens.

Relative oder absolute Gewinne?
Umgangssprachlich ist oft von einer „Win-win"-Situation die Rede, im Bereich der Internationalen Beziehungen gestaltet sich die Sache aber etwas komplexer: Dass Staaten bei internationalen Verhandlungen und Abkommen an ihren eigenen Vorteil denken, ist weitgehend unumstritten. Eine Kontroverse gibt es aber darüber, wieweit dabei auch der Vorteil der anderen Partei(en) eine Rolle spielt: Realist*innen glauben, dass hier relative Gewinne entscheidend sind, Staaten also nur zur Kooperation bereit sind, wenn sie daraus mehr Vorteile ziehen als der oder die anderen Beteiligten. Institutionalist*innen gehen dagegen davon aus, dass Staaten bereits kooperieren, solange sie selber davon einen Nutzen haben, selbst wenn dieser für die anderen Beteiligten größer ist. In beiden Fällen folgen die Akteur*innen der Theorie der rationalen Entscheidung (rational choice theory), treffen dabei aber eine andere Kosten-Nutzen-Abwägung.
Die Kosten-Nutzen-Abwägung kann auch dann zugunsten einer Kooperation ausfallen, wenn diese für einen Staat nicht nur Vor-, sondern auch Nachteile mit sich bringt, und zwar dann, wenn dieser Staat die Vorteile höher einschätzt als die Nachteile.

Am weitesten ist der Gedanke der internationalen Kooperation in der sog. Regimetheorie entwickelt worden. Unter Regimen versteht man ein Geflecht von Normen, Regeln und Entscheidungsverfahren auf internationaler Ebene, an denen sich Nationalstaaten und andere Akteure orientieren und anpassen. Beispiele für internationale Regime finden sich etwa in Bereichen wie Handel, Umwelt, Menschenrechte und Abrüstung. Auch im Bereich Migration spielen sie eine wichtige Rolle, besonders im Schutz von Geflüchteten, wie wir weiter unten noch sehen werden. Regime können Bausteine einer Global Migration Governance werden; hier spielen Staaten nicht mehr die alleinige – oder sogar nur eine sehr geringe – Rolle und die Bedeutung von privatwirtschaftlichen und (zivil)gesellschaftlichen Akteur*innen nimmt zu (→ 13 Global Migration Governance).

Regime

Die weitgehend anerkannte Definition von Regimen stammt vom Stephen D. Krasner (1982, S. 186): „Implicit or explicit principles, norms, rules, and decision-making procedures around which actors' expectations converge in a given area of international relations. Principles are beliefs of fact, causation, and rectitude. Norms are standards of behavior defined in terms of rights and obligations. Rules are specific prescriptions or proscriptions for action. Decision-making procedures are prevailing practices for making and implementing collective choice.")

Die Reichweite ist in der Regel global, kann aber auch regional sein und sehr spezifische Themenfelder umfassen; so gibt es etwa im Diamantenhandel ein Regime, das den Handel mit sogenannten „Blutdiamanten" ächtet und Mindeststandards für den Handel mit Rohdiamanten festlegt (Kimberley Process Certification Scheme (KPCS). Bei der internationalen Fluchtpolitik wird oft von einem Regime gesprochen, im Bereich der Arbeitsmigration dagegen von einem „fehlenden Regime".

Im Gegensatz zu internationalen Organisationen, wie z. B. die Vereinten Nationen, besitzen Regime keine Akteursqualität, sie können also nicht eigenständig handeln; es handelt sich lediglich um Regelwerke (Zangl 2010, S. 133). Internationale Regime sind problemfeldspezifisch, internationale Organisationen können sowohl problemfeldspezifisch als auch problemfeldübergreifend sein.

2.2.3 Liberaler Intergouvernementalismus

Eine weitere Theorie ist der Liberale Intergouvernementalismus. Diese Theorie sieht Staaten weiterhin als rationale Nutzenmaximierer an, die allerdings auch erkennen können, dass eine gewisse Aufgabe ihrer Souveränität hin zu supranationalen Institutionen – wie der EU – in ihrem Interesse sein kann. Während alle bisher genannten Theorien den Staat als zentralen Akteur sehen, lenkt diese Theorie das Augenmerk auf gesellschaftliche

Gruppen, die ihre materiellen und ideellen Interessen innerhalb des Staates, aber auch über dessen Grenze hinaus, also transnational, durchzusetzen versuchen (Moravcsik 1997).

Internationale Politik erfolgt also auf zwei Ebenen: Gesellschaftliche Gruppen tragen einen sowohl innerstaatlichen als auch transnationalen Wettbewerb um Interessen aus und nehmen dadurch Einfluss auf die Politik von Regierungen. Staaten sind somit für Moravcik „ein Transmissionsriemen dominanter gesellschaftlicher Präferenzen, die sich auf die Außenpolitik eines Staates übertragen". Im Bereich der Migrationspolitik könnte dies also bedeuten, dass tatsächliche (oder angenommene) fremdenfeindliche Stimmungen in der Bevölkerung oder der Erfolg von Anti-Immigrations-Parteien Regierungen dazu bringen, restriktivere Migrationsgesetze zu verabschieden, selbst wenn diese ihren wirtschaftlichen Interessen oder humanitären Prinzipien widersprechen. Die Debatten, die zum britischen „Brexit"-Volksentscheid geführt haben, können hierfür als Beispiel gesehen werden.

Die neofunktionalistische Theorie, deren Mitbegründer Ernst B. Haas ist, befasst sich ebenfalls mit vor allem regionaler Kooperation – allerdings aus einer entgegengesetzten Perspektive (Haas 2004): Hier führt Kooperation zur Schaffung supranationaler, also überstaatlicher Institutionen, deren Existenz und bürokratischer Apparat wiederum weitere zwischenstaatliche Kooperation befördert. Der Ansatz ist gut geeignet, die zunehmende Integration der EU, wie etwa auch die Personenfreizügigkeit im Rahmen des Binnenmarkts, zu erklären. Allerdings zeigen die politischen Verwerfungen im Rahmen der Geflüchtetenkrise und etwa der britische Widerstand gegen besagte Binnenfreizügigkeit, dass Integration kein unumkehrbarer Prozess ist, sondern von innerstaatlichen Debatten beeinflusst werden kann.

2.2.4 Der Konstruktivismus

Der Konstruktivismus hat sich in den vergangenen beiden Jahrzehnten zu einer der führenden Theorieschulen im Bereich der internationalen Beziehungen entwickelt, wobei diese eine Vielzahl von Ansätzen umfasst. Kritisch wird vor allem der Prozess der Erkenntnisgewinnung betrachtet: „Die konstruktivistische These besagt, dass die Realität, mit der sich Wissenschaft beschäftigt, nicht objektiv gegeben, sondern kognitiv erzeugt ist." (Jensen 1999, S. 89) Realität erscheint demnach erst in der Theorie: Erst die Deutung der Beobachtung bringt Realität hervor. Eine objektive Wirklichkeit kann es somit selbst in der Naturwissenschaft nicht geben, da die Gegenstände, mit denen diese sich befasst, nur innerhalb ihrer Beobachtung erscheinen und nicht außerhalb von ihr. Auf die individuellen Menschen bezogen heißt dies, dass das, was sie als Wirklichkeit wahrnehmen, wenn sie darüber reflektieren, nicht einfach gegeben ist. Vielmehr handelt es sich bei dieser Wirklichkeit lediglich um einen Begriff, den der Mensch innerhalb der eigenen Kultur verwendet, um den persönlichen Lebensraum zu bezeichnen.

Eine der führenden Vertreter des Sozialkonstruktivismus in den internationalen Beziehungen ist Alexander Wendt. Der wesentliche Punkt, in dem sich Wendt von den rationalistischen Annahmen früherer Theorieschulen abhebt, ist das Akteursverständnis. Sowohl Neorealismus als auch Neoliberalismus gehen davon aus, dass die Staaten Interessen haben, die durch die anarchische Struktur des Staatensystems kausal bedingt sind. Wendt hält dagegen, dass Selbsthilfe und Machtpolitik sich weder logisch noch kausal aus dem Zustand der Anarchie ergeben. Wenn das Staatensystem heute dennoch von diesen beiden Faktoren geprägt ist, so ist dies nicht strukturell, sondern prozessual bedingt: „Anarchy is what states make of it." (Wendt 1992, S. 395) Wenn Identität und zentrale Interessen eines Staates also nicht von vornherein unverrückbar gegeben sind, wovon vor allem der Realismus ausgeht, dann lässt dies die Möglichkeit zu, dass diese als Variablen durch Interaktion verändert werden: „Constructivist optimists assume that what is, need not always be". (Mercer 1995, S. 229)

Von der Interaktion zwischen den Staaten hängt es ab, ob sich die soziale Identität der Akteure auf das Primat des Eigeninteresses beschränkt oder ob die Entwicklung eines kollektiven Interesses möglich ist. Die Chancen für Letzteres wachsen in dem Ausmaß, in dem sich Staaten mit dem Schicksal anderer Staaten identifizieren. (Wendt 1994, S. 386) Eine solche positive Identifikation kann ein Gemeinschaftsgefühl, Solidarität und Loyalität hervorbringen und ein Handeln jenseits strenger Kosten-Nutzen-Rechnung zur Folge haben. Kooperation zwischen Staaten kann so zu einer ständigen gegenseitigen Beeinflussung hinsichtlich der Wahrnehmung der eigenen Identität führen. Normen, Identitäten und Interessen von Staaten sind grundlegende Variablen einer konstruktivistischen Analyse der internationalen Beziehungen.

Mit konstruktivistischen Ansätzen lässt sich also Kooperation – aber auch deren Nichtzustandekommen (Rother 2004) – analysieren und auf Politikfelder wie Migration herunterbrechen. Studien hierzu gibt es bislang aber kaum (für die EU etwa: Koslowski 2000; Sommer 2013), vielleicht auch weil etwa Wendt Staaten weiterhin als zentrale Akteure seiner Analyse verwendet und transnationale Phänomene wie Migration oder Zivilgesellschaft kaum berücksichtigt. Hier besteht noch erhebliches Potential zur Theorieentwicklung, zumal sich Konzepte wie die Herausbildung von kollektiven Identitäten durch Interaktion zwischen dem „Selbst" und „den Anderen" in vieler Weise mit Migration und Integration in Verbindung bringen ließen.

Die wohl engsten Verbindungspunkte zwischen konstruktivitischen Ansätzen und Migrationspolitik gibt es beim Konzept der „Versicherheitlichung" („securitization"). Die Vertreter*innen der Kopenhagener Schule argumentieren, dass Sicherheit keine objektive Kategorie ist, sondern erst im Diskurs konstruiert wird. Die Versicherheitlichung von Migration ist hier eines der offenkundigsten Beispiele, wie sich etwa bei der Konstruktion von Grenzübertritten als Bedrohung (durch Aussagen wie „Die EU muss ihre Außengrenzen schützen") zeigt (→ 12 Migrationspolitik der Europäischen Union).

2.2.5 Weitere politikwissenschaftliche Ansätze

Darüber hinaus gibt es viele weitere politikwissenschaftliche Ansätze, die zur Erklärung von Migration und Migrationspolitik herangezogen werden können. Bezeichnend ist dabei, dass sich die politikwissenschaftliche Auseinandersetzung mit Migration lange auf die Zielländer konzentrierte. Dies erklärte sich dadurch, dass seit der zweiten Hälfte des vergangenen Jahrhunderts in steigendem Maße westeuropäische Demokratien zum Ziel von Migration wurden, was die dort ansässigen Politikwissenschaftler herausforderte, Antworten auf das zunehmend als „Krise" empfundene Phänomen zu geben. Die Auswirkungen von Migration auf die Herkunftsländer wurden entsprechend im deutlich geringeren Maße untersucht, sieht man einmal davon ab, dass man sich in der entwicklungspolitischen Forschung bereits seit längerem mit den (heimischen) Ursachen der Migration (Nuschler 2003) und dem Phänomen des Brain Drain beschäftigt hat (→ 10 Migration und Entwicklung).

Neben den Auswirkungen auf die nationale Sicherheit und die Außenpolitik (s. o.) untersuchen politikwissenschaftliche (wie auch soziologische, historische und rechtswissenschaftliche) Arbeiten insbesondere die innenpolitische Dimension von Migration. Im Mittelpunkt stehen die Gewährung von Bürgerrechten und mithin verfassungsrechtliche Fragen, der Einfluss auf die soziale Struktur des Gemeinwesens, vom Staat unternommene

Integrationsanstrengungen und die Problematik der nationalen Identität (Bommes und Halfmann 1998; Oberndörfer 1991). Auch die Frage, warum trotz innenpolitischen Drucks Migration immer weiter zunehme, beschäftigte viele politikwissenschaftliche Arbeiten (sog „gap hypothesis"; Joppke 1998; Cornelius et al. 2004). Der eingangs erwähnte Hollifield erklärt dieses Phänomen mit seiner These des liberalen Paradoxons liberal state thesis (Hollifield und Wong 2015, S. 240). Demnach ist der liberale Staat der Schlüssel, um Migration zu erklären: Eine radikale Restriktion von Migration durch den Staat impliziert die Verletzung von individuellen Rechten. Da der Schutz individueller Rechte zentrales Kriterium des liberalen Rechtsstaates ist, kann Migration nur begrenzt eingedämmt werden, auch wenn Migration den ökonomischen oder innenpolitischen Interessen widerspricht. Weiterhin fällt es liberalen Staaten schwer, einmal gewährte Rechte zu widerrufen. Liberal-institutionelle Ansätze sehen die Zunahme von Migration zudem an die wachsende Herausbildung von internationalen Menschenrechtsregimen und die damit verbundene Individualisierung des Völkerrechts gekoppelt (Jacobson 1996).

Aufgrund der fortschreitenden Integration der Europäischen Union hat sich die Politikwissenschaft zunehmend auch dem Bereich der Migrationspolitik auf der regionalen Ebene gewidmet. So geht etwa Christoph Roos (2013) der Frage nach, ob jüngere Entwicklungen der gemeinsamen EU-Immigrationspolitik zu Rissen in der vielbeschworenen „Festung Europa" geführt haben. Das Forschungs-Puzzle besteht dabei in der Frage, warum Staaten gemeinsame Einwanderungsregelungen etablieren, die möglicherweise auch zu einer Zunahme von Einwanderung führen können, obwohl sie die Regelung des Zugangs zu ihrem Territorium als zentralen Ausdruck ihrer Souveränität verstehen. Dabei ist zwischen Grenz- und Einwanderungskontrolle zu unterscheiden: Während erstere im Schengenraum bereitwillig externalisert und eine einheitliche Grenz- und Visapolitik beschlossen wurde, liegt die weiter reichende Einwanderungspolitik weiterhin zum Großteil in der Hand der Nationalstaaten.

Wie Roos ausführt, gibt es eine umfassende Literatur zur Grenzkontroll- und Fluchtpolitik der EU, aber vergleichsweise weniger Studien zur Einwanderungspolitik. Diese stellt ein eigenes Politikfeld dar und folgt somit möglicherweise auch einer eigenständigen Logik. Sie umfasst über den Zugang zum Territorium hinaus eine Vielzahl von Politikfeldern wie Staatsbürgerschafts-, Arbeitsmarkt-, Sozial- und Integrationspolitik. Untersuchen lässt sich die europäische Einwanderungspolitik etwa anhand von

EU-Richtlinien zu Familienzusammenführung, Arbeitsmigration, langfristig Aufenthaltsberechtigte sowie Studierende und Forschende.

2.3 Eine interdisziplinäre Perspektive auf Migrationspolitik

Der Überblick hat gezeigt, dass Theorien zur internationalen Migration ein breites Instrumentarium bieten, um Migrationsprozesse und politisches Handeln von Staaten, suprastaatlichen Organisationen und Regimen zu erklären. Dabei ergänzen sich Theorieansätze aus allen sozialwissenschaftlichen Disziplinen, da sie vielfache andere Herangehensweisen an soziale und ökonomische Aspekte der Migration bieten, die andere Disziplinen unter Umständen vernachlässigen. Ein Ziel dieses Bandes ist es daher auch, einen Schritt hin zu einer interdisziplinären Perspektive aufzuzeigen, die auch die Politikwissenschaft, und hier insbesondere den Teilbereich der Internationalen Beziehungen, miteinschließt. Anknüpfungspunkte finden sich reichlich, insbesondere wenn es das Zusammenspiel (oder Gegeneinanderwirken) von staatlichen und nichtstaatlichen Akteuren betrifft. So setzten Staaten zwar weiterhin vielfältige Rahmenbedingungen für Migration, Migrant*innen selbst und ihren Organisationen wird dabei aber kaum (politische) Akteursqualität zugestanden. Insbesondere die aus der Ethnologie und Soziologie stammenden Konzepte von Transnationalisierung und der Raumbegriff der Geographie besitzen das Potential, sich mit einer politischen Perspektive verknüpfen zu lassen.

Weiterführende Fragen und Literatur

Drei Fragen zum Weiterdenken

- Inwieweit unterscheiden sich politikwissenschaftliche Migrationstheorien von anderen sozialwissenschaftlichen Theorien?
- Worin ergänzen sich politikwissenschaftliche und andere sozialwissenschaftlichen Migrationstheorien?
- Wie lassen sich das Konzept staatlicher Souveränität und die Interessen von Migrant*innen in Einklang bringen?

Drei Bücher zum Weiterlesen

Caroline Brettell/James F. Hollifield (Hg.) (2015): Migration Theory: Talking across disciplines. Third edition. New York: Routledge.
Ein umfassender Überblick über die theoretischen Zugänge zu Migration in den sozialwissenschaftlichen Disziplinen.

Ludger Pries (2008): Die Transnationalisierung der sozialen Welt: Sozialräume jenseits von Nationalgesellschaften. Frankfurt am Main: Suhrkamp.
Eine gut lesbare Einführung in den Transnationalismus, die neben Migration auch Aspekte wie transnationale Unternehmen und Institutionen behandelt.

Siegfried Schieder/Manuela Spindler (Hg.) (2010): Theorien der internationalen Beziehungen. 3. überarb. und aktual. Aufl. Opladen: Budrich.
Eine umfassende Einführung in die Theorien der Internationalen Beziehungen, von den Klassikern bis hin zu kritischen Theorien.

3 Flucht und Asyl[1]

Was macht Fluchtmigration im Unterschied zu anderen Migrationsformen aus? Welche Arten von Fluchtmigration unterscheidet man? Welche Gruppen sind besonders gefährdet? Welche Schutzmechanismen gibt es für Geflüchtete? Welche Rolle spielen die Genfer Flüchtlingskonvention und das UN-Flüchtlingskommissariat (UNHCR)? Worin liegen die politischen Probleme für ein gemeinsames Handeln aller Staaten?

3.1 Historische Entwicklung

Große Fluchtbewegungen sind keine neue Erscheinung des 21. Jahrhunderts, sondern ein immer wieder kehrendes Phänomen in der Menschheitsgeschichte. Während Flucht in früheren Zeiten vor allem eine Folge von Naturkatastrophen und Ressourcenknappheit war, sind die Fluchtursachen in der jüngeren Vergangenheit vielschichtiger. So waren z.B. während und nach der Reformation im Europa des 16. und 17. Jahrhunderts über eine Million Menschen aufgrund innerchristlicher Religionskriege auf der Flucht. Ab 1665 verließen hunderttausende protestantische Hugenotten das katholische Frankreich aufgrund religiöser Verfolgung. Viele von ihnen siedelten sich in England an, einige auch in Preußen, was ausdrücklich von Friedrich Wilhelm I. im Jahr 1685 befürwortet wurde (Sassen 1996, S. 25).

Erst in der Encyclopedia Britannica von 1796 wurde zum ersten Mal der Begriff „refugee" weitergefasst und bezog sich seitdem auf alle Menschen, die ihr Land aus Not verlassen mussten (Marrus 1985). So wurden z.B. auch zwei Millionen Ir*innen, die in der Mitte des 19. Jahrhunderts aufgrund großer Kartoffelmissernten und der folgenden Hungersnöte nach Amerika, Australien und Großbritannien auswanderten, als „refugees" angesehen. Zudem flüchteten auch wohlhabende Menschen, die ihr Heimatland aus politischen Gründen verlassen mussten. Dazu zählten z.B. progressive Intellektuelle, die die autoritären kontinentaleuropäischen Königreiche in

1 Unter Mitarbeit von Sascha Krannich, Jennifer Grunwald, Laura Ettinger und Clara Schick.

Richtung England und Amerika verließen, um sich in den kosmopolitischen Ballungszentren von London oder New York niederzulassen, wo sie ihre politischen Ideen frei artikulieren und verwirklichen konnten, ohne um ihr Leben zu fürchten. Diese Fluchtbewegungen wurden durch die niedergeschlagenen demokratischen Aufstände im Jahr 1848 in Deutschland, Österreich oder Italien zusätzlich forciert (Sassen 1996, S. 50).

Weitere größere Fluchtmigrationen in Europa wurden zum Ende des 19. Jahrhunderts angestoßen, als etwa zwischen 1880 und 1914 ca. 2,5 Millionen Juden und Jüdinnen aus Osteuropa in Länder Westeuropas, Nord- und Südamerikas flohen (Bade 2000; Sassen 1996, S. 93). Im 20. Jahrhundert wurden Fluchtwanderungen vor allem durch Diktaturen und Kriege ausgelöst. Allein die beiden Weltkriege führten dazu, dass Millionen Menschen weltweit ihre Heimat verloren. In Europa waren vor allem die von den Nazis verfolgten Gruppen in Deutschland und in den von Deutschland besetzten Gebieten betroffen. So haben bis zum Kriegsausbruch im Jahr 1939 z. B. fast 400.000 Jüdinnen und Juden Deutschland und das annektierte Österreich verlassen. Davon sind rund 100.000 in die USA, 60.000 nach Palästina, 40.000 nach Großbritannien und rund 75.000 nach Lateinamerika ausgewandert (Holocaust Encyclopedia 2016). Während und kurz nach dem Zweiten Weltkrieg haben viele Millionen Menschen Europa in Richtung Australien, Kanada, USA und Südamerika verlassen (Castles und Miller 2009, S. 191). Auch innerhalb Europas mussten viele Menschen infolge des Krieges fliehen. Die größte Gruppe waren die rund 14 Millionen Vertriebenen aus den deutschen Ostgebieten in das heutige Gebiet Deutschlands.

In der zweiten Hälfte des 20. Jahrhunderts hat sich die Richtung der Fluchtmigration dann umgedreht. Westeuropa wurde von einer Ausgangs- zu einer Zielregion für Geflüchtete. Menschen aus Afrika und Asien flohen vor allem vor Kriegen, ethnischen Konflikten, Armut, Hunger und Umweltkatastrophen, Menschen aus Osteuropa vor politischer Unterdrückung in kommunistischen Ländern in die westeuropäischen Länder, wo sie kriegsbedingte Lücken in einer boomenden Wirtschaft füllten. Bis zum Mauerbau im Jahr 1961 flohen zudem etwa 2,6 Millionen Menschen aus der damaligen DDR in die Bundesrepublik Deutschland (Sippel 2009). Während des Kalten Krieges wurde die Asylpolitik der westlichen Länder gegenüber Geflüchteten aus den kommunistischen Ländern dabei als Propaganda gegen den Kommunismus instrumentalisiert, insbesondere nach den Aufständen in Ungarn 1956 und in Prag 1968 (Castles und Miller 2009, S. 191).

Auch die verfehlte Kolonialpolitik westlicher Mächte und die Ausbreitung nicht-demokratischer Regime und Militärdiktaturen in Afrika und Asien trugen zu Armut und Unterdrückung und somit zu einer steigenden Fluchtmigration bei (Zolberg et al. 1989). Weltweites Aufsehen erregten die 1,6 Millionen südostasiatischen „Boat People“[2], die vor politischer Unterdrückung in ihrem Heimatland nach dem Ende des Vietnamkrieges im Jahr 1975 in Booten über das Südchinesische Meer flüchteten. Die meisten von ihnen kamen aus Vietnam, einige aber auch aus Laos und Kambodscha. Diese „Boat People“ wurden von verschiedenen Staaten aufgenommen, 35.000 von ihnen in Deutschland (Deutsches Rotes Kreuz 2005). Über 250.000 der Geflüchteten starben aber auf der Flucht auf hoher See.

Nach dem Kalten Krieg entstanden neue Konfliktherde. So kam es in den 1990er Jahren in Jugoslawien zu einer Reihe von Konflikten und Kriegen, die auf vielschichtigen ethnischen, religiösen und ökonomischen Auseinandersetzungen basierten. Dies löste die Flucht und Vertreibung von hunderttausenden Menschen aus. Zudem haben vor allem in Afrika und dem Nahen Osten religiöse und ethnische Auseinandersetzungen für große weitere Fluchtmigrationen gesorgt. Aus dem Nahen Osten flohen und fliehen vor allem Menschen aus Syrien und dem Irak, vor religiös-ethnischen Konflikten ebenso wie vor staatlicher Gewalt sowie der islamistischen Terrororganisation „Islamischer Staat“ (IS). Unter den Geflüchteten sind auch Minderheitengruppen wie Christen, Drusen oder Jesiden. In Afrika fliehen Menschen ebenfalls vor Bürgerkriegen oder, wie in Nigeria, vor radikal-islamischen Terrorgruppen, wie die Boko Haram. Drei Millionen Afghan*innen leben seit Jahrzehnten wegen des Bürgerkriegs in ihrem Land in Pakistan (Wojczewski 2015).

Infolgedessen haben sich in den letzten Jahrzehnten die Geflüchtetenzahlen immer weiter erhöht. Ende 2019 waren weltweit über 33 Millionen Menschen in ein anderes Land geflüchtet. Hinzu kommen noch einmal über 45,7 Millionen Menschen, die innerhalb ihres eigenen Landes geflüchtet sind (sog. Binnenvertriebene, engl. IDPs – „internally displaced persons“). Demnach sind zurzeit 79,5 Millionen Menschen auf der Flucht (UNHCR 2020). Dies ist die höchste Zahl an Geflüchteten, die jemals offiziell ermittelt wurde.

2 Heute wird der Begriff „Boat People“ für alle Geflüchteten verwendet, die in Booten oder Schiffen fliehen.

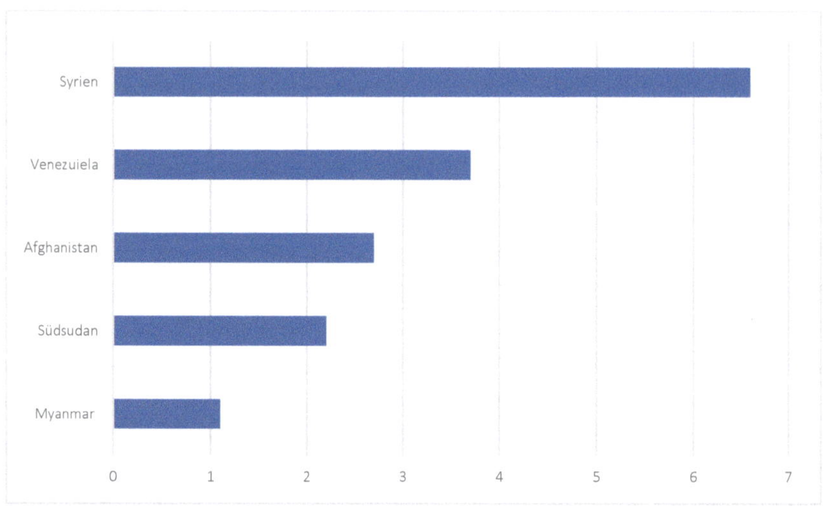

Abbildung 17: Die fünf größten Ursprungsländer von Geflüchteten 2019 (in Millionen)
Quelle: UNHCR, Global trends. Forced displacement in 2020.

3.2 Genfer Flüchtlingskonvention und UNHCR

Aufgrund der schlimmen Erfahrungen aus zwei Weltkriegen und der daraus resultierenden Fluchtbewegungen hat die internationale Staatengemeinschaft nach dem zweiten Weltkrieg neue Rahmenbedingungen für die Aufnahme und Schutzgewährung von Geflüchteten geschaffen. Hierzu wurde im Jahr 1951 auf einer UN-Sonderkonferenz die Genfer Flüchtlingskonvention (GFK) verabschiedet.[3] Sie bildet seither die Grundlage des internationalen Flüchtlingsrechts.[4] Hier wird definiert, wer als Geflüchteter gilt und welche staatlichen Schutzgarantien Geflüchteten zu gewähren sind. Zudem werden Hilfsmaßnahmen und die Rechte der Geflüchteten festgelegt. Bis heute haben 149 Staaten die GFK ratifiziert (UNHCR 2020).

Als zentrale Institution der internationalen Flüchtlingsvereinbarung wurde, ebenfalls im Jahr 1951, das Flüchtlingshilfswerk der Vereinten Nationen gegründet, das Hochkommissariat der Vereinten Nationen für Flücht-

3 Der Originaltitel des Abkommens lautet: „Abkommen über die Rechtsstellung der Flüchtlinge".

4 Sie wurde 1967 durch das New Yorker Zusatzprotokoll ergänzt.

linge (engl. United Nations High Commissioner for Refugees, UNHCR). Der UNHCR ist in erster Linie für die Rechte der Geflüchteten und die Einhaltung der Genfer Konvention verantwortlich und soll weltweit in Krisengebieten vor Ort Hilfe leisten, wie das Organisieren von Camps für Geflüchtete und die Bereitstellung von Nahrung und Medizin (Loescher 2009). Der UNHCR ist von einer kleinen Behörde mit nur einem Kommissar (Gerrit Jan van Heuven Goedhart) und einem Sekretär im Jahr 1951 zu einer großen Organisation mit einer Belegschaft von heute über 17.000 Mitarbeiter*innen und einem jährlichen Budget von rund 8,6 Milliarden US-Dollar im Jahr 2018 angewachsen (UNHCR 2020). Dennoch leidet der UNHCR unter finanzieller Unterversorgung durch die UN-Mitgliedsstaaten und ist v. a. abhängig von den größten Beitragszahlern USA, EU, Deutschland, Schweden, Japan, Großbritannien, und Norwegen.

Vorgeschichte zur GFK
Bevor die GFK in Kraft gesetzt wurde, wurden Geflüchtete in bestehende Migrationskanäle integriert, wobei dies hauptsächlich nach ökonomischen Kriterien erfolgte. So wurden Geflüchtete, wie die russischen Geflüchteten, die ihr Land nach der Oktoberrevolution verlassen mussten, idealerweise in ein Land vermittelt, das Bedarf an Arbeitskräften hatte. Hierfür wurde 1922 der sog. Nansen-Pass eingeführt, mit dem ihnen die Weiterreise ermöglicht wurde. Für einige Jahre übernahm die Internationale Arbeitsorganisation (ILO) die Vermittlung von Geflüchteten auf dem internationalen Arbeitsmarkt (Long 2013). So wurden Geflüchtete zu Arbeitsmigrant*innen gemacht. Die Kehrseite war, dass nicht universeller Schutz, sondern Kriterien wie berufliche Qualifizierung über ihre Aufnahme entschieden.

Im Zuge der Weltwirtschaftskrise in den 1930er Jahren brach dieses System aber weitgehend zusammen. Viele Länder schotteten sich auch vor den Geflüchteten des Naziregimes ab. Angesichts von Millionen Vertriebenen im Zweiten Weltkrieg wurden zunächst neue Institutionen geschaffen. Ein Beispiel ist die International Refugee Organization (IRO), deren Aufgaben seit 1952 vom UN-Flüchtlingshilfswerk UNHCR übernommen werden. Viele Staaten rechneten Geflüchtete auf ihre selbstdefinierten Zuwanderungsquoten an. Ob ein selbstbestimmtes Leben außerhalb von Lagern möglich war, hing dabei erneut von ökonomischen Faktoren ab. Die Sowjetunion brandmarkte Geflüchtetenlager als Sklavenmärkte, in denen sich westliche Mächte billige Arbeitskräfte besorgten. Für Long (2013) erklären solche Vorwürfe bis heute die Trennung in Geflüchtete und Migrant*innen sowie die Schwierigkeiten der internationalen Gemeinschaft, Geflüchtete auch als potenzielle Arbeitskräfte wahrzunehmen.

Neben den Pflichten, die Geflüchtete im Gastland erfüllen müssen, werden in der GFK vor allem die wichtigsten Rechte der Geflüchteten festgelegt, die bis heute die Grundpfeiler der internationalen Flucht- und Asylpolitik darstellen. So wird in Art. 31, Nr. 1 der GFK festgelegt, dass Geflüchtete, die unrechtmäßig in ein Land einreisen, um ihr Leben zu schützen, nicht bestraft werden dürfen. Auch ist es verboten, Personen, die in ein Land einreisen, um dieses um Asyl zu bitten, unter Zwang zurückzuweisen, wenn ihnen in dem Land, in das sie zurückgeschickt werden sollen, Verfolgung aufgrund ihrer Ethnie, Religion, Nationalität, politischen Einstellung oder Zugehörigkeit zu einer bestimmten sozialen Gruppe droht (Art. 33). Dieser Grundsatz der Nichtzurückweisung (*Principle of non-refoulement*) von 1951 beschränkte erstmals die nationalstaatliche Entscheidungsgewalt im Feld der Migration zugunsten der Menschenrechte (Martin 2018, S. 278f.).

In Art. 1A Abs. 2 wird definiert, wann eine Person als geflüchtet im Sinne der Genfer Flüchtlingskonvention gilt. Demnach wird jede Person als Geflüchete*r anerkannt, die „aus der begründeten Furcht vor Verfolgung wegen ihrer Rasse, Religion, Nationalität, Zugehörigkeit zu einer bestimmten sozialen Gruppe oder wegen ihrer politischen Überzeugung sich außerhalb des Landes befindet, dessen Staatsangehörigkeit sie besitzt, und den Schutz dieses Landes nicht in Anspruch nehmen kann oder wegen dieser Befürchtungen nicht in Anspruch nehmen will“ (UNHCR 1951, Art. 1 A, Nr. 2).

Wichtig ist hierbei zu sehen, dass in der Regel nur Personen als Geflüchtete anerkannt werden, die eine *individuelle* Verfolgung durch einen *staatlichen* Akteur glaubhaft machen können. Alle anderen Gruppen, die etwa vor nichtstaatlichen Akteuren fliehen, fallen nicht unter diese Definition (Hoesch 2018, S. 22). Für sie wurde später, auf europäischer Ebene, die Kategorie der sog. subsidiär Schutzberechtigten eingeführt. Hierdurch wird eine Person geschützt, „die nicht die Voraussetzungen [der GFK] erfüllt, der aber dennoch ersthaften Gefahren für Leib und Leben, etwa aufgrund eines Bürgerkrieges, oder unmenschliche Behandlung drohen“ (UNHCR 2020), wie Folter oder Todesstrafe. In vielen Länder wird das internationale Flüchtlingsrecht zudem noch durch nationale Bestimmungen ergänzt, wie etwa in Deutschland durch das grundgesetzlich verankerte Recht auf Asyl sowie Abschiebeverbote (Hoesch 2018).

Art. 1 A, Nr. 2 GFK geht zudem auch auf Staatenlose ein, die sich „infolge solcher Ereignisse [begründete Furcht vor Verfolgung wegen Rasse, Religion, Nationalität, Zugehörigkeit zu einer bestimmten sozialen Gruppe oder wegen politischer Überzeugungen] außerhalb des Landes“ befinden, „in welchem sie ihren gewöhnlichen Aufenthalt hatte[n,] und nicht dorthin zurückkehren [können] oder wegen der erwähnten Befürchtungen nicht dorthin zurückkehren [wollen]“. Ein besonderes Augenmerk innerhalb dieser Gruppe gilt palästinensischen Geflüchteten, die in der Westbank, dem Gazastreifen, Jordanien, Syrien oder dem Libanon leben. Für diese Gruppe gibt es ein Sonderprogramm, die United Nations Relief and Works Agency for Palestine Refugees in the Near East (UNRWA), das bereits im Jahr 1949 als temporäres Hilfswerk der Vereinten Nationen gegründet worden war und das in Folge des ersten arabisch-israelischen Krieges[5] (1947-49) die aus ihren Siedlungsgebieten vertriebenen Palästinenser*innen mit Hilfsleistungen unterstützen sollte.[6] 2019 gab es 5,6 Millionen anerkannte Geflüchtete nach UNRWA-Definition, laut der alle zwischen 1946 und 1948 aus Palästina Vertriebenen sowie deren Nachkommen als Geflüchtete gelten (UNHCR 2020).[7]

Die UNRWA bietet Programme in den Bereichen Bildung, Gesundheit, Sozialleistungen und Rechtssicherheit, finanziert aber auch Mikrokredite und verbessert die Lebensbedingungen in 58 Geflüchtetenlagern, in denen ein großer Teil der palästinensischen Geflüchteten lebt (UNRWA 2019; Feldman

---

5 Je nach Perspektive haben sich unterschiedliche Bezeichnungen für die insgesamt acht Kriege zwischen Israel und den Palästinenser*innen bzw. arabischen Nachbarstaaten entwickelt. Der erste arabische-israelische Krieg wird zum Beispiel auch als Palästinakrieg, israelischer Unabhängigkeitskrieg oder ‚Nakba‘ (deutsch: Katastrophe) bezeichnet, wobei der letztere Begriff primär von den Palästinenser*innen selbst verwendet wird, die am 15. Mai auch den ‚Tag der Nakba‘ begehen, um sich gemeinsam an ihre Vertreibung zu erinnern.

6 Zur gleichen Zeit wurde auch die United Nations Conciliation Commission (UNCCP) gegründet, die ebenfalls zu einer Konfliktlösung beitragen und die Rechte bzw. Interessen der palästinensischen Geflüchteten schützen sollte. Die UNCCP verlor durch den anhaltenden Nahostkonflikt jedoch stark an Bedeutung (Akram 2016, S. 4f.).

7 Die Definition wurde mehrfach erweitert, um zum Beispiel die aufgrund des Sechs-Tage-Krieges (1967) vertriebenen Palästinenser*innen zu berücksichtigen, in dem Israel weite Teile der palästinensischen Gebiete eroberte (Bocco 2009, S. 238).

2012, S. 390). Dabei lässt sich ein Wandel von der ursprünglichen Fürsorgefunktion hin zu Unterstützungsleistungen zur Selbsthilfe nachvollziehen, die auch verstärkt den Schutz von Menschenrechten beinhalten. Im Kontext der bewaffneten Konflikte in Syrien und im Irak hat die UNRWA gemeinsam mit dem UNHCR Schutzmaßnahmen für Palästinenser*innen in grenznahen Auffanglagern etabliert. Versuche der UNRWA, palästinensische Geflüchtete langfristig in den Aufnahmegesellschaften zu integrieren, werden allerdings von arabischen Aufnahmestaaten und auch von vielen Geflüchteten nach wie vor blockiert. Die Hilfsleistungen der seit Jahren unterfinanzierten UNRWA hängen außerdem zu über 90 Prozent an der Finanzierung durch wenige Hauptgeberländer (Akram 2016, S. 7ff.; UNRWA 2020).

Aus der UNRWA-Sonderregelung ergibt sich in der Praxis eine Schutzlücke für die überwiegend staatenlosen palästinensischen Geflüchteten. So fallen UNRWA-Geflüchtete nicht unter den Schutz des UNHCR, da die UNRWA aus Sicht der Vereinten Nationen als separates Hilfsprogramm etabliert worden war. Die umfangreichen Regelungen des UNHCR zur Verantwortung von Drittstaaten gegenüber Geflüchteten (z. B. *Resettlement*) gelten demnach nicht für Palästinenser*innen in den arabischen Hauptaufnahmeländern. Lediglich palästinensische Geflüchtete außerhalb der UNRWA-Regionen können den Schutz des UNHCR in Anspruch nehmen, insofern sie unter die individualisierte Flüchtlingsdefinition der GFK (Art. 1A, Nr. 2 fallen, s. o.). Zudem hat die UNRWA kein Mandat, um dauerhafte Lösungen zu finden, was die Möglichkeiten der Organisation gegenüber den fast zwölf Millionen Palästinenser*innen weltweit deutlich einschränkt (Akram 2016, S. 6-9).

Der Israel-Palästina-Konflikt

Die Zuwanderung von Jüd*innen nach Palästina, das bis ins 19. Jahrhundert überwiegend arabisch geprägt war, begann bereits in den 1880er Jahren.[8] Getragen von der Idee des Zionismus, also der Rückkehr in das ‚gelobte Land', immigrierten Jüd*innen aus aller Welt, um Antisemitismus und gesellschaftlicher Benachteiligung zu entfliehen. Die Errichtung eines israelischen Nationalstaates wurde schon früh

8 Im Zionismus existiert der Mythos eines unbesiedelten Palästinas, tatsächlich lebten dort Ende des 19. Jahrhunderts aber über 400.000 arabische Muslime und Christen und wenige Juden (Schneider 2008, S. 2).

zum erklärten Ziel der zionistischen Bewegung. In dem ab 1920 unter britischem Mandat stehenden Palästina kam es schon bald zu ersten, teilweise bewaffneten Konflikten zwischen der arabischen Mehrheitsbevölkerung und den jüdischen Siedler*innen, aber auch gegenüber den britischen Machthabern. Der Holocaust in Europa hatte in den 1940er Jahren nicht nur große Migrationsbewegungen nach Palästina zur Folge – die jüdische Bevölkerung umfasste schließlich über 600.000 Personen –, sondern verlieh dem Vorhaben eines jüdischen Staates auch zusätzliche Legitimität. Nachdem die britische Regierung ihr Mandat 1947 abgegeben hatte, einigten sich die Vereinten Nationen zunächst auf einen Teilungsplan (Zwei-Staaten-Plan), der jedoch von bürgerkriegsartigen Unruhen unterbrochen wurde. Die Unabhängigkeitserklärung Israels 1948 provozierte schließlich einen Krieg mit den arabischen Nachbarstaaten. Der Sieg Israels resultierte in der Vertreibung von 600.000-800.000 Palästinenser*innen, von denen mehr als die Hälfte in den Gazastreifen bzw. die Westbank umsiedelte. Viele suchten jedoch auch Zuflucht in den Nachbarländern, vor allem in Jordanien (70.000), Syrien (75.000), Libanon (100.000) und zu einem geringeren Teil im Irak und in Ägypten (Schneider 2008, S. 1ff.).

Seit der Gründung des Staates Israel hat das Land, bedingt durch die weltweite Immigration aus der jüdischen Diaspora, einen durchweg positiven Wanderungssaldo. Die Bevölkerung ist im Jahr 2019 auf fast neun Millionen angewachsen, von denen nur noch ca. 21 Prozent arabischer Herkunft sind (Israel Central Bureau of Statistics 2020, S. 6). Gleichzeitig leben rund 5,6 Millionen palästinensische Geflüchtete in Gaza, der Westbank (inkl. Ostjerusalem), Jordanien, Syrien und dem Libanon.

Neben Geflüchteten und Staatenlosen definiert der UNHCR zudem Asyl*bewerber*innen* als eigene Kategorie. Hierbei handelt es sich um Flüchtende bzw. Migrant*innen, die von den offiziellen Stellen noch nicht als Geflüchtete (im Sinne der GFK oder im Sinne eines subsidiären Schutzes, s. o.) anerkannt worden sind. Ob ein Asylantrag angenommen wird, richtet sich nach den nationalen Asylgesetzen, die in der Regel den Grundsätzen der Genfer Flüchtlingskonvention folgen. Da in der Praxis nicht immer einfach zu entscheiden ist, ob es sich um erzwungene oder freiwillige Migration handelt, da sich in Migrationen politische mit wirtschaftlichen Gründen mischen können, wurde in den

1990er Jahren das Konzept der sog. ‚mixed migrations' entwickelt (Linde 2011). Hierbei ging es vor allem darum, die Unterscheidbarkeit von erzwungener und freiwilliger Migration zu erleichtern, und Geflüchteten zu helfen, Arbeit aufnehmen und ein normales Leben führen zu können. Die Vermischung beider Wanderungen ist insbesondere für humanitäre Hilfsorganisationen schwierig, weil diese häufig an ein bestimmtes politisches Mandat (z.B. den Schutz einer bestimmten Gruppe wie etwa Geflüchtete) gebunden sind.

Der UNHCR hat jedoch dazu aufgerufen, auch migrierenden Menschen, die keine Geflüchteten sind, Schutz zu bieten und die Gefahren, denen sie sich bei der Wanderung aussetzen, anzuerkennen. Dieses Signal ist besonders wichtig, da diese (äußerst diverse) Gruppe ansonsten keinerlei Fürsprechende hat, die sich für sie einsetzen. Damit überschreitet der UNHCR zwar sein Mandat, füllt aber eine wichtige Lücke aus.

Schutz von Geflüchteten und gemischte Wanderungen

Der UNHCR hat sich bereits früh mit dem Problem der gemischten Wanderungen auseinandergesetzt, um die Gefahren, denen Menschen, die migrieren, ausgesetzt sind, ins Bewusstsein zu bringen und deren Menschenrechte zu wahren. Er hat hierfür ein Zehn-Punkte-Programm aufgestellt, mit dessen Hilfe Migrant*innen, die keine Geflüchteten sind, geschützt werden sollen (UNHCR 2007, S. 1-2). Die Punkte umfassen u.a. mehr Kooperation der beteiligten Hilfsorganisationen, eine Verbesserung der Datenlage sowie die Entwicklung einer Informationsstrategie, mit der mehr Sicherheit auf der Wanderungsroute und mehr Aufnahmemöglichkeiten für die Geflüchteten geschaffen werden sollen. Zudem soll eine unterstützte Rückkehr gefördert werden.

Einen ähnlichen Ansatz verfolgt der North Africa Mixed Migration Hub (MHub). Er setzt sich für den Schutz von Migrierenden in Nordafrika ein. U.a. sammelt er Daten zum Verstoß gegen Menschenrechte, die Politik und Öffentlichkeit aufrütteln sollen. Auch der MHub verweist auf die komplexen Wanderungsbewegungen unterschiedlichster Menschen mit unterschiedlichsten Migrationsmotiven. Er betont aber, dass all diese Menschen ständig Gefahren ausgesetzt sind. Er setzt sich damit für den Schutz der Menschenrechte ungeachtet der Form der Migration ein (MHub 2016, S. 1).

Daneben hat der UNHCR auch ein Mandat für die oben angesprochenen Binnengeflüchteten, die innerhalb ihres Heimatlandes flüchten, und von der UNHCR offiziell als „Internally Displaced Persons" (s. o.) bezeichnet werden. Wie wir schon gesehen haben, machen sie den größeren Teil der weltweit Geflüchteten aus. Obwohl sie häufig aus den gleichen Gründen fliehen (bewaffnete Konflikte, Menschenrechtsverletzungen), verbleiben sie jedoch im Gegensatz zu internationalen Geflüchteten unter dem Schutz des Rechtssystems ihres Staates (UNHCR 2014). Dennoch ist klar, dass auch diese Gruppe internationalen Schutzes bedarf, insbesondere wenn die eigene Regierung der Grund für ihre Flucht ist, wie man aktuell in Syrien sieht.

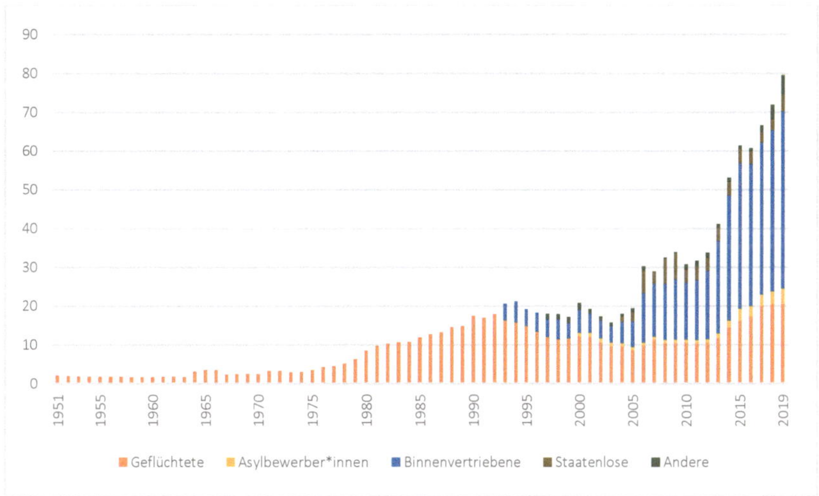

Abbildung 18: Entwicklung der Zahl der Geflüchteten weltweit 1951-2019 (inkl. Binnenvertriebene) (in Millionen)
Quelle: UNHCR 2020.

Über die Hälfte der weltweit flüchtenden Menschen sind Kinder und Jugendliche unter 18 Jahren. Viele von ihnen flüchten sogar alleine, ohne die Begleitung ihrer Eltern oder sie werden auf der Flucht von ihnen getrennt. Im Jahr 2015 wurden weltweit knapp 100.000 unbegleitete geflüchtete Kinder und Jugendliche außerhalb ihrer Herkunftsländer registriert (UNHCR 2017). Diese Gruppe der unbegleiteten minderjährigen Geflüchteten gehört zu der Gruppe der „besonders schutzbedürftigen Personen" (Müller 2014, S. 10). Sie sind auf der Flucht oftmals besonderen Gefährdungen ausgesetzt, werden häufig Opfer von Gewalt, Konflikten und auch Ausbeutung. Aus diesen Gründen benötigen sie besonderen Schutz und Aufmerksamkeit (Müller 2014, S. 10). Besonders problematisch ist ihre Situation an der US-amerikanischen Grenze. Hier werden trotz strenger Gesetze und Richtlinien Kinder immer wieder inhaftiert und sogar vermisst gemeldet.

Neben den UNHCR-Institutionen gibt es noch zahlreiche weitere weltweit agierende supra- und interstaatliche Institutionen und Organisationen. Dazu zählt u. a. auch die Internationale Organisation für Migration (IOM), die ebenfalls 1951 gegründet wurde. Die IOM ist eine Serviceorganisation mit 166 Mitgliedstaaten. Sie führt vor allem Hilfsprogramme durch, deren Hauptzielrichtung die Rückführung ist. Sie wird von Menschenrechtsorganisationen häufig dafür kritisiert, dass sie die Rechte der Migrant*innen nicht ausreichend schützt (→ 13 Global Migration Governance). Auch die EU kann als ein wichtiger Akteur im internationalen Fluchtregime angesehen werden. Die EU richtete 1992 eine Generaldirektion für humanitäre Hilfe ein und ist in nahezu allen Krisenregionen der Welt aktiv. Zudem ist die EU einer der größten Geber von Entwicklungsgeldern zur Bekämpfung von Fluchtursachen. Weitere intergouvernementale Behörden sind z. B. das World Food Programme (WFP) und der United Nations Children's Fund (UNICEF).

Neben staatlichen Institutionen und Organisationen entstanden zunehmend auch Nichtregierungsorganisationen (NGOs), die sich für die Rechte und den Schutz von Geflüchteten einsetzen und oftmals staatlichen Institutionen kritisch gegenüberstehen. Diese spielen aufgrund ihrer wachsenden Einflussmöglichkeiten eine immer größere Rolle im internationalen Fluchtregime. Dazu gehören OXFAM, Terre des Hommes, Cap Anamur, Ärzte ohne Grenzen, CARE International sowie No Border Network, Human Rights Watch, das International Rescue Committee (IRC) und weitere international agierende NGOs. Aufgrund ihrer schlanken Strukturen und relativ kurzen Entscheidungswege sind NGOs häufig flexibler und damit zu schnellerer Hilfe in der Lage als staatliche Stellen (Neumayer 2016). Es wird daher von vielen Seiten gefordert. NGOs einen größeren Stellenwert im internationalen Fluchtregime zu geben (Loescher 2001; Keely 2001; Castles und Miller 2009; Kosher 2012) (zum Regimebegriff auch → 2 Migrationstheorien).

3.3 Aufnahmeländer

Mit den ansteigenden Geflüchtetenzahlen steigt auch der Druck auf die Aufnahmeländer. Die unmittelbaren Nachbarländer in den Konfliktregionen tragen meist die Hauptlast für die Aufnahme von Geflüchteten und stoßen an ihre Grenzen. Ein Blick auf die regionale Verteilung der Geflüchteten auf die verschiedenen Kontinente zeigt, dass knapp 30 Prozent der offiziell von der UNHCR registrierten Geflüchteten in Subsahara-Afrika lebt, und weitere 12 Prozent in Nordafrika und dem Nahen Osten. Die Herausforderung ist für diese Länder besonders groß, weil die meisten selbst Entwicklungs- oder Schwellenländer sind (UNHCR 2020).

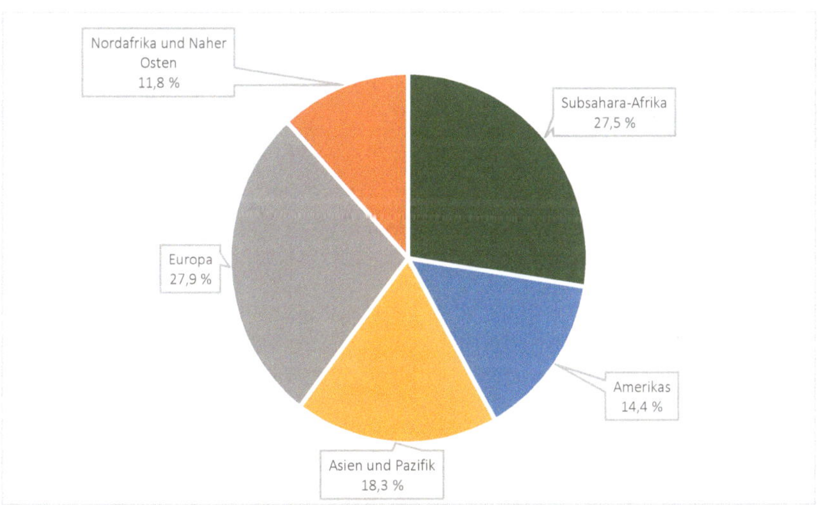

Abbildung 19: Verteilung von Geflüchteten 2019 auf die verschiedenen Kontinente (in %)
Quelle: UNHCR, Global trends. Forced displacement in 2020.

Blickt man auf die einzelnen Länder, sticht die Türkei besonders hervor. Seit dem Syrien-Krieg hat sie mit über 3,6 Millionen Menschen weltweit die größte Zahl von internationalen Geflüchteten aufgenommen. Danach folgen Kolumbien mit 1,6 Millionen (vor allem aus Venezuela) Geflüchteten sowie Pakistan (mit Geflüchteten vor allem aus Afghanistan) und Uganda mit jeweils 1,4 Millionen Geflüchteten, die in Uganda vor allem aus dem Kongo und dem Südsudan stammen. Auf Platz 5 folgt Deutschland mit 1,1 Millionen Geflüchteten. Im Verhältnis zur Größe der einheimischen Bevölkerung nimmt jedoch der Libanon mit Abstand die meisten Geflüchteten auf, gefolgt von Jordanien, der Türkei, dem Tschad, Uganda und dem Sudan. Als erste europäische Länder folgen Schweden und – nach dem Südsudan – Malta.

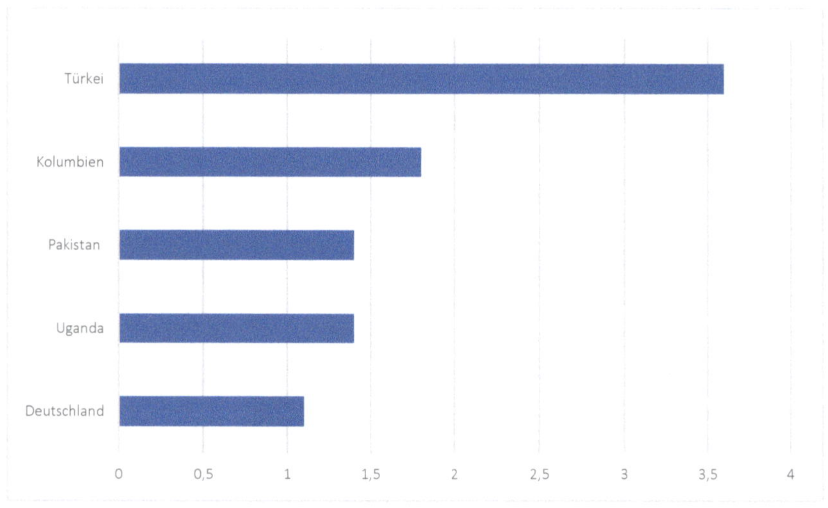

Abbildung 20: Die fünf größten Aufnahmeländer von Geflüchteten 2019 (in Millionen)
Quelle: UNHCR, Global trends. Forced displacement in 2020.

In vielen Ländern erfolgt die Aufnahme mittels Unterbringung in Geflüchtetenlagern, die zumeist als kurzfristige Zwischenlösung gesehen werden. Der UNHCR bringt Geflüchtete seit den 1980er Jahren zu einem großen Teil in Lagern unter, die jedoch bei anhaltenden Fluchtsituationen teilweise über Jahrzehnte bestehen bleiben. Derartige Lager entwickeln häufig eine gewisse Eigendynamik, zumal sie oft losgelöst vom Aufnahmeland in wenig bevölkerten, ländlichen Gegenden liegen. Die physische und wirtschaftliche Isolation bewirkt, dass wenig Austausch mit dem Aufnahmeland stattfindet und sich so eine Art Mikrokosmos entwickelt. Das Lagerleben gewinnt dabei an sozialer und auch ökonomischer Bedeutung. Die Lebensbedingungen in Geflüchtetenlagern changieren von annehmbar bis katastrophal, je nach nationalen und lokalen Gegebenheiten. In manchen Regionen dürfen sich Geflüchtete beispielsweise auch außerhalb der Lager frei bewegen und der

Zugang zu Arbeit und Bildung variiert ebenso. In anderen Lagern ist selbst der Zugang zu medizinischer Versorgung, Lebensmitteln und sauberem Wasser eingeschränkt (Buckley-Zistel et al. 2014, S. 75ff.).

Eines der größten Geflüchtetenlager weltweit, Cox's Bazar, liegt in Bangladesch, das seit den 1970er Jahren hunderttausende Geflüchtete der muslimischen Rohingya-Minderheit aus Myanmar aufgenommen hat. Rohingya-Geflüchtetenlager bestehen dort bereits seit mehr als zwanzig Jahren, die 2017 angestoßene Vertreibung durch die Regierung Myanmars hat jedoch eine Rekordzahl von über 700.000 Rohingyas über die Grenze nach Bangladesch getrieben (UNHCR 2020). Menschenrechtsorganisationen stufen den Konflikt mittlerweile als Genozid ein (BBC 2020). Mit fast 600.000 Bewohner*innen ist das Geflüchtetenlagern Kutupalong das größte der Welt. Zusätzlich leben noch schätzungsweise 500.000 Rohingya in lagerartigen Siedlungen in der Nähe der offiziellen Geflüchtetenlager, da ihnen ein offizieller Geflüchtetenstatus und Zugang zu den Lagern verwehrt wird. Die Regierung Bangladeschs verweigert nicht registrierten Geflüchteten jegliche humanitäre Hilfe. Innerhalb der Lager ist der UNHCR zusammen mit anderen Menschenrechtsorganisationen für die Versorgung zuständig. Doch auch dort ist die Situation problematisch. So ist erst seit 2013 eine rudimentäre Schulbildung möglich, gleichzeitig stellt geschlechterbasierte Gewalt eines der großen Sicherheitsprobleme in den Lagern dar (Goodman und Mahmood 2019, S. 490ff.; Olivius 2017a und b).

Auf dem afrikanischen Kontinent existieren ebenfalls diverse Geflüchtetencamps, unter anderem in Uganda, Tansania und Äthiopien (UNHCR 2020). Der größte Lagerkomplex befindet sich in Kenia, das im Zuge des somalischen Bürgerkrieges ab 1991 hunderttausende Somalis aufnahm, die dem Konflikt und harschen Umweltbedingungen entfliehen wollten. Das sogenannte Dadaab-Lager ist eigentlich eine Gegend mit mehreren Geflüchtetenlagern, die im März 2020 circa 217.000 somalische Geflüchtete umfasste (UNHCR 2020)[9]. Diese können aufgrund immer wieder ausbrechender Kämpfe und mehrerer Hungersnöte nicht in ihr Herkunftsland zurückkehren, die Lebenssituation im Lager ist jedoch prekär, sowohl in Bezug auf Sicherheit, medizinische Versorgung und Hygiene – es kam bereits zweimal zu Cholera-Ausbrüchen – als auch auf Arbeit und Bildungschancen. Hilfsorganisationen spielen eine große Rolle bei der Aufrechterhaltung des Dadaab-Lagers, aber auch in vielen anderen Geflüchtetenlagern auf der Welt

9 Siehe www.unhcr.org/ke/dadaab-refugee-complex.

und füllen so eine ‚Lücke' im internationalen Fluchtregime (Chkam 2016, S. 79f., S. 96).

Das Thema Unterbringung spielt auch in Europa eine zentrale Rolle. In Deutschland wurden im Jahr 2015 zum Beispiel diverse Hallen und Gelände genutzt, um die große Anzahl der Geflüchteten versorgen zu können, da vorhandene Erstaufnahmeeinrichtungen bereits an der Kapazitätsgrenze waren. Inzwischen setzen einige Bundesländer, darunter Nordrhein-Westfalen, jedoch verstärkt auf dezentrale Unterbringungen, die als integrationsförderlich angesehen werden und gleichzeitig der Stigmatisierung von Fluchtmigrant*innen entgegenwirken sollen (Schamman/Kühn 2016). Größere Lager entstehen hingegen an den EU-Außengrenzen, zum Beispiel in Italien oder Griechenland. Die griechischen Lager verteilen sich auf mehrere Inseln, die seit 2016 primär als Durchgangsstation dienen sollten, bis die Asylverfahren der Bewohner abgeschlossen sind. Die Inaktivität der griechischen Regierung hat jedoch dazu geführt, dass immer mehr Geflüchtete in den Lagern der Inseln festsitzen. Das Lager ‚Moria' auf der Insel Lesbos ist zum Synonym für die schlechten Zustände geworden, denn dort lebten im Frühjahr 2020 über 20.000 Menschen, obwohl das Lager nur für circa 3.000 auslegt war. Zudem kommen immer noch neue Geflüchtete mit Booten auf die nur 10 Kilometer von der türkischen Küste entfernte Insel. Die vielen unbearbeiteten Asylverfahren der Geflüchteten, die überwiegend aus Syrien, Irak und Afghanistan stammen, haben zur Folge, dass viele wohl auf unbestimmte Zeit dort festsitzen werden (Gavalakis und Katsioulis 2016, 1 f.).

3.4 Nationale Flucht- und Asylpolitik

Auch die Asyl- und Geflüchtetenpolitiken in den Zielländern der Fluchtmigration haben einen wichtigen Einfluss auf die Wanderungsentscheidungen der Geflüchteten (Betts 2014). So versuchen viele Nationalstaaten trotz der Verpflichtungen, die sie mit der Genfer Flüchtlingskonvention eingegangen sind, Fluchtmigration soweit es geht abzuwehren und/oder auf andere Länder abzuwälzen. Beispielsweise werden Abkommen mit anderen Ländern geschlossen, die – wie im Fall der Türkei – eine größere Nähe zu den jeweiligen Konfliktorten aufweisen. Im Gegenzug wird dabei häufig eine größere Geldsumme zugesagt, wie dies etwa beim bei dem EU-Türkei-Abkommen der

Fall war.[10] Von dem Geld soll dann die Versorgung der Geflüchteten vor Ort finanziert werden. Zum Teil fließt das Geld aber auch in den Grenzschutz der betroffenen Länder, so dass die Geflüchteten entweder gar nicht mehr in das betreffende Land fliehen oder von dort aus weiterwandern können.

In den letzten Jahrzehnten konnte man zudem eine schrittweise Verschärfung der Geflüchteten- und Asylpolitik in fast allen OECD-Ländern beobachten. So wurde in den meisten Ländern entweder der Zugang zum Asylstatus spürbar erschwert oder Geflüchtete erhielten nur einen geminderten Schutzstatus. Das Ergebnis war, dass hier die Aufnahmepolitik zunehmend restriktiver wurde, während gleichzeitig die Geflüchtetenzahlen stiegen (Massey 1999, S. 312). Zugleich wurden auch die Möglichkeiten von freiwilliger Migration aus Entwicklungs- und Krisenländern eingeschränkt, was die Situation zusätzlich prekärer gemacht und den Auswanderungsdruck erhöht hat (Zolberg und Benda 2001, S. 2).

Besonders drastisch wurde diese Abschottung in Australien spürbar, das Anfang der 2000er Jahre seine Asylpolitik gegenüber Bootsflüchtlingen drastisch verschärfte. Aufgrund steigender Zahlen von Flüchtenden, die an den Küsten Australiens mit Booten ankamen, wurde im Rahmen der sog. „Operation Sovereign Borders" angewiesen, die Boote direkt auf hoher See abzufangen und die Geflüchteten in ein Auffanglager auf der Pazifikinsel Nauru außerhalb Australiens unterzubringen. Aus den Lagern wird seit Jahren von menschenunwürdigen Zuständen berichtet (Amnesty International 2017). Begleitet wird diese völkerrechtwidrige Abwehr von Geflüchteten durch eine aggressive politische Rhetorik, die versucht, unerwünschte Einwanderer von Australien fernzuhalten. „You will not make Australia home", lautete ein Slogan dieser Kampagne.

Nicht ganz so drastisch sind die Veränderungen in den USA. Aber auch das größte Einwanderungsland der Welt wurde immer abweisender und wurde in den letzten Jahrzehnten von einem Hauptaufnahmeland von Geflüchteten (UNHCR 2000) zu einem weltweit eher unbedeutenden. Diese

10 Das EU-Türkei-Abkommen von 2016 sieht eine Verschärfung türkischer Grenzkontrollen vor, um die Anzahl irregulärer Migrant*innen zu verringern, die über Griechenland in die EU einreisen. Dazu sind der Türkei umfangreiche Finanzhilfen (zunächst drei Milliarden Euro) zugesagt worden, die der Versorgung von Geflüchteten dienen sollen. Aus menschenrechtlicher Sicht wurde das Abkommen vielfach kritisiert, da ein großer Teil der Geflüchtete in der Türkei unter prekären Bedingungen lebt. Des Weiteren fänden Massenabschiebungen aus Griechenland ohne vorherige Prüfung des Geflüchtetenstatus statt (Heck und Hess 2017).

Entwicklung startete mit dem Ende des Kalten Krieges und verschärfte sich nach den Terroranschlägen von 9/11 (Castles und Miller 2009, S. 193). Unter Präsident Trump wurden die Aufnahmemöglichkeiten weiter verringert und die Grenzsysteme ausgebaut, begleitet von einer aggressiven Rhetorik.

Auch die Europäische Union hat in den letzten Jahren eine Verschärfung ihrer Asylpolitik erfahren (zur Asylpolitik der EU im Einzelnen → 12 Migrationspolitik der Europäischen Union). Ein besonders kritischer Punkt ist hier der Umgang mit der Seenotrettung von Flüchtenden auf dem Mittelmeer. Denn Fluchtrouten führen Migrant*innen nicht nur über Landesgrenzen, sondern auch über Wassergrenzen. Das Mittelmeer gilt dabei als weltweit gefährlichste Grenze der Welt. Hier kamen zwischen 2000 und 2017 mehr als 34.000 Menschen bei dem Versuch ums Leben, mit Booten nach Italien, Griechenland, Spanien oder Malta zu gelangen (IOM 2017, S. 13; UNHCR 2020).

In Not geratene Menschen zu retten, ist eigentlich Aufgabe der angrenzenden Küstenstaaten und seit 2004 von FRONTEX, der Europäischen Agentur für die Grenz- und Küstenwache. Die allgemeine Pflicht zur Seenotrettung ist in Art. 98 Abs. 1 des UN-Seerechtsübereinkommens (UNCLOS) festgelegt und verpflichtet alle Kapitän*innen privater und staatlicher Schiffe, dazu, Personen in Seenot so schnell wie möglich zu Hilfe zu kommen, insofern keine ernste Gefahr für das eigene Schiff besteht. Weitere Einzelheiten zur Seenotrettung sind im SAR-Übereinkommen und der UN-Konvention zur Schiffssicherheit (SOLAS) verankert (Weinzierl und Lisson 2007, S. 37). In den letzten Jahren häufen sich jedoch Fälle, in denen Hilfeleistungen unterlassen wurden oder Schiffe mit geretteten Geflüchteten an Bord in Europa nicht anlegen durften, wie der sogenannte ‚Thunfisch-Fall': Im Jahr 2007 hatten sich 27 Geflüchtete auf einen Käfig zur Thunfischzucht etwa 60 Seemeilen vor der Küste Libyens gerettet, das maltesische Schlepperschiff weigerte sich jedoch, diese an Bord zu nehmen. Nachdem sowohl Malta als auch Libyen die Aufnahme verweigert hatten, wurden die Menschen schließlich nach mehrtägigem Ausharren durch die italienische Marine gerettet. Der ‚Thunfisch-Fall' zeigt eindrücklich die schwierige Lage von Fischern, die bei der Aufnahme von schiffbrüchigen Migrant*innen womöglich finanzielle oder rechtliche Konsequenzen fürchten müssen. Auch medial hat das Thema (erstmals) große Aufmerksamkeit erregt, eine Sprecherin des UNHCR verglich die Fluchtsituation im Mittelmeer sogar mit der Rechtlosigkeit im ‚Wilden Westen' (Klepp 2011, S. 234ff.).

Während das internationale Seerecht nur wenig Spielraum in Bezug auf den Rettungsakt selbst lässt, wird die Frage, wohin die Geretteten gebracht werden sollen, kontrovers diskutiert – und gehandhabt. Das SAR-Übereinkommen definiert zwar einen ‚sicheren Ort', der bei Geflüchteten jedoch nicht unbedingt dem nächstgelegenen Hafen entsprechen muss. Der Europäische Gerichtshof für Menschenrechte (EGMR) hat dazu 2012 in einem wegweisenden Urteil Kriterien für die zukünftige Seenotrettung von Geflüchteten definiert. Im Fall *Hirsi Jamaa u. a. gegen Italien* wurden eritreische und somalische Geflüchtete aus Seenot gerettet und vom italienischen Grenzschutz ohne individuelle Verfahren direkt nach Libyen gebracht. Diese ‚Push-Back-Operation' war in Italien bereits seit mehreren Jahren gängige Praxis, wurde aber vom EGMR unter Verweis auf das Non-Refoulement-Gebot (GFK) und das Verbot der Kollektivausweisung (Zusatzprotokoll 4, Art. 4 EMRK) für rechtswidrig erklärt (Pichl und Tohidipur 2019, S. 181ff.; Alberts und Flor 2016, S. 58).

Der italienische Staat gründete daraufhin 2013 die Mission ‚Mare Nostrum', die innerhalb eines Jahres über 150.000 Menschen aus Seenot rettete, jedoch von einer auf den Grenzschutz fokussierten FRONTEX-Mission (Triton) abgelöst wurde. Auch NGOs, wie z.B. Sea Watch, traten in den folgenden Jahren vermehrt für die Seenotrettung von Geflüchteten ein, wurden aber ab 2017 massiv in ihrer Rettungsarbeit behindert. Zivilgesellschaftliches Engagement wurde so größtenteils unterbunden und politisch delegitimiert, während gleichzeitig eine, durch die deutsche Regierung initiierte, Zusammenarbeit mit der lybischen Küstenwache stattfindet. Diese wird mit Blick auf menschenunwürdige Zustände in dortigen Lagern jedoch öffentlich stark kritisiert. Insofern ist die Seenotrettung auf dem Mittelmeer stark durch politische Interessen geprägt und hängt eng mit der Asylpolitik der EU zusammen (Pichl und Tohidipur 2019, S. 183-186).

Die Situation im Mittelmeer stellt keinen Einzelfall dar, wie wir am Beispiel Australiens gesehen haben. Hier haben die geschilderten restriktive Maßnahmen zum Grenzschutz dazu geführt, dass die Anzahl der Boote, die Australien ansteuern, erheblich gesenkt wurde. Laut einer vergleichenden Studie von Ghezelbash und anderen ist die Abwehr von schiffbrüchigen Booten von einem ‚Schleier des Schweigens' umgeben, der auch für den Grenzschutz in Europa gelte (Ghezelbash et al. 2018, S. 8f., 38)

3.5 Lösungsansätze

Einer der führenden Fluchtforscher*innen Aristide Zolberg sagte zu Beginn des 21. Jahrhunderts, in Bezug auf Fluchtkrisen „there are solutions, but no quick fix" (Zolberg und Benda 2001, S. 13). Daher müssten immer langfristige Lösungen für den Verbleib von Geflüchteten gefunden werden. In der wissenschaftlichen Diskussion werden dabei vor allem drei ‚dauerhafte Lösungen' (*durable solutions*) diskutiert (Kosher 2012): Die beste Lösung stellt dabei immer die freiwillige Rückkehr der Geflüchteten in ihr Heimatland dar, nachdem der Konflikt vorüber ist und die Geflüchteten nicht mehr um ihr Leben fürchten müssen („voluntary repatriation"); die zweite Möglichkeit ist der dauerhafte Verbleib der Geflüchteten im Aufnahmeland und deren Integration in den nationalen Arbeits- und Wohnungsmarkt; drittens ist eine dauerhafte Umsiedlung in ein sicheres Drittland möglich (*Resettlement*). Diese Alternative wird vor allem in den klassischen Einwanderungsländern USA, Kanada und Australien favorisiert. Wir wollen im Folgenden diese drei Optionen kurz beleuchten, inwieweit sie realistisch sind und ob sie den Bedürfnissen der Geflüchteten Rechnung tragen.

3.5.1 Rückkehr

Ist die freiwillige Rückkehr bei Arbeitsmigrant*innen noch relativ problemlos und teilweise auch mit finanziellen Anreizen verbunden, so sieht die Situation bei Geflüchteten zumeist anders aus. So erfolgt eine freiwillige Rückkehr von Geflüchteten in der Realität in einem sehr geringen Maße. Im Jahr 2015 haben z.B. weltweit nur 0,9 Prozent der über 21 Millionen Geflüchteten die Rückkehrmigration in Anspruch genommen (Gerken et al. 2017). Die Rückkehr, ob sie nun organisiert oder spontan erfolgt, darf bei anerkannten Geflüchteten nicht erzwungen werden (Prinzip des Non-Refoulement). Die Repatriierung wird in Ländern, die noch schwelende Konflikte haben, jedoch häufig nicht durch flankierende Programme unterstützt, was die Existenz von Reintegrationsprogrammen der Aufnahmeländer umso wichtiger werden lässt (z. B. ERIN für sechs EU-Länder und Großbritannien). In Ermangelung dieser Programme bleibt vielen Rückkehrmigrant*innen jedoch nichts anderes übrig, als spontan und selbstorganisiert, also ohne institutionelle oder staatliche Unterstützung, zurückzukehren (ebd.).

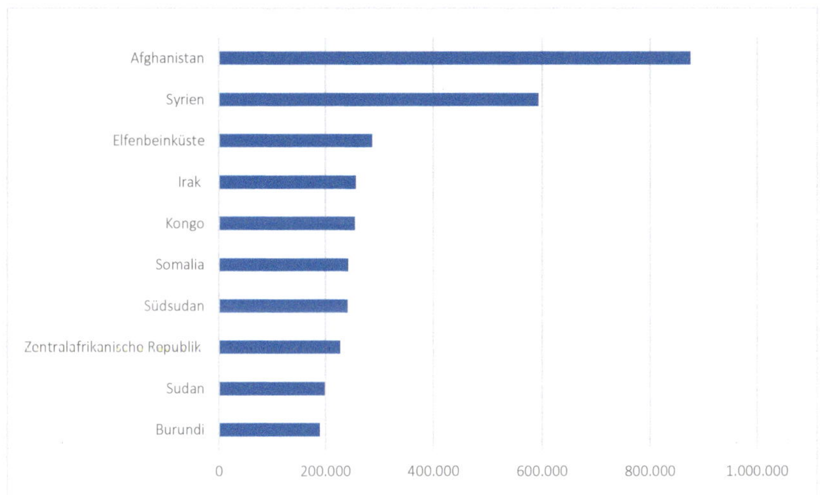

Abbildung 21: Länder mit den meisten zurückkehrenden Geflüchteten im Rahmen von UNHCR-Programmen 2010-2019
Quelle: UNHCR 2020.

Abschiebung
Von der freiwilligen Rückkehr ist die Abschiebung abzugrenzen. Mit der Abschiebung ist die zwangsweise Rückkehr einer einzelnen Person in das Herkunfts-, Transit- oder Drittland auf Grundlage eines Gerichts- oder Verwaltungsaktes gemeint. Nach europäischem Recht erfolgt zunächst die Ausweisung, wenn kein Aufenthaltsrecht im Aufnahmeland (mehr) besteht. Die tatsächliche physische Rückführung kann nach der Ausweisung vollzogen werden, der Rückkehrverpflichtung kann jedoch auch durch die sogenannte „freiwillige" Ausreise innerhalb einer bestimmten Frist nachgekommen werden (European Migration Network 2019, S. 13, 145, 283). In Deutschland wurden im Jahr 2019 22.100 Abschiebungen durchgeführt. Rund 8.400 von ihnen wurden im Rahmen der Dublin-III-Verordnung in andere europäische Länder überstellt. Im Vergleich zum Vorjahr ist die Zahl der Abschiebungen um 6,4 Prozent zurückgegangen.[11]

11 Vgl. https://mediendienst-integration.de/migration/flucht-asyl/abschiebungen.html.

Doch auch wenn die Geflüchteten der Aufforderung, das Land zu verlassen, nicht folgen, muss die Abschiebung nicht zwangsläufig vollzogen werden. Neben der Rechtsstellung als geflüchtet können Migrant*innen subsidiär schutzberechtigt sein, wenn ihnen durch die Rückkehr in ihr Herkunftsland ernsthafter Schaden (Folter, Tod usw.) drohen würde. Auch ein Abschiebeverbot kann ausgesprochen werden, hier handelt es sich jedoch um eine bloße Duldung der Person.[12] Im Jahr 2019 hat das Bundesamt für Migration und Flüchtlinge insgesamt knapp 184.000 Entscheidungen gefällt, davon betroffen waren circa 25 Prozent Geflüchtete, 11 Prozent subsidiär Schutzberechtigte und ungefähr 3 Prozent Geduldete (BAMF 2020, S. 37).
Gegen die Abschiebung von ausländischen Staatsbürger*innen formiert sich in vielen Ländern Protest, zum Beispiel in Form von physischen Blockaden, Flughafenprotesten (bei Abschiebungen mit dem Flugzeug) oder auch dem Kirchenasyl. Der Grad der Organisiertheit variiert dabei stark und reicht von spontanen Bekundungen bis hin zu etablierten Organisationen, in Deutschland zum Beispiel Pro Asyl, die Rechtsbeihilfe anbieten. Die Forschung zu sozialen Bewegungen nimmt sich ebenfalls vermehrt diesem Thema an. Ruedlin et al. identifizieren für Deutschland, Österreich und die Schweiz beispielsweise überwiegend lokale Protestformen, die sich auf individuelle Lösungen fokussieren, anstatt den sozialen und rechtlichen Wandel der Migrationsregime voranzutreiben (Ruedlin et al. 2018).

3.5.2 Integration

Die zweite Option ist die Integration in die Aufnahmegesellschaft. Dies setzt einen komplexen Prozess in Gang, der beiden Seiten, Geflüchteten und Aufnahmegesellschaft, viel abverlangt (zu den Theorien hierzu → 9 Migration und Integration). Die derzeitige Politik setzt jedoch weniger auf Integration als auf Segregation, etwa durch die Unterbringung in Lagern. Zudem wird die Mobilität der Geflüchteten systematisch eingeschränkt, etwa in Deutschland durch die sog. Residenzpflicht. Die Fluchtforscherin

12 Diese zusätzlichen Kategorien sind etabliert worden, um die Schutzkriterien der UN Menschenrechtskonvention von 1951 zu erweitern, da sie in zunehmendem Maße nicht ausreichen für schutzbedürftige Migrant*innen.

Long (2013) plädiert daher für eine weitsichtigere Politik, in deren Mittelpunkt nicht Hilfeleistungen, sondern Freiheit und Entwicklung stehen.

UNHCR und ILO haben solche Ansätze in der Vergangenheit durchaus verfolgt (Garnier 2014). Bereits in den 1980er Jahren vereinbarten sie eine engere Zusammenarbeit, um die sozioökonomischen Rechte und Integrationsmöglichkeiten von Geflüchteten besser zu schützen (ebd.). So wurden Projekte wie etwa Unternehmensgründungs-Workshops für Frauen in Geflüchtetencamps gefördert. In den vergangenen Jahren rückte dieser Ansatz jedoch immer weiter in den Hintergrund, was Garnier auf Ressourcenknappheit, Wettbewerb zwischen den Institutionen und unterschiedliche Schwerpunktsetzungen zurückführt. Viele Staaten seien nicht einmal bereit, das Recht auf Arbeit von Geflüchteten anzuerkennen.

3.5.3 Resettlement

Das Resettlement stellt schließlich ein Instrument zur dauerhaften ‚Umsiedlung' von Geflüchteten dar, die nach der Flucht in einen Staat, in dem sie Schutz gesucht haben, von einem Drittstaat ausgewählt und als Geflüchtete mit dauerhaftem Aufenthaltsrecht aufgenommen werden. Resettlement-Geflüchtete werden auch als Quoten- oder Kontingentflüchtlinge bezeichnet, da das Resettlement in den meisten Ländern nach einer Quotenregelung erfolgt. Resettlement-Programme können eine langfristige Lösung für größere Gruppen von Geflüchteten bieten, deren Leben oder Grundrechte im (ersten) Aufnahmeland bedroht sind. Voraussetzung für die Aufnahme sind in der Regel die Einstufung als geflüchtet nach GFK sowie bestimmte Auswahlkriterien, die je nach Staat variieren können, darunter Schutz vor physischer Gewalt, die Beschränkung der Grundrechte, aber auch die besondere Schutzbedürftigkeit von Kindern. Resettlement ist allerdings kein Recht, deshalb können Geflüchtete sich auch nicht darauf berufen, sondern werden durch den UNHCR, staatliche Einrichtungen oder mithilfe von NGOs ausgewählt. Staaten entscheiden dann auf Grundlage der Resettlement-Quote und der jeweiligen Aufnahmekriterien, wer einreisen darf (UNHCR 2011, S. 3, 36, 243).

Die große Anzahl an Geflüchteten und Vertriebenen nach dem Ende des Zweiten Weltkrieges markiert den Beginn des Resettlement-Programms. In den späten 1940er Jahren konnten mehr als eine Million europäische Geflüchtete mithilfe der Vorgängerorganisation des UNHCR umgesiedelt werden, von denen die USA allein in den folgenden Jahren über 650.000

Geflüchtete aufnahm. Im Jahr 2018 war Kanada mit über 28.000 Aufnahmen das bedeutendste Resettlement-Land. Im Vergleich zu 2017 ging die Anzahl der Resettlement-Aufnahmen allerdings bedingt durch verringerte Quoten und verschärfte Sicherheits-Screenings um mehr als 10 Prozent zurück. Zu den größten Herkunftsländern der Resettlement-Geflüchteten gehören derzeit Syrien, Eritrea und die demokratische Republik Kongo (IOM 2020, S. 41f.; UNHCR 2019, S. 4f.).

Der UNHCR versucht angesichts zunehmender Komplexität und zurückgehender Aufnahmezahlen seit Ende der 1980er Jahre, die verschiedenen Akteure in jährlichen Konferenzen zusammenzubringen (Annual Tripartite Consultations on Resettlement) und so die Zusammenarbeit im Hinblick auf bestimmte Geflüchtetengruppen, wie zum Beispiel aus dem syrischen Bürgerkrieg Geflüchtete, zu stärken (UNHCR 2019, S. 16ff.). Neben staatlichen Programmen existieren in einigen Ländern, darunter Kanada, Australien und Deutschland, auch (semi-)private Resettlement-Programme. In Kanada werden inzwischen sogar mehr als die Hälfte der Resettlement-Geflüchteten über das Private Sponsored Refugees-Programm (PSR) aufgenommen, die mehrheitlich über religiöse, Bildungs- oder Menschenrechtsorganisationen, aber auch ethnische Communities gesponsert werden. Zusätzlich hat Kanada 2013 ein privat-öffentliches Programm (Blended VISA Office Referral) geschaffen, das Resettlement-Geflüchtete mit privaten Sponsoren ‚matched', die gemeinsam mit dem Staat (50/50) die Unterstützungskosten für die Geflüchteten tragen (West und Plunkett 2018, S. 10f.; Macklin et al. 2018, S. 37f.).

3.6 Fazit und Ausblick

Wie der Überblick gezeigt hat, ist das Thema Flucht und Asyl einer der komplexesten Bereiche internationaler Migrationspolitik. Obwohl die Notwendigkeit zur Aufnahme von internationalen Migrant*innen hier am größten ist, scheint die Bereitschaft der Nationalstaaten zur Aufnahme am wenigsten ausgeprägt. Daher ist es wichtig, gemeinsame Lösungen auf supranationaler Ebene anzustreben, so dass nicht einzelne Nationalstaaten den Hauptteil der Last tragen und andere sich aus der Verantwortung stehlen. Mit der Verabschiedung der Genfer Flüchtlingskonvention ist hier im Grunde ein richtiger und wichtiger Schritt gelungen. Allerdings stellt sich immer mehr die Frage, ob der Begriff des „Flüchtlings", wie er in der Genfer Flüchtlingskonvention von 1951 rechtlich gefasst wurde, heute noch zeitgemäß ist. Flucht findet heute, wie wir gesehen haben, nicht mehr allein aufgrund politischer Verfolgung auf Grundlage der Ethnie, Religion, Nationalität usw. statt. Seit einigen Jahrzehnten verfestigt sich der Trend, dass Menschen eher vor Konflikten und wegen Umweltkatastrophen als vor direkter Unterdrückung und Verfolgung durch staatliche Institutionen fliehen (Zolberg und Benda 2001).

Klima- und Umweltmigration

Heute fliehen in vielen Ländern Menschen auch wegen der jahrelangen Ausbeutung ihres Landes, etwa der Bodenschätze, was dazu geführt hat, dass vielen Menschen in ländlichen Gebieten die Lebensgrundlage entzogen wurde (Ansorg 2017). Andere Migrant*innen fliehen vor Umweltkatastrophen, wie z. B. lange Dürreperioden und Verwüstungen. Insbesondere Umweltgründe werden heute noch nicht von den Kriterien der Geflüchtetendefinition erfasst. Die Vereinten Nationen begründen diesen Umstand unter anderem damit, dass der bestehende Geflüchtetenstatus nicht verwässert werden soll (Piguet et al. 2011, S. 1, 17 ff.; Windfuhr 2018, S. 120). Dabei rechnet man damit, dass gerade die Zahlen in dieser Kategorie in den nächsten Jahrzehnten stark ansteigen werden. Die Prognosen hierzu schwanken zwischen 50 und 250 Millionen bis zum Jahr 2050 je nach Berechnungsgrundlage. Und schon heute können erste Klima-Geflüchtete ausgemacht werden, darunter aus den pazifischen Inselstaaten, deren Bevölkerung bedingt durch den steigenden Meeresspiegel und zunehmende Küstenerosion zur Umsiedlung gezwungen wird (Fritz 2010). Dieser Kampf um Begriffe und Kategorien hat für Millionen Betroffene bedeutende Folgen. Betts (2010) schlägt deshalb mit der „Survival Migration“ eine neue Kategorie vor. Diese soll alle Menschen umfassen, die ihr Herkunftsland aufgrund einer unabwendbaren existentiellen Bedrohung verlassen. Damit ließen sich laut Betts die aufgezeigten Lücken im institutionellen und normativen Rahmen für Zwangsmigration füllen, ohne dass neue Institutionen oder Konventionen erschaffen werden müssten.

Weiterführende Fragen und Literatur

Drei Fragen zum Weiterdenken

- Ist die Genfer Flüchtlingskonvention aus dem Jahr 1951, die in erster Linie aufgrund der Erfahrungen aus zwei Weltkriegen verabschiedet wurde, noch zeitgemäß? Oder sollte sie aufgrund neuer Fluchtursachen, wie Klimawandel und Hungersnöte, überarbeitet und aktualisiert werden?
- Wie können die Fluchtursachen – wie religiöse, ethnische und soziale Konflikte, aber auch soziale Ungleichheiten – auf Dauer besser bekämpft werden?
- Wie können die Interessen von Geflüchteten stärker in die Asyl- und Geflüchtetenpolitik der Aufnahmeländer eingebunden werden?

Drei Bücher zum Weiterlesen

UNHCR (2020): Global Trends. Forced migration in 2019. Genf.
Jährlicher Bericht des UNHCR zur weltweiten Fluchtmigration und der Situation Geflüchteter.

Gil Loescher/Elena Fiddian-Qasmiyeh/Katy Long/Nando Sigona (Hg.) (2014): The Oxford Handbook of Refugee and Forced Migration Studies, Oxford: Oxford University Press.
Zentrales Handbuch zu verschiedensten Aspekten der Fluchtmigration.

Wolfgang Grenz/Julian Lehmann/Stefan Keßler (2015): Schiffbruch. Das Versagen der europäischen Flüchtlingspolitik, München: Knaur.
Aktuelle Analyse zur Asylpolitik der Europäischen Union.

4 Migration und Arbeit[1]

Arbeitsmigration macht den Hauptteil der internationalen Migration aus. Von der Internationalen Labour Organisation (ILO) wurde die Zahl der internationalen Arbeitsmigrant*innen im Jahr 2017 auf über 164 Millionen Arbeitskräfte geschätzt (ILO 2019). Davon befinden sich die meisten (zwei Drittel) in den reicheren Regionen der Welt. Warum ist Arbeitsmigration so wichtig für diese Länder? Wo werden Arbeitsmigrant*innen in der Wirtschaft vornehmlich eingesetzt? Wie werden ihre Rechte geschützt?

4.1 Begriff und Arten der Arbeitsmigration

Mit dem Begriff Arbeitsmigration ist die Ein- bzw. Auswanderung von Menschen zum Zweck der Aufnahme einer Erwerbstätigkeit außerhalb des Herkunftslandes gemeint. Menschen, die aus Gründen der Arbeitsaufnahme in ein anderes Land migrieren, werden als Arbeitsmigrant*innen bezeichnet. Die Art, Dauer und die Umstände der Tätigkeiten, die Arbeitsmigrant*innen verrichten, können dabei stark variieren. Grundsätzlich kann man zwischen zwei Arten von Arbeitsmigration unterscheiden: geringqualifizierte und hochqualifizierte Arbeitsmigration. Geringqualifizierte Arbeitsmigrant*innen sind in der Regel ungelernte oder unterdurchschnittlich ausgebildete Arbeitskräfte, die temporär oder langfristig in ein anderes Land migrieren, um zumeist eine geringbezahlte Tätigkeit in der Landwirtschaft, in der Produktion oder im Dienstleistungsgewerbe zu verrichten (Angenendt 2009)[2]. Qualifizierte bzw. hochqualifizierte Arbeitsmigrant*innen sind gut ausgebildete Fachkräfte, die spezifische Tätigkeiten im Ausland ausführen,

1 Unter Mitarbeit von Manuel Erdmeier, Julia Seidel und Jennifer Grunwald.

2 Die Kategorien „geringqualifizierte Arbeitsmigration" und „geringqualifizierte Arbeitsmigrant*innen" sind dabei nicht deckungsgleich. Migration kann oft zu „de-skilling" führen, etwa wenn Universitätsabsolvent*innen im Ausland unterhalb ihrer Qualifikation arbeiten – hier gilt der Job als geringqualifiziert, die Migrant*innen ist es aber eigentlich nicht. Der Lesbarkeit halber sprechen wir hier dennoch von geringqualifizierten Migrant*innen.

für die es im Inland nicht genügend gute ausgebildete Fachkräfte gibt. Während man davon ausgehen kann, dass es weltweit keinen Mangel an geringqualifizierten Arbeitskräften gibt, sieht die Situation bei qualifizierten und insbesondere hochqualifizierten Arbeitsmigrant*innen anders aus. Hier wird von einem Mangel an Arbeitskräften, z. B. Ärzt*innen, ausgegangen, um die weltweit ein intensiver Wettbewerb entbrannt ist (engl. „war on talents").

Daher gibt es zumeist unterschiedliche Politikansätze für beide Gruppen von Arbeitsmigrant*innen. Während für geringqualifizierte Formen der Arbeitsmigration zumeist bilaterale Verträge zwischen den Aufnahme- und den Herkunftsländern von Arbeitsmigrant*innen geschlossen werden, werden für Hochqualifizierte überwiegend einseitige (unilaterale) Einwanderungsangebote gemacht, auf die sich Hochqualifizierte weltweit bewerben können bzw. die Unternehmen für sich in Anspruch nehmen können, um Arbeitskräfte aus dem Ausland unter Vertrag nehmen zu können. Wir gehen in diesem Kapitel auf die Arbeitsmigration von gering qualifizierten Arbeitskräften ein, und widmen uns im nachfolgenden Kapitel den Besonderheiten der Migration von Hochqualifizierten. Zunächst wollen wir aber noch einen Blick auf die Geschichte und den aktuellen Umfang der Arbeitsmigration insgesamt werfen.

4.2 Geschichte und Umfang der Arbeitsmigration

„Grenzüberschreitende Arbeitswanderung ist so alt wie die Menschheit" (Pries 2010a, S. 729).

Bereits in der Antike finden sich Beispiele von Handwerkern, „die ihrem Beruf außerhalb ihrer Heimat nachgingen" (Tausend 2012, S. 15), und eine wichtige Rolle beim „Kulturtransfer" zwischen Ost und West (Bredow 2012) gespielt haben.[3] In der Neuzeit wird der Beginn der „gezielten Rekrutierung von Arbeitsmigranten" im späten 19. Jahrhundert mit den USA in Verbindung gebracht (Münz 2009), die infolge des wachsenden Arbeitskräftebe-

3 Auch in der klassischen Migrationsforschung wurde Migration von Beginn an sehr stark mit dem Phänomen der Arbeitsmigration in Verbindung gebracht. So standen schon bei der Migrationstheorie von Ernst Georg Ravenstein (Laws of Migration, 1885) überwiegend ökonomische Motive im Zentrum: „In most instances it will be found that they [migrated] in search of work of a more remunerative or attractive kind than that afforded by the places of their birth" (Ravenstein 1885, S. 181).

darfs Migrant*innen aus China anwarben. Aber auch die Briten hatten nach dem Ende der Sklaverei umfangreiche Arbeitskräfte-Transfers zwischen ihren Kolonien, und auch das deutsche Kaiserreich kannte Arbeitsanwerbung aus dem Ausland, wie schon Max Weber in seinen Studien zur ostelbischen Landwirtschaft ausführte (Weber 1892, S. 914; Bade 2000).

Arbeitsmigration im großen Stil ereignete sich vor allem seit Mitte des 20. Jahrhunderts. So kam es zwischen 1942 und 1964 in den USA zu einer umfangreichen gesteuerten, temporär orientierten Rekrutierung von mexikanischen Arbeitskräften im sogenannten ‚Bracero-Program' (Münz 2009). In Europa findet zu dieser Zeit Arbeitskräfteeinwanderung zunächst in Frankreich und der Schweiz statt, die somit ebenfalls traditionsreiche Einwanderungsländer in Bezug auf Arbeitsmigration sind (ebd.). Die anderen Länder in Westeuropa zogen mit der fortschreitenden Wirtschaftsentwicklung nach und begannen ebenfalls auf Basis bilateraler Verträge zumeist geringqualifizierte Arbeitskräfte aus Italien, Spanien, Portugal, Griechenland, Nordafrika, der Türkei und dem ehemaligen Jugoslawien zu rekrutieren (Oltmer et al. 2012). Diese „Internationalisierung der europäischen Arbeitsmärkte führte mehr als 30 Millionen Menschen nach Westeuropa" (Münz 2009).

Im Rahmen der deutschen ‚Gastarbeiter'-Anwerbung kamen dabei zwischen 1955 und dem Anwerbestopp 1973 rund 14 Millionen ausländische Arbeitskräfte nach Deutschland. Etwa 11 Millionen dieser Männer und Frauen gingen in ihre Herkunftsländer zurück, 3 Millionen Menschen blieben jedoch dauerhaft in Deutschland und holten ihre Familien nach. (Bade und Oltmer 2007) Das sogenannte ‚Wirtschaftswunder' ab Anfang der 1950er Jahre führte in Deutschland zu einem so hohen Bedarf an Arbeitskräften, dass der nationale Arbeitsmarkt ihn nicht mehr zu decken vermochte („Vollbeschäftigung"). Gesucht wurden zu Beginn insbesondere un- oder geringqualifizierte Arbeitskräfte für die Landwirtschaft und den Bergbau, später weitete sich dies auf die Industriearbeit aus. Das erste Land, mit dem Deutschland dabei ein Anwerbeabkommen schloss, war Italien im Jahr 1955. Fünf Jahre später folgte ein Abkommen mit Spanien und Griechenland. Ein Abkommen mit der Türkei wurde 1961 geschlossen, es folgten noch Marokko (1963), Portugal (1964), Tunesien (1965) und Jugoslawien (1968). Der ‚Ölpreisschock' als Symbol für das vorläufige Ende des enormen deutschen Wirtschaftswachstums im Jahr 1973 führte zum Anwerbestopp am 23. November 1973, der ein weitgehendes Verbot der weiteren Einreise von Drittstaatsangehörigen für eine Erwerbstätigkeit in der Bundesrepublik Deutschland bedeutete.

Der ‚Gastarbeiter*in'-Begriff

Der Begriff des Gastarbeiters bzw. der Gastarbeiterin implizierte „[...] eine beruflich-soziale Klassifizierung mit dem Schwergewicht auf un- bzw. angelernten Arbeiten [...]" (Bade und Oltmer 2007, S, 160). Die Wortschöpfung zielte außerdem auf die zeitliche Begrenzung des Aufenthalts der ausländischen Arbeitnehmer*innen – er bzw. sie war ein ‚Gast', der bzw. die nur für eine begrenzte Zeit als Arbeitskraft willkommen war und nach Ende seines bzw. ihres Arbeitsturnus das Land wieder verlassen sollte. Der Begriff hatte sich umgangssprachlich in den 1960er Jahren eingebürgert, wurde von staatlicher Seite jedoch nie verwendet. Hier fand ausschließlich der Begriff ‚Ausländer*in' Verwendung (Geißler 2008). Der Schweizer Schriftsteller Max Frisch prägte im Rahmen der Diskussion um die rechtliche und integrationspolitische Situation der ‚Gastarbeiter*innen'-Einwanderung das berühmte Diktum: „Wir riefen Arbeitskräfte, und es kamen Menschen".

Auch außerhalb Europas und Nordamerikas findet Arbeitsmigration in großen Umfang statt. Insbesondere die ölreichen arabischen Staaten haben sich in den letzten Jahrzehnten zu einem wichtigen Aufnahmeland von Arbeitsmigrant*innen entwickelt, allen voran Saudi-Arabien. Aber auch in allen anderen Regionen wächst der Umfang an Arbeitsmigration. Insgesamt wird die Zahl der internationalen Arbeitsmigrant*innen von der International Labour Organisation (ILO) im Jahr 2017 auf rund 164 Millionen Arbeitskräfte geschätzt (ILO 2018). Arbeitsmigration macht damit den Hauptteil der internationalen Migration aus. Dabei ist ein Trend zu beobachten, dass die Zahl der geringqualifizierten Arbeitsmigrant*innen eher moderat angestiegen, in einigen Ländern sogar zurückgegangen ist, während die Zahl der hochqualifizierten Migrant*innen schnell anwächst. Dies hat verschiedene Ursachen: Zum einen sinkt die Nachfrage nach geringqualifizierten Arbeitskräften auf höher entwickelten Arbeitsmärkten tendenziell durch Automatisierung und Digitalisierung, zum anderen ergreifen immer mehr Länder eine restriktivere Einwanderungspolitik gegenüber geringqualifizierten Arbeitskräften.

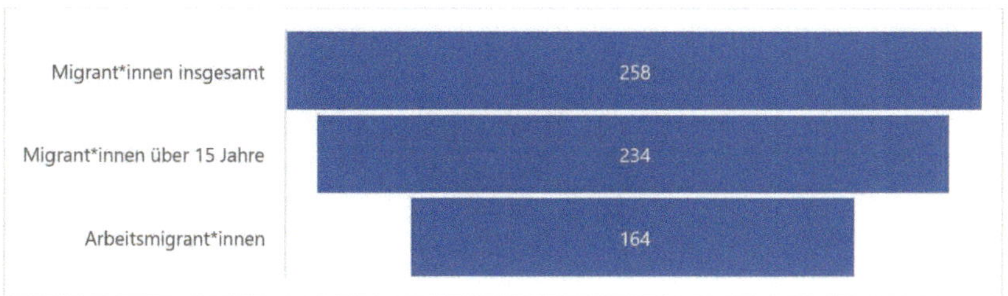

Abbildung 22: Anteil der Arbeitsmigration an der Gesamtmigration 2017 (in Millionen)
Quelle: ILO 2018, S. 6.

Insgesamt findet Arbeitsmigration vor allem von ärmeren in reichere Regionen der Welt statt. Über zwei Drittel aller Arbeitsmigrant*innen leben in sog. Hochlohnländern, weitere 20 Prozent in Ländern mit höherem oder mittlerem Einkommen. Dementsprechend entfällt der Großteil der Arbeitsmigration auf Regionen mit überwiegend hohem Einkommen: ca. ein Drittel auf Europa, knapp ein Viertel auf Nordamerika und rund 15 Prozent auf die arabischen Staaten. Das restliche Viertel der Arbeitsmigrant*innen verteilt sich auf die anderen Regionen.

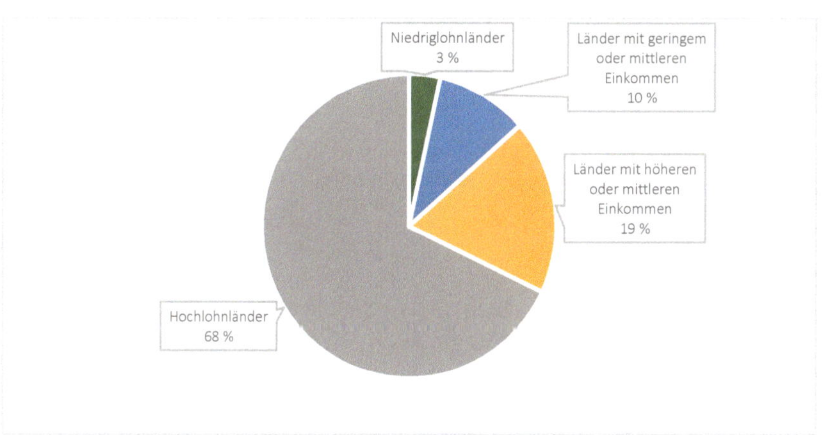

Abbildung 23: Verteilung der Arbeitsmigration auf Hoch- und Niedriglohnländer 2017
Quelle: ILO 2018, S. 10.

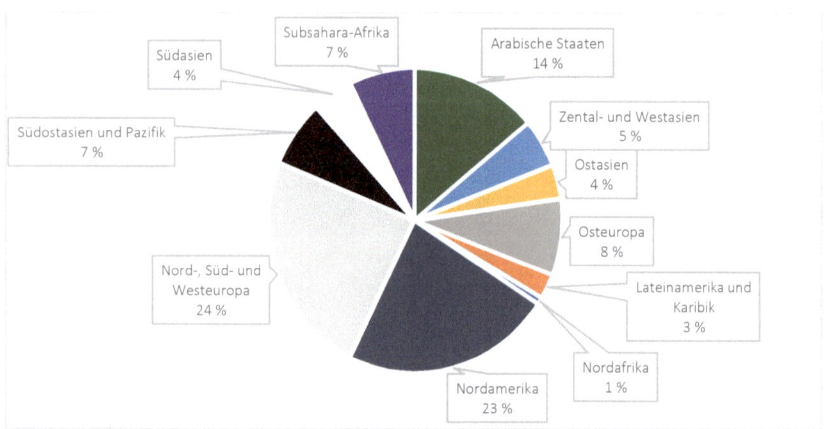

Abbildung 24: Verteilung der Arbeitsmigration auf die Weltregionen 2017
Quelle: ILO 2018, S. 15.

4.3 Motive und Erscheinungsformen der Arbeitsmigration

Diese Zahlen legen nahe, dass ein Hauptmotiv der Arbeitswanderung die höheren Löhne in den OECD-Ländern sind. Tatsächlich stellen ‚höhere Löhne' aber immer nur ein Motiv für Arbeitsmigration neben verschiedenen anderen Faktoren dar, wie wir auch im Kapitel 2 Migrationstheorien gesehen haben. So spielen Netzwerke eine Rolle oder auch der Reiz, einmal im Ausland gearbeitet zu haben. In der Realität ist es häufig ein Mix aus verschiedenen Gründen, Hoffnungen, aber auch Zwängen, die Menschen dazu veranlassen zu migrieren. „Migrationsentscheidungen unterliegen in der Regel multiplen Antrieben", wie der Migrationshistoriker Jochen Oltmer schreibt (Oltmer 2013, S. 33).

Ohne Zweifel können aber in der Globalisierung und in der fortschreitenden Ausdifferenzierung von globalen Wertschöpfungsketten und Leistungserstellungsprozessen wesentliche Triebkräfte für die zunehmende Internationalisierung von Arbeit gesehen werden (Pries 2010). So verlassen sich bereits viele Branchen auf den Einsatz von billigeren Arbeitskräften aus dem Ausland, um ihre Produktion kostengünstiger und damit weltmarktfähiger zu gestalten. Ein Beispiel sind etwa Saisonarbeitskräfte in der Landwirtschaft, ohne die die Ernte in vielen Ländern der OECD-Welt gar nicht mehr eingefahren werden könnte. „Durch den weltweiten Transfer von Kapital und Gütern" ist zudem ein wachsender „globaler Arbeitsmarkt für hochqualifizierte Arbeitskräfte entstanden" (Hödl et al. 2000, S. 14), auf den wir ⟶ im Kapitel 5 Migration von Hochqualifizierten näher eingehen.

Ein weiterer Faktor ist in der demografischen Entwicklung zu sehen. So ist für die alternden Gesellschaften Europas, aber auch in anderen Teilen der OECD-Welt, eine zunehmende Arbeitskräftesicherung aus dem Ausland eine der wichtigsten Herausforderungen der Zukunft. Wie wir schon im ⟶ Kapitel 1 Grundbegriffe und aktuelle Trends gesehen haben, werden viele reiche Staaten (allen voran Deutschland und Japan) in Zukunft in großem Maße auf Arbeitszuwanderung angewiesen sein, wollen sie ihre herausgehobene Stellung im Weltmarkt nicht verlieren. Laut einem Bericht der Europäischen Kommission das Erwerbspersonenpotential bis 2070 EU-weit um 18 % zurückgehen (Europäische Kommission 2020: 16). Allein in Deutschland könnte das Erwerbspersonenpotential bis 2050 um 16,2 Millionen Arbeitskräfte schrumpfen. Um dies auszugleichen, wäre nach einer Berechnung der Bertelsmann-Stiftung eine Netto-Zuwanderung von jährlich bis zu 500.000 Menschen notwendig (Fuchs et al. 2015). Schon heute herrscht in manchen Branchen ein Arbeitskräftemangel, wie etwa im Pflegebereich. Auch technische Berufe sind vermehrt von Engpässen betroffen, allen voran im metallverarbeitenden Gewerbe und dem Maschinenbau.

Typisch für die Arbeitsmigration ist dabei vor allem ihr ‚temporärer' Charakter. So wird versucht, die Arbeitsmigration zeitlich zu befristen, um auf eventuelle Konjunkturschwankungen flexibel reagieren zu können und mögliche Folgekosten infolge einer wirklichen Integration in die Gesellschaft zu vermeiden. Genau aus diesem Grund waren die oben angesprochen Gastarbeiter-Zuwanderungen in den USA und in Europa zunächst auch zeitlich befristet. Unterkünfte wurden anfangs auf den Firmengeländen bereitgestellt und eine soziale Interaktion mit der Aufnahmegesellschaft, geschweige denn Integration, war keine Priorität. Diese Grundform findet sich sogar heute noch in vielen typischen Bereichen der Arbeitsmigration auch in Europa, etwa in der Landwirtschaft, wo Saisonarbeitskräfte für drei, vier Monate angeworben, in provisorischen Unterkünften auf oder in der Nähe der Höfe wohnen und anschließend wieder in ihr Herkunftsland gehen (sollen). Auch im Pflegebereich hat sich in den letzten Jahren eine Praxis etabliert, bei der die ausländischen Pflegekräfte zeitlich befristet beschäftigt werden und während ihrer Zeit im Ausland in den Haushalten ihrer Arbeitgeber*innen wohnen. Im Baugewerbe, einem weiteren klassischen Feld für Arbeitsmigrant*innen, werden sog. Werkverträge vergeben, die ebenfalls für die Dauer der Werkserstellung zeitlich befristet sind, die Bezahlung zudem nur bei Erfüllung des Werks erfolgt. In diesen Fällen werden die ausländischen Bauarbeiter*innen nicht einmal mehr bei den inländischen Unternehmen angestellt (Hunger 2000). Ähnliches gilt heute auch für Schlachthöfe.

Allerdings hat die Geschichte gezeigt, dass eine zeitliche Befristung der Arbeitsmigration in vielen Fällen kaum einzuhalten ist und die eigentlich temporäre Zuwanderung sich in eine dauerhafte Einwanderung verwandelt. Hierfür ist ein Bündel von Faktoren verantwortlich. Nicht zuletzt liegt dies an dem Wunsch der Arbeitgeber*innen, ihre eingearbeiteten ausländischen Arbeitskräfte nicht immer wieder von neuem verlieren zu wollen deswegen sie von selbst auf eine Verstetigung der Arbeitszuwanderung drängen. Dies ist auch bei der erwähnten „Gastarbeiterzuwanderung“ nach Deutschland der Fall gewesen, und gilt auch in vielen anderen Ländern, wie z.B. den USA. Der amerikanische Arbeitsmigrationsforscher Philip Martin von der University of California, Davis hat hierfür ein schönes Bonmot geprägt: „There is nothing more permanent than temporary foreign workers“ (Martin 2001).

Die klassische Theorie sog. segmentierter Arbeitsmärkte (Piore 1979) gibt eine Erklärung, warum viele Arbeitsmigrant*innen eher im unteren Segment des Arbeitsmarktes tätig sind (und dort vielfach verbleiben). Hiernach gibt es in jedem Staat in mehr oder weniger ausgeprägter Form sog. duale Arbeitsmärkte. Ein Segment des Arbeitsmarktes (der primäre Sektor) zeichnet sich durch hohe Löhne, einen relativ gesicherten Status (Kündigungsschutz etc.) und relativ gute Arbeitsbedingungen aus, während ein anderes Segment (der sekundäre Sektor) sich durch niedrige Löhne, eine geringe Arbeitsplatzsicherheit und kaum Aufstiegsmöglichkeiten auszeichnet. Wenn einheimische Arbeitskräfte vom sekundären in den primären Sektor aufsteigen, wächst die Nachfrage im sekundären Arbeitsmarkt, die dann durch migrantische Arbeitskräfte gedeckt wird. Ein Aufstieg in den primären Sektor bleibt zudem oftmals aus.

In Ländern mit einem hohen Anteil an temporären Vertragsarbeiter*innen findet sich dabei auch eine Segregation innerhalb der migrantischen Arbeitsbevölkerung: So können etwa in Singapur hochqualifizierte Arbeitskräfte (die meist nicht Migrant*innen, sondern „Expats“ genannt werden) nach sieben Jahren einen permanenten Aufenthaltsstatus beantragen. Für sogenannte gering-qualifizierte Arbeitskräfte ist dies nicht möglich und migrantische Hausangestellte werden gar von sämtlichen Arbeitsmarktregelungen ausgeschlossen. Bei den Tätigkeiten im sekundären Arbeitsmarkt handelt es sich meist um manuelle und schlecht bezahlte Arbeit, die häufig „3D-Arbeitsplätze“ genannt werden: dirty, dangerous and demeaning (manchmal auch demanding oder difficult).

Eine weitere Dimension der Arbeitsmigration ist die sogenannte irreguläre Beschäftigung. Das Kalkül dahinter ist, dass durch die Nichtanmeldung von Arbeitskräften weitere Kosten (für die Sozialabgaben) gespart werden können. Zudem werden in der Regel geringere Löhne gezahlt, da Arbeitsmigrant*innen oftmals, gerade wenn auch ihr Aufenthalt irregulär ist, bereit sind, eine geringere Bezahlung zu akzeptieren, da sie gar nicht in der Position sind, höhere Löhne oder bessere Arbeitsbedingungen durchzusetzen. Oftmals arbeiten die irregulär Beschäftigten länger und härter als regulär Beschäftigte und sind großen psychischem und teilweise physischem Druck ausgesetzt. Typische Branchen der irregulären Beschäftigung sind der Bau, das Gastgewerbe und zunehmend auch die häusliche Pflege, wo eine Überprüfung durch die Behörden kaum oder nur schlecht möglich ist. Es wird geschätzt, dass die meisten irregulären Arbeitsmigrant*innen in den USA leben und arbeiten – einer Schätzung 2017 zufolge waren dies rund 7,6 Millionen Menschen, was 4,6 Prozent der gesamten Erwerbsbevölkerung entspricht (Pew Researtch Center 2019).

Eine extreme Form der Ausbeutung im Zuge der Arbeitsmigration ist die ‚erzwungene Arbeitswanderung‘ bzw. Zwangsarbeit (forced labour). Diese trägt Züge der modernen Sklaverei und wird auch so benannt: modern slavery. Zwar ist Sklaverei überall auf der Welt verboten (⟶ Kasten „Forced Labour und Modern Slavery“), die Realität zeigt aber, dass es sie immer noch gibt. Die International Labour Organisation (ILO) definiert, dass ‚forced labour‘ dann vorliegt, wenn die Arbeit zum einen unter Androhung von Gewalt oder Strafe stattfindet und zum anderen unfreiwillig erfolgt. („The work or service has to be exacted under the menace of a penalty; The work must be undertaken involuntarily“) (vgl. ILO 2020). NGOs wie die älteste Menschenrechtsorganisation der Welt „Anti-Slavery International“ sehen zudem in der Entmenschlichung und der Degradierung zu einer Ware („dehumanized and treated like a commodity“) sowie in der Beschränkung der Bewegungsfreiheit („physically constrained or restricted in freedom of movement“) sichere Zeichen von forced labour. Im aktuellen Diskurs wird auch gefordert die ökonomische Ausbeutung durch Unterbezahlung als weiteres Indiz für Zwangsarbeit aufzunehmen, was sicherlich in vielen Fällen der irregulären Beschäftigung der Fall ist. Ein aktuelles Beispiel für forced labour wird im Bau der Infrastruktur für die FIFA Weltmeisterschaft 2022 in Katar gesehen.

Forced Labour und Modern Slavery

Sklaverei scheint ein längst vergangenes Phänomen zu sein. In der allgemeinen Erklärung der Menschenrechte heißt es, „Niemand darf in Sklaverei oder Leibeigenschaft gehalten werden; Sklaverei und Sklavenhandel sind in allen ihren Formen verboten" (Art. 4 AEMR). Auch in der Europäischen Menschenrechtskonvention steht: „(1) Niemand darf in Sklaverei oder Leibeigenschaft gehalten werden. (2) Niemand darf gezwungen werden, Zwangs- oder Pflichtarbeit zu verrichten." (Art. 4 EMRK). Internationale Menschenrechtsdokumente verbieten Zwangsarbeit und Sklaverei also eindeutig.

Immer wieder wird jedoch über schlechte und zum Teil unmenschlichen Arbeitsbedingungen von Arbeitsmigrant*innen berichtet. Ein Beispiel ist die Situation auf den Baustellen für die Fußball-Weltmeisterschaft 2022, die im ‚Wüstenstaat' Katar ausgetragen wird. Für den Bau der Stadien sind dort tausende Arbeitsmigrant*innen beschäftigt, vorrangig aus Indien, Nepal und Pakistan. Katar gehört zu den Staaten mit den weltweit höchsten Anteilen an Arbeitsmigrant*innen in Relation zur Gesamtbevölkerung. Rund 88 % der in Katar lebenden Menschen sind keine katarischen Staatsbürger*innen , sondern leben meist als Arbeitsmigrant*innen unter oft äußerst problematischen Bedingungen.

Auf den Baustellen zur WM 2022 kamen so bereits viele Arbeiter*innen aufgrund der unzureichenden Sicherheitsbestimmungen und Erschöpfung ums Leben.[4] Die katarische Gesetzgebung erlaubt es Arbeitgeber*innen, ihren Angestellten die Ausreise zu verbieten. So wird als gängige Praxis berichtet, dass den Migrant*innen bei Einreise ihre Pässe abgenommen werden, um eine Ausreise zu verhindern. Zudem würden Löhne gezahlt, die an keinerlei internationale Mindeststandards gebunden sind, obwohl Arbeiter*innen unter anderen Lohnangaben ins Land gelockt wurden (Amnesty International 2013).

4 Vgl. www.theguardian.com/global-development/2020/mar/16/qatar-world-cup-report-reveals-34-stadium-worker-deaths-in-six-years

Internationale Organisationen wie „Amnesty International" kritisieren regelmäßig die unhaltbaren Zustände. Auch die ILO schaltete sich ein und forderte Verbesserungen, denen die katarische Regierung auch ein Stück weit nachkam. 2017 wurden die Veränderungen auf den Baustellen gelobt und die Kontrollen beendet. Dennoch wurde weiterhin von weitreichenden Verstößen berichtet. Seither starben erneut ausländische Arbeiter*innen bei oder nach der Arbeit in Katar.[5] Wieso dies ein Beispiel für Forced Labour ist, wird klar, wenn man sich Berichte zu den Bedingungen ansieht: die Betroffenen haben extrem lange Arbeitstage, verrichten bei bis zu 50°C harte körperliche Arbeit, sie erhalten wenig, oder manchmal monatelang gar kein Gehalt, die Unterbringung ist menschenunwürdig. Auch der Umstand, dass ihnen die Pässe abgenommen werden, erfüllt den Tatbestand, der „Beschränkung der freien Bewegungsfreiheit" („restricted in freedom of movement"). Die Unterbezahlung, die als neues Element in die Definition von Forced Labour aufgenommen werden soll, erhöht die Abhängigkeit von dem bzw. der Arbeitgeber*in. Obwohl es also eindeutige Verbote auf internationaler Ebene gibt, befinden sich die Menschen auf den Baustellen in Katar in einer sklavenartigen Situation.

Warum dennoch die Zahl der Arbeitsmigrant*innen, auch unter schlimmen Bedingungen wächst, liegt an der oben angesprochenen Aussicht, in Relation zum Heimatland in relativ kurzer Zeit viel Geld zu verdienen und dieses den Verwandten in die Heimat senden zu können. Nach Berechnungen der Weltbank überwiesen Migrant*innen weltweit allein im Jahr 2019 geschätzt rund 551 Milliarden US-Dollar in Herkunftsländer mit niedrigem und mittlerem Einkommen, um ihre Familien zu unterstützen. In einigen Staaten machen die Rücküberweisungen bereits große Teil des Bruttoinlandsprodukts aus, wie in Tonga (38,5 %), Haiti (34,3 %), Nepal (29,9 %), Tadschikistan (29,7 %) und der Kirgisischen Republik (29,6 %) (Migrationdataportal 2020). Es wird davon ausgegangen, dass diese Finanzströme in den kommenden Jahren weiter zunehmen und bis 2021 auf knapp 600 Milliarden US-Dollar ansteigen werden (Weltbank 2019).

5 Vgl. ebd.

Arbeitsmigration ist daher in vielen Ländern zu einem festen Bestandteil der Entwicklungsstrategie geworden (→ 10 Migration und Entwicklung). In den Philippinen werden Arbeitskräfte z. B. bewusst über den heimischen Bedarf hinaus ausgebildet. 2016 lebten mehr als 13 Millionen Filipinos und Filipinas im Ausland. Das entspricht rund zehn Prozent der Bevölkerung und mehr als 20 Prozent der Erwerbsbevölkerung (Schwieger 2019). Sie schickten allein 2016 rund 27 Milliarden US-Dollar in ihr Heimatland zurück, was 10 Prozent des Bruttoinlandsprodukts und rund 50 Prozent der gesamten Exporteinnahmen des Landes entspricht (ebd.). Migrant*innen aus den Philippinen finden sich in sämtlichen Ländern der Welt, insbesondere den USA und den Golfstaaten. Darüber hinaus stellen sie einen erheblichen Teil der internationalen Schiffsbesatzungen.

Welche Effekte die Arbeitsmigration für die Zielländer hat, kann pauschal nicht beantwortet werden. Dass Migration per se negative Folgen für die Arbeitsmärkte der Ankunftsländer wie eine höhere Arbeitslosigkeit oder sinkende Löhne zufolge hat, ist aber sicher nicht richtig, auch wenn es negative Effekte für einzelne Branchen oder Gruppen geben kann (Niebuhr 2016; Brücker 2010). Im Gegenteil: Hohe Einwanderungsraten von Arbeitsmigrant*innen könnten positive Effekte auf den Gesamtarbeitsmarkt haben, indem sie die Produktivität und die Innovationsfähigkeit von Unternehmen erhöhen, gerade wenn viele hochqualifizierte Migrant*innen einwandern (Niebuhr 2016). Ebenso wurde für die USA und später auch für andere Länder ein „systematischer Zusammenhang zwischen der Zuwanderung“ und dem Handel „mit den Herkunftsländern der Migranten“ festgestellt (ebd., S. 550; Gould 1994). Auch positive „Konsequenzen einer zunehmenden kulturellen Vielfalt der Erwerbsbevölkerung“ geraten verstärkt in den Blick. Für die ökonomischen Effekte der Arbeitsmigration ist dabei entscheidend, „inwieweit sich die Kenntnisse und Fähigkeiten der einheimischen Erwerbspersonen und der Zuwanderer ergänzen“ (Niebuhr 2016, S. 551). Daher wird eine zielgenaue Steuerung der Arbeitszuwanderung mit Fokus auf bestimmte Branchen und die Fähigkeiten der Beschäftigten immer wichtiger.

Allerdings liegt hierin auch die Gefahr, dass mehr und mehr zwischen einer ‚gewollten‘ und einer ‚ungewollten‘ Zuwanderung unterschieden wird. Während die gewollte Zuwanderung von Fachkräften und Hochqualifizierten international forciert wird und in einem ‚Kampf um die besten Köpfe‘ mündet (→ 4.4 Soziale Rechte von Wanderarbeiter*innen), werden geringer qualifizierte Zuwanderer*innen mehr und mehr abgewiesen. Angesichts des Werbens um Hochqualifizierte und der Abwehr von gering qualifizierten

Zuwanderer*innen lässt sich von einem dualen und selektiven Regime der Arbeitsmigration sprechen (Butterwegge 2006, S. 75).

4.4 Soziale Rechte von Wanderarbeiter*innen

Wie aus der bisherigen Darstellung bereits deutlich geworden ist, ist ein zentrales Thema bei der Arbeitsmigration von gering Qualifizierten die Frage der Wahrung der sozialen Rechte der Arbeitsmigrant*innen. Das Kernproblem besteht dabei darin, dass die Arbeitsmigrant*innen weitgehend abhängig von den arbeits- und sozialrechtlichen Vorgaben des jeweiligen Aufnahmelandes sind. Der Einfluss internationaler Normen oder ihres jeweiligen Herkunftslandes ist relativ gering. Auch inländische Schutzmechanismen greifen oftmals nicht, da Arbeitsmigrant*innen oft am Rande oder außerhalb der regulären Arbeitsgesetze und -vorschriften, zum Teil regulär und zum Teil irregulär, beschäftigt werden. Für skrupellose Arbeitgeber*innen sind sie daher besonders leicht auszubeuten, und auch in den Betrieben und auf dem Arbeitsmarkt erleben sie häufig Ablehnung, Fremdenfeindlichkeit und Diskriminierung. Oftmals haben sie auch geringeren sozialen Schutz in Form von Krankenversicherung, Unfall- oder Altersvorsorge.

Um Ausbeutung und soziale Benachteiligung von Arbeitsmigrant*innen zu verhindern oder zumindest zu vermindern, wird auf internationaler Ebene seit vielen Jahren versucht, internationale Schutzstandards zu definieren, an die sich nationale Regierungen ebenso wie die Arbeitgeber*innen halten müssen. Hierbei kommt der Internationalen Labour Organisation (ILO) eine zentrale Rolle. Die ILO wurde 1919 auf der Basis der Erfahrungen des 1. Weltkriegs als eine der ersten internationalen Organisationen gegründet, die den Ausbau der internationalen Kooperation zum Ziel hatte. Ihr Bestreben war und ist es, sich weltweit für gerechtere Arbeitsverhältnisse einzusetzen, um so, wie in der Präambel der ILO heißt, den Frieden auf der Welt zu fördern, der „auf Dauer nur auf sozialer Gerechtigkeit aufgebaut werden" könne (ILO 2012).

Die Gestaltung der rechtlichen Rahmenbedingungen der Beschäftigung von Wanderarbeiter*innen, so der Duktus der ILO, stellt dabei einen Schwerpunkt ihrer Arbeit dar. Insbesondere nach dem 2. Weltkrieg wurden eine Reihe von international bindenden Übereinkommen (Conventions) beschlossen, die den Schutz von Arbeitsmigrant*innen und ihrer Familien (zur Bedeutung des Familiennachzug siehe → 6 Migration und Gender) fördern sollen. Besonders zentrale Übereinkommen sind

- das Übereinkommen über Wanderarbeiter*innen aus dem Jahr 1949 (Nr. 97),
- das Übereinkommen über die Diskriminierung in Beschäftigung und Beruf aus dem Jahr 1958, in Kraft getreten 1960 (Nr. 111),
- das Übereinkommen über Missbräuche bei Wanderungen und die Förderung der Chancengleichheit und der Gleichbehandlung der Wanderarbeitnehmer*innen aus dem Jahr 1975, in Kraft getreten 1978 (Nr. 143), und
- das Übereinkommen über menschenwürdige Arbeit bei Hausangestellten aus dem Jahr 2011 (Nr. 189).

In den Übereinkommen werden Grundsätze zur Behandlung von Arbeitsmigrant*innen formuliert, die für alle Unterzeichnerstaaten bindend sein sollen (→ auch 13 Global Migration Governance). Das Problem dieser Konventionen ist einerseits, dass bei weitem nicht alle ILO-Mitgliedstaaten die Übereinkommen unterzeichnet haben und gerade wichtige Zielländer von Arbeitsmigrant*innen bei den Unterzeichnerstaaten fehlen. Anderseits fehlen Möglichkeiten, um Zuwiderhandlungen gegen die Konventionen zu sanktionieren. Unter dem Strich bleibt daher Politik und Rechtsverständnis gegenüber Arbeitsmigrant*innen bis heute fast ausschließlich „eine alleinige Angelegenheit der Nationalstaaten" (Angenendt 2006, S. 49). Wir gehen im → Kapitel 13 Global Migration Governance noch weiter auf dieses Problem ein.

Vor diesem Hintergrund kommt den nationalen Organisationen, insbesondere Gewerkschaften, eine wichtige Rolle beim Arbeitnehmer*innenschutz von Migrant*innen zu. Das 1948 von der ILO verabschiedete und 1950 in Kraft getretene Übereinkommen über die Vereinigungsfreiheit und den Schutz des Vereinigungsrechtes (Nr. 87) sieht vor, dass Migrant*innen das Recht der Vereinigungsfreiheit in Gewerkschaften nicht vorenthalten werden darf („Workers and employers, without distinction whatsoever, shall have the right to establish and, subject only to the rules of the organization concerned, to join organizations of their own choosing without previous authorization (Article 2)". In vielen Ländern, darunter auch Deutschland, gab und gibt es auch immer wieder Gründungen von sog. Migrant*innengewerkschaften, die für ihre Rechte als Arbeitnehmer*innen im Ausland einstehen. In einigen Ländern, wie Malaysia, werden ausländische Arbeitnehmer*innen dennoch von der gewerkschaftlichen Beteiligung ausgeschlossen. In anderen Ländern, wie den Golfstaaten, spielen Gewerkschaften eine eher schwache oder überhaupt keine Rolle. Der Schutz von Arbeitsmigrant*innen ist und bleibt daher eine der drängendsten sozialen Fragen des 21. Jahrhunderts.

Weiterführende Fragen und Literatur

Drei Fragen zum Weiterdenken

- Warum unterscheidet die Politik zwischen der Arbeitsmigration von geringqualifizierten und hochqualifizierten Arbeitskräften?
- Die Theorie der segmentierten Arbeitsmärkte von Piore wurde in den 1970er Jahren entwickelt. Ist sie auch heute noch aktuell?
- Aus welchen Gründen haben sich weltweit bindende Richtlinien zum Schutz von Arbeitsmigrant*innen bis heute kaum durchgesetzt – welche Interessengruppen und politischen Entscheidungsträger spielen hier eine Rolle?

Drei Bücher zum Weiterlesen

International Labour Organisation (2019): ILO Global Estimates on Migrant Workers. Results and methodology, Genf: ILO.
Periodisch erscheinender Bericht der Internationalen Arbeitsorganisation zur weltweiten Arbeitsmigration.

Marion Panizzon/Gottfried Zürcher/Elisa Fornalé (Hg.) (2015): The Palgrave Handbook of International Labour Migration: law and policy perspectives. Basingstoke: Palgrave Macmillan.
Grundlegendes Handbuch zu verschiedenen Aspekten der Arbeitsmigration.

Carl-Ulrik Schierup/Ronaldo Munck/Branca Likić-Brborić/Anders Neergaard (Hg.) (2015): Migration, Precarity, and Global Governance. Challenges and opportunities for labour. Oxford: Oxford University Press.
Ein Sammelband zu Arbeitsmigration und Prekarität, der insbesondere die Rolle von Gewerkschaften beleuchtet.

5 Migration von Hochqualifizierten

Wann gilt ein*e Migrant*in als hochqualifiziert? Was unterscheidet die Migration von Hochqualifizierten von der restlichen Arbeitsmigration? Welche Arten der Anwerbung von Hochqualifizierten gibt es? Welche Auswirkungen hat die Migration für die Herkunftsländer von Hochqualifizierten?

5.1 Die USA als Modell

Bei hochqualifizierten Migrant*innen handelt es um gut ausgebildete und spezialisierte Arbeitskräfte mit einem Hochschulabschluss. Sie sind weltweit sehr stark nachgefragt, insbesondere in den Bereichen Mathematik, Ingenieurwissenschaft, Naturwissenschaften und Technik, also in sog. MINT-Berufen. Aber auch Ärzt*innen, Manager*innen und Unternehmer*innen werden weltweit stark umworben. Dies gilt nicht nur für hochentwickelte Industrieländer, sondern zunehmend auch für Entwicklungs- und Schwellenländer, weil diese Fähigkeiten und Qualifikationen wesentlich zum Wachstum einer Wirtschaft beitragen können. Aufgrund dieser großen Nachfrage steigen die Wanderungszahlen hochqualifizierter Arbeitskräfte kontinuierlich.

Die USA sind weltweit das bedeutendste Einwanderungsland für Hochqualifizierte. Hier begann man in der ersten Hälfte des vergangenen Jahrhunderts hochqualifizierte Migrant*innen anzuwerben. So gab es bereits im Rahmen des Immigration Act von 1924 erste Passagen zur Anwerbung von Hochqualifizierten, die jedoch noch mit der Herkunft aus bestimmten Staaten verknüpft war (Usdansky und Espenshade 2001). Nach dem zweiten Weltkrieg gilt der im Jahr 1952 verabschiedete Immigration and Nationality Act als wichtigster Grundstein der US-amerikanischen Einwanderungspolitik in Bezug auf Hochqualifizierte.[1] In dem Gesetz wurden zwei spezielle Kategorien für die Einwanderung hochqualifizierter Arbeitskräfte eingeführt, die bis heute die Basis für die Migration von Hochqualifizierten in die USA darstellen:

1 Für das Folgende vgl. Hunger 2003 und Hermann/Hunger 2003.

- Zum einen eine Einwanderungskategorie für dauerhafte Zuwanderer*innen (immigrants), die für Arbeitskräfte (und ihre Familienangehörigen) reserviert wurde „whose service [was ...] determined to be needed urgently in the United States because of high education, technical training, specialty experience, or exceptional ability [...] and to be substantially beneficial prospectively to the national economy, cultural interests, or welfare of the United States" (Immigration and Nationality Act, 66 Statutes-at-Large 163, 1952; zitiert nach Usdansky und Espenshade 2001, S. 35);
- zum anderen eine Kategorie für temporäre Zuwanderer*innen, die sich entweder durch außergewöhnliche Verdienste und Fähigkeiten auszeichneten („distinguished merit and ability") oder bestimmte Engpässe auf dem heimischen Arbeitsmarkt ausgleichen konnten.

Während Einwanderer*innen „of distinguished merit and ability" hochqualifiziert sein mussten, konnten unter der letztgenannten Bedingung auch geringer qualifizierte Migrant*innen in die USA einreisen. Beide Zuwanderungsgruppen wurden in der sog. H-Visumskategorie zusammengefasst, die bis heute die Grundlage für die temporäre Zuwanderung Hochqualifizierter darstellt. Unmittelbar nach Einführung dieser neuen Einwanderungskategorien waren die Einwanderungszahlen für Hochqualifizierte in beiden Kategorien relativ gering. Im Verlauf der folgenden Jahrzehnte wuchs die Zahl der Einwanderer*innen in diesen Kategorien aber stark an, insbesondere nach einer weiteren Reform der Einwanderung für Hochqualifizierte zu Beginn der 1990er Jahre durch den Immigration Act of 1990.

Der Immigration Act von 1990 erleichterte insbesondere die temporäre Zuwanderung von Hochqualifizierten. Das ursprüngliche H-1-Programm wurde in ein neues sog. H-1B-Programm überführt, das heute das bedeutendste (temporäre) Programm für Hochqualifizierte weltweit ist. Zunächst lag die Obergrenze für die Ausstellung von H-1B-Visa jährlich bei 65.000. 1998 wurden die Zuzugszahlen durch den „American Competitiveness and Workforce Improvement Act" von 65.000 auf 115.000 und im Jahr 2000 durch den sog. „American Competitiveness in the Twenty-First Century Act" auf 195.000 erhöht.[2] Der Großteil der H-1B-Visa wurde für den amerikani-

2 Im Sommer 2020 wurden die Visa im Zuge der Corona-Krise von Präsident Trump temporär ausgesetzt, teilweise konnten Inhaber*innen der Visas nicht in die USA zurückkehren (https://economictimes.indiatimes.com/nri/visa-and-immigration/trumps-h-1b-order-leaves-many-us-workers-stuck-in-india/articleshow/76722325.cms).

schen IT-Sektor (Computer-related occupations) ausgestellt, gefolgt von Architekt*innen, Ingenieur*innen und Forscher*innen (Architecture, engineering, and surveying), verwaltungstechnischen Berufen (Administrative specializations) sowie Berufen in der Medizin und Gesundheitsversorgung (Medicine and Health). Die überwiegende Zahl der hochqualifizierten Migrant*innen stammte dabei aus Asien, über die Hälfte davon aus Indien, die meisten von ihnen waren Computerspezialist*innen.

Wie eine Studie der Sozialgeografin Anna Lee Saxenian (2001) von der Berkeley University gezeigt hat, ging der weltweit beachtete Boom im amerikanischen IT-Zentrum Silicon Valley in den 1990er Jahren zu einem großen Teil auf diese Einwanderung ausländischer, insb. indischer, chinesischer bzw. taiwanesischer Einwanderer*innen zurück. So fand Saxenian heraus, dass fast ein Viertel aller Unternehmensneugründungen im Silicon Valley in dieser Zeit, genauer gesagt zwischen 1995 und 1998, von indischen, chinesischen und taiwanesischen Einwanderer*innen getätigt wurden, die zuvor als Fachkräfte oder Studierende in die USA eingewandert waren. 1998 erwirtschafteten die Unternehmen dieser drei Gruppen zusammen 17 % des gesamten Umsatzes aller High-Tech-Unternehmen im Silicon Valley und waren für die Entstehung von knapp 60.000 Arbeitsplätzen verantwortlich.

Diese Zahlen haben Staaten weltweit dazu gebracht, ebenfalls über Programme zur Einwanderung von Hochqualifizierten in ihren Ländern nachzudenken. Hinzu kam, dass weitere Studien zeigen konnten, dass die Zuwanderung in den USA auch in anderen Bereichen und Branchen überaus erfolgreich war. So veröffentlichte die OECD 2002 eine Studie, die zeigte, dass zwischen 1985 und 1999 rund ein Drittel aller amerikanischen Nobelpreisträger*innen im Fach Chemie zuvor in die USA eingewandert war (OECD 2002). 2011 veröffentlichte die Initiative Partnership New American Ecomony, ein privater Think-Tank aus New York, eine Studie, wonach 40 Prozent der 500 wertvollsten Unternehmen in den USA, die sog. Fortune 500 companies, von Einwanderer*innen oder ihren Kindern gegründet worden sind (PNAE 2011, zitiert nach Hollifield 2015, S. 231). 2019 ist die Zahl auf 45 Prozent gestiegen (NAE 2020).

	Anzahl der Unternehmen	Umsatz (in Mrd. US-$)	Beschäftigten-zahl
Inder*innen	774	3.588	16.598
Chines*innen und Taiwanes*innen	2.001	13.237	41.684
Insgesamt	2.775	16.825	58.282
Anteil an allen High-Tech-Unternehmen im Silicon Valley	24 %	17 %	14 %

Tabelle 1: Umsätze und Beschäftigung von High-Tech-Unternehmen im Silicon Valley, die 1998 von Einwanderer*innen indischer, chinesischer oder taiwanesischer Herkunft geführt wurden
Quelle: Saxenian 2001.

5.2 Staatliche Politiken zur Anwerbung von Hochqualifizierten[3]

Vor dem Hintergrund der amerikanischen ‚Erfolgsgeschichte' (zu den Schattenseiten der Einwanderung) und auch angesichts demografischen Negativentwicklung in vielen OECD-Ländern haben immer mehr Staaten damit begonnen, ebenfalls hochqualifizierte Arbeitskräfte für ihren Arbeitsmarkt anzuwerben. Dabei stehen sie in einem intensiven Wettbewerb untereinander, insbesondere zu den USA, die nach wie vor und mit großem Abstand das Hauptzielland der Migration von Hochqualifizierten sind (→ Abbildung 25).

Wie eine Studie der OECD zeigt, gibt es inzwischen in fast allen Mitgliedsstaaten der OECD spezielle Anwerbeprogramme, mit denen Hochqualifizierte aus aller Welt angezogen werden sollen. Dieses Instrumentarium ist in einigen Ländern (USA, Australien, Kanada) sogar sehr ausgefeilt, und es werden Anreize nicht nur für die Hochqualifizierten, sondern auch für deren Familienmitglieder gesetzt. Grundsätzlich lassen sich dabei zwei Arten der Anwerbepolitik unterscheiden: 1) nachfrage- und 2) angebotsorientierte Steuerungsmodelle.

3 Für den folgenden Abschnitt siehe Hunger 2017; Hunger und Krannich 2017.

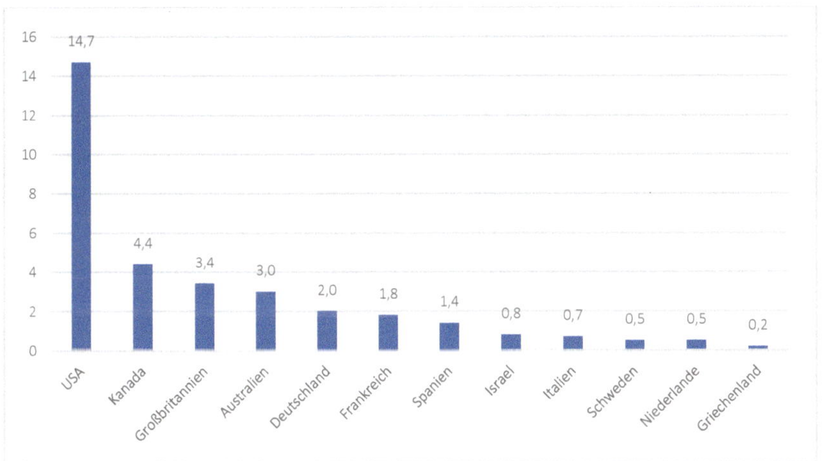

Abbildung 25: Im Ausland geborene Bevölkerung mit postsekundärem Bildungsabschluss 2015 (in Millionen)
Quelle: Pew Research Center 2019, S. 6.

Nachfrageorientierte Systeme richten sich dabei strikt nach dem Bedarf (der Nachfrage) der Wirtschaft an (hochqualifizierten) Arbeitsmigrant*innen und lassen Zuwanderer*innen in der Regel nur einwandern, wenn sie bereits eine Arbeitsplatzzusage bzw. einen Arbeitsvertrag vorweisen können. Angebotsorientierte Steuerungsmodelle richten ihr Augenmerk dagegen mehr auf das weltweite Angebot potentieller Zuwanderer*innen (und ihrer Qualifikationen) und wählen u.U. auch Zuwanderer*innen aus, die noch keine Arbeitsplatzzusage haben, aber von ihren Qualifikationen gut zu den Bedarfen der heimischen Wirtschaft passen (z.B. im Hinblick auf die Berufsausbildung). Die Auswahl erfolgt in der Regel über ein sog. Punktesystem, bei dem für bestimmte Qualifikationen Punkte vergeben werden. Erreicht man eine bestimmte Mindestanzahl, erhält man eine Zusage für die Einreise.

Klassische Einwanderungsländer wie Kanada, Australien und Neuseeland wählen nach solchen angebotsorientierten Punktesystemen bereits seit Jahrzehnten einen großen Teil ihrer Arbeitsmigrant*innen aus. Die USA und die meisten Länder in Europa präferieren dagegen ein arbeitsvertragsgebundenes System, darunter auch Deutschland, das allerdings seit vielen Jahren über die Einführung eines Punktesystems diskutiert, erstmals sehr öffentlichkeitswirksam im Rahmen der damaligen „Unabhängigen Kommission Zuwanderung" (‚Süssmuth-Kommission') zwischen 2000 und 2004. In ihren Vorschlägen für ein neues deutsches Einwanderungsgesetz schlug die Kommission ein Punktesystem vor, um vor allem junge, qualifizierte Menschen nach Deutschland anzuwerben. Verschiedene Studien (Kolb und Finotelli 2015) haben mittlerweile gezeigt, dass in vielen Ländern Elemente beider Modelle existieren. Man spricht hier von sog. Hybridmodellen.

5.2.1 Punktesysteme

Unter einem Punktesystem versteht man die Auswahl von Zuwanderer*innen nach bestimmten Kriterien wie Alter, Qualifikation, Berufserfahrung oder möglichen Voraufenthalten in dem betreffenden Einwanderungsland. Für die einzelnen Rubriken werden jeweils Punkte vergeben. Wenn ein*e potentielle*r Zuwanderer*in genügend Punkte gesammelt hat, wird er bzw. sie für eine Zuwanderung in das betreffende Einwanderungsland zugelassen. Dabei kann es sein, dass die betreffenden Zuwanderer*innen noch kein Arbeitsplatzangebot bzw. noch keinen Arbeitsvertrag haben. Sie werden dann trotzdem aufgenommen, in der Regel auch unbegrenzt.

Wie eingangs geschildert, verfolgen vor allem klassische Einwanderungsländer wie Kanada (seit 1967), Australien (seit 1979) und Neuseeland (seit 1987) ein solches Modell für ihre Einwanderungssteuerung (Hunger und Krannich 2015). Seitdem haben aber auch eine Reihe anderer Industriestaaten ähnliche Einwanderungsregelungen auf Punktebasis eingeführt, in Europa etwa Dänemark, die Niederlande und mit Abstrichen auch Großbritannien.[4] Die Ausgestaltung der einzelnen Punktesysteme variiert dabei sowohl mit Blick auf die jeweils zugrunde gelegten Kriterien als auch auf die dazu gehörenden Gewichtungen. So spielt in einigen Ländern Sprache gar keine Rolle, wie in Neuseeland, während sie in anderen ein hohes Gewicht hat, wie in Kanada oder Australien. Zudem werden Aspekte wie Studienabschlüsse und Berufserfahrungen unterschiedlich berücksichtigt, teilweise fließen auch Erfahrungen und berufliche Qualifikationen des Lebens- oder Ehepartners mit in die Wertung ein (so z.B. in Kanada). Typische Merkmale, die in fast allen Punktesystemen zu finden sind, sind Alter, Berufserfahrung und Bildung bzw. Qualifikation.

---

4 Zu den Punktesystemen in anderen Ländern siehe Bedford 2006; Bedford et al. 2010; Buchanan et al. 2013; Faßmann 2013; Hawthorne 2011, 2014; Murray 2011; Ruhs und Anderson 2010; SVR 2015.

Unterschiede zeigen sich auch in der Gewichtung der Kriterien. Während in dem einen Land mehr Wert auf Qualifikationen gelegt wird, spielt bei dem anderen das Alter eine größere Rolle. Zudem haben alle Länder mit Punktesystem eine jährliche Kontingentierung, d. h. Obergrenze der Arbeitskräftezuwanderung, die sich an den jeweiligen Bedürfnissen der Wirtschaft ausrichtet. In Kanada lag das Kontingent 2015 bei 51.000 Arbeitskräften, in Australien bei 44.000 und in Neuseeland bei 26.000. Diese Kontingente werden jedes Jahr fast vollständig ausgeschöpft (Hunger und Krannich 2015).

In einigen Staaten wurde zudem eine Arbeitsplatzzusage als Kriterium eingefügt. Die Zusage ist nach wie vor keine Voraussetzung für eine Einwanderung, sondern es gibt hierfür Extrapunkte, was die Einwanderungschancen erhöht. Dies wurde in Kanada eingeführt, nachdem man gesehen hatte, dass zwar viele Hochqualifizierte ins Land einwanderten, anschließend aber keinen der Qualifikation entsprechenden Arbeitsplatz gefunden haben, so dass viele unter ihrem Qualifikationsniveau arbeiten mussten, um sich zu finanzieren (Birrell et al. 2006, S. 192; Hawthorne 2014, S. 5). Man spricht hierbei von einem sog. Brain Waste, also der Verschwendung von Fähigkeiten oder deskilling (Müller und Englmann 2007). Australien verzichtet aber nach wie vor auf dieses Kriterium.

	Kanada	**Australien**	**Neuseeland**
Alter	X	X	X
Bildung/Qualifikation	X	X	X
Berufserfahrungen	X	X	X
Sprachkenntnisse	X	X	-
Arbeitsplatzzusage	X	-	X
Studienabschlüsse oder Familie im Einwanderungsland	-	X (Studien-abschluss)	X (Familie)
Erfahrungen und berufliche Qualifikationen des Lebens- oder Ehepartners	X	-	-

Tabelle 2: Kriterien für die Einwanderung in den Punktesystemen Kanadas, Australiens und Neuseelands
Quelle: Eigene Zusammenstellung nach CIC 2015, Australiamigration.com 2015, Immigration New Zealand 2015.

Die Vorteile eines angebotsorientierten Systems werden vor allem darin gesehen, dass es einfacher und transparenter als ein nachfrageorientiertes Einwanderungssystem und damit auch nach außen besser zu vermarkten ist. Durch die flexible Gewichtung können auch immer wieder neue unterschiedliche Schwerpunkte gelegt werden, um z. B. mehr Wert auf bestimmte im Arbeitsmarkt besonders stark nachgefragte Qualifikationen zu legen oder durch eine höhere Bewertung des Kriteriums Alter möglichst junge Einwanderer*innen für das Land zu gewinnen.

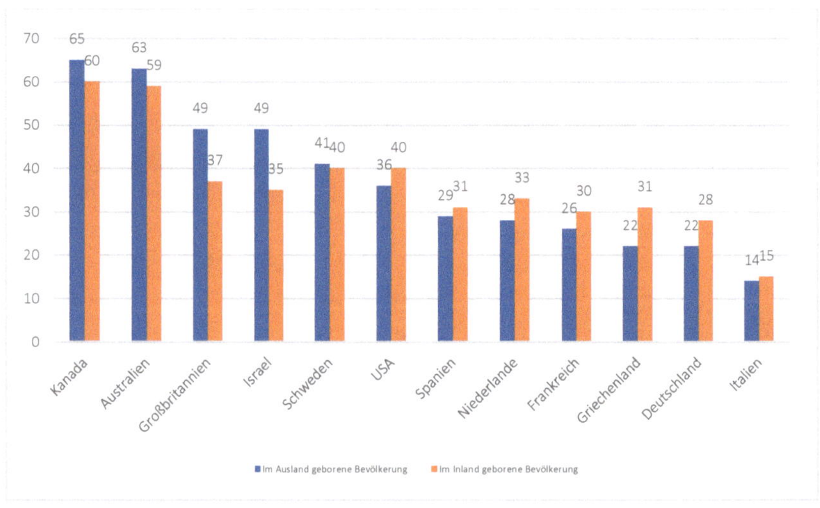

Abbildung 26: Anteil der im Ausland geborenen Bevölkerung über 25 Jahre mit einem Hochschulabschluss 2015 (in %)
Quelle: Pew Research Center 2019, S. 10.

Nachteile eines angebotsorientierten Systems bestehen vor allem darin, dass es zu den angesprochenen möglichen Fehlallokationen am Arbeitsmarkt kommen kann, d. h. die Einwanderer*innen nicht die Arbeitsplätze erhalten, für die sie ausgebildet sind. Infolgedessen steigt das Risiko der Arbeitslosigkeit unter Zuwanderer*innen, die keine Arbeitsplatzzusage haben. Weitere Nachteile sind auch in der Anpassungsfähigkeit des Punktesystems und der Geschwindigkeit der Einwanderungen zu sehen. So wurde die Kritik geäußert, dass ein Mangel in bestimmten Qualifikationsgruppen zum Zeitpunkt der Einreise schon gar nicht mehr bestehe (Kolb 2008; Thränhardt 2014; Schmidtke 2008). Es ist jedoch darauf hinzuweisen, dass in den letzten Jahren viele Maßnahmen, wie die Einführung eines Online-Bewerbungssystems, ergriffen wurden, um auf diese Missstände zu reagieren (Hunger und Krannich 2015). Vergleicht man die Anteile der im Ausland geborenen Bevölkerung, die über einen Hochschulabschluss verfügen, in Ländern mit und ohne Punktesystemen, so sieht man, dass der Anteil der Bevölkerung mit Hochschulabschluss in Ländern mit Punktesystemen (Australien, Kanada) deutlich höher ist.

5.2.2 Arbeitsvertragsgebundene Systeme

Die Ausgestaltung der arbeitsmarktbezogenen Zuwanderungsmöglichkeiten ist in nachfrageorientierten Systemen grundsätzlich an den Bedürfnissen der inländischen Wirtschaft und ihrer Arbeitgeber*innen ausgerichtet. Einreisevisa werden hier nur ausgestellt, wenn eine Arbeitsplatzzusage vorliegt. Der große Vorteil dieses Systems besteht darin, dass kaum ein Arbeitslosigkeitsrisiko für neu Einwandernde besteht, da ja nur einreisen kann, wer auch einen Arbeitsplatz hat. In vielen Fällen ist es auch so geregelt, dass Einwanderer*innen wieder ausreisen müssen, wenn sie ihren Arbeitsplatz verlieren. Zudem werden in diesem System die Einreisevisa zumeist strikt befristet, so dass bei Beendigung des Arbeitsverhältnisses die Ausreise des betreffenden ausländischen Arbeitnehmers feststeht. Die Zuwanderungsregelungen werden dabei so ausgestaltet, dass sie die Bedarfe der Wirtschaft möglichst zielgenau abdecken. Fehlen also etwa in einer bestimmten Branche Fachkräfte, versucht das nachfrageorientierte System genau für diese Branche oder Berufsgruppe eine passgenaue Regelung zu finden. In nachfrageorientierten Systemen folgen die Einwanderungsregelungen also einer Art Berufsgruppen-Systematik, d. h. die meist komplexen Vorschriften zur Einreise richten sich jeweils an bestimmte Berufsgruppen, wie Ärzt*innen, Wissenschaftler*innen, Selbstständige. Dabei können für die Gruppen durchaus unterschiedliche Einreisevoraussetzungen und Aufenthaltsrechte gelten. Teilweise wird ein Kontingent für einzelne Gruppen festgelegt (wie in den USA), teilweise gibt es aber auch keine Obergrenzen (wie in Deutschland).

Kritisiert wird an diesem Modell, dass die Einwanderungsregelungen nicht so einfach und transparent sind wie bei den Punktesystemen, wo die Bewerber*innen selbst online im Vorfeld testen können, ob sie für eine Einwanderung in Frage kommen. So gilt Deutschland etwa als ein Land, das eine der liberalsten Einwanderungsbestimmungen für Hochqualifizierte im gesamten OECD-Raum hat (OECD 2013b, S. 15), gleichzeitig wandern aber (im Verhältnis zur Bevölkerungsgröße) deutlich weniger Hochqualifizierte nach Deutschland ein, insbesondere im Vergleich zu Australien und Kanada. Es wird daher vermutet, dass dies auch daran liegt, dass ein angebotsorientiertes System zwar zielgenau steuern kann, aber nach außen zu kompliziert und wenig nachvollziehbar ist. So gibt es etwa in Deutschland gleich fünf unterschiedliche Paragrafen, die die Zuwanderung von Einwanderer*innen mit einem Hochschulabschluss regeln. Alle Paragrafen beziehen sich auf andere Gruppen und verlangen andere Voraussetzungen und gewähren auch andere Rechte, etwa im Hinblick auf die Aufenthaltsdauer oder die Möglichkeit, Familienangehörige miteinreisen zu lassen (Hunger und Krannich 2017).

Einer dieser Paragrafen bezieht sich auch auf die sogenannte ‚Blue Card EU', die im Jahr 2009 auf europäischer Ebene zur Anwerbung von Hochqualifizierten nach Europa eingeführt worden war und mit dem sich die EU im weltweiten „Kampf um die besten Köpfe" positionieren wollte. Mit der Blue Card können Hochqualifizierte aus aller Welt in die EU einreisen, sofern sie einen entsprechenden Arbeitsplatz eines EU-Arbeitgebers vorweisen können.

Die gesetzliche Implementierung und genaue Ausgestaltung der EU-Richtlinie unterlag aber weiterhin den Mitgliedsstaaten, weshalb die Blue Card auch in den verschiedenen Mitgliedstaaten unterschiedlich ausgestaltet ist. In Deutschland trat die Blue Card 2012 durch das ‚Gesetz zur Umsetzung der Hochqualifizierten-Richtlinie der Europäischen Union' in Kraft. Voraussetzung für die Erteilung eines Aufenthaltstitels in Deutschland, der zunächst auch nur befristet auf vier Jahre ausgestellt wird, ist neben dem vorzuweisenden Arbeitsvertrag ein Mindestbruttoeinkommen von 50.800 € (Ausnahmen sind u. a. ‚Mangelberufe' wie Ärzte und Ingenieure mit rund 39.624 €, Stand 2020). Bis 2018 hatten insgesamt rund 125.000 Drittstaatenangehörige Gebrauch von der ‚Blauen Karte EU' gemacht, die allermeisten (rd. 106.000) entfielen dabei auf Deutschland.

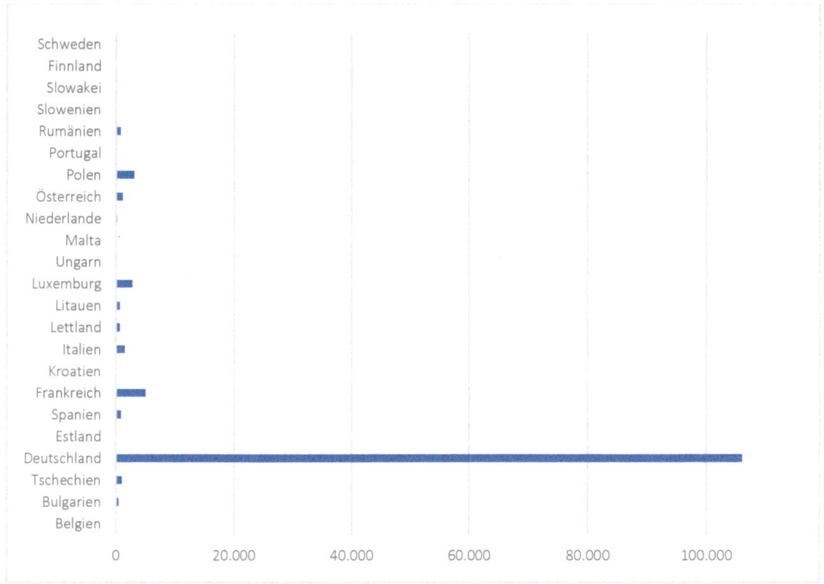

Abbildung 27: Ausgegebene Blaue Karten EU von 2012-2018 (kumuliert) nach Ausgabeland
Quelle: Eurostat.

5.2.3 Hybridsysteme

In den letzten Jahren wurde schließlich ein Trend beobachtet, dass sich beide Systeme ein Stück weit annähern (Thränhardt 2014). So wird die von Kanada im Jahr 2015 vorgenommene Höherbewertung einer Arbeitsplatzzusage, um der Gefahr einer Arbeitslosigkeit unter hochqualifizierten Einwanderinnen und Einwanderern vorzubeugen, als Zeichen in Richtung eines arbeitsvertragsgebundenen Systems gewertet (Kolb 2016). Umgekehrt finden sich auch im nachfrageorientierten Einwanderungssystem in Deutschland neuerdings Elemente einer Angebotsorientierung. So wurde im Jahr 2012 für Hochqualifizierte die Möglichkeit geschaffen, zum Zweck der Arbeitsplatzsuche für bis zu 18 Monate nach Deutschland einzureisen. Die Fachwelt spricht daher auch von der Entstehung sog. „Hybridsysteme", die sowohl nachfrage- als auch angebotsorientierte Elemente aufweisen (Hinte et al. 2015, S. 16).

5.3 Unternehmensinterne Arbeitsmärkte

Ein weiterer wichtiger Kanal der Hochqualifiziertenmigration sind sog. unternehmensinterne Arbeitsmärkte. So wurde in den 1980er Jahren mehr und mehr festgestellt, dass die Zunahme der wirtschaftlichen Verflechtungen (etwa abzulesen an der Zunahme ausländischer Direktinvestitionen, die mit der Gründung von Unternehmensniederlassungen in der ganzen Welt einhergingen, oder am Zuwachs der Zahl von internationalen Unternehmensfusionen) auch eine Erhöhung der Mobilität der Mitarbeiter*innen erforderte. Dies betraf vor allem hochqualifizierte Führungskräfte, die das eingesetzte Sachkapital sozusagen begleiteten und zum Aufbau oder zur Abwicklung einzelner Projekte ins Ausland geschickt wurden. Die Zunahme der Migration hochqualifizierter Fach- und Führungskräfte wurde in den Folgejahren zunehmend von der Forschung aufgegriffen und zunächst unter dem Stichwort „Mobilität Hochqualifizierter" diskutiert.

In diesem Zusammenhang sind vor allem die Arbeiten der britischen Wissenschaftler Salt, Findlay und Gould zu nennen, die die Bedeutung interner Arbeitsmärkte für die Migration Hochqualifizierter herausgearbeitet haben (Salt 1983, 1986, 1992; Findlay 1991, 1993, Findlay und Gould 1989). Sie betrachten in ihren Forschungen den Arbeitsmarkt nicht mehr als einheitliches Ganzes, sondern sehen ihn in separate, nach Qualifikationen unterteilte Arbeitsmarktsegmente (sog. self-contained, non-competing groups) aufgeteilt (Salt und Findlay 1989, S. 163; McKay und Whitelaw 1977). Grundlage ihrer Analysen war die Beobachtung, dass sich viele Wanderungen von Hochqualifizierten unabhängig von staatlichen Regulierungen durch die Ausbildung interner Arbeitsmärkte in international operierenden Großunternehmen vollzogen. In den meisten Industrieländer ist dieser unternehmensinterne Fachkräftetransfer inzwischen weitgehend liberalisiert und dereguliert worden, so dass staatliche Rahmenbedingungen für diese Form der Mobilität kaum noch eine Rolle spielen. Für den einzelnen Beschäftigten ist es teilweise sogar einfacher, innerhalb der Niederlassungen eines Unternehmens in unterschiedlichen Staaten zu wechseln als zu einem anderen Unternehmen innerhalb desselben Landes.

Unternehmen nutzen die Möglichkeiten unternehmensinterner Transfers daher zunehmend zur Optimierung der Personalstruktur ihres Unternehmens (Kolb und Hunger 2003).[5] Fachkräfte werden also nicht mehr ausschließlich extern (aus dem Ausland) rekrutiert, sondern wandern als Interne über Unternehmensarbeitsmärkte. Dies hat für die Unternehmen eine Reihe von Vorteilen: So müssen neue Mitarbeiter*innen nicht völlig neu eingearbeitet werden und das Wissen der Beschäftigten bleibt unternehmensintern. In einigen Bereichen (insbesondere im Technologiebereich) ist betriebsspezifisches Wissen daher bereits wichtiger als generalisiertes Wissen einzelner Fachdisziplinen (Straubhaar und Wolter 1997). Für die Beschäftigten eröffnen interne Arbeitsmärkte neue Karriereoptionen (Hillmann und Rudolph 1996). Diese Form der Migration hat daher eine hohe Bedeutung gewonnen. Für einzelne multinationale Konzerne ist die Möglichkeit der unternehmensinternen Transfers bereits wichtiger als die klassischen staatlichen Angebote, seien es Punktesysteme oder arbeitsvertragsgebundene Modelle (Kolb 2004).

5.4 Studierendenmigration

Ein weiteres Instrument, um dem Mangel an hochqualifizierten Arbeitskraften in vielen Industriestaaten entgegenzuwirken, wird in der Migration internationaler Studierender gesehen. Das Kalkül dahinter ist, dass internationale Studierende, also Studierende, die aus dem Ausland kommen, um an den inländischen Hochschulen und Universitäten zu studieren, ein Potential für den heimischen Arbeitsmarkt darstellen können. Sie sind aus Sicht einiger Migrationsforscher*innen geradezu eine „ideale Zuwanderungsgruppe", da sie, wenn sie nach ihrem Studium im Studienland bleiben, nicht aufwendig

5 Gould (1988) und Findlay (1993) haben in diesem Zusammenhang auf die Rolle internationaler Personalberatungs- und Relocation-Agenturen hingewiesen, die die internationale Migration von Hochqualifizierten abwickeln (Gould 1988; Findlay 1993, S. 154). Der Begriff Relocation umfasst dabei alle Organisations- und Koordinationstätigkeiten, die bei einem nationalen oder internationalen Standortwechsel anfallen. Die Funktion dieser Agenturen besteht in der Erleichterung und Vereinfachung von Migrationsprozessen im Bereich der Hochqualifizierten (Salt 1989, S. 166). Ihre konkreten Aufgaben beziehen sich auf die Auswahl und Anwerbung geeigneter Kandidat*innen aus dem Kreis potenzieller hochqualifizierter Migrant*innen und die Unterstützung der Bewerber*innen und deren Familien in administrativen und privaten Angelegenheiten, wie Behördengängen oder der Wohnungssuche (Salt 1989, S. 166-167; Salt 1986, S. 181). Der Einfluss dieser Institutionen auf das Migrationsvolumen wurde in Studien schon früh empirisch nachgewiesen (Gould 1987).

aus dem Ausland angeworben werden und sich auch nicht mehr im Land neu einleben müssten. Infolgedessen ist überall auf der Welt ein hitziger Wettbewerb, „um die besten Köpfe“ entbrannt (Pott et al. 2015; King et al. 2010; Hawthorne 2012; King und Raghuram 2013), insbesondere zwischen den führenden Universitätsstandorten in Westeuropa und Nordamerika.

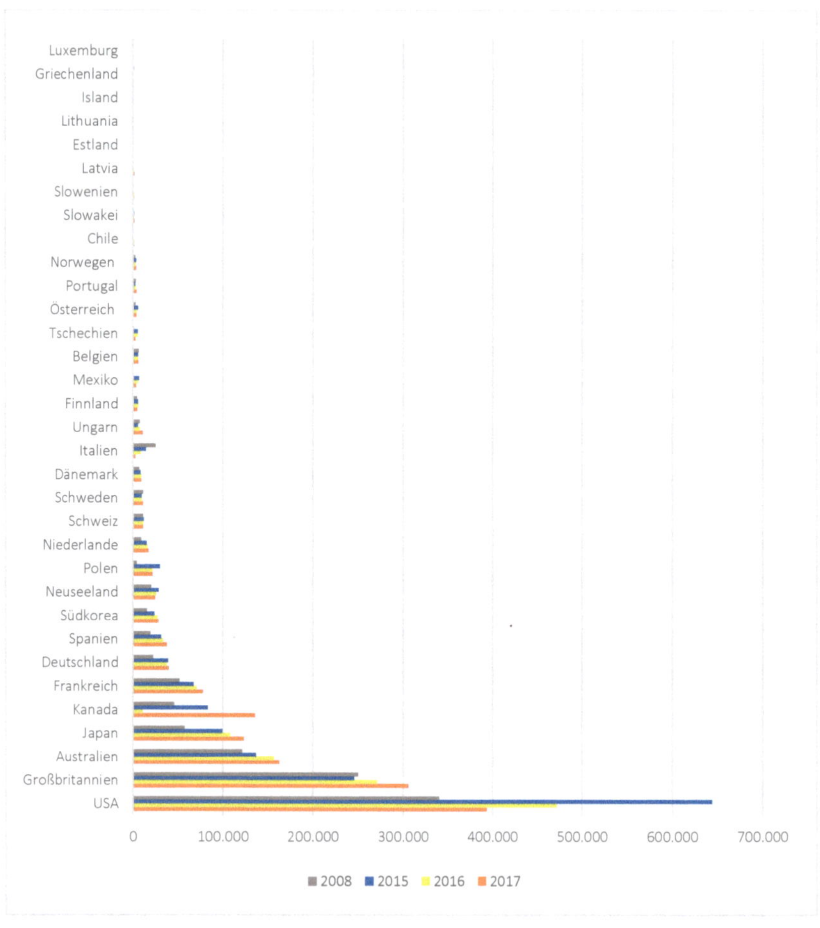

Abbildung 28: Anzahl der ausgestellten Aufenthaltsgenehmigungen für Studierende in den OECD-Staaten 2008-2017
Quelle: OECD.

Entsprechend ist die Zahl der internationalen Studierenden in OECD-Ländern in den letzten zehn Jahren deutlich angestiegen. Allein im Jahr 2017 zählten alle OECD-Länder zusammen knapp 1,5 Million Neueinreisen zum Zwecke eines Studiums. 2008 waren es rund eine Million. Die große Mehrheit der internationalen Studierenden zieht es dabei in die englischsprachigen Länder USA, Großbritannien und Australien. Insbesondere die USA sind nach wie vor das Studienland Nummer 1 weltweit. Im Mittelpunkt stehen dabei Fachdisziplinen, bei denen auf vielen Arbeitsmärkten der OECD ein Engpass besteht, also vor allem in den MINT-Fächern und in der Medizin (Pott et al. 2015). Die Mehrheit der Studierenden stammt dabei allerdings aus Ländern des Globalen Südens (Jöns 2007; Raghuram 2013), insbesondere aus China und Indien. Aus Sicht der internationalen Entwicklungszusammenarbeit wird dies zunehmend kritisch gesehen, da Studien immer wieder zeigen, dass die Bildungsmigration aus Entwicklungsländern oftmals der erste Schritt für eine langfristige Auswanderung und einen damit verbundenen Brain Drain ist. In den USA bleibt durchschnittlich etwa die Hälfte aller internationalen Studierenden nach Abschluss ihres Studiums im Ausland. Bei Chines*innen (87 %) und Inder*innen (82 %) liegt diese Quote sogar weit über diesem Wert (Trembley 2002).

5.5 Brain Drain

Die Kehrseite der internationalen Hochqualifiziertenmigration ist daher der sogenannte Brain Drain für die Herkunftsländer, die ihre besten Köpfe verlieren.[6] Wie schon angedeutet wurde, sind dies vor allem Schwellen- und Entwicklungsländer, die viele ihrer Hochqualifizierten an hochentwickelte Länder verlieren. In einigen Ländern Afrikas, Lateinamerikas und der Karibik ist dies sehr extrem. So hat eine Studie der OECD gezeigt, dass in Ländern wie Barbados, Haiti und Trinidad sowie Tobago 90 Prozent der

6 Interessanterweise wurde der Begriff ‚Brain Drain' zuerst im Zusammenhang mit der Auswanderung hochqualifizierter Fachkräfte (insbesondere Wissenschaftler*innen) aus Großbritannien in die USA, also von einem Industrieland in ein anderes, geprägt (Hillmann und Rudolph 1996, S. 2). Anfang der 1960er Jahre veröffentlichte die Königliche Gesellschaft Großbritanniens eine Studie zur Abwanderung hochqualifizierten Personals in die USA. Diese Studie (Great Britain 1968) wurde dazu benutzt, auf die Schwächen des britischen Wissenschaftssystems aufmerksam zu machen und eine verstärkte Förderung dieses Bereiches zu fordern (Hillmann und Rudolph 1996, S. 2).

Hochschulabsolvent*innen im Ausland arbeiten (OECD 2013a). In Jamaica, Tonga und Zimbabwe sind es fast die Hälfte (ebd.). Prognosen der IOM gehen davon aus, dass in Zukunft noch mehr Hochqualifizierte aus den ärmeren Ländern in die reichen Länder wandern werden, weil spezialisierte Fachkräfte aufgrund der demografischen Entwicklung noch knapper werden (IOM 2015).

Besonders kritisch ist der Brain Drain im Gesundheitssektor, der sog. Medical Brain Drain, auch Care Drain genannt. Für einige afrikanische Länder, die ohnehin schon Engpässe in der Gesundheitsversorgung haben, stellt die zum Teil aggressive Abwerbung von medizinischem Personal ein großes Problem dar. Sie können kaum mit den attraktiven Angeboten von Ländern wie den USA oder Großbritannien konkurrieren. Das Ergebnis ist oftmals ein regelrechtes Ausbluten der Gesundheitssektoren dieser Länder. So hat bereits im Jahr 2006 der Weltbevölkerungsbericht der UN davon berichtet, dass in der englischen Stadt Manchester mehr Ärzte aus Malawi praktizieren, als in Malawi selbst (UN 2006). Die Weltgesundheitsorganisation WHO hat daher im Jahr 2011 einen Global Code of Practice on the International Recruitment of Health Personnel verabschiedet, der inzwischen auch von 193 Mitgliedstaaten ratifiziert wurde. In der Vereinbarung verpflichten sich die Unterzeichnerstaaten, nicht mehr aus Staaten medizinisches Personal zu rekrutieren, in denen die Gesundheitsversorgung kritisch ist. Allerdings handelt es sich hierbei um eine Selbstverpflichtung, die für die Unterzeichnerstaaten auch nicht bindend ist (WHO 2020).

Darüber hinaus bestehen keine Einschränkungen bzw. Selbstbeschränkungen in der internationalen Hochqualifiziertenmigration. Frühere Versuche, Wanderung von Hochqualifizierten international zu regulieren, d.h. vor allem zu begrenzen, um ärmere Länder vor einer zu großen Auswanderung zu schützen oder zumindest für ihren finanziellen Verlust, u.a. durch die Ausbildungskosten, zu entschädigen, schlugen fehl. Der indische Ökonom Bhagwati hatte in diesem Zusammenhang bereits in den 1970er Jahren eine sog. Brain Drain-Steuer vorgeschlagen (Bhagwati 1976, „Taxing the Brain Drain"), die entweder von den Aufnahmestaaten an die abgebenden Länder gezahlt werden sollte, oder von den Auswanderer*innen selbst, sobald sie aufgrund ihres ökonomischen Status im Aufnahmeland dazu in der Lage sein würden. Sie wurde jedoch niemals Realität. Auch kurzzeitige Auswanderungsverbote in einigen Ländern, wie z.B. in Ägypten, waren nicht von langer Dauer, so dass trotz der intensiven wissenschaftlichen und politischen Diskussion der Brain Drain bis heute anhält.

Allerdings gibt es neue Studien, die zeigen, dass die Abwanderung von Eliten für ein Entwicklungsland langfristig auch Vorteile bieten kann, indem ein Teil der Auswanderer*innen wieder zurückkehrt und den Entwicklungsprozess im Herkunftsland unterstützt. Dabei wird darauf verwiesen, dass es in vielen Herkunftsländern der Migrant*innen gar nicht genügend Arbeitsplätze für die gut ausgebildeten Fachkräfte gäbe und Abwanderung auch eine Entlastung des heimischen Arbeitsmarktes bedeuten könnte (Mountford 1997). Auch schwierige politische Umstände machten einen Verbleib im Land teilweise nicht möglich. Wir werden auf diese Fragen im → Kapitel 10 Migration und Entwicklung noch weiter eingehen.[7]

Weiterführende Fragen und Literatur

Drei Fragen zum Weiterdenken

- Warum sind Hochqualifizierte so eine begehrte Zuwanderungsgruppe? Ist dies gerechtfertigt?
- Welche Arten der Anwerbung von Hochqualifizierten gibt es? Und was sind ihre Vor- und Nachteile?
- Wie bewerten Sie den weltweiten Kampf um die besten Köpfe aus der Perspektive der Entwicklungs- und Schwellenländer?

Drei Bücher zum Weiterlesen

Wayne A. Cornelius/Thomas J. Espenshade/Idean Salehyan (Hg.) (2001): The International Migration of the Highly Skilled: Demand, supply, and development consequences in sending and receiving countries. San Diego: University Center for Comparative Immigration Studies.
Einer der ersten umfassenden internationalen Sammelbände zum Thema internationaler Hochqualifiziertenmigration aus Perspektive der Abgabe- und Aufnahmeländer.

7 Teilweise werden auch transnationale Ausbildungspartnerschaften vereinbart, um Angebot und Nachfrage von internationalen Fachkräften besser aufeinander abzustimmen, siehe etwa www.bertelsmann-stiftung.de/de/publikationen/publikation/did/wie-transnationale-ausbildungspartnerschaften-in-deutschland-vorangebracht-werden-koennen-all-1.

Agnieszka Weinar/Amanda Klekowski von Koppenfels (2020): Highly-Skilled Migration: Between Settlement and Mobility. IMISCOE Research Series. Wiesbaden: Springer.
Kompakte Zusammenfassung der Definitionen und Konzepte hochqualifizierter Migration.

Uwe Hunger/Sascha Krannich (2015): Einwanderungspolitik und Punktesysteme im internationalen Vergleich. Wissenschaftliche Expertise im Auftrag der Friedrich-Ebert-Stiftung. Bad Godesberg.
Deutschsprachige Zusammenfassung von Punktesystemen im internationalen Vergleich.

6 Migration und Gender

In der Migrationsforschung ist oft von einer „Feminisierung der Migration“ die Rede. Aber worin liegt das Neue, sind Frauen nicht schon immer migriert? Feminisierung bedeutet nicht nur, dass die Zahl der Migrantinnen zugenommen hat, sondern auch, dass Gender bei den Migrationsformen, Migrationskanälen und der Position auf dem Arbeitsmarkt eine prägende Rolle spielt. So sind Migrantinnen in hohem Maße von Prekarisierung betroffen und in Sektoren zu finden, die politisch wenig geregelt oder von bestehenden Regelungen ausgeschlossen sind. Prominentes Beispiel hierfür ist die „Globalisierung der Haushaltsarbeit“. Zu welchen politischen Herausforderungen führt diese Entwicklung? Gibt es spezifische Formen von Diskriminierung, was ist Intersektionalität? Und was kann uns eine Gender-Perspektive, die sich ja keineswegs nur auf Frauen beschränkt, über Geschlechterverhältnisse und Migrationspolitik sagen?

6.1 Die Feminisierung der Migration?

Gender-Perspektiven haben in den vergangenen Jahren verstärkt in die Migrationsforschung Einzug gehalten. Im „Mainstream“ der Forschung sind sie allerdings nach wie vor selten anzufinden – wie die amerikanische Soziologin Pierette Hondagneu-Sotelo schreibt, werden sie dort bis heute „ghettoisiert“ (Hondagneu-Sotelo 2013, S. 180). Darunter ist zu verstehen, dass die umfassenderen Migrationstheorien zu Transnationalismus, Staatsbürgerschaft und Integration oft „Gender-blind“ sind und die Anwendung der Perspektive sich auf spezifische Forschungsfelder wie Pflege, Hausarbeit, *trafficking* und Sexarbeit konzentriert. Dabei wird der Gender-Ansatz nach wie vor oft verwendet, um vor allem speziell Frauen, teils auch die Geschlechterverhältnisse als Ganzes, selten aber Maskulinität in den Blick zu nehmen. Dies lässt sich wohl auch ein Stück weit damit erklären, dass es zum ganz überwiegenden Teil Forscherinnen sind, die sich mit Gender und Migration beschäftigen (Hondagneu-Sotelo 2011, S. 219), Gender prägt also nicht nur Migration sondern auch die Forschung hierzu.

Dabei hat Gender nicht nur eine Vielzahl von Auswirkungen auf Migrationsbewegungen, -entscheidungen und -erfahrungen, sondern auch klar politische Dimensionen, weshalb das Thema in diesem Lehrbuch nicht mit dem Standard-Hinweis „es migrieren immer mehr Frauen" abgehakt werden soll, sondern ein eigenes Kapitel gewidmet bekommt (als Querschnittsthema spielt es aber natürlich auch in den anderen Kapiteln eine Rolle). Was hat Gender nun mit Migrationspolitik zu tun? Meist mangelt es an explizit genderspezifischen Politiken – dabei ist Migrationspolitik oft implizit sehr stark von Vorstellungen von Gender geprägt. So gibt es etwa Staaten, in denen Frauen nicht ohne Zustimmung ihrer Ehemänner oder männlicher Verwandter als Migrantinnen das Land verlassen dürfen, das US-Amerikanische „Bracero"-Gastarbeiterprogramm richtete sich exklusiv an Männer, und in mehreren Zielländern sind Haushaltsangestellte von der Arbeitsgesetzgebung ausgeschlossen, was dort meist Frauen trifft.

Sieht man sich die jüngere deutsche Debatte um Flucht und Zuwanderung an, spielt Gender dabei ebenso eine große Rolle – seien es Diskussionen um Frauenbild und Rolle der Frau, Verfolgung aufgrund von Geschlecht oder Sexualität, Familienzusammenführung oder das als Bedrohung dargestellte Bild des jungen, männlichen Geflüchteten (→ 14 Ausblick).

In diesem Kapitel sollen zunächst ein kurzer Überblick über das Forschungsfeld gegeben und grundlegende Begriffe geklärt werden – was ist Gender, was ist Intersektionalität? Um die vielfachen Zusammenhänge von Gender und Migrationspolitik darzustellen, wird Gender in Bezug auf Herkunftsland, Zielland und Migrationsprozess diskutiert. Weitere Abschnitte widmen sich den Themen und Politikfeldern Haushaltsarbeit und Pflege, *trafficking*, Familie und Sexualität sowie Gender und Flucht.

Im Jahr 2019 machten Frauen 47,9 Prozent aller Migrant*innen weltweit aus (UN DESA 2019). Stellt man diese Zahl nun ins Verhältnis zum Anteil von Frauen an der gesamten Weltbevölkerung von 49,6 Prozent, so erhält man vordergründig lediglich das Bild, dass Frauen unter den Migrant*innen knapp unterrepräsentiert sind. Zwar hat sich seit dem Jahr 1960 die absolute Zahl der Migrantinnen verdoppelt, der prozentuale Anteil ist aber nur um etwas mehr als einen Punkt angestiegen, er lag damals schon bei 46,6 Prozent (Donato und Gabaccia 2016). Allerdings ist dieser Anteil nicht global gleichmäßig verteilt, vielmehr ist die Anzahl der Migrantinnen in den vergangenen Jahrzehnten in spezifischen Regionen wie Südostasien und Berufsfeldern wie dem Haushalts- und Pflegebereich stark angestiegen.

Autor*innen, die von einer Feminisierung der Migration sprechen, beziehen sich aber nicht allein auf die Zahlen, sondern auch auf die zunehmend eigenständige Migration von Frauen. Wenn zuvor von „Migranten und ihren Familien" gesprochen wurde, war damit meist der männliche Migrant gemeint, der etwa im 19. und frühen 20. Jahrhundert als Siedler aufbrach und seine Familie später nachholte oder als Arbeitsmigrant nach neuen Möglichkeiten suchte und die Familie reiste mit. Die Forscherinnen Katharine M. Donato und Donna Gabaccia haben die Migrationsbewegungen seit dem 17. Jahrhundert analysiert und dabei starke Schwankungen in der *gender balance*, also dem zahlenmäßigen Verhältnis zwischen Frauen und Männern, beobachtet (Donato und Gabaccia 2015). So war bis 1840 das Verhältnis bei den Migrant*innen, die oft als Siedler*innen in Kolonien zogen, recht ausgeglichen. Im Folgezeitraum dominierten die temporären männlichen Migranten, da die Kolonialmächte Arbeitskräfte brauchten, die neue Infrastruktur bauten, auf Plantagen und in der Schwerindustrie arbeiteten.

Ab den 1920er Jahren glich sich das Verhältnis wieder aus: Strengere Einwanderungsgesetze schränkten die Formen der Arbeitsmigration mit überwiegendem Männeranteil stärker ein, wodurch der Anteil an Frauen und Familien anstieg. Der wachsende Anteil der Frauen war also auch indirekte Folge einer Einwanderungspolitik, die vor allem auf männliche Arbeitsmigranten abzielte. Die Autorinnen betonen daher, dass die zahlenmäßig größte Feminisierung der Migration bereits vor den 1960er Jahren stattfand. Allerdings wanderten diese Frauen weniger als Arbeitsmigrantinnen denn als Familienangehörige oder Geflüchtete. Als ein Beispiel nennen Donato und Gabaccia die Niederlande, wo die Dekolonialisierung in Indonesien dazu führte, dass holländische Männer mit ihren indonesischen Frauen aus der Kolonie in die Heimat zurückkehrten. Dazu kam ein hoher Anteil an weiblichen Geflüchteten aufgrund des 2. Weltkriegs und als Folge war die im Ausland geborene Bevölkerung des Landes im Jahr 1960 zu 61 Prozent weiblich.

Dass ungeachtet solcher Verschiebungen die Feminisierung der Migration erst später „entdeckt" wurde, lag somit nicht allein an Zahlen und einem Wandel der Migrationsformen, sondern wohl auch daran, dass Frauen in der Migrationsforschung lange schlicht übersehen wurden. Dies begann sich mit der Auseinandersetzung der feministischen Theorie mit Migration ab den 1970er Jahren zu ändern.

6.2 Frauen, Gender und Migrationsforschung

Um den heutigen Forschungsstand zu Gender und Migration einordnen zu können, lohnt ein kurzer Blick auf die Geschichte des Themenfeldes. Bezeichnend sind die Titel zweier Themenhefte *der International Migration Review*, eines der führenden wissenschaftlichen Migrationsjournale. Im Winter 1984 erschien ein wegweisendes Sonderheft zum Thema „Women in Migration". Als Antwort auf die klassische Analyse von Michael J. Piore „Birds of Passage: Migrant Labor and Industrial Societies" (Piore 1979) antworteten die Autorinnen mit der programmatisch betitelten Einführung „Birds of Passage are also Women..." – Auch Frauen sind Zugvögel (Morokvasic 1984). In ihrem Beitrag verwies Mirjana Morokvasic auf die häufige Unsichtbarkeit von Frauen im Allgemeinen und Migrantinnen im Besonderen in der Forschung und Statistiken zum Arbeitsmarkt: „Women always work. They are not in and out of economic activity, but at various stages of their life cycle they are either paid for their work or not and their work is either recognized as economic activity or not." (Morokvasic 1984, S. 886).

Weiterhin hinterfragen Autorinnen des Heftes die gängige Einschätzung, dass Migration für Frauen vor allem eine befreiende Erfahrung sei, da diese meist in weniger repressive und modernere Gesellschaften erfolge. Dem stellen die Beiträge des Heftes eine ausgewogenere Perspektive gegenüber, die Gewinne und Verluste berücksichtigt. So bringe Migration für Frauen die Gefahr der Ausbeutung mit sich, aber auch die Chance auf größere Unabhängigkeit, Respekt und die Erkenntnis, dass die eigene Situation nicht vom Schicksal gegeben ist, sondern sich verbessern lässt (Morokvasic 1984, S. 893).

Gut 20 Jahre später erschien ein weiteres Sonderheft der Zeitschrift, das unter dem Titel „Gender and Migration Revisited" eine Bestandsaufnahme versuchte. Bezeichnend war dabei der Wechsel im Titel von *women* zu *gender*, die Herausgeberinnen sprachen von einer „Flutwelle" an Forschungsarbeiten, die die Zusammenhänge von Gender und menschlicher Mobilität seit den 1980er Jahren in den Blick genommen hatten (Donato et al. 2006, S. 7). Gender entwickelte sich zu einer eigenständigen analytischen Kategorie, die über den reinen Vergleich zwischen Männern und Frauen hinausging und Geschlechterverhältnisse in den Blick nahm (Herrera 2013, S. 472).

Was ist Gender?
Dem Gender-Begriff liegt das Konzept zugrunde, dass es neben dem biologischen, also körperlichen, auch noch ein soziales Geschlecht gibt. Während das biologische Geschlecht (im Englischen sex, was die Unterscheidung einfacher macht) natürlich gegeben ist, wird gender als sozial konstruiert angesehen. Gesellschaftliche Vorstellungen bestimmen somit die Einstellungen, Verhaltensweisen und auch Machtverhältnisse, die mit der Rolle als Mann oder Frau verbunden sind (Boyd und Grieco 2003). Das kann weitreichende Folgen und Einfluss haben, etwa auf den Zugang zu und die Kontrolle von Ressourcen, die Stellung im Arbeitsmarkt (der gender-pay-gap beschreibt die ungleiche Bezahlung von Männern und Frauen), Entscheidungsfreiheit, die Möglichkeit eines selbstbestimmten Lebens und den Chancen, die sich dabei bieten (Lim 2016). Aufgrund ihrer sozialen Konstruktion sind solche Gender-Rollen aber nicht statisch, sondern können sich wandeln (Ingelfinger 2011). Autorinnen wie Judith Butler hinterfragen darüber hinaus auch die „natürliche" Gegebenheit des biologischen Geschlechts (Butler 2014). Zudem kritisiert Butler das dichotome, also klar in Mann und Frau unterteilte Geschlechterverständnis, das etwa Fragen von Transgender nicht berücksichtigt.

Damit einher ging die Beobachtung, dass sich eine Gender-Perspektive nicht nur auf Aspekte wie Familie, Haushalt oder das Leben von Frauen beschränken solle, sondern dass der gesamte Migrationsprozess ein Phänomen ist, das von Gender geprägt wird (Donato et al. 2006, S. 6). Diese Forschung kann die individuellen Erfahrungen von Migrant*innen ebenso einschließen wie Migrationspolitik, Verhältnisse am Arbeitsplatz, Sozialpolitik, Diasporas, soziale Netzwerke bis hin zum kapitalistischen Weltsystem. Gender kann zudem einer von mehreren Faktoren für Diskriminierung sein, wofür der Begriff Intersektionalität geprägt wurde.

Was ist Intersektionalität?
Der Begriff Intersektionalität beschreibt, wie sich verschiedene Formen von Diskriminierung in einer Person überschneiden und gegenseitig wechselwirken können. Geprägt wurde er Ende der 1980er Jahre von Kimberlé Crenshaw. In einem Aufsatz zeigt die amerikani-

sche Juristin auf, wie schwarze Arbeiterinnen sowohl wegen ihrer Hautfarbe als auch aufgrund ihres Geschlechts diskriminiert wurden. Als Beispiel nennt sie eine Massenentlassung von General Motors in den 1970er Jahren, die vor allem schwarze Frauen traf – das zuständige Gericht aber eine entsprechende Klage abwies. Die Richter argumentierten, dass man entweder wegen seines Geschlechts oder wegen seiner Hautfarbe diskriminiert werden könne, aber nicht wegen beidem zusammen. Dabei traf genau dies hier nachweislich zu, da weder weiße Frauen noch schwarze Männer in größerer Zahl entlassen worden waren (Crenshaw 1989, S. 141–143).

Crenshaw baut auf der Diskriminierungsforschung auf, die sich in den Jahrzehnten zuvor auf die drei wesentlichen Unterdrückungsformen Ethnizität, Klassenzugehörigkeit und Geschlecht (*race, class and gender*) konzentriert hatte (Bastia 2014, S. 244–245). Diese wurden seitdem fortlaufend ausdifferenziert. So spricht man in der deutschen Forschung von Differenzlinien. Helma Lutz und Norbert Wenning haben „13 bipolare hierarchische Differenzlinien" identifiziert – bipolar, weil sie als entgegengesetzt gesehen werden, hierarchisch, weil stets eine Seite als Norm angesehen wird, die andere als Abweichung (Lutz und Wenning 2001, S. 20). Darunter finden sich neben Ethnizität, Hautfarbe, Klasse und Geschlecht auch weitere für die Migrationsforschung relevante Differenzlinien wie Staatsangehörigkeit, Sesshaftigkeit, Kultur und Nord-Süd-Differenzen.

Trotz der zunehmenden Bedeutung in der Migrationsforschung wird Gender weiterhin oft auf den Status einer Variable reduziert, die man dem „Migrations-Mix" hinzufügt (Boyd und Grieco 2003). Es gibt aber auch systematische Darstellungen, die die Relevanz der Perspektive für die verschiedenen Phasen des Migrationsprozesses durchdeklinieren. Monica Boyd und Elizabeth Grieco identifizieren etwa drei zentrale Phasen, in denen Gender-Rollen, Geschlechterverhältnisse und -hierarchien im Migrationsprozess eine Rolle spielen und für Männer und Frauen oft unterschiedliche Auswirkungen haben: Die Phase vor der Migration, die Transit-Phase und die Zeit im Zielland (Boyd und Grieco 2003).

6.3 Migration und Gender im Herkunftsland

Die neuen ökonomischen Ansätze der Arbeitsmigration (→ 2 Migrationstheorien) gehen davon aus, dass es oft nicht Individuen, sondern Haushalte sind, die als rationale Nutzenmaximierer Migrationsentscheidungen treffen (Stark und Bloom 1985). Allerdings sollten Haushalte nicht als homogene Einheiten verstanden werden (Herrera 2013, S. 473 f.). Dabei spielen auch Gender-Rollen und Machtverhältnisse innerhalb der Familien eine entscheidende Rolle: Sie beeinflussen, wer wohin migrieren darf und wer nicht, sowie welche Informationen und Ressourcen zur Migration zur Verfügung stehen. Bei patriarchalischen Strukturen ist es dann vor allem der Mann, der entscheidet, ob etwa die gesamte Familie migriert oder nur einzelne Familienmitglieder. Die „Migrationswahrscheinlichkeit" (*migratory probability*) von Frauen ist somit ein Resultat von individuellem (Alter, Ethnizität, Ausbildung), familiären (ledig/verheiratet, Position in der Familie) und gesellschaftlichen (kulturelle Werte, Traditionen, Religion) Faktoren (Boyd und Grieco 2003). Viele dieser Faktoren lassen sich auch auf männliche Haushaltsmitglieder übertragen. Allerdings ist die Kontrolle bei Frauen oft größer – in Indonesien können sie beispielsweise nur mit der schriftlichen Einwilligung eines männlichen Familienoberhauptes als Migrantinnen das Land verlassen (Rother 2017). In den Philippinen wird zudem insbesondere von Töchtern erwartet, dass sie zum Wohle der Familie Opfer erbringen (Tacoli 1999, S. 670). Andererseits kann Migration auch eine Strategie sein, sozialer Kontrolle in der Familie oder einer unglücklichen Ehe zu entfliehen (Silvey 2006, S. 32).

Soweit zu den gesellschaftlichen Rahmenbedingungen, diese lassen sich aber von den ökonomischen und politischen selten trennen, wie sich am Beispiel Indonesien zeigen lässt. So spiegelt sich die genannte patriarchalische Einstellung auch in der Politik des indonesischen Staates sowie dem Verhalten der Rekrutierungsagenturen wider. Indonesierinnen, die im Ausland als Hausangestellte arbeiten wollen, mussen ein Training in oft abgelegenen Camps absolvieren. Was prinzipiell eine sinnvolle Maßnahme sein kann, birgt aber auch viele Schattenseiten: So unterliegen die Frauen dort strenger Kontrolle, die an Freiheitsberaubung grenzt, und können durch die auflaufenden Gebühren bereits vor der Abreise in Schuldknechtschaft geraten (Sim 2009, S. 56 f.). Bei ihrer Rückkehr müssen sie ein spezielles Flughafenterminal nutzen, was vordergründig dem Schutz dienen soll, aber auch dazu genutzt wird, überhöhte Gebühren zu verlangen. Und schließlich verkündete die Regierung im Jahr 2017 ein Moratorium, wonach Frauen nicht mehr als Hausangestellte im Ausland arbeiten dürfen; auch hier wurde der Schutz als ein Argument genannt – letztlich handelt es sich aber um eine geschlechterbasierte Einschränkung der Arbeitsfreizügigkeit, bei der zudem die Gefahr besteht, dass Frauen auf irreguläre Migrationswege gedrängt werden[1]. Mit einer ähnlichen Begründung wurde auf den Philippinen das Mindestalter für weibliche migrantische Hausangestellte hochgesetzt, seit 2006 liegt es bei 23 Jahren.

6.4 Migration und Gender im Migrationsprozess

Die Ein- und Ausreisebestimmungen von Staaten sind oft durch Vorstellungen von gender geprägt, auch wenn dies den Menschen, die diese Politiken formulieren, teils gar nicht bewusst sein mag: „Through their policies, nation-states are major actors in a gendered international migration process" (Boyd und Grieco 2003). So wie Herkunftsländer die Migration von Frauen zu reduzieren oder zu verhindern versuchen, so finden sich vergleichbare Einschränkungen auf Seite der Zielländer: Das eingangs erwähnte *Bracero*-Gastarbeiterprogramm zwischen den Vereinigten Staaten und Mexiko richtete sich exklusiv an Männer. Neben solchen offenkundigen Einschränkungen finden sich in vielen Immigrations-Gesetzgebungen aber auch unterschwellige Vorstellungen von Geschlechterverhältnissen (Herrera 2013, S. 483). So wird hier als Standard angenommen, dass Männer „unabhängig" migrieren, Frauen dagegen „abhängig" (*independent/dependent),* also etwa als Ehefrauen oder unmittelbare Familienangehörige ihren Männern oder Familien nachfolgen (Han 2003, S. 26 f.). Frauen werden somit in erster Linie durch ihre Position in Bezug zu Männern – als Frau, als Tochter – klassifiziert, ungeachtet ihres eigenen, unabhängigen Status (Boyd und Grieco 2003). Damit wird ihnen eher eine Rolle innerhalb der Familie als auf dem Arbeitsmarkt zugewiesen. Eine Arbeitsaufnahme und damit verbunden bessere Integration in die Zielgesellschaft kann ihnen dadurch erschwert werden. Dabei gibt es allerdings auch starke Klassenunterschiede – während bei Hochqualifizierten die Arbeitgeber im Zielland oft versuchen, auch für den Ehepartner eine angemessene Stelle zu finden,

---

1 https://reaction.life/indonesian-government-banned-women-working-abroad/ Nach einiger Zeit wurde das Moratorium aber wieder aufgehoben.

ist dies bei geringer qualifizierten Jobs nicht der Fall. Hier wird zudem der Familiennachzug von staatlicher Seite aus erschwert oder, insbesondere bei temporärer Vertragsarbeit in Asien oder im Mittleren Osten, vollkommen unmöglich gemacht.

Neben den Staaten ist auch die „Migrationsindustrie" (Gammeltoft-Hansen und Sørensen 2013) Teil des Migrationsprozesses. Rekrutierungsagenturen nehmen oft eine klare Zuteilung vor, welche Berufe als „weiblich" und welche als „männlich" gelten. Auch bewerben sie Arbeitskräfte insbesondere in Bereichen wie Haushalt und Pflege mit als typisch weiblich angesehenen Begriffen wie Fügsamkeit („docile"). Neben diesen legal operierenden Agenturen gibt es auch Mittelsmänner und -frauen, die irreguläre Migration organisieren; hier sind Frauen im Migrationsprozess besonders verwundbar hinsichtlich Ausbeutung und Übergriffen.

6.5 Migration und Gender im Zielland

Diese nach Gender-Aspekten unterschiedlichen Migrationspolitiken setzen sich auch nach der Ankunft im Zielland fort. Der Status von Frauen als „abhängige" Migrantinnen kann zu realen Abhängigkeiten führen oder diese verstärken. So können ihre Rechte an den Migrations- und Aufenthaltsstatus von anderen Familienangehörigen gekoppelt sein (Boyd und Grieco 2003). Der Status bei der Einreise kann Auswirkungen auf Zugang zu Staatsbürgerschaft, Sprachkursen, Fortbildung und Sozialversicherung haben. Boyd und Grieco argumentieren, dass Frauen öfter als Männern der Zugang zur vollen Staatsbürgerschaft und den damit verbundenen politischen, sozialen und Bürgerrechten verwehrt werde. Hier zeigt sich auch ein Beispiel für Intersektionalität: Die Aufenthaltsdauer von Migrant*innen, die in Niedriglohn-Jobs arbeiten, wird von vielen Zielländern eingeschränkt. Und da ein Großteil der Migrantinnen in solchen Beschäftigungsverhältnissen arbeitet, treffen Frauen diese Einschränkungen im besonderen Maße (Rosewarne 2012).

Können aber auch bestehende Geschlechterrollen im Zielland aufgebrochen und neu verhandelt werden? Hier gibt es eine Vielzahl von Szenarien. Zum einen kann die Erwerbstätigkeit zu mehr Unabhängigkeit führen. Wenn von Frauen erwartet wird, dass sie weiterhin in vollem Umfang den ihnen zugewiesenen Aufgaben in der Familie nachkommen, kann aber auch zusätzliche Belastung die Folge sein. Migration kann die Autonomie und

Machtverhältnisse zwischen den Geschlechtern verschieben, was aber auch zu Spannungen führen kann. Eines der gängigsten Bilder im deutschen Zuwanderungsdiskurs ist jenes von Männern, die mit dem neuen Selbstbewusstsein ihrer Ehefrauen, Töchter, Schwestern nicht klarkommen, was im Extremfall in sogenannten „Ehrenmorden" gipfeln kann (Karakaşoğlu 2013) – ein umstrittener Begriff, da er ausschließlich für Fälle von Menschen mit Migrationshintergrund verwendet wird, ansonsten spricht man etwa von „Beziehungstat"[2]. Helma Lutz kritisiert die Tendenz, Ehefrauen von muslimischen Migranten automatisch eine Opferrolle zuzuschreiben und verweist auf das Phänomen der „unglücklichen Ehemänner", die frustriert, depressiv und isoliert sind, wenn sie den Erwartungen an ihre Rolle nicht gerecht werden. Der dominante Diskurs zu muslimischen Männern als patriarchalische Unterdrücker sei daher nur eine mögliche Form von muslimischer Maskulinität, andere soziale Praktiken seien bislang aber kaum erforscht (Lutz 2010, S. 1653 f.)

Um den in der Diskussion um „traditionsbedingte Gewalt" lauernden „kulturalisierenden Fallen" zu entkommen, spricht sich Birgit Sauer für einen intersektionellen Gewaltbegriff aus, der „erstens das Zusammenspiel von Gewaltstrukturen und -diskursen, zweitens die Interaktion von Ungleichheitsstrukturen in Minderheitengruppen und der Mehrheitsgesellschaft sowie drittens die Interaktion von Ungleichheits- und Gewaltstrukturen an der Schnittstelle von Geschlecht, Kultur, Ethnizität/Nationalität, Religion und Klasse" umfasst (Sauer 2011, S. 44). Die feministische Debatte um das Verhältnis von Multikulturalismus und Geschlechtergerechtigkeit im Zielland wird auch in dem Band „Is multiculturalism bad for women?" abgebildet (Okin et al. 1999).

Dabei sollte aber auch bedacht werden, dass Migration keineswegs nur von patriarchalischen Gesellschaften in solche, in denen sich eine Geschlechtergleichberechtigung stärker etabliert hat, führt. Die zahlenmäßig bedeutsame Migration in die Golfstaaten entstammt etwa oft aus vergleichsweise liberaleren und demokratischeren Ländern. Im Zielland erfahren Frauen dagegen im Vergleich zu Männern eine weitaus stärkere Einschränkung ihrer Rechte und, insbesondere in Saudi Arabien, auch Bewegungsfreiheit (Kessler und Rother 2016).

---

2 www.huffingtonpost.de/yasin-bas/ehrenmord-beziehungstat_b_9165670.html

6.6 Familie und Migration

Selbst wer alleine migriert, macht dies selten völlig isoliert – die Migrationsentscheidung beeinflusst auch Verwandte oder die eigene Familie im Herkunfts- oder Zielland oder wird von diesen beeinflusst. Migriert die Familie nicht als Ganzes, führt dies zu Phänomenen, die in der Forschung „transnationale Familien" oder „transnationale Mutterschaft" genannt werden (und damit zusammenhängend oft die Transnationalisierung/Globalisierung der Hausarbeit → Seite 133) (Amelina und Lutz 2017). Wenn ein Elternteil migriert und der andere im Herkunftsland zurückbleibt, können dadurch die Geschlechterrollen innerhalb der Familien und die damit verbundene Aufgabenverteilung neu gestaltet werden – zwangsläufig ist dies aber nicht. So zeigen Lutz und Pallenga-Möllenbeck (2015) am Beispiel polnischer und ukrainischer Familien, dass zwar die Ehefrauen migrierter Männer oft den Arbeitsmarkt verlassen und sich als Hausfrauen – ein zuvor im Staatssozialismus noch nicht verbreitetes Modell – um die Familie zu kümmern. Umgekehrt geben die zurückbleibenden Väter aber in der Regel ihre Erwerbstätigkeit nicht auf, sondern bleiben trotz geringem Einkommen im Arbeitsmarkt – die Arbeiten der Ehefrau übernehmen dann andere Frauen wie Großmütter, ältere Töchter, Tanten oder Freundinnen und Nachbarinnen der Familie, die für ihre Tätigkeit direkt oder indirekt bezahlt werden (Amelina und Lutz 2017, S. 104).

Auch auf die Kinder hat die veränderte Familiensituation nachhaltige Auswirkungen. Während Übernahme der Kinderbetreuung durch den größeren Familienverband in vielen Herkunftsländern als normal angesehen wird, hat sich in Osteuropa für zurückbleibenden Kinder von Migrantinnen der – oft vorwurfsvoll gemeinte – Begriff „Euro-Waisen" etabliert (Amelina und Lutz 2017, S. 103). Zahlreiche Studien befassen sich damit, wie Migrantinnen auch aus dem Zielland versuchen, die Betreuung und Erziehung der Kinder wahrzunehmen; Parreñas spricht von „mothering from a distance" (Parreñas 2001a). Moderne Formen der Telekommunikation wie Skype, Whatsapp und Facebook spielen dabei zunehmend eine zentrale Rolle (Peng und Wong 2013).

Zwar werden auseinandergerissene Familien insbesondere in Herkunftsländern oft als Kosten der Migration beklagt, in die Migrationspolitik fließt dies aber selten ein. Ganz anders sieht es beim Familiennachzug aus, der in den Zielländern in den vergangenen Jahren zunehmend politisiert wurde. So waren der Familiennachzug für Geflüchtete mit subsidiärem Schutzstatus und die

Situation unbegleiteter minderjähriger Geflüchteter zentrale Konfliktpunkte in den Koalitionssondierungen nach der Bundestagswahl 2018. (→ auch 3 Flucht und Asyl) In Amerika wurde zur selben Zeit aber auch der Familiennachzug von regulären Migrant*innen und Staatsbürger*innen politisiert und das in der Forschung gängige Konzept der Kettenmigration zum Kampfbegriff und „Schreckgespenst“[3]. So forderte am 15. Dezember 2017 ein Post auf der offiziellen Website des Weißen Hauses „It's Time To End Chain Migration“; der Nachzug von Familienangehörigen führe zu *deskilling*, niedrigeren Löhnen und höherem Defizit und unterminiere die nationale Sicherheit[4].

In Europa ist nach dem Jahr 2000 in vielen Ländern eine Welle von restriktiven Reformen der Familien-Migrationspolitik zu verzeichnen (Bonjour und Block 2013). Diese Entwicklung war zum einen auf der nationalen Ebene zu beobachten (für Deutschland siehe: Block 2016), zum anderen auf der Ebene der EU. So wurde im Jahr 2003 eine EU-Richtlinie „betreffend das Recht auf Familienzusammenführung“[5] verabschiedet. Dies Richtlinie lässt einigen Spielraum, etwa bei einem Mindestalter für nachziehende Ehepartner*innen (Höchstwert für Begrenzung maximal 21 Jahre) oder eine Altersgrenze für nachziehende Kinder. Der besondere Fokus auf Familiennachzug lässt sich auch damit erklären, dass dieser in vielen Mitgliedsstaaten die häufigste – wenn nicht sogar fast die einzige – Möglichkeit zur legalen Migration darstellt. In Folge wurde er verstärkt Gegenstand auch der öffentlichen Debatte.

Wie reagiert nun die Politik auf diese Herausforderung? Als Ergebnis einer umfangreichen Studie zur Familien-Migrationspolitik in neun europäischen Ländern kam Albert Kraler in einem Report (Kraler 2010) und in einem Policy Brief mit Eleonore Kofman (Kraler und Kofman 2009) zu dem Ergebnis, dass die Politik zur Regulierung der Familienmigration und die öffentliche Debatte hierzu der Realität und Komplexität des Themas nicht gerecht werden. Es wird kritisiert, dass die Konsequenzen für die Betroffenen dabei nicht berücksichtigt werden und es Anzeichen für eine Diskriminierung für Angehörige von Drittstaaten sowie weiblicher Migranten gibt (Kraler und Kofman 2009, S. 1).

Bei den Untersuchungsländern der Studie macht im Zusammenhang mit Familie stehende Migration im Falle Österreichs, Frankreichs und

---

3 www.vox.com/policy-and-politics/2017/12/29/16504272/chain-migration-family-how-trump-end

4 www.whitehouse.gov/articles/time-end-chain-migration/

5 http://eur-lex.europa.eu/legal-content/DE/TXT/PDF/?uri=CELEX:32003L0086&from=EN

der Niederlande 40 bis 60 Prozent aller permanenten Einwanderung aus; wenn man längerfristige Einwanderung berücksichtige, steige die Zahl im Falle Österreichs sogar auf 90 Prozent (Kraler und Kofman 2009, S. 2). In südeuropäischen Ländern sei dieser Anteil geringer, allerdings finde sich hier auch in den offiziellen Zahlen nicht erfasste *de facto* Familienzusammenführung, die auf irregulärer Migration beruhe. In der Studie werden drei grundlegende Typen von Familienmigration unterschieden: die Familienzusammenführung aufgrund von Migration getrennter Familien, die Migration ganzer Familien, in der mehrere Mitglieder der (Kern-)Familie gemeinsam migrieren, sowie die Familiengründung, inklusive Heiratsmigration, in der jemand migriert, um mit einem oder einer niedergelassenen Migrant*in (oder aber auch Einheimischen) eine Familie zu gründen.

Die EU-Richtline zur Familienzusammenführung wird hier kritisch evaluiert, da sie – entgegen der ursprünglichen Intention – zu einem Wettlauf nach unten („race to the bottom") geführt habe, bei dem, anstelle einer Harmonisierung auf einem einheitlichen Niveau, Standards vielfach aufgeweicht wurden (Kraler und Kofman 2009, S. 5). Weiterhin kommt die Studie zu dem Schluss, dass die Bedingungen der Familienzusammenführung stark von Gender beeinflusst seien – und dies zum Nachteil der Migrantinnen. So falle es diesen schwerer als Männern, erforderliche Einkommensgrenzen zu erreichen oder einen für die Zusammenführung notwendigen formellen Arbeitsvertrag vorweisen zu können – da insbesondere in Südeuropa der informelle Arbeitssektor vor allem von Migrantinnen ausgefüllt wird. Die Autoren empfehlen daher, dass eine evidenzbasierte Politikformulierung auch Gender-Ungleichgewichte berücksichtigen und damit oft verbundene Rechtsunsicherheit beseitigen müsse.

6.7 Die Globalisierung der Hausarbeit

Einer der wohl am meisten erforschten Bereiche im Themenfeld von Migration und Gender ist die Globalisierung der Hausarbeit und die damit verbundene Migration insbesondere von Frauen, die in der Hausarbeit und Pflege beschäftigt sind. Eine Reihe von markanten Begriffen ist mit diesem Feld verbunden: „The Nanny chain" (Die Kindermädchen-Kette") (Hochschild 2000), „Global Care Chains" („Globale Pflege-Ketten") (Ehrenreich und Hochschild 2003; Yeates 2012) „the international division of reproductive labor" (Parreñas 2000) (siehe Kasten) und transnationale Hausarbeit (Lutz 2007).

Pflegeketten und die internationale Aufteilung der Reproduktionsarbeit

Im Englischen ist *reproductive labor* ein gängiger Begriff, im Deutschen klingt Reproduktionsarbeit sehr sperrig. Gemeint ist damit die, oft unbezahlte, klassische Haus- und Familienarbeit, dazu kommt die *Care*-Arbeit wie Pflege und Betreuung von Familienangehörigen, insbesondere Kindern und Großeltern. Oder, wie Yamanaka und Piper es ausdrücken: „Reproductive work refers to those activities related to: (1) human reproduction and (2) maintaining and sustaining human beings throughout their life cycle" (Yamanaka und Piper 2005, S. 2) siehe auch (Truong 1996, S. 32). „Haushalt ist doch keine richtige Arbeit" ist eine nach wie vor tief verwurzelte Einstellung. Diese Geringschätzung und Abwertung von Arbeit im Haushalt beschränkt sich aber nicht nur auf Mütter, sondern auch auf ihre Haushaltshilfen: „When performed by mothers, we call this mothering ...; when performed by hired hands, we call it unskilled ." (Rothman 1989, S. 43).

Wurde die Nachfrage nach Angestellten im Haushalt lange Zeit allenfalls durch Binnenmigration – vorwiegend vom Land in die Stadt – bedient, lässt sich seit mehreren Jahrzehnten eine Globalisierung der Hausarbeit beobachten. Eine der führenden Autorinnen auf diesem Gebiet, Rhacel Parreñas, spricht von einer „international division of reproductive labor" (Parreñas 2001b, S. 61). Dahinter steht das Phänomen, dass zunehmend Migrantinnen diese Haushaltsarbeit wahrnehmen, um etwa beiden Ehepartnern im Zielland eine Arbeitstätigkeit zu ermöglichen. Oft haben diese Frauen selber Kinder, sodass deren Betreuung und die Pflege von Angehörigen im Herkunftsland von anderen Familienangehörigen oder wiederum Hausangestellten übernommen wird. Für Parreñas ist diese Aufteilung der Reproduktionsarbeit Ausdruck einer strukturellen Ungleichheit, die auf Klasse, „Rasse", Gender und Staatsbürgerschaft basiert. Je weiter diese Arbeit in den Haushaltsketten nun delegiert wird, umso weniger Wert wird ihr beigemessen (Parreñas 2001b, S. 73). Hier geht es somit nicht nur um Ungleichheiten zwischen Frauen und Männern, sondern etwa auch zwischen Frauen aus Herkunft- und Zielländern, die sich im ökonomischen Status und oft auch der Ethnizität unterscheiden.

Helma Lutz und Ewa Palenga-Möllenbeck haben auf Grundlage ihrer Forschung zu *Care*-Migration in Europa ein Analysemodel mit drei Ebenen entwickelt (Lutz und Palenga-Möllenbeck 2015). Die Makroebene umfasst dabei gesellschaftliche Institutionen wie den Arbeitsmarkt und die Migrationspolitik. Hier sehen sie eine Intersektion von drei Regimen: Gender-Regime, die beeinflussen, wie Arbeit im Haushalt „als Ausdruck eines spezifischen vergeschlechtlichten kulturellen Skripts aufgefasst werden kann" (Lutz und Palenga-Möllenbeck 2015, S. 183); *Care*-Regime, die die Aufgaben von Staat, Familie und Markt im Wohlfahrtsregime festlegen; und Migrations-Regime, die regeln, welchen Zugang Migrantinnen zu diesem Arbeitsmarkt haben. So hat beispielsweise Deutschland mit den Philippinen ein Abkommen geschlossen, das die Migration von Pflegekräften regelt. Auf der Meso-Ebene wird insbesondere die Rolle von informellen sozialen Netzwerken – die ebenfalls vergeschlechtlicht und ethnisch segregiert sind – und die formelle Organisation der *Care*-Migration, etwa durch transnationale Agenturen, beleuchtet. Die Mikroebene umfasst schließlich die Erfahrungen und transnationalen Perspektiven der Migrantinnen selbst.

Auf dieser Mikroebene findet sich eine Vielzahl von häufig ethnographischen Studien wie Nicole Constables klassisches Werk „Maid to Order in Hong Kong" (Constable 2007). Hier beschreibt sie die Erfahrungen und Bewältigungsstrategien der mittlerweile mehr als 300.000 migrantischen Hausangestellten in der früheren britischen Kronkolonie, die überwiegend aus den Philippinen und Indonesien kommen. Dass Hongkong in der Forschung besondere Aufmerksamkeit erhält, liegt nicht nur an der seit den 1970er Jahren fast ungebrochen anwachsenden Zahl – die Migrantinnen machen mittlerweile mehr als vier Prozent der Bevölkerung der chinesischen Sonderverwaltungszone aus. Es kommt noch eine soziale und politische Dimension hinzu, denn die migrantischen Hausangestellten (migrant domestic workers) haben sich zu einer Vielzahl von Organisationen zusammengeschlossen (Piper 2005b; Wee und Sim 2004). Diese dienen der gegenseitigen Unterstützung, Freizeit und kulturellen Aktivitäten – sind in vielen Fällen aber auch Ausdruck politischen Engagements. So wird versucht, sowohl auf die Politik der Verwaltung in Hong Kong als auch auf die der Herkunftsländer Einfluss zu nehmen – die Migrantinnen agieren somit in einem transnationalen politischen Raum, wenn sie etwa im Zentrum von Hong Kong gegen eine Verordnung der indonesischen Regierung demonstrieren (Rother 2009a, 2009c). Durch Gründung von Netzwerken wie dem Asian Migrants Coordinating Body (AMCB), in denen sich Migrantinnenverbände mehrerer Nationalitäten zusammenschließen, wird versucht, mit mehr Nachdruck für Anliegen wie den Kampf gegen Diskriminierung oder Gewährung von Rechten wie einem arbeitsfreien Tag in der Woche zu erreichen (Rother 2009b) (→ auch 7 Migration und Demokratie).

Weiterhin haben sich die Migrantinnen zu Gewerkschaftsgruppen zusammengeschlossen. In vielen anderen Ländern ist dies nicht möglich – in Singapur wird Hausarbeit von Migrantinnen explizit von der Arbeitsgesetzgebung ausgeschlossen, in vielen Golfstaaten sind Organisationen und Versammlungen gänzlich verboten. Migrantische und im Herkunftsland arbeitende Hausangestellte haben zudem die International Domestic Workers Federation (IDWF) gegründet. Diese agiert auch auf der globalen Ebene, und organisierte etwa eine Unterstützungskampagne zur Ratifizerung einer Konvention der Internationalen Arbeitsorganisation (ILO), die „decent work for domestic workers" gewährleisten soll – im Jahr 2011 wurde die Konvention dann tatsächlich verabschiedet (→ 13 Global Governance).

Solches Engagement ist auch eine Reaktion auf die hohe Zahl an Missbrauchsfällen unter migrantischen Hausangestellten. Diese sind besonders verwundbar, da sie im privaten Raum der Familie arbeiten. Während es in Europa eher ungewöhnlich ist, dass Hausangestellte auch bei der Familie wohnen, ist dies für Migrantinnen in Asien und im Mittleren Osten oft die Norm, wenn nicht gar verpflichtend. Gegen psychische und physische Gewalt sowie sexuelle Übergriffe können sich die Frauen im Haushalt nur schwer wehren. Dies ist zum einen der genannten schutzlosen privaten Sphäre geschuldet, zum anderen aber auch der Migrationspolitik. Denn der Status der Migrantinnen ist in der Regel an den Arbeitsvertrag gebunden; wer also vor einem übergriffigen Arbeitgeber etwa in ein Schutzhaus flieht, muss bald das Land verlassen, wenn keine neue Beschäftigung aufgenommen wird. In Hong Kong gilt hierfür die sogenannte „two-week-rule", gegen die Migrantinnenorgansiationen seit Jahrzehnten ankämpfen, dies jedoch bislang vergeblich.

6.8 Sexualität, Trafficking und Sex Work

Die Migrationserfahrung kann in vielerlei Hinsicht Einfluss auf die Sexualität der Migrant*innen haben oder von dieser geprägt werden. Die Migration in ein liberaleres Land kann zum einen als befreiend angesehen werden und zur sexuellen Selbstverwirklichung beitragen. Als Gegenbeispiel wäre zum anderen die Migration in ein Land zu nennen, in dem etwa außereheliche sexuelle Beziehungen eine Straftat darstellen. Diese zeigt bereits die politische Dimension auf, denn wie der französische Philosoph Michel Foucault ausgeführt hat, ist Sexualität Teil der gesellschaftlichen Machtverhältnisse, sie kann zur Disziplinierung und Kontrolle dienen (Foucault 2003). Dies lässt sich anhand eines Beispiels der migrantischen Hausangestellten belegen: Auch in Singapur haben diese mittlerweile ein Anrecht auf einen freien Tag in der Woche. Die Arbeitgeber*innen können stattdessen aber auch einen Zuschlag zum Lohn zahlen. Diese Option wird häufig gewählt, aus Sorge, die Kontrolle über die Angestellte zu verlieren – diese könnte in ihrer Freizeit ja etwa eine Beziehung eingehen. Auch der Staat greift hier ein – werden migrantische Hausangestellte in Singapur schwanger, ist eine umgehende Deportation die Folge. Die gleiche Maßnahme wird auch bei einer HIV-Erkrankung gewählt; in vielen Staaten in der Region sind zudem HIV-Tests verpflichtend, um als Migrant*in eine Arbeitsgenehmigung zu erhalten (ILO und IOM 2009).

Vorstellungen von Gender und Sexualität können in weiterer Weise den Migrationsprozess beeinflussen: So ist laut Eithne Luibheid vor allem Einwanderungspolitik oft implizit wie explizit von Heteronormativität geprägt (Luibhéid 2002). Während in vielen Staaten heterosexuelle Staatsbürger*innen für ihre ausländischen Ehepartner*innen eine Aufenthaltserlaubnis beantragen können, erlauben diese Möglichkeit für gleichgeschlechtliche Partnerschaften laut ihrer Studie nur 19 Staaten (Hondagneu-Sotelo 2011, S. 224). Homosexualität wird häufig zudem nicht als Fluchtursache bzw. als Grund für Verfolgung anerkannt.

Heteronormativität und LGBTIQ

Der Begriff Heteronormativität wurde vom amerikanischen Wissenschaftler Michael Warner geprägt (Warner 2011). Er bezieht sich auf die Vorstellung, dass Menschen klar einem von zwei Geschlechtern zuzuordnen sind und Heterosexualität somit als Norm gilt, während alle anderen Formen der Sexualität als Abweichung davon zu sehen sind.

Die Vielzahl möglicher sexueller Identitäten ist unter dem Kürzel LGBTI zusammengefasst, das für Lesbian, Gay, Bisexual, Transgender (Menschen, die das ihnen zugewiesene Geschlecht oder Geschlechtszuweisungen generell ablehnen) und Intersex (Menschen, die biologisch nicht einem Geschlecht zugeordnet werden können) steht. LGBTIQ fügt noch ein Q hinzu, das für "Queer" steht oder für „Questioning", also für Menschen, die sich im Prozess befinden, ihre eigene Sexualität und/oder Gender zu erforschen.

Weiterhin sehen sich insbesondere Transgender-Migrant*innen vielfacher Diskriminierung im Zielland ausgesetzt. Ein Report beschreibt, wie undokumentierte Transgender-Migrant*innen in den Vereinigten Staaten in Bereichen wie dem Arbeitsplatz, Unterkunft, Gesundheitssystem und Abschiebehaft[6] Opfer von Diskriminierung und Gewalt werden (Jeanty und Tobin 2013). Noch größer sind die Gefahren im Transit – auf dem Weg in die Vereinigten Staaten müssen die Migrant*innen sexuelle und körperliche Gewalt fürchten. Die betroffenen Staaten ignorieren oft das Problem. Wenn es spezifische Gesetzgebung zu Transgender-Migrant*innen gibt, dann ist diese auf Abweisung ausgelegt: So startete Kuwait eine Initiative für medizinische Tests, mit denen sich Transgender unter den Migrant*innen identifizieren lassen – denen darauf die Einreise in die Golfstaaten verweigert würde[7].

Ein Thema, das in der Öffentlichkeit und im politischen Diskurs eine hohe Aufmerksamkeit erhält, ist *trafficking*. Auch hier findet sich eine starke Gender-Dimension. *Trafficking* lässt sich im Deutschen am passendsten mit Menschenhandel übersetzten. Oft findet keine klare Abgrenzung zum Menschenschmuggel statt, wobei es hier vor allem hinsichtlich des Einverständnisses und des Grads der Ausbeutung klare Unterschiede gibt.

Selbst Staaten, die sich sonst bei bilateraler oder multilateraler Zusammenarbeit zu Arbeitsmigration und Geflüchteten schwertun, finden bei *trafficking* oft eine gemeinsame Ebene – wohl auch, da Herkunfts- und Zielländer hier teils gemeinsame Interessen haben und es auch zur Zivilgesellschaft Anknüpfungspunkte gibt. Der jährlich vom amerikanischen Außenministerium herausgegebene *Trafficking in Persons Report*[8] ist ein einflussreiches politisches Instrument, mit dem auch auf Länder Druck

6 www.vice.com/en_us/article/transgender-immigrants-still-face-rampant-abuse-in-us-detention-centers-708?utm_source=homepage

7 www.theguardian.com/world/2013/oct/11/gulf-countries-medical-checks-transgender-expats

8 www.state.gov/j/tip/rls/tiprpt/

ausgeübt werden kann: So schränkte Japan nach einer über mehrere Jahre negativen Bewertung den Zuzug von „Entertainerinnen“, die etwa als Hostessen in Nachtclubs arbeiten, stark ein. Anderenfalls hätte das Land neben dem Imageschaden auch Nachteile im wirtschaftlichen und politischen Verhältnis zu den USA hinnehmen müssen.

Durch das Leid, das insbesondere Frauen und Kinder, die Opfer von *Sex trafficking* werden, erfahren, lassen sich viele Ressourcen wie Unterstützung und Spenden mobilisieren. Allerdings gibt es aus einer Gender-Perspektive auch Kritik am Diskurs zu *trafficking* und migrantischen Sex-Arbeiterinnen: Es wird hervorgehoben, das hier meist ein Bild der hilflosen Opfer, die es zu retten gilt, gezeichnet wird – Laura Agustín spricht von einer „rescue industry“ (Agustín 2007). Die Nichtregierungsorganisation Global Alliance Against Traffic in Women (GAATW) kritisiert ebenfalls, dass Migrantinnen, die Opfer von *trafficking* wurden, oft keine angemessene staatliche Hilfe erhalten; dies liege auch daran, dass die Gesetze und politischen Maßnahmen zwischen dem Status als Opfer und dem als Kriminelle (wegen fehlender Papiere, irregulären Grenzübertritts etc.) keine Grauzonen zulassen (Global Alliance Against Traffic in Women 2010).

Die Organisation kritisiert weiterhin Öffentlichkeitskampagnen, die insbesondere im Westen stark auf Einzelschicksale abheben und vor allem weibliche Opfer aus der „Dritten Welt“ zeigen, die Hilfe von Frauen in wohlhabenderen Ländern benötigen (Global Alliance Against Traffic in Women 2010, S. 24 f.). Trotz der guten Intentionen zeigt sich somit auch hier die Intersektionalität von Gender, Migration, Ethnizität und sozialer Klasse. Zudem gibt es Migrantinnen, die eine selbstbestimmte Entscheidung treffen, als Sexarbeiterinnen ihr Einkommen zu verdienen – Programme, diese zu retten oder zu „rehabilitieren“ können somit als Bevormundung und Eingriff in die persönliche Freiheit gesehen werden. Auch wird kritisiert, dass durch die Fixierung auf den Opferdiskurs oft weitergehende strukturelle Probleme ignoriert werden. Dazu zählen etwa der eingeschränkte Zugang zum Arbeitsmarkt für Migrant*innen, Diskriminierung und fehlende Rechte. Ein solcher Fokus auf Rechte und Ermächtigung (*empowerment*) der Migrantinnen steht dann auch im Mittelpunkt der Aktivitäten von GAATW – was Arbeitsrechte für Sexarbeiterinnen miteinschließt. Gerade dieser Punkt ist in der feministischen Theorie wie bei Frauenrechtsorganisationen hoch umstritten; so gibt es die entgegengesetzte Forderung, dass *sex trafficking* nur durch ein Verbot der Prostitution bekämpft werden könne (Kempadoo et al. 2011).

6.9 Flucht und Gender

Viele der Gender-spezifischen Bedrohungen und Diskriminierungen aus dem Bereich *trafficking* lassen sich auch bei Geflüchteten finden. „Hat der Flüchtling ein Geschlecht?" fragte Jana Wessels in einem Beitrag der Blogreihe des Arbeitskreises Flucht und Gender des Netzwerks Fluchtforschung (Wessels 2017). Die in der Forschung zu dem noch recht jungen Feld überwiegende Antwort lautet: Ja – und lange Zeit war es männlich. So argumentiert Ulrike Krause in ihrem Beitrag „Die Flüchtling – der Flüchtling als Frau", dass „die Genfer Flüchtlingskonvention einem männlichen Paradigma unterlag und ‚der' Flüchtling in der Vergangenheit vornehmlich als Mann verstanden wurde" (Krause 2017, S. 79). Seit den 1990er Jahren ist die Debatte aber differenzierter geworden, so haben etwa Staaten wie Kanada Gender Guidelines verabschiedet, in denen etwa Gender-spezifische Fluchtgründe bei der Entscheidung von Asylverfahren berücksichtigt werden (Valji 2001, S. 32).

Allerdings wurde die Debatte in den vergangenen beiden Jahrzehnten auch um neue Stereotypen erweitert – es finde sich häufig „eine Binarität von *Opferfrauen und Tätermännern*" (Krause 2017, S. 80). Die Fluchtsituation stellt in vielerlei Hinsicht einen radikalen Bruch im Leben der Geflüchteten dar, auch traditionelle Gesellschaftskonstellationen und Geschlechterverhältnisse werden hier zerrissen und müssen neu verhandelt werden (Krause 2016, S. 48–49). Barbra Lunkunka zeigt in einer Studie zu einem Flüchtlingscamp im westlichen Tansania, wie sich Geflüchtete aus Burundi durch die neue hilflose Situation ihrer Männlichkeit beraubt fühlen („emasculated"), was zur Gewalt gegen Frauen führen kann (Lukunka 2012). Neben dem konfliktbedingten Verlust ihrer Familien sieht die Forscherin Ursachen in der Gesetzgebung in Tansania, die die Bewegungsfreiheit der Geflüchteten massiv einschränkt, sowie Programme von Hilfsorganisationen zum Empowerment von Frauen, bei denen sich Männer ausgegrenzt fühlen. Um zu gewährleisten, dass die Rechte von Frauen respektiert werden, müssten aber auch Männer über diese aufgeklärt werden; zudem könne die Einbindung von Anführer*innen (*refugee leaders*) hilfreich sein.

Neben solchen politpraktischen Maßnahmen besteht auch in der öffentlichen Debatte die Notwendigkeit einer gender-sensiblen Perspektive; so konstatiert Valji: „in the international consciousness, the face of the universal refugee is overwhelmingly that of a woman, while paradoxically, the face of an asylum seeker in an industrialized country is that of a single male."

(Valji 2001, S. 26). Die Folge sind auch in Deutschland Diskurse, bei denen der männliche Geflüchtete als Hauptbedrohung wahrgenommen wird – hier zeigt sich eine Intersektionalität von Geschlecht, Flucht-/Migrationsstatus, Religion und oft auch Ethnizität (mehr dazu → 14 Ausblick).

6.10 Gender als Herausforderung für globale Migrationspolitik

Das Kapitel hat gezeigt, dass Migrations- und Fluchtpolitik auf der nationalen wie auf der globalen Ebene stark von Gendervorstellungen und -normen geprägt sind, diese Dimension aber oft nicht auf Anhieb zu erkennen ist. Ein wesentlicher Verdienst der diskutierten Forschung liegt dann auch darin, diese *gender blindness* adressiert zu haben. Eine wiederkehrende Beobachtung war, dass in der Politik und der gesellschaftlichen Debatte aber auch in der Forschung Frauen oft die agency, also Akteursqualität, abgesprochen wird: Sie gelten als abhängig migrierende oder hilflose Opfer.

Eine Antwort hierauf ist die Selbstorganisation von Migrantinnen. Viele der im → Kapitel 7 Migration und Demokratie analysierten Organisationen setzen sich für Frauenrechte und eine Gender-sensible Politik ein, es gibt aber auch spezifische Zusammenschlüsse. Einer davon ist das im Jahr 2012 gegründete Women in Migration Network (WIMN). Hier werden nationale, regionale und globale Organisationen, die sich für Frauen- und Menschenrechte und Entwicklungspolitik einsetzen, sowie religiöse Verbände (*faith communities*) zusammengebracht. Das Netzwerk betont, dass die Rolle von Frauen im Migrationsprozess eng mit einer Analyse der ökonomischen Verhältnisse zusammenhängt: „A gender analysis of global migration addresses both the human rights of women who migrate as well as the broader issues of why so many are compelled to migrate and what happens to women who remain at home."[9]

Um die Rechte von Migrantinnen zu stärken, ist das Netzwerk in zahlreichen globalen Prozessen aktiv, sei es bei den Vereinten Nationen, dem Globalen Forum für Migration und Entwicklung (GFMD) oder den Beratungen für die beiden global compacts zu Flucht und Migration sowie der Diskussion zu deren Umsetzung (→ 13 Global Migration Governance). Dabei stützen sich diese Netzwerke, aber auch Frauenrechtsgruppen auf der nationalen

9 http://womeninmigration.org/wp-content/uploads/2016/08/WIMN-basic-flyer.pdf

oder lokalen Ebene, oft auf die UN-Konvention zur Beseitigung jeder Form von Diskriminierung der Frau (CEDAW – Convention on the Elimination of All Forms of Discrimination Against Women). Diese nimmt Bezug auf spezifische Themen wie *trafficking*, aber auch Themen wie Gesundheit und Arbeitsrechte können auf Grundlage von CEDAW als Rechte von Migrantinnen und geflüchteten Frauen *geframed* werden (Piper 2005a).

In der deutschen politischen Debatte wird das Konzept des Gender-Mainstreaming oft kontrovers diskutiert. Ziel dieses Ansatzes ist es, Gleichstellung zu erreichen, indem die unterschiedlichen Lebenssituationen und Interessen von Frauen und Männern bei allen Entscheidungen auf allen gesellschaftlichen Ebenen berücksichtigt werden. Das Kapitel hat gezeigt, dass ein solcher Ansatz bei der Einwanderungsgesetzgebung sowie der nationalen wie globalen Flucht- und Migrationspolitik oft fehlt, obwohl er Potential hat, Konflikte und Ungleichheiten zu verringern. Auch in der Migrationsforschung sollte die Gender-Perspektive nicht nur als „Zusatz“ verstanden, sondern bei einer Vielzahl von Forschungsfeldern im Sinne eines Querschnittsthemas berücksichtigt werden.

Weiterführende Fragen und Literatur

Drei Fragen zum Weiterdenken

- Wie kann eine Gender-Perspektive bei der nationalen Gesetzgebung von Herkunfts- und Zielländern angemessen berücksichtigt werden?
- Wie lassen sich Stereotypen – Frauen als Opfer vs. männliche Geflüchtete als Bedrohung – durch Politik und öffentliche Debatten aufbrechen?
- Wie können internationale Konventionen zu Migration und Flucht die Rechte und den spezifischen Schutz der Geschlechter gewährleisten?

Drei Bücher zum Weiterlesen

Caroline Brettell (2016): Gender and Migration. Cambridge, UK, Malden, MA, USA: Polity Press.
Eine gute Einführung und Überblick zu den ökonomischen, rechtlichen und politischen Dimensionen von Gender und Migration.

Nicola Piper (Hg.) (2008): New Perspectives on Gender and Migration. Livelihood, rights and entitlements. Research Institute for Social Development. New York, NY: Routledge.
Ein Sammelband, der eine globale Perspektive auf Gender und Migration bietet und Fallstudien aus allen Weltregionen zusammenführt.

Anna Amelina/Helma Lutz (2017): Gender, Migration, Transnationalisierung. 1st ed. Sozialtheorie. Bielefeld: transcript Verlag.
Eine gute deutschsprachige Einführung zu Grundlagenbegriffen sowie Schwerpunktkapitel zu Care und Bürgerschaft.

Online-Quellen:

Zahlreiche Dokumente finden sich hier:
www.empowerwomen.org/en/resources

Das Blog von Laura Agustín on Migration, Sex work, Trafficking and the Rescue Industry
www.lauraagustin.com/

7 Migration und Demokratie

Migrant*innen werden überwiegend als Objekte von Migrationspolitik gesehen: Wie lässt sich Zuwanderung steuern, regulieren, „managen"? In Ergänzung – und als Kontrast – zu diesen Politiken „von oben" zeigt dieses Kapitel die vielfältigen Ebenen, auf denen Migrant*innen als politische Akteur*innen aktiv werden können. Diese reichen von der individuellen Ebene und kommunalem oder nationalem Engagement über transnationale Migrant*innenorganisationen und regionale Netzwerke bis hin zur globalen Migrant*innenrechtsbewegung. Wie können Migrant*innen für ihre Interessen eintreten, wie können diese in einem System von Nationalstaaten repräsentiert werden? Wie lassen sich Migrant*innenbeiräte, Auslandswahlrecht und doppelte Staatsbürger*innenschaft mit demokratischen Prinzipien vereinbaren?

7.1 Einleitung: Wer gehört zum demos?

Demokratie ist die Herrschaft des Staatsvolkes, das ist in der griechischen Bedeutung des Wortes (*demos*: Staatsvolk: *kratos*: Herrschaft, Macht, Gewalt) eindeutig angelegt. Weitaus weniger eindeutig war seit der Antike, wer zu diesem Staatsvolk dazugehörte und im vollen Besitz der Bürgerrechte war. Frauen, Sklaven und von auswärts Stammende waren in der *polis* von Athen davon ausgeschlossen. Letztere galten als *Metoiken/Metöken*, bürgerrechtslose Fremde, und mussten eine spezielle Steuer zahlen. Sie konnten sich aber um die Aufnahme in den Demos bewerben, wobei die allgemeine Volksversammlung ein Mitspracherecht hatte.

Die Frage der Zugehörigkeit ist somit von Beginn an mit der Entwicklung der Demokratie verbunden und fand im Laufe der Geschichte in Regelungen etwa zu Wahlrecht, Besteuerung oder Grunderwerb und dem Recht, sich längerfristig niederzulassen, ihren Ausdruck. Das Verhältnis von Migration und Demokratie ist daher im Kern kein neues Forschungsfeld, allerdings hat dieses im „Zeitalter der Migration" durch Themen wie doppelte Staatsbürger*innenschaft, Auslandswahlrecht und transnationales politisches Engagement eine neue Dimension gewonnen.

Dem deutschen Volke oder der deutschen Bevölkerung?
„Dem deutschen Volke“ prangt seit dem Jahr 1916 als Inschrift über dem Westportal des Berliner Reichstagsgebäudes. Diese Inschrift wurde auch nicht verändert, als im Jahr 1999 erstmals der Bundestag im neuen Plenarsaal des Gebäudes zusammentraf. Allerdings kam eine Debatte auf: Wem sollten die im Reichstag versammelten Abgeordneten nun verpflichtet sein? „Der Bevölkerung“ argumentierte der deutsche Künstler Hans Haacke und installierte im Folgejahr ein gleichnamiges Kunstwerk im Lichthof des Reichstags. Er betonte in einem Interview vom 12. September 2000, dass die alte Reichstagsinschrift „historisch belastet“ und angesichts von seinerzeit rund zehn Prozent Bewohnern der Bundesrepublik ohne deutschen Pass auch überholt sei: „Die vom Bundestag verabschiedeten Gesetze und natürlich auch das Grundgesetz, das die Gleichheit aller proklamiert, gelten auch für die Bewohner, die keinen deutschen Pass haben. Die Abgeordneten sind deshalb auch ihnen gegenüber moralisch verantwortlich“ (Stahl 2000).

In diesem Kapitel werden die Fragen Staatsbürger*innenschaft, Wahlrecht und demokratische Werte unter der Perspektive von Migration und Demokratie behandelt. Ein zweiter Teil befasst sich mit dem Demokratisierungspotential von Migration.

7.2 Staatsbürger*innenschaft

In der öffentlichen und politischen Wahrnehmung wird die Staatsbürger*innenschaft in etwa wie die Mitgliedskarte für einen exklusiven Club gesehen – der Staat verkörpert in diesem Bild den Türsteher, der darüber entscheidet, wer reinkommen darf und wer draußen bleiben muss. Exklusiv ist in diesem Sinne zum einen die Gewährung von Vorteilen und besonderen Rechten nur an die Mitglieder; zum anderen wird Exklusivität oft so definiert, dass man in keinem anderen Club Mitglied sein darf. Diese Ansicht vertrat etwa der seinerzeitige CSU-Generalsekretär Andreas Scheuer, als er im August 2016 forderte, die von der großen Koalition eingeführte doppelte Staatsbürger*innenschaft wieder rückgängig zu machen: „Der deutsche Pass ist kein Ramschartikel, den man als Zweitpass mal noch so mitnimmt“[1]. Dem hielt SPD-Generalsekretärin Katarina Barley entgegen, eine doppelte Staatsangehörigkeit habe nichts mit einem mehr oder weniger an Loyalität zu einem Land zu tun: „Doppelte Staatsbürgerschaften bauen Brücken, erleichtern Integration und schaffen Identität“.

Damit wurde eine Debatte wiederbelebt, die im politischen Klima Deutschlands schon wiederholt zu Spannungen geführt hatte. So organisierten CDU/CSU in den Jahren 1998/99 eine Unterschriftenaktion gegen die von der damals regierenden rot-grünen Bundesregierung geplante Reform des deutschen Staatsbürger*innenschaftsrechts unter dem Motto „Ja zu Integration – Nein zu doppelter Staatsangehörigkeit“. Dabei kamen bundesweit rund fünf Millionen Unterschriften zusammen.

Eine generelle doppelte Staatsbürger*innenschaft wurde seinerzeit aber nicht eingeführt und ist auch heute nicht vorgesehen. Grundsätzlich muss man weiterhin seine bisherige Staatsbürger*innenschaft aufgeben, um Deutsche/r zu werden. Dabei bestehen aber Ausnahmen, insbesondere für EU-Bürger*innen, die ihre bisherige Staatsbürger*innenschaft beibehalten dürfen. Auch gibt es Staaten, die ihren Bürger*innen verbieten, ihre Staatsbürger*innenschaft aufzugeben, aber eine zweite erlauben; dazu zählt etwa Marokko[2].

In Deutschland galt bis zum Jahr 2014 das Optionsmodell, nach dem in Deutschland geborene Kinder ausländischer Eltern, die die deutsche Staatsbürger*innenschaft haben, sich zwischen ihrem 18. und dem 23. Lebensjahr für eine Zugehörigkeit entscheiden mussten. Dies betrifft insbesondere türkischstämmige Migrant*innen, bei denen an die türkische Staatsbürger*innenschaft auch Rechte wie das Erbrecht geknüpft sind. Diese durften nach einem Beschluss der Großen Koalition nun unter bestimmten Bedingungen beide Staatsbürger*innenschaften behalten.

Da Migration keine Einbahnstraße ist, sollte man auch den umgekehrten Weg betrachten: Wenn ein Deutscher oder eine Deutsche eine andere Staatsbürger*innenschaft annehmen, müssen sie prinzipiell ihre bisherige aufgeben. Wer dies verhindern will, muss zuvor einen Antrag auf „Beibehaltungsgenehmigung“ stellen, in dem gut nachvollziehbar begründet werden soll, dass nach wie vor eine enge Bindung zu Deutschland besteht.

---

1 www.zeit.de/politik/deutschland/2016-08/andreas-scheuer-csu-doppelte-staatsbuergerschaft-abschaffen

2 www.bpb.de/gesellschaft/migration/laenderprofile/57722/staatsbuergerschaft

Abstammung oder Geburtsort?
Die Debatte um die Staatsbürger*innenschaft ist eng mit dem Staatsangehörigkeitsrecht verknüpft. Hier gibt es zwei grundlegende Prinzipien. Das *Abstammungsprinzip*, auch Recht des Blutes (*ius sanguinis*) genannt, besagt, dass Kinder die Staatsbürger*innenschaft erhalten, wenn ein oder beide Elternteile diese besitzen. Es gilt in seiner Reinform beispielsweise in Japan sowie der Schweiz, in der der sogenannte „Heimat- und Bürgerort" von den Eltern (in der Regel vom Vater) geerbt wird. In Deutschland wurde in den 1990er Jahren das zuvor geltende Abstammungsprinzip hin zum auf dem Geburtsortsprinzip basierenden Optionsmodell geändert.
Das Geburtsorts- oder Territorialprinzip, auch „Recht des Bodens" (*ius soli*) knüpft die Staatsbürger*innenschaft dagegen an die Geburt auf dem Gebiet des Staates. Diese gilt etwa in den Vereinigten Staaten uneingeschränkt und es ist dort Gegenstand scharfer politischer Debatten, ob dieses Recht weiterhin Kindern undokumentierter Migrant*innen gewährt werden soll. Wie auch im benachbarten Kanada wird hierbei die Gefahr eines „Geburts-Tourismus" beschworen, bei dem Mütter einreisen, um ihren Kindern die Staatsbürger*innenschaft zu verschaffen. Eine ähnliche Kontroverse findet sich bei Festlandchinesen in Hong Kong.
Neben den reinen Formen sind in vielen Ländern auch Mischformen der beiden Prinzipien gültig – inklusive den USA: Hier gilt das Abstammungsprinzip etwa in mehreren Fällen für im Ausland geborene Kinder von Eltern mit US-Staatsbürger*innenschaft.

Während viele Staaten eine doppelte Staatsbürger*innenschaft aus innenpolitischen Gesichtspunkten heraus ablehnen, gibt es auch Staaten, die eine solche aus außenpolitischen Aspekten heraus vorantreiben. So hat Rumänien der Mehrheitsbevölkerung Moldawiens Doppelstaatsbürger*innenschaft und Wahlrecht angeboten, da es diese als ethnische Rumänen betrachtet (Bauböck 2006, S. 118). Ungarn wiederum hat der ungarischen Minderheit in Rumänien die doppelte Staatsbürger*innenschaft angeboten, um diese enger an sich zu binden. Die Minderheit in Rumänien nutzt diesen Status, um etwa stärkere Autonomie im Schulwesen zu fordern. Die Regierung des ungarischen Premiers, Viktor Orbán, sieht diese dagegen gemäß ihres nationalistischen Kurses als „historische Wiedergutmachung“, musste das Land als Folge des Friedensvertrages von Trianon im Jahr 1920 doch zwei Drittel seines Territoriums und drei Millionen seiner Bürger*innen an seine Nachbarländer abtreten[3].

Access All Areas: Die „besten Pässe“

Um im Bild der Staatsbürger*innenschaft als exklusiven Club zu bleiben, gibt es auch hier Bewertungen und Bestenlisten – genauer gesagt, bei den damit verbundenen Pässen. So werden jährlich in einem Index „the worlds most powerful passports“ ermittelt, im Jahr 2020 landete Deutschland dabei auf dem zweiten Platz.[4] So können Besitzer eines deutschen Passes 171 Länder besuchen, ohne vorab ein Visum beantragen zu müssen; besser stehen nur die Vereinigten Arabischen Emirate, mit 178 Ländern da. Am anderen Ende des Spektrums finden sich die Pässe von Afghanistan und Irak, die nur in 35 bzw. 27 Länder eine Einreise ohne Visum (bzw. Visum bei Ankunft) ermöglichen. Ein anderes Ranking sieht Japan an erster Stelle.[5]

7.3 Nicht-Staatsbürger*innenschaft und Wohnbürger*innenschaft

Im Kontrast zur doppelten Staatsbürger*innenschaft gibt es Menschen die staatenlos sind (⟶ 3 Flucht und Asyl) und auch Sonderformen, von denen die lettische „Nicht-Staatsbürgerschaft“ vielleicht die ungewöhnlichste ist (van Hoof-Maurer 2016). Sie betrifft vorwiegend ethnisch-russische Einwohner*innen Lettlands, die nach der Unabhängigkeit des Landes 1991 nicht zu regulären Bürger*innen des Landes wurden. Hintergrund dieser Entwicklung war, dass Lettland nach der Unabhängigkeit von der Sowjetunion keinen neuen Staat gründete, sondern die frühere Unabhängigkeit wiederherstellte. Dabei kam mit dem Staatsbürgerschaftsgesetz von 1919 auch das *ius sanguinis* wieder zu Anwendung: Nur wer nachweisen konnte, dass man

3 http://diepresse.com/home/politik/eu/622947/Grosse-Nachfrage-nach-dem-ungarischen-Pass
4 www.passportindex.org/byRank.php
5 www.henleypassportindex.com/passport

1940 selbst lettischer Bürger oder Bürgerin war oder seine Vorfahren solche gewesen waren, erhielt automatisch die lettische Staatsbürger*innenschaft. Auf die ethnischen Russen, die teils im Rahmen einer Russifizierungspolitik der Sowjetunion ins Land gekommen waren, traf dies nicht zu. Sie erhielten einen speziellen Rechtsstatus als Nicht-Bürger*innen – inklusive eines entsprechenden Nicht-Bürger*innen-Passes! Lisa van Hoof-Maurer nennt dies eine „depolitisierte Staatsbürgerschaft", da die Nicht-Bürger*innen zwar volle soziale und bürgerliche Rechte in Lettland besäßen, doch weder über das aktive noch das passive Wahlrecht verfügen.

Lettland markiert sicher einen Sonderfall. Der hier formalisierte Status der Nicht-Bürger*innen weist aber Parallelen zu einem historisch anders bedingten Trend auf: die zunehmende Entkoppelung von zivilen und sozialen Bürger*innenrechten von der Staatsbürger*innenschaft, wie sie Rainer Bauböck (2006) seit dem Ende des Zweiten Weltkrieges verzeichnet. Für diese Rechtsstellung lange ansässiger Ausländer*innen, die die meisten staatsbürger*innenschaftlichen Rechte genießen, hat er den Begriff „Wohnbürgerschaft" vorgeschlagen. Dabei handelt es sich um einen Übersetzungsvorschlag für den Begriff der „denizenship": Mit diesem will der schwedische Politologe Tomas Hammar die zunehmende Unschärfe der früher klaren Trennlinie zwischen Fremden und Bürger*innen in ein neues Konzept fassen (Hammar 1990).

Dem Begriff liegt die Beobachtung zugrunde, dass zumindest in demokratischen Staaten „eine breitere Transformation jener territorialen und Mitgliedschaftsgrenzen, welche demokratische Staatsbürgerschaft umschreiben" (Bauböck 2006, S. 116) zu verzeichnen ist. Beteiligung kann sich demnach nicht allein auf Staatsbürger*innenschaft beziehen, sondern auch auf das Prinzip der betroffenen Interessen, im Englischen „all affected principle", das von Robert Dahl wie folgt definiert wird: „Everyone who is affected by a decision of a government has a right to participate in that government" (Dahl 1990, S. 49).

Bauböck geht darüber aber noch hinaus und plädiert für den Grundsatz der „Bürgerschaft für Stakeholder": *Stakeholding* lässt sich für ihn als „eine soziale Relation zu einem Gemeinwesen beschreiben, in der Individuen ein Interesse an Mitgliedschaft haben (und nicht nur an Beteiligung in konkreten Entscheidungen), weil ihre fundamentalen Rechte vom Schutz durch diese besondere Gemeinschaft abhängen und weil ihr individuelles Wohlergehen mit dem Gedeihen des Gemeinwesens strukturell verknüpft ist" (Bauböck 2006, S. 125). Diese Mitgliedschaft muss nicht unbedingt exklusiv sein, sondern kann sich bei der Bindung an mehrere Staaten überlappen ähnlich dem Prinzip der russischen Matrioschka-Puppen. Solche Mehrfach-Mitgliedschaften werfen allerdings weitreichende Fragen für eines der grundlegendsten demokratischen Rechte auf: Das Wahlrecht.

7.4 Wahlrecht von Migrant*innen

Rainer Bauböck bringt es auf den Punkt: „Wahlrechte bilden den Kern demokratischer Staatsbürgerschaft" (Bauböck 2006, S. 115). Schließlich gehört zur gleichberechtigten Mitgliedschaft in einem selbstregierenden politischen Gemeinwesen das Recht, Delegierte für eine solche Selbstregierung zu wählen oder sich selber als solche zu bewerben. Während, wie zuvor diskutiert, andere Rechte in liberalen Demokratien zunehmend auch unabhängig von der Staatsbürger*innenschaft gewährt werden und es Partizipationsmöglichkeiten auf der kommunalen Ebene gibt, ist das Recht auf Teilnahme an nationalen Wahlen meist weiterhin an die Staatsbürger*innenschaft gekoppelt geblieben.

Analysieren wir das Wahlrecht nun im Hinblick auf Migrant*innen, ist eine transnationale Perspektive unerlässlich, kann sich dieses doch auf Ziel- wie Herkunftsland beziehen. Weltweit gibt es eine Vielzahl teils sehr unterschiedlicher Verordnungen zum Wahlrecht von Staatsbürger*innen, die sich außerhalb des Staatsgebietes befinden. Dabei handelt es sich keinesfalls um reine Symbolpolitik: So verdankte Romano Prodi im Jahr 2006 seinen knappen Wahlsieg dem Votum der erstmals stimmberechtigten Auslandsitaliener*innen. Die italienische Regelung geht hier besonders weit, da für die rund 3,5 Millionen im Ausland lebenden Italiener*innen sogar eigene Wahlkreise eingerichtet wurden. Diesen stehen also sogenannte reservierte Mandate zu.

Angesichts des teils dauerhaften Auslandsaufenthaltes dieser Migrant*innen ist eine solche Regelung aus demokratietheoretischer Sicht zumindest diskutabel. Dass der Einsatz für ein solches Wahlrecht dagegen klar als Kampf für ein demokratisches Grundrecht angesehen werden kann, soll hier beispielhaft am Fall der temporären philippinischen Arbeitsmigrant*innen (genannt OFWs – Overseas Filipino Workers) diskutiert werden. So warben philippinische Migrant*innenorganisationen von Hongkong und Tokio bis Rom und Los Angeles seit der „People Power"-Revolution, bei der im Jahr 1986 erfolgreich Diktator Ferdinand Marcos gestürzt worden war, dafür, auch im Ausland ihr Wahlrecht wahrnehmen zu können. Knapp zwei Jahrzehnte nach dem Beginn der demokratischen Transition des Landes war die Lobby-Arbeit dann von Erfolg gekrönt: Im Jahr 2004 konnten sie erstmals an den Wahlen für Präsident*in, Vizepräsident*in, Senat und Repräsentant*innenhaus teilnehmen.

Was eine „historische Entscheidung" war – so der Rechtanwalt und Migrant*innen-Aktivist Henry S. Rojas –, gestaltete sich allerdings auch hier in der Praxis etwas schwieriger (Rojas 2005). Während bei der Wahl von 2004 noch 65 Prozent der 360.000 registrierten Wähler*innen im Ausland auch ihre Stimme abgaben, waren es drei Jahre später nur noch 16 Prozent von 400.000 registrierten Wähler*innen. Die relativ geringe Beteiligung ist auf mehrere Gründe zurückzuführen: Ein aufwändiger Wahlprozess (teils wären mehrere Stunden Anfahrt zur Stimmabgabe nötig und Briefwahl ist nur in wenigen Ländern möglich), Zynismus angesichts der politischen Situation auf den Philippinen und der Umstand, dass 2007 keine Präsidentschaftswahlen, die wichtigste aller Wahlentscheidungen, anstanden. Trotz dieser Einschränkungen kann die Verabschiedung des „Overseas Absentee Voting Acts" als erfolgreiche Einflussnahme von Migrant*innen auf den politischen Prozess ihres Heimatlandes gesehen werden. Insbesondere in Hong Kong wurde eine hohe Wahlbeteiligung verzeichnet, was sicher auch auf die einfachere Logistik der Stimmabgabe zurückzuführen ist. Sektorale Parteilisten (eine Besonderheit des philippinischen Wahlrechts), die sich profiliert für Migrant*innenbelange einsetzen, erhielten dabei deutlich höhere Stimmanteile als im Herkunftsland. Die Regelungen unterliegen fortlaufenden Anpassungen, die teils auf Lobbyarbeit von Migrant*innenverbänden zurückgehen. So wurde im Jahre 2013 der Passus abgeschafft, wonach Migrant*innen vor der Registrierung zur Wahl versichern mussten, dass sie planen, binnen drei Jahren wieder in ihr Herkunftsland zurückzukehren.

Dies vereinfacht den Prozess, es lässt sich aber wiederum einwenden, dass über längere Zeit im Ausland lebende Migrant*innen mit ihrer Stimmabgabe eine Entscheidung treffen, deren politische Auswirkungen sie nicht direkt betreffen (Kessler 2009). Autor*innen wie Scott M. Solomon argumentieren dagegen, dass Staat und *demos* der Philippinen zunehmend deterritorialisiert seien, d.h. nicht mehr auf ein klar umgrenztes Staatsgebiet begrenzt (Solomon 2009). Die Reaktion des Staates auf diese neue Herausforderung sei vor allem durch Druck von unten vorangetrieben worden – und die

Politisierung der Migrant*innen könne zu einer Demokratisierung dieser deterritorialisierten Politik führen.

Während vor allem hinsichtlich des Konzepts der Deterritorialisierung noch erheblicher Differenzierungsbedarf besteht – auch bei einer transnationalen Perspektive spielt geographischer Raum eine erhebliche Rolle (Pries 2001, S. 10) – gibt es zum Wahlverhalten von Emigrant*innen bereits eine umfangreichere Forschung. Auch hier liegt ein klarer Schwerpunkt bei Latein- und Mittelamerika, insbesondere Mexiko. Auch wenn dort die Wahlbeteiligung zunächst niedrig ausfiel (Lafleur und Chelius 2011), können in der Forschung weitere „demokratisierende Aspekte" identifiziert werden: Leal et al. sehen diese in mexikanischen Migrant*innenorganisationen und der Verfügbarkeit von spanischsprachigen Medien (Leal et al. 2012). Eine explorative Studie zum Wahlverhalten ecuadorianischer Migrant*innen unter dem Titel „Building Democracy or Reproducing ‚Ecuadoreanness'?" kam zu dem Schluss, dass diese, sofern sie wählen, ein signifikant höheres gesellschaftliches Engagement als Nichtmigrant*innen zeigen, zugleich aber durch ihre Auslandsperspektive eine sehr ambivalente und emotionale Sichtweise auf das Herkunftsland pflegen (Boccagni und Ramírez 2013, S. 748). Darüber hinaus argumentiert Tobias Pfutze, dass sich Migration auch indirekt auf das Wahlverhalten der Daheimgebliebenen auswirken kann (Pfutze 2012). Zum einen können Informationen über demokratische Praktiken und Werte durch die sozialen Netzwerke der Migrant*innen zu den Daheimgebliebenen kommuniziert werden, eine These die auch von Pérez-Armendáriz und Crow im Hinblick auf Mexiko vertreten wird (Pérez-Armendáriz und Crow 2010).

Zum anderen kann der Empfang von Heimatüberweisungen aber auch Abhängigkeitsverhältnisse vor Ort vermindern – konkret den Klientelismus, bei dem sich die lokalen Eliten Wohlverhalten und letztlich Wahlstimmen der Bevölkerung durch den Einsatz von öffentlichen Mittel sichern können. So zeigt Pfutze (2012) auf Grundlage der mexikanischen Wahlen auf Gemeindeebene in den Jahren 2000-2003, dass die Wahrscheinlichkeit einer erstmaligen Abwahl der Staatspartei Partido Revolucionario Institucional (PRI) mit dem Anteil der Migrant*innenhaushalte in den jeweiligen Kommunen gestiegen sei (Pfutze 2012). Solch ein friedlicher Machtwechsel durch Wahlen zählt zu den zentralen Kennzeichen der Demokratisierung.

7.5 Demokratisierung und Migration

Die Beispiele des Wahlrechts vor allem im außereuropäischen Kontext haben gezeigt, dass in einer solchen transnationalen Teilhabe auch Demokratisierungspotential liegt. Dazu kann zunächst einmal grundlegend der Einsatz für die Gewährung eines solchen Rechtes gezählt werden. So zeigt eine Fallstudie von Itzigsohn und Villacrés den Zusammenhang von transnationalen politischem Engagement von Migrant*innen und der Demokratisierung in ihren Heimatländern El Salvador und der Dominikanischen Republik (Itzigsohn und Villacrés 2008). In beiden Fällen gehörten der Mangel an Demokratie und politischen Partizipationsmöglichkeiten in Zeiten der Diktaturen zu den Auslösern für Auswanderung. In der Folge bildeten Mitglieder der Diaspora die Opposition zu den Regimen in ihrer Heimat und leisteten dadurch einen Beitrag zur Demokratisierung. Mit dem Beginn der Transitionsphase nutzten die Migrant*innen die sich ihnen durch die Demokratisierung bietenden neuen Spielräume. So setzten sich die vor allem in New York organisierten dominikanischen Migrant*innenorganisationen erfolgreich für die doppelte Staatsbürger*innenschaft und ihr Wahlrecht ein – nutzten letzteres aber nur in sehr geringem Maße. Aus diesem Widerspruch zwischen dem Kampf für ein Recht, und dem Umstand, dass dieses in der Folge kaum wahrgenommen wird, schließen die Forscher, dass Demokratisierung durch Migrant*innen gestärkt werden kann, aber in der Folge nicht weiter vertieft wird.

Home Town Associations und Demokratie
Ein Beispiel für das zwiespältige Verhältnis von Migration und Demokratie ist die Rolle der El Salvadorianischen „Home Town Associations“ (HTA): Verbände, in denen sich Migrant*innen aus einem Heimatort im Zielland zusammenschließen. Deren Anliegen ist es oft, die Infrastruktur ihres Heimatortes zu verbessern. Zur Vorzeige-Organisation entwickelte sich dabei die *Fundación Unidos por Intipucá*. Diese 1993 gegründete Organisation stützte sich auf zwei Komitees – eines in Washington, eines im Heimatort Intipucá. Gemeinsam mit der Verwaltung vor Ort wurden zahlreiche Projekte in Angriff genommen. Die Entscheidung über die Verwendung der Gelder wurde aber nicht vor Ort, sondern in Washington von einer kleinen Gruppe getroffen. Dabei wurden zwar wichtige Infrastrukturmaßnahmen

finanziert, diese kamen aber vor allem dem Zentrum des Heimatortes zugute, wo die wohlhabenderen Bürger*innen, oft Angehörige von Migrant*innen, wohnen. So beschloss man etwa den Bau eines 500.000 US-Dollar teuren Fußballstadion für die Jugend im Zentrum – während die ärmeren Vororte zum Teil weiterhin weder Zugang zu Trinkwasser noch Elektrizität hatten. Da das Engagement der Migrant*innen freiwillig erfolgt, ist auch keine Kontinuität garantiert (Itzigsohn und Villacrés 2008).

Die Zusammenhänge von Demokratisierung und Migration reichen weit über das Wahlrecht hinaus, stellen in der Forschung aber ein vergleichsweise neues Feld dar. Dies ist zum einen darauf zurückzuführen, dass sich die Demokratisierungsforschung lange auf den Nationalstaat und die darin angesiedelten Institutionen und Gruppen konzentrierte und exogenen, also von außen kommenden Faktoren wenig Aufmerksamkeit beimaß. Da Migrant*innen sich entweder außerhalb des Staatsgebiets befinden oder von außen in dieses kommen, zählten sie zu diesen wenig beachteten Faktoren (Rüland et al. 2009). In der Transitionsphase, also dem Übergang von autoritären zu demokratischeren Systemen, standen in der Forschung dann Fragen wie die nach dem Regierungssystem – präsidentiell, semi-präsidentiell oder parlamentarisch? – und der Rolle von alten und neuen Eliten im Mittelpunkt. Bei der letzteren Kategorie wurden dabei zumindest aus politischen Gründen Geflüchtete wie Exilpolitiker*innen teilweise berücksichtigt. Die Rolle von Arbeitsmigrant*innen und ihrer Organisationen fand allerdings so gut wie keine Beachtung.

7.6 Migrant*innen und individuelle demokratische Einstellungen

In diesem Abschnitt werden die vielfältigen Ebenen aufgezeigt, auf denen Migration und Demokratisierung – oder etwas zurückhaltender formuliert: politischer Wandel – zusammenhängen können. Dabei wird eine akteurszentrierte Perspektive gewählt, im Mittelpunkt stehen also die Migrant*innen selber sowie ihre Organisationen, die Ebenen reichen dabei von individuellen Einstellungen bis hin zum Einfluss auf global migration governance.

Auch wenn man von der Rolle von Migrant*innenorganisationen oder „der Diaspora" spricht, geht es letztlich um eine Anzahl von Individuen und deren Einstellungen und Handlungen. Von daher ist es eigentlich naheliegend, dass man auf dieser Ebene ansetzt – allerdings ist dies eine der am schwierigsten zu erforschenden Ebenen. Dies zeigt sich am Beispiel der Untersuchung von Antoni Spilimbergo zum Zusammenhang zwischen studentischer Migration und Demokratisierung: Der Ökonom wertete einen Datensatz aus, der fast alle Empfänger- und Entsendeländer von Migrant*innen über einen Zeitraum von mehr als 50 Jahren umfasst und kam zu dem Ergebnis: „foreign-educated individuals promote democracy in their home country, but only if the foreign education is acquired in democratic countries" (Spilimbergo 2009, S. 528).

Bei dieser Aussage beruft sich der Autor auf „robuste" Korrelationen im Datensatz und schließt daraus, dass auf der individuellen Ebene das Studium im demokratischen Ausland zu Herausbildung oder Verstärkung von demokratischen Werten geführt hat. Dabei blieb es nicht allein bei dem Einstellungswandel – dieser habe auch zu aktivem politischem Handeln im Herkunftsland geführt und einen Systemwandel unterstützt, wenn nicht gar herbeigeführt. Spilimbergo identifiziert mehrere Kanäle, über die die Rückkehrer*innen Einfluss nehmen können – von ihrer herausgehobenen Position als Technokrat*innen über die Verbreitung neuer Ideen bis hin zum Zugehörigkeitsgefühl zu einer internationalen demokratischen Gemeinschaft (Spilimbergo 2009, S. 539).

All diese Schlussfolgerungen basieren dabei auf Korrelationen in bestehenden (also nicht eigens für die Beantwortung der Forschungsfrage erhobenen) Datensätzen, ohne das mit individuellen studentischen Migrant*innen gesprochen wurde. Dies ist für Ökonomen methodisch legitim, allerdings hätte ein „mixed method"-Ansatz, bei dem die quantitativen Daten mit qualitativer Forschung, beispielsweise Interviews, ergänzt werden, möglicherweise etwas mehr Licht in die „black box" der Diffusionsforschung (Rother 2016, S. 267) bringen können. Der Begriff verweist darauf, dass man Zusammenhänge von Erfahrungen und Einstellungen vermuten kann, es sich aber nur schwer ergründen lässt, wie diese sich ausbreiten, also diffundieren: Sind demokratische Werte für die Studierenden geradezu zwangsläufig attraktiv (wie Spilimbergo suggeriert) oder hängt es von den Umständen und der Intensität der Erfahrungen ab, ob diese auch übernommen werden – und wie nachhaltig ist dieser Prozess? Schließlich genossen nicht wenige Autokrat*innen und Diktator*innen eine Ausbildung an westlichen Elite-Einrichtungen – von einer Übernahme von Werten war dabei allerdings nichts zu spüren oder diese war offenkundig nicht nachhaltig wie im Falle von Syriens Präsident Baschar al-Assad, der in London studiert hatte und zunächst als Reformer galt.

Somit wird Forschung benötigt, die zu ergründen sucht, in welchen Foren und über welche Kanäle demokratische Einstellungen sich ausbreiten können. Einen möglichen Ansatz zeigt Tamirace Fakhoury. Die libanesische Forscherin untersucht transnationale arabische Studierendenvereinigungen an der University of California in Berkeley (UCB) und kommt zu dem Schluss, dass diese Demokratie-orientierte Diskurse hervorbringen und Vorstellungen von „Arabischer Demokratie" verändern können (Fakhoury 2015).

Die hier kurz diskutierten Arbeiten sind im Einklang mit dem Gros der Demokratisierungsforschung klar auf Studierende und somit Eliten fokussiert. Doch wie sieht es mit der breiten Masse an Migrant*innen aus, die in der Regel nicht zu dieser Kategorie zählt? Die Demokratisierungsforscher Christian Welzel und Ronald Inglehart betonen die Rolle von „einfachen Leuten" („ordinary people") im Demokratisierungsprozess (Welzel und Inglehart 2008). So wird für die Etablierung und den Fortbestand einer Demokratie eine breite allgemeine Unterstützung benötigt (Chu et al. 2010, S. 2) – ansonsten droht ihr Verfall, wie das Beispiel der Weimarer Republik zeigt, die als eine „Demokratie ohne Demokraten" oder „Demokratie mit einer demokratischen Minderheit" eingeschätzt wird (Eschenburg 1964). Die Einstellungen sind somit eine wichtige Grundlage, das Handeln aber der nächste Schritt – wie bringen sich Menschen ein, in welcher Form werden sie politisch aktiv?

Für den Ökonomen Albert O. Hirschman waren politisches Engagement und (E)migration noch einander ausschließende Kategorien: In seinem berühmten Buch „Exit, Voice, and Loyalty" sieht er die Möglichkeit, entweder aus Protest seine Stimme zu erheben oder das Land zu verlassen (Hirschman 1970). Doch in Zeiten transnationaler Verflechtungen sind diese Optionen keinesfalls mehr exklusiv wie die Studien zu El Salvador und der Dominikanischen Republik gezeigt haben: Emigrant*innen können auch „von außen" auf den Demokratisierungsprozess Einfluss nehmen, ebenso nach ihrer Rückkehr.

Um nun zu erfahren, wie die Migrationserfahrung sich auf die individuellen politischen Einstellungen auswirken, müsste man idealerweise ein „echtes Panel" anstreben. Das heißt, Migrant*innen vor der Abreise zu befragen und dann nach mehreren Jahren in ihrem Zielland (bei mehreren Ländern wäre die Kausalität unklar) oder nach ihrer Rückkehr. Dies ist extrem aufwändig und wurde daher noch nicht unternommen – es gibt aber einen Ansatz, bei dem man sich mit „statistischen Zwillingen" beholfen hat (siehe Kasten).

Demokratisierung durch Migration? Eine Studie zu den Philippinen

Bei der Diskussion um Migration und Demokratisierung wird oft davon ausgegangen, dass Migrant*innen im Ausland „Demokratie lernen" können. Dabei sind auch viele Herkunftsländer von Migration Demokratien, beispielsweise Indien, und viele Zielländer weit davon entfernt, etwa die Golfstaaten. Die Philippinen, eines der größten Herkunftsländer von Migrant*innen, werden in der Literatur bisweilen als „defekte Demokratie" bezeichnet (Croissant 2002) und befinden sich auch mehr als 30 Jahre nach der „People Power"-Revolution, die im Jahr 1986 das Ende der Diktatur einleitete, noch in der Konsolidierungsphase. Umso wichtiger ist eine Unterstützung durch die breite Bevölkerung – von der sich mehr als zehn Prozent temporär oder dauerhaft als Migrant*innen im Ausland befinden.

Eine Studie von Kessler und Rother untersuchte nun die Erfahrungen und politischen Einstellungen von 1000 rückkehrenden Migrant*innen aus klar demokratischen (Japan, Taiwan) und klar undemokratischen (Saudi Arabien, Vereinigte Arabische Emirate, Katar) Staaten sowie der semi-demokratischen Sonderverwaltungszone Hong Kong (Rother 2009a; Kessler und Rother 2016). Verglichen wurden diese mit sogenannten „statistischen Zwillingen": 1000 Migrant*innen, die vor der Ausreise in die sechs Zielorte standen. Dabei zeigte sich, dass die Rückkehrer*innen durchgängig und in allen Aspekten das politische System ihres Herkunftslandes negativer bewerteten als Migrant*innen in spe, die noch nie ihr Land verlassen hatten. Das Erleben eines weiter entwickelten Landes kann also, unabhängig von dessen politischem System, zur Entfremdung vom Herkunftsland führen.

Besonders eindrücklich zeigte sich dies im Falle Saudi-Arabiens: Nur noch 49 Prozent der „Rückkehrer*innen" hielten Demokratie für die in jedem Fall zu bevorzugende Regierungsform, 16 Prozentpunkte weniger als der Durchschnitt aller Rückkehrer*innen und 19 Prozentpunkte weniger als die vor der Ausreise nach Saudi-Arabien stehenden Migrant*innen. Hintergründe lieferten 37 qualitative Interviews: Die Migrant*innen waren beeindruckt von einem Regime, das Wohlstand und eine strenge staatliche Ordnung garantiert – zwar nicht ihnen als Migrant*innen, aber seinen Staatsbürger*innen. Die massiven Einschränkungen der persönlichen Freiheiten blieben allerdings auch nicht ohne Wirkung, Werte wie Meinungs-, Presse- und Versammlungsfreiheit wurden überdurchschnittlich hoch bewertet.

Am „demokratischsten" und politisch besonders aktiv zeigten sich die Rückkehrer*innen aus Hongkong, weil ihnen dort grundlegende Rechte wie Versammlungs- und Organisationsfreiheit eingeräumt wurden und somit mehr Raum für politische Aktivitäten zur Verfügung stand als den Migrant*innen in den Demokratien Taiwan und Japan. Insbesondere die Rückkehrerinnen aus Japan, die dort überwiegend als Hostessen gearbeitet hatten, zeigten sich desillusioniert darüber, dass auch die Strukturen in einem hochentwickelten demokratischen Land ihnen keinen Schutz bieten konnten.

Daraus lässt sich folgern, dass nicht das politische System *per se*, sondern die tatsächlich gewährten demokratischen Freiheiten für die Ausbildung oder Verstärkung demokratischer Einstellungen und Aktivitäten entscheidend sein können. Umgekehrt kann die Migrationserfahrung auch autoritäre Einstellungen verstärken. Dringend benötigt sind nun Studien zu weiteren Herkunfts- und Zielländern.

Clarisa Pérez-Armendáriz und David Crow haben zudem den Blick auf die „Daheimgebliebenen" gelenkt: Das soziale Umfeld, Verwandte und Freunde von Migrant*innen (Pérez-Armendáriz und Crow 2010). Schließlich haben diese oft regelmäßigen Kontakt, und bei den Skype-Telefonaten und Emails können auch demokratische Wertvorstellungen übermittelt werden – sogenannte *political remittances* (Transfer von politischen Einstellungen, Ideen etc. siehe auch Krawatzek und Müller-Funk 2019). Für das Fallbeispiel Mexiko-USA zeigen die Forscher, dass Mexikaner, die Migrant*innen in der Familie und im Freundeskreis haben, politisch aktiver sind: Die Wahrscheinlichkeit, sich außerhalb von Wahlen politisch zu engagieren, lag bei der Gruppe mehr als doppelt so hoch wie bei denjenigen, die keine Migrant*innen kannten.

7.7 Migrant*innen als politische Akteure

Eine Demokratie benötigt zumindest die passive Unterstützung der Mehrzahl ihrer Mitglieder, für eine lebendige Demokratie ist aber aktives Engagement von hoher Bedeutung. Dies trifft auch auf die hier diskutierten Fälle zu, in denen der *demos* transnationalisiert – wenn nicht gar deterritorialisiert – ist. So bilden Migrant*innen oft im Zielland Vereinigungen, die direkten oder indirekten politischen Charakter haben – ein auf gemeinsamer Religion basierender Zusammenschluss kann etwa auch zum Politikum werden. Dies ist insbesondere in Staaten der Fall, in denen Migrant*innen eine längerfristige oder sogar dauerhafte Aufenthaltsperspektive haben. So finden sich in Deutschland Grenzen überspannende Migrant*innenorganisationen, die sich „Jenseits von ‚Identität oder Integration'" verorten (Pries und Sezgin 2010). Sie können politische Lobbyarbeit betreiben, als Abgeordnete mit Migrationshintergrund selbst in die Politik gehen und versuchen, die Politik ihres Herkunftslandes zu beeinflussen.

Bislang befasst sich die Forschung zu Migration und Demokratisierung überwiegend mit den Auswirkungen auf die Herkunftsländer – mindestens ebenso relevant wäre aber, herauszufinden, wie sich Migration auf den Stand der Demokratie in den Zielländern auswirkt (Oberndörfer 2016). So können Migrant*innen Demokratien dazu bringen, sich mit ihren eigenen Werten zu befassen: Gelten im Grundgesetz festgeschriebene Prinzipien wie Religionsfreiheit auch für Zuwanderer*innen? Wieviel Partizipation will man ihnen erlauben? Wie geht der Staat damit um, wenn sich Zuwanderer*innen – oder Einheimische – nicht mehr an diese Prinzipien halten? Auch hier sollte nicht übersehen werden, dass die Migrant*innen aus im Vergleich zu ihren Zielländern demokratischeren Gesellschaften kommen können. Dies zeigt anekdotisch das Beispiel der Filipinas in Hongkong, die stolz darauf verweisen, man habe der dortigen Bevölkerung erst beigebracht „wie man richtig demonstriert" (Rother 2009b).

Am Beispiel Hongkongs lässt sich auch gut zeigen, wie Migrant*innenorganisationen versuchen, das Repräsentationsdefizit zu füllen, das ihr transnationaler Status mit sich bringt. Da die dortigen migrantischen Hausangestellten stets nur Verträge über zwei Jahre erhalten und keine Chance auf Einbürgerung besitzen, müssen sie ihre Interessen gegenüber dem Herkunftsland und der Verwaltung in Hongkong artikulieren. Hinzu kommen außerdem Rekrutierungsagenturen, die teils vor Ort und im Herkunftsland getrennte Strukturen haben.

Ebene – wo hat Migration Einfluss (förderlich/hindernd) auf Demokratisierung	**Akteure**	**Kanal für Diffusion**
Individuelle demokratische Einstellungen der Migrant*innen	Migrant*innen – Persönliche Migrationserfahrung	Erfahrungen im Zielland/Rückkehr/zirkuläre Migration
Individuelle demokratische Einstellungen von Angehörigen/sozialem Umfeld im Herkunftsland	Migrant*innen	Transnationale Kommunikation / Kommunikation nach Rückkehr / Informationsnetzwerke
Politisierung von Migrant*innen, collective action (Diffusion von politischen Ideologien, Strategien und Organisationsformen)	Migrant*innenorganisationen	Im Zielland/ transnational/ nach der Rückkehr
Einfluss auf Demokratisierung des Herkunftslandes	Individuelle Migrant*innen/ „Diaspora"-Engagement, Home Town Associations (HTA)	Transnational Auslandswahlrecht (und Staatsbürger*innenschaft)
Einfluss auf Demokratisierung des Ziellandes	Individuelle Migrant*innen/ Migrant*innenorganisationen/staatliche Stellen	Transnational/Zielland
Demokratisierung von regionalen und globalen Organisationen	Netzwerke von Netzwerken von Migrant*innenorganisationen	Transnational/regional/global

Tabelle 3: Demokratisierung und Migration – Ebenen, Akteure, Diffusionskanäle
Quelle: Rother 2016.

Wie kann ein solches Engagement nun aussehen? Die Migrant*innen schließen sich zu eigenen Organisationen zusammen, die in Hong Kong zunächst nach dem Herkunftsland – Philippinen, Indonesien, Thailand etc. – getrennt aufgestellt sind. Einige von ihnen gründen in Zusammenarbeit mit der örtlichen progressiven Gewerkschaft eigene Gewerkschaften für migrantische Hausangestellte. Darüber hinaus gibt es aber auch „Netzwerke von Netzwerken", wie den „Asian Migrants Coordinating Body", die Kampagnen für mehr Rechte und Proteste gegen Missstände koordinieren (Wee und Sim 2004; Rother 2009c, 2012). Gemeinsam demonstriert man vor den jeweiligen Konsulaten, trifft sich zu Konsultationen mit den Ministerien vor Ort und bildet Fortbildungen und Training für Aktivist*innen an. Dieses politische Engagement kann Rückkopplungen auf das Herkunftsland haben, etwa indem dort Ableger oder Partnerorganisationen gegründet werden – für Nicola Piper ein Fall von *political remittances* durch kollektives Handeln (Piper 2009).

Das Engagement muss dabei nicht auf den transnationalen Raum beschränkt bleiben, sondern kann sich auch auf die regionale (Rother und Piper 2015) und globale Ebene erstrecken (→ 13 Global Migration Governance). Die in Tabelle 1 aufgezeigten Ebenen und Kanäle sollten somit nicht isoliert betrachtet werden – vielmehr lassen sich Folge und kumulative Effekte beobachten. So kann das Erleben von politischen Freiräumen demokratische Einstellungen auf der individuellen Ebene hervorrufen oder verstärken. Diese können zu kollektivem Handeln führen, das sich beispielsweise in der Gründung einer Migrant*innenorganisation manifestiert. Durch deren Ausweitung auf das Herkunftsland oder Kommunikation mit den dort verbliebenen Freunden und Angehörigen können demokratische Werte und Einstellungen vermittelt werden.

7.8 Fazit

Die Zusammenhänge von Migration, Demokratie und Demokratisierung können sich auf einer Vielzahl von Ebenen zeigen. In vielen Fällen berühren sie grundlegende Vorstellungen von Staatlichkeit und Souveränität – insbesondere bei Fragen der (doppelten) Staatsbürger*innenschaft und dem Wahlrecht. Hier werden Fragen der Zugehörigkeit verhandelt, auch wenn in liberalen Demokratien Staaten zivile und soziale Bürgerrechte von der Staatsbürger*innenschaft zunehmend entkoppelt wurden und sich eine „Wohnbürgerschaft" etabliert hat. Migration zwingt Demokratien auch dazu, sich ihrer eigenen Werte und Prinzipien zu vergewissern.

Ein neues Forschungsfeld stellt der Zusammenhang von Migration und Demokratisierungsprozessen dar. Nicht nur Eliten, auch „einfache Bürger" sind für die Etablierung und Konsolidierung demokratischer Gesellschaften von Bedeutung. Durch zunehmende Migration und transnationale Verflechtung können politische Wertvorstellungen und Praktiken verbreitet werden

(Diffusion als „political remittances"). Diese sind keinesfalls zwangsläufig demokratisch, sondern können auch autoritäres Gedankengut beinhalten. Demokratische Einstellungen können aber auch zu aktivem Engagement führen, etwa der Etablierung von Migrant*innenorganisationen. Diese können durch die breitere Vertretung von Interessen, die im „Container Nationalstaat" keine Repräsentation finden, zur Demokratisierung beitragen – nicht nur auf der transnationalen, sondern auch auf der regionalen und globalen Ebene.

Weiterführende Fragen und Literatur

Drei Fragen zum Weiterdenken

- Welche Möglichkeiten der politischen Partizipation sollten ausschließlich an die Staatsbürger*innenschaft gekoppelt sein? Sollten Migrant*innen nach längerem Aufenthalt auch ohne Staatsbürger*innenschaft das volle Wahlrecht genießen können?
- Sollten Migrant*innen und ihre Repräsentant*innen bei Migrationspolitiken ein Mitspracherecht haben – schließlich werden sie von diesen direkt betroffen? Auf welcher Ebene kann und soll dies erfolgen?
- Wie lässt sich die Repräsentation von Migrant*innen auf der regionalen und globalen Ebene verbessern, welche Legitimität genießen Migrant*innenorganisationen?

Drei Bücher zum Weiterlesen

Olga Oleinikova/Jumana Bayeh (Hg.) (2020): Democracy, Diaspora, Territory: Europe and cross-border politics. Studies in migration and diaspora. Abingdon, Oxon, New York, NY: Routledge.
Ein Sammelband mit grundlegenden Überlegungen zu Demokratie und Diaspora und Fallstudien, die sich schwerpunktmäßig auf die Ukraine beziehe.

Stefan Rother (Hg.) (2016): Migration und Demokratie. Wiesbaden: Springer VS.
*Die Beiträge des Bandes behandeln eine Vielzahl von Fragen im Spannungsfeld von Migration und Demokratie – von den normativen Grundlagen bis zur konkreten Ausgestaltung der politischen Partizipation von Migrant*innen.*

Devesh Kapur (2010): Diaspora, Development and Democracy. The domestic impact of international migration from India. Princeton, NJ: Princeton Univ. Press.
Eine Studie, die die Auswirkungen transnationaler Migration auf die indische Innenpolitik und Demokratie analysiert.

Online-Quellen:

www.migration-und-demokratie.de
Eine Sammlung von Artikeln und Links zum Thema.

8 Migration und Sicherheit: Die Versicherheitlichung (*securitization*) von Migration

Wenn über neue oder „nicht-konventionelle" Sicherheitsbedrohungen gesprochen wird, dann ist in der Politik und Politikwissenschaft „unkontrollierte Migration" oft Teil der Aufzählung. Und eine der häufigsten Forderungen in der sogenannten Flüchtlingskrise war der Ruf nach einer „Sicherung der EU-Außengrenzen". Aber sind Migrant*innen und Flüchtende, die unerlaubt Grenzen übertreten, an sich wirklich schon eine Sicherheitsbedrohung? Das Kapitel diskutiert den Forschungsansatz der „securitization", der verstehen hilft, wie Migration insbesondere nach dem 11. September eng mit Sicherheit bis hin zu Terrorismus in Verbindung gebracht wird. Neben dem Wunsch nach Sicherheit *vor* wird auch die Sicherheit *von* Geflüchteten diskutiert. Welche Folgen hat die zunehmende Militarisierung von Grenzkontrollen und Privatisierung von Internierungslagern?

8.1 Die Versicherheitlichung (securitization) von Migration

„Versicherheitlichung" mag ein sperrig klingender Begriff sein – nach empirischen Beispielen für dieses theoretische Konzept muss man aber nicht lange suchen, wie etwa zwei Berichte aus dem Frühjahr 2017 zeigen. So beschloss im März 2017 das ungarische Parlament mit großer Mehrheit, alle Asylbewerber*innen künftig in Internierungslagern festzuhalten. In diesen umgebauten Schiffscontainern müssen sie ausharren, bis via Videolink über ihren Fall entschieden wird. „Wir befinden uns weiterhin im Angriffszustand" begründete Ministerpräsident Viktor Orbán die Maßnahme bei einer Gelöbniszeremonie für „Grenzjäger"-Polizist*innen; Ungarn müsse hier im Alleingang handeln, bis überall anerkannt werde, dass Migration „ein trojanisches Pferd für Terrorismus" sei.[1]

1 https://www.theguardian.com/world/2017/mar/07/-hungary-to-detain-all-asylum-seekers-in-container-camps

Zur selben Zeit nahm in den Vereinigten Staaten eine neue Behörde ihre Arbeit auf: Victims of Immigration Crime Engagement (VOICE). Diese wurde von Präsident Donald Trump ins Leben gerufen, um den seiner Ansicht nach zu oft ignorierten Opfern von Straftaten, „ausgeführt von entfernbaren illegalen Einwanderern" (*removable criminal aliens*) mehr Aufmerksamkeit zu verschaffen. So soll hier eine spezifische Gruppe von Straftäter*innen hervorgehoben werden, auch wenn es bislang keine Forschung gibt, die belegt, dass Immigrant*innen eher zu Straftaten neigen als Menschen, die in Amerika geboren wurden. Im Gegenteil ist laut einer Studie „anti-soziales Verhalten" bei den Immigrant*innen im Vergleich weniger ausgeprägt (Vaughn et al. 2014). Kritiker*innen, die diese Politik als „Dämonisierung von Einwanderern" ablehnten, griffen daher zu einer ungewöhnlichen Maßnahme und überfluteten die neu eingerichtete Hotline mit Berichten zu Straftaten von Außerirdischen (im Englischen ebenfalls *alien* genannt).[2]

So amüsant diese Maßnahme zunächst wirken mag, so ernst ist der Hintergrund. In beiden Fällen wird ein Zusammenhang von Sicherheitsbedrohung und Migration hergestellt; zunächst durch Sprache, auf die dann aber konkrete Politik wie die Einrichtung einer Behörde oder die Verschärfung des Asylverfahrens folgt. Im Falle Ungarns kommen zudem noch Grenzsicherungsmaßnahmen wie die Errichtung eines elektrifizierten Zaunes und die Installation von Überwachungstechnologie wie Video- und Wärmbildkameras hinzu. Damit soll der ungarischen Bevölkerung ein Gefühl von Sicherheit vermittelt werden, die Sicherheit der Migrant*innen selbst findet dagegen keine Beachtung, es häufen sich Berichte von Attacken von ungarischen Grenzbeamten auf Asylsuchende. Und bei der Einrichtung von VOICE stellt sich die Frage, ob diese Behörde zu mehr Sicherheit beiträgt oder nicht eher ein Gefühl von Unsicherheit hervorruft oder verstärkt, das dann Grundlage für eine weitere restriktive Grenzpolitik darstellen kann.

So gehört die Verknüpfung der Politikfelder innere und äußere Sicherheit mit der Einwanderung zu den kontroversesten Bereichen der Migrationspolitik. In der Darstellung von Politik, Medien und Teilen der Forschung besteht hier ein natürlicher Zusammenhang, irreguläre Migration wird zu den nicht-konventionellen Sicherheitsbedrohungen gerechnet, in der Fluchtpolitik von einer „Sicherung der Außengrenze" gesprochen. Aber ist

2 http://www.npr.org/sections/thetwo-way/2017/04/29/526155130/people-are-reporting-criminal-space-aliens-to-new-ice-hotline; http://www.bento.de/politik/donald-trump-richtet-voice-behoerde-fuer-opfer-von-illegalen-einwanderern-ein-1344946/

dieser Zusammenhang wirklich naturgegeben oder nicht doch konstruiert – und wenn ja, wie gestaltet sich dieser Prozess? Dieser Frage wird im ersten Teil dieses Kapitels nachgegangen, das sich mit der *securitization*-Theorie befasst: Was sind die Grundannahmen der Theorie, wie lassen sie sich auf Migrationspolitik anwenden?

Daran anschließend wird Migrationspolitik als Sicherheitspolitik diskutiert: Zum einen Politiken, die auf die Sicherheit *vor* Migrant*innen abzielen, zum andere solche, bei denen es um die Sicherheit *von* Migrant*innen geht.

8.2 Migration und Sicherheit

Das Streben nach Überleben und Sicherheit ist eines der grundlegenden Konzepte in der Geschichte der Theorien der Internationalen Beziehungen – eine allgemein anerkannte Definition des Begriffes gibt es aber nicht (→ Kasten „Was ist Sicherheit“). Wie im → Kapitel 2 Migrationstheorien diskutiert ist das internationale Staatensystem anarchisch, da es keine übergeordnete Instanz gibt. Staaten streben aufgrund dieses Zustands nach Sicherheit, um sich vor dem Angriff anderer Staaten zu schützen. Entsprechend versuchen sie, ihre Macht zu vergrößern, etwa durch den Aufbau größerer Armeen und Waffenbestände. Ein solches Vorgehen verunsichert aber nun wiederum andere Staaten, die darauf ähnliche Maßnahmen ergreifen. John H. Herz hat hierfür den Begriff des „Sicherheitsdilemmas“ geprägt (Herz 1950). Ein empirisches Beispiel ist die Rüstungsspirale zu Zeiten des Kalten Krieges; um die eigene Sicherheit zu erhöhen, rüsteten die NATO und der Warschauer Pakt zunehmend auf, was von dem jeweils anderen Block als Bedrohung verstanden wurde. Dies führte zu der Situation, dass das Streben nach eigener Sicherheit die Unsicherheit der anderen Seite erhöhte.

Was ist Sicherheit?

Sicherheit ist ein fester Bestandteil der nationalen und internationalen Politik. Mit der zunehmenden Verbreitung ist aber keine schärfere Definition einhergegangen, es gibt eine Vielzahl von Ansätzen und Konzeptionen. In der deutschen Sprache ist der Begriff noch breiter gefasst, denn die „im angelsächsischen und amerikanischen Sprachraum gängige Unterscheidung zwischen Security (am ehesten mit „Angriffssicherheit“ gleichzusetzen) und Safety (am ehesten mit „Betriebssicherheit" gleichzusetzen) findet im Deutschen keine Entsprechung" (Endreß und Petersen 2012).

Unterschieden wird in der Regel zwischen innerer und äußerer Sicherheit. **Innere oder öffentliche Sicherheit** versucht der Staat durch sein Gewaltmonopol zu gewährleisten. Im Mittelpunkt steht hier klassisch das Verhindern von Kriminalität, weitere Szenarien können sich ausbreitende Krankheiten oder Naturkatastrophen darstellen. Darüber hinaus erwarten die Bürger*innen im Wohlfahrtsstaat aber auch die Garantie ökonomischer und sozialer Sicherheit; eine solche versuchte etwa CDU-Bundesarbeitsminister Norbert Blüm 1986 mit der oft zitierten Aussage „Denn eins ist sicher: Die Rente" zu geben.

Äußere Sicherheit bezieht sich dagegen auf die Abwehr von Bedrohungen, die von außerhalb des Staatsgebietes stammen. In Deutschland sind die beiden Bereiche streng getrennt, für die äußere Sicherheit ist die Bundeswehr zuständig, die gemäß dem Grundgesetz nur im äußersten Notstand im Inneren eingesetzt werden darf.

Allerdings lässt sich bei den aktuellen Sicherheitsbedrohungen diese strikte Trennung nur schwer aufrechterhalten (Knelangen 2014). So finden sich im Bereich der organisierten Kriminalität oft transnationale Netzwerke; ebenso wie Terrorismus können sie ihren Ursprung außerhalb der Landesgrenzen haben, aber im Inneren aktiv sein. Umgekehrt kann im Sinne eines **erweiterten Sicherheitsbegriffs** Sicherheit durch Hilfs- oder Militäreinsätze auch jenseits der Landesgrenzen verteidigt (oder bedroht) werden. Hierzu prägte der SPD-Verteidigungsminister Peter Struck 2004 den Satz „Unsere Sicherheit wird nicht nur, aber auch am Hindukusch verteidigt."

Wenn die Bedrohung primär von nicht-staatlichen Akteuren ausgeht, dann spricht man oft von **neuen, nicht-traditionellen Sicherheitsbedrohungen**. Hierzu zählen die genannten Terrornetzwerke aber auch damit grenzüberschreitende Gewaltökonomien. Bei diesen finanzieren sich Rebellen- oder Terrorgruppen durch Geiselnahmen, Drogenschmuggel oder Diamantenhandel. Die Piraterie kann ebenfalls hierzu gezählt werden. Auch (irreguläre) Migration findet sich verstärkt in dieser Auflistung nicht-traditioneller Bedrohungen (Weiner 1985; Kicinger 2004) – doch wie kommt es zu der Aufnahme in diese Liste? Das lässt sich mit dem Konzept der Versicherheitlichung erklären.

8.3 Die Kopenhagener Schule

Die „Kopenhagener Schule" der Internationalen Beziehungen bezieht ihren Namen vom Copenhagen Peace Research Institute (COPRI, seit 2003 Teil der Danish Institute for International Studies), an dem viele ihrer zentralen Vertreter beschäftigt waren. Als Begründer der Schule gilt Barry Buzan. Zum einen lenkte er das Augenmerk der Forschung auf nicht-militärische, soziale Aspekte von Sicherheit und somit hin zu einem erweiterten Sicherheitsbegriff (Buzan 1983; Huysmans 1998, S. 482). Zum anderen entwickelte er mit Ole Wæver and Jaap de Wilde insbesondere im 1997 erschienenen Buch „Security: A New Framework for Analysis" (Buzan et al. 1997) das Konzept der *securitization*, zu Deutsch etwas sperrig Versicherheitlichung genannt.

Der Ansatz ist in der in der konstruktivistischen Theorie der Internationalen Beziehungen verortet (→ 2 Migrationstheorien). Sichereit ist somit keine „natürlich" gegebene objektive Kategorie, sondern sozial konstruiert. Dies lässt sich bereits im Bereich der konventionellen Sicherheitsbedrohungen zeigen: So wird ein großes Arsenal an Raketen bei einem verfeindeten Staat ganz anders wahrgenommen als bei einem verbündeten; in den Händen des Verbündeten können sie das eigene Sicherheitsgefühl sogar verstärken anstatt eine Bedrohung darzustellen.

Buzan et al. gehen in ihrem Ansatz aber noch wesentlich weiter und untersuchen, was als Sicherheit(sbedrohung) angesehen wird, von wem es dazu gemacht wird und wie dies geschieht. Die Autoren differenzieren dabei zwischen dem breiten Feld der politischen Herausforderungen und der enger definierten Kategorie des Sicherheitsproblems; um als solches angesehen zu werden, muss eine existentielle Bedrohung vorliegen – oder genauer gesagt, das Gefühl einer solchen vermittelt werden. Hierzu stellt ein bei – der Kopenhagener Schule in erster Linie staatlicher – Akteur („securitizing actor") einen Bereich („referent object") so dar, dass dieser einer existentiellen Bedrohung („existential threat") ausgesetzt ist, was Notfallmaßnahmen („emergency measures") erfordert (Buzan et al. 1997, S. 5). Im militärischen Bereich ist dieses Referenzobjekt meist der Staat, im politischen Bereich etwa die Souveränität oder Ideologie des Staates und im sozialen Bereich oft die kollektive Identität – die beispielsweise als durch Migrant*innen mit einer von dieser stark abweichenden Identität bedroht angesehen wird (Buzan et al. 1997, S. 22 f.)

Migrant*innen werden in diesem Beispiel also „versicherheitlicht", was die Autoren als eine extremere Position von „politisiert" definieren (Buzan et al. 1997, S. 23). Will man Bereiche des öffentlichen Lebens einem Spektrum zuordnen, dann reicht dieses von nichtpolitisiert über politisiert bis hin zu versicherheitlicht. Nicht politisiert sind Bereiche, denen sich der Staat nicht annimmt und die auch kein Gegenstand größerer öffentlicher Debatten sind. Werden die Bereiche politisiert, nimmt sich der Staat ihrer an, trifft Entscheidungen und wendet Ressourcen für sie auf. Bei versicherheitlichten Bereichen liegt dagegen eine existentielle Bedrohung vor, sodass der Staat Notfallmaßnahmen rechtfertigen kann, die außerhalb des etablierten Politikprozesses liegen. Wenn nun ein Akteur, beispielsweise eine Regierung, auf solche Maßnahmen hinarbeitet und ein Referenzobjekt wie Migration als existentielle Bedrohung darstellt, dann nennen die Autoren diesen Schritt einen „securitizing move" (Buzan et al. 1997, S. 25). Damit allein ist ein Bereich aber noch nicht versicherheitlicht – die Zielgruppe („audience") muss diesen Schritt auch akzeptieren und die Einschätzung teilen. Diese Zielgruppe kann die Bevölkerung eines Staates umfassen oder etwa die nötige Parlamentsmehrheit, um außerordentliche Sicherheitsgesetze zu beschließen.

Wie geht nun ein Akteur vor, der ein Thema versicherheitlichen will? Die Autoren verwenden dafür einen Begriff aus der Sprachwissenschaft, den Sprechakt („speech act"). Dieser hebt sich von sprachlichen Äußerungen, die nur etwas beschreiben oder Behauptungen aufstellen, davon ab, dass er selber eine Handlung vollzieht, also performativ ist (Balzacq 2010, S. 61). Wenn beispielsweise Befehle gegeben werden, ein Standesbeamter eine Ehe beschließt oder ein Priester ein Kind tauft, dann wird durch diese Sprechakte die Realität nicht nur beschrieben, sondern auch beeinflusst. Ebensolche konkreten Handlungen sind mit dem Sprechakt der Versicherheitlichung verbunden, denn die Akteure sind ja nicht nur darauf aus, dass etwas als Sicherheitsbedrohung verstanden wird, sondern wollen auch erreichen, dass mit dieser Einschätzung konkrete Maßnahmen ermöglicht werden. Ziel dieses Sprechaktes ist es also, eine gemeinsame Wahrnehmung darüber herzustellen, was als Bedrohung verstanden und als solche behandelt wird. Wenn man den Prozess der Versicherheitlichung erforschen will, bedient man sich daher der Diskursanalyse – was wurde gesagt bzw. geschrieben – und der Betrachtung der politischen Konstellation: Welcher Akteur konnte eine Zielgruppe von einer Sicherheitsbedrohung überzeugen, worauf diese außergewöhnliche Maßnahmen akzeptiert hat?

8.4 Versicherheitlichung

Was von der Kopenhagener Schule maßgeblich geprägt wurde, hat sich seit den 1990er Jahren zu einem einflussreichen und breitgefächerten Forschungsfeld entwickelt. Buzan und seine Kollegen haben auf neuere Forschungen und Kritik reagiert und ihren Ansatz weiterentwickelt, es gibt eine „Welsh School" (manchmal auch Aberystwyth School genannt), die sich als in der kritischen Theorie verankerte Alternative zu Kopenhagen sieht, sowie weitere Kategorierungsversuche. Ein Großteil der Forschung lässt sich diesen Kategorien aber nur schwer zuordnen und so konstatieren Balzacq et al. in ihrer umfassenden Bestandsaufnahme des Forschungsfeldes, dass es keine Großtheorie der Versicherheitlichung gibt, sondern vielmehr eine Vielzahl von Theorien (Balzacq et al. 2016).

Die Autor*innen identifizieren vier Schlüsselkonzepte, die sich in der Forschung zu Versicherheitlichung herauskristallisiert haben: Die Zielgruppe (*audience*), der Kontext, Machtverhältnisse sowie Praktiken und Instrumente. Insbesondere die Identifizierung und Analyse der Zielgruppe zählt zu den Herausforderungen einer empirischen Anwendung des Konzepts der Versicherheitlichung: Wie lässt sich diese Zielgruppe eingrenzen und vor allem, wie lässt sich deren Zustimmung erfassen? So kritisierte McDonald in seinem einflussreichen Artikel „Securitization and the Construction of Security" zurecht, dass die Frage nach Indikatoren für den Erfolg oder Misserfolg von Versicherheitlichung in der Kopenhagener Schule „radikal unter-theoretisiert" sei (McDonald 2008, S. 572). Wenn man beispielsweise eine erfolgte Gesetzesverschärfung als Kriterium für eine erfolgreiche Versicherheitlichung nimmt, dann bleibt die Rolle der Zielgruppe immer noch eine „black box". Mark Salter verwendet den Begriff des *Settings*, das für die Zielgruppe beispielsweise populär, elitär, technokratisch oder wissenschaftlich sein könne (Salter 2008). Es besteht auch die Möglichkeit, dass es multiple Zielgruppen gibt (Balzacq 2011) – etwa die eigene Partei, die Medien, die Justiz, die Öffentlichkeit. Diese können durchaus unterschiedlich, wenn nicht widersprüchlich auf den *securitizing move* reagieren. Die Reaktion kann von moralischer Unterstützung bis hin zur Gewährung eines formalen Mandates auf der einen und von stiller Ablehnung bis hin zum offenen Widerstand auf der anderen Seite reichen. Dies zeigt, dass die empirische Anwendung des Konzeptes eine Herausforderung ist – während Akteure, die Versicherheitlichung betreiben, oft recht klar zu identifizieren sind, ist die Zielgruppe, insbesondere in einer Demokratie, weitaus schwieriger zu bestimmen und heterogener. Dies lässt sich illustrieren am Beispiel der Executive Order 13769.

Ein securitizing move? Der „muslim (travel) ban“

Am 27. Januar 2017 verabschiedete Präsident Donald Trump ein Dekret[3], das oft als *travel ban* oder *muslim ban* bezeichnet wurde und mit dem Bürger*innen aus sieben mehrheitlich muslimischen Staaten 90 Tage lang, Geflüchteten 120 Tage lang und Geflüchteten aus Syrien sogar dauerhaft die Einreise in die USA verboten wurde. Die Obergrenze für Geflüchtete wurde von 110.000 auf 50,000 reduziert. Der Titel *Protecting the Nation from Foreign Terrorist Entry into the United States* und die Verweise auf die Anschläge vom 11. September zu Beginn des Dokuments signalisieren einen klaren *securitizing move.* Zudem kamen die Maßnahmen keineswegs aus dem Nichts, sondern waren bereits ein zentrales Wahlkampfthema Trumps und wurden von vielen Interviews und Tweets des Präsidenten flankiert. Der *securitizing actor* ist somit recht eindeutig zu identifizieren, auch wenn viele damalige Regierungsmitglieder über die Maßnahme nicht informiert und von dieser teils befremdet waren.

Auf der Seite der Zielgruppe findet sich aber eine Vielzahl von Adressaten, darunter die Öffentlichkeit, die Legislative, die Judikative, die Wissenschaft. Diese lassen sich noch weiter ausdifferenzieren – zur nationalen Öffentlichkeit gehören eine tief gespaltene Medienlandschaft, Anhänger*innen der beiden Parteien und Aktivisten, aber auch eine globale Öffentlichkeit, die sich nicht nur auf die direkt betroffenen Länder beschränkte. Zur Legislative zählen die beiden Parteien, die aber ebenfalls nicht homogene Positionen vertraten, zur Wissenschaft Expert*innen wie Jura-Professor*innen, die die Verfassungsmäßigkeit der Maßnahme diskutieren. Und auch die Judikative zeigte sich im föderalen System der USA keineswegs als einheitlicher Akteur; es klagten Einzelpersonen, Städte und Bundesstaaten – mit Erfolg, denn das Dekret wurde zurückgenommen und durch Executive Order 13780 (auch „Travel Ban 2.0“ genannt[4]) ersetzt. Hier wurde unter anderem die

3 https://www.whitehouse.gov/the-press-office/2017/01/27/executive-order-protecting-nation-foreign-terrorist-entry-united-states

4 www.lexology.com/library/detail.aspx?g=de03bcf9-4fea-4c46-8057-d59a5dac1c5a

Zahl der betroffenen Staaten um den Irak reduziert, eine Ausnahme für Menschen mit doppelter Staatsangehörigkeit und Inhaber einer Green Card geschaffen. Nach weiteren Kontroversen trat das Dekret auf Weisung des supreme courts in Kraft. Kann dies als Indikator einer erfolgreichen Versicherheitlichung gesehen werden – oder doch eher als Stadium der Politisierung?

Das Beispiel hat gezeigt, dass Machtverhältnisse bei der Versicherheitlichung eine entscheidende Rolle spielen. Haben die Akteure genügend Macht, um ihre Vorstellungen durchzusetzen, gibt es eine Gegenmachtbildung? Wie sind die Machtverhältnisse innerhalb der Zielgruppe (bzw. zwischen den Zielgruppen), können beispielsweise zivilgesellschaftliche Akteure eine Gegenkampagne starten? Versicherheitlichung kann zudem nicht nur ein Ausdruck von Macht sein, sondern auch eine Strategie, um mehr Macht zu erlangen, etwa durch weitreichendere Gesetze oder die Verhängung eines Ausnahmezustandes.

Weiterhin ist, wie Balzacq et al. (2016) betonen, der Kontext von erheblicher Bedeutung. Barry Buzan sieht diesen als eine Bedingung, die über den Erfolg von Versicherheitlichung entscheiden kann (Buzan et al. 1997, S. 33) . Um die Zielgruppe zu überzeugen, kann es hilfreich sein, wenn sich der Sprechakt auf deren sozio-ökonomische Situation bezieht und etwa den Verlust von Arbeitsplätzen oder die Identität in den Vordergrund rückt. Huysmans (Huysmans 1998, S. 501) hebt die Bedeutung des historisch-kulturellen Kontextes hervor, in dem Sicherheit sehr unterschiedlich verstanden werden kann. Lassen sich beispielsweise Unterschiede in den Reaktionen der USA, Frankreichs, Großbritanniens und Spaniens auf Terroranschläge durch die jeweiligen politischen Kulturen erklären? Die Betrachtung des kulturellen Kontexts ist auch wichtig, um das zu Beginn sehr eurozentrische Forschungsfeld auf andere Weltregionen auszuweiten.

Schließlich gibt es auch Forscher*innen, die über den reinen Sprechakt hinausgehen und Praktiken und Instrumente der Versicherheitlichung untersuchen. Diese werden teils unter dem Label „Pariser Schule" zusammengefasst (Balzacq et al. 2016) und erforschen schwerpunktmäßig die Migrations- und Asylpolitik der Europäischen Union (Bigo und Guild 2005; Huysmans 2008, 2000) (→ auch nächster Abschnitt). Hier werden Praxisfelder und Praxisregime identifiziert, die andere Felder erobern oder „kolonisieren" und somit ihrer Logik unterordnen können. So zeigt Elspeth

Guild in einem 2003 erschienenen Artikel, wie das Praxisfeld der Terrorismusbegrenzung sich auf die EU-Politik zu Geflüchteten ausgeweitet hat (Guild 2003). Das hat praktische Konsequenzen wie Bigo darlegt: Er spricht von „insecurity professionals" wie Grenzbeamt*innen, Geheimdiensten und Polizeibeamt*innen, die durch die Verknüpfung der Felder zunehmend mit Migration befasst sind. Diese bringen ein spezifisches Verständnis und Vokabular von Sicherheit und damit verbundene Praktiken in das Praxisfeld Migration (Bigo 2002).

8.5 Die Versicherheitlichung von Migration

Der Überblick über die Forschung zur Versicherheitlichung hat gezeigt, dass Migrationspolitik zu den zentralen Untersuchungsfeldern von Versicherheitlichung zählt – nach Einschätzung von Balzacq et al. ist Migration, insbesondere nach Europa und in die EU, sogar das Feld, in dem der Ansatz bislang am häufigsten angewendet wurde (Balzacq et al. 2016). Dabei ist die vorherrschende Meinung in der Literatur, dass in der Europäischen Union die Bereiche Asyl/Flucht und Migration erfolgreich versicherheitlicht wurden.

Diese Beobachtung wurde schon lange vor der sogenannten Flüchtlingskrise gemacht. Bereits 1993 veröffentlichten die Autoren der Kopenhagener Schule einen Sammelband zu „Identity, Migration and the New Security Agenda in Europe" (Waever et al. 1993). Dieser war noch stark von dem Konzept der gesellschaftlichen Sicherheit und der damaligen weltpolitischen Lage wie dem Zerfall Jugoslawiens und der Sowjetunion geprägt. Fragen nach der Identität, dem Wunsch nach gesellschaftlicher Kohärenz und der Sorge vor der Bedrohung des Wohlfahrtsstaats spielen aber bis heute in der Diskussion eine zentrale Rolle.

Ceyhan und Zsoukala (2002, S. 24) haben vier zentrale „Achsen" identifiziert, um die sich Sprechakte für eine Versicherheitlichung von Migration drehen. Zum einen ist dies die sozioökonomische Achse, wonach vor allem undokumentierte Migration mit Arbeitslosigkeit, dem Anstieg der informellen Wirtschaft, einer Krise des Wohlfahrtsstaats und einer Verschlechterung der urbanen Lebensqualität in Verbindung gebracht wird. Eine explizite Sicherheits-Achse verweist auf den drohenden Kontrollverlust und sieht Migration als Bedrohung von Souveränität, Grenzen sowie innerer und äußerer Sicherheit. Eine dritte Achse bezieht sich auf die Bedrohung der nationalen Identität und der demographischen Ausgeglichenheit – hier wird oft darauf verwiesen, dass Migrant*innenfamilien mehr Kinder bekommen, ein Argument, das auch in der deutschen Kontroverse um das Buch von Thilo Sarrazin „Deutschland schafft sich ab" (Sarrazin 2010) eine große Rolle spielte. Auch Samuel P. Huntingtons kontroverse These vom „Kampf der Kulturen" wonach es „Bruchlinienkonflikte" insbesondere zwischen der westlichen Zivilisation und dem chinesischen und dem islamischen Kulturraum geben soll, wurde hier oft bemüht (Huntington 2012). In einem weiteren Buch „Who Are We?" sah Huntington die Krise der amerikanischen Identität vor allem durch die hispanischen Einwander*innen bedroht (Huntington 2004).

Schließlich nennen Ceyhan und Zsoukala noch eine politische Achse, bei der offen rassistische, migrationsfeindliche und xenophobe Diskurse politische Vorteile versprechen. Umgekehrt sehen sie diese auch als Strategie für die Abwehr von Nachteilen – basierend auf der Sorge, einen Teil der tatsächlich oder angenommen fremdenfeindlichen Wählerschaft zu verlieren (Ceyhan und Tsoukala 2002, S. 30). Dies wirft die Frage auf, ob die Konzentration auf Eliten als *securitizing actors* insbesondere im Feld der Migration nicht zu kurz greift. Kann es nicht auch eine Wechselwirkung geben, oder kann die eigentliche Zielgruppe, die Bevölkerung, nicht auch zum Akteur werden und durch Proteste, Bürgerinitiativen und letztlich Wahlen ein Thema versicherheitlichen?

Anne Hammerstad zeigt eine solche „Versicherheitlichung von unten" am Beispiel von Südafrika (Hammerstad 2012). Hier hatte die langanhaltende politische und wirtschaftliche Krise im benachbarten Zimbabwe dazu geführt, dass seit dem Jahr 2000 zwischen 1,5 und vier Millionen Menschen nach Südafrika flüchteten. Die südafrikanische Regierung sah diese Zuwanderung zunächst nicht als Bedrohung und versuchte, die Entwicklung als „Nicht-Problem" darzustellen. In den ärmsten Bevölkerungsschichten des Landes regte sich aber Ablehnung und Widerstand, die schließlich in massive Ausschreitungen mündeten, bei denen im Jahr 2008 62 Menschen starben. Dies führte dann doch zu Maßnahmen der südafrikanischen Regierung, allerdings, wie Hammerstad argumentiert, nicht weil sie die Migration *per se* als Sicherheitsbedrohung ansahen, sondern vielmehr die Reaktion darauf. Die Politik der Regierung bestand dabei nicht wie vielleicht zu erwarten aus rein restriktiven Maßnahmen, sondern sah auch pragmatischere Ansätze wie die Gewährung von 90-Tages-Arbeitserlaubnissen vor, um die Zahl der oft erfolglosen Asylbewerbungen zu verringern.

Auch die Rolle der Medien lässt sich innerhalb der Theorie der Versicherheitlichung nicht immer eindeutig zuordnen. Für viele Autor*innen zählen sie zu den Eliten, aber betreiben sie auch aktiv eine Versicherheitlichung? In einigen Fällen lässt sich dies sicher belegen – mögliche Beispiele sind Fox News und das Internetportal Breitbart News in den USA, der vom russischen Staat finanzierte Nachrichtensender Russia Today agiert dagegen außerhalb der eigenen Landesgrenzen und betont im deutschen Programm bei Berichten zu Geflüchteten primär die Sicherheitsbedrohung. Nicht immer ist die Intention allerdings so eindeutig, Medien können auch als Verstärker von politischen Debatten dienen, Begriffe in diese einführen oder durch kontinuierliche Wiederholung etablieren. Hier hat sich insbesondere in Deutschland ein ergiebiges Forschungsfeld über die „Sprache des Migrationsdiskurses" (Jung 1997) aufgetan. Dabei wird etwa die „Die Darstellung ethnischer Minderheiten in den Massenmedien" untersucht (Bonfadelli 2007; siehe auch Wendekamm 2015) und die Verknüpfung von Kriminalität, Terrorismus und Migration in den Medien (Butterwegge und Hentges 2006). In einer Studie zur Berichterstattung nach den Übergriffen der Kölner Silvesternacht zeigt Ricarda Drüeke auf, wie diese schnell mit Forderungen nach einer Verschärfung des Asylrechts verbunden wurden, während den Opfern gegenüber den Tätern vergleichsweise wenig Aufmerksamkeit geschenkt wurde (Drüeke 2016).[5] Eine vom Council of Europe veröffentlichte europaweite Studie zur Medienberichterstattung während der sogenannten Flüchtlingskrise kam zum Ergebnis, dass die anfangs oft wohlwollende Berichterstattung zunehmend durch Misstrauen und vor allem in Osteuropa auch Feindseligkeit ersetzt wurde (Georgiou und Zaborowski 2017). Der Kontext der Flucht wurde dabei nur selten beleuchtet und Geflüchtete und Migrant*innen kamen dabei kaum zu Wort – noch weniger, wenn sie weiblich waren.

Ein bislang noch wenig bearbeitetes Feld tut sich durch die gewachsene Bedeutung der sozialen Medien auf. Hier kann sich ein noch erheblich ausgeprägterer Verstärkungseffekt als bei der Nutzung konventioneller Medien ergeben. Hierfür wurden die Begriffe Filterblase oder Echokammer geprägt[6]: Wer beispielsweise auf Facebook (oder in den kuratierten Nachrichten seines Mobiltelefons) häufig auf Meldungen klickt, in denen Migration

---

5 Siehe auch http://www.bpb.de/gesellschaft/medien/medienpolitik/172752/migration-integration-und-medien?p=all

6 https://www.boell.de/de/2017/02/08/filter-bubble-echokammer-fake-news

primär als Bedrohung dargestellt wird, erhält durch den Algorithmus der Software weitere Meldungen mit ähnlicher Tendenz präsentiert. Hier kann Versicherheitlichung als ein sich selbst verstärkender Prozess ohne klar definierten *securitizing agent* ablaufen.

Die eher schleichende Form der Versicherheitlichung in dem genannten Beispiel macht eine weitere Unschärfe des Ausgangskonzeptes deutlich: Zu welchem genauen Zeitpunkt sich Versicherheitlichung vollzieht. Matt McDonald sieht den Fokus auf den „Moment" als problematisch an, da dadurch längerfristige Entwicklungen übersehen werden können (McDonald 2008, S. 577). Als Beispiel nennt er die Reaktion der australischen Regierung auf das Eintreffen des Frachtschiffs Tampa im Jahr 2001. Das norwegische Schiff hatte mehr als 400 Asylsuchende, überwiegend aus Afghanistan, aus Seenot gerettet und an Bord genommen. Die australische Regierung verweigerte dem Schiff allerdings – unter Verletzung internationaler Gesetzgebung – das Eintreten in australische Gewässer und setzte dabei auch Militär ein. Die Regierung entwarf in Rekordzeit ein neues Gesetz „Border Protection Bill 2001", das ihr weitreichende Vollmachten zur Abweisung solcher Schiffe geben sollte. Das Gesetz wurde im Parlament angenommen, vom Senat aber abgelehnt, und die Geflüchteten wurden nach längerer Kontroverse in Internierungslager auf der Pazifikinsel Nauru gebracht.

Der Fall passt auf den ersten Blick in das Konzept der Versicherheitlichung: Es gibt einen *securitizing move* der australischen Regierung der von Sprechakten in Form einer Bedrohungsrhetorik flankiert wurde, es gibt eine Zielgruppe und es gibt eine in kurzer Zeit verabschiedete außergewöhnliche Maßnahme. McDonald weist allerdings darauf, dass eine Konzentration auf diesen Moment wesentliche Elemente der Konstruktion von Sicherheit außer Acht lässt. So seien Asylsuchende bereit spätestens seit Mitte der 1990er Jahre als Sicherheitsbedrohung dargestellt worden. Zum einen durch die radikale Rhetorik der rechtspopulistischen und rassistischen „One Nation"-Partei. Zum anderen aber auch durch Gesetzesverschärfungen wie der Inhaftierung von Asylbewerber*innen und der Einrichtung von Internierungslagern. Man könnte nun argumentieren, dass die Maßnahmen den Kontext für die Ereignisse im Jahr 2001 bildeten. Passender erscheint aber, die Kategorisierung von Asylbewerber*innen als Sicherheitsbedrohung als einen inkrementellen Prozess zu verstehen, von dem die Kontroverse im Jahr 2001 nur ein Ausdruck war. Diese temporäre Dimension von Versicherheitlichung verdient weitere Aufmerksamkeit – und lässt sich beispielsweise untersuchen, indem Zeitungsberichte, Parlamentsreden oder

Regierungserklärungen über einen längeren Zeitpunkt hinweg einer quantitativen/qualitativen Diskursanalyse unterzogen werden, mit besonderem Augenmerk auf einschneidende politische Ereignisse wie die Aussetzung des Dublin-Abkommens, die Kölner Silvesternacht und die Verabschiedung des „Flüchtlingsabkommens" der EU mit der Türkei.

Was ist irreguläre Migration?

Illegale, irreguläre, undokumentierte, unautorisierte Migration und noch einige mehr – die Zahl der verwendeten Begriffe ist so unscharf wie das Phänomen selbst. Wie an anderer Stelle (→14 Ausblick) diskutiert, wird der Begriff illegale Migration / „Illegale" von vielen Migrant*innen, Forscher*innen und Aktivist*innen abgelehnt, weil dieser in der Regel mit Kriminalität in Verbindung gebracht wird. „Irreguläre Migration" wird dagegen von vielen internationalen Organisationen verwendet und ist mittlerweile ein im Deutschen recht gebräuchlicher Begriff geworden – auch das Bundesamt für Migration und Flüchtlinge (BAMF) verwendet diesen (Schneider 2012). Die Weltkommission für internationale Migration (GCIM) verwendete 2012 in ihrem Report folgende Definition:

„Der Begriff irreguläre Migration" wird verwendet, um eine Vielzahl unterschiedlicher Phänomene zu beschreiben. Er bezieht sich auf Personen, die gesetzeswidrig in ein fremdes Land einreisen oder sich dort aufhalten. Dazu zählen Migrant*innen, die ein Land unerlaubt betreten oder dort unerlaubt verbleiben, Personen, die über eine internationale Grenze geschleust wurden, Opfer von Menschenhändlern, abgelehnte Asylbewerber, die ihrer Verpflichtung zur Ausreise nicht nachkommen, sowie Personen, die Einwanderungskontrollen durch Scheinehen umgehen. Diese verschiedenen Formen der irregulären Migration werden häufig unter Begriffen wie unautorisierte, undokumentierte oder illegale Migration zusammengefasst. Die Kommission ist sich der kontroversen Diskussion um diese Konzepte bewusst und schließt sich der Auffassung an, dass ein Individuum weder „irregulär" noch „illegal" sein kann." (Global Commission on International Migration (GCIM) 2005, S. 32)

Steffen Angenendt ergänzt, dass dieser Begriff noch weiter differenziert werden müsse: So sei Irregularität ein vom politisch-rechtlichen Kontext abhängiger Begriff, der etwa in Staaten mit traditionell begrenzter Kontrolle ihres klar definierten Territoriums anders ausfalle, da sich hier irreguläre Migrant*innen kaum von der einheimischen Bevölkerung unterscheiden ließen; auch sei der Grad der Regulierung des Arbeitsmarktes im Zielland ein Einflussfaktor auf die Wahrnehmung von irregulärer Migration als politisches Problem; schließlich sei Irregularität meist kein Dauerzustand sondern zeitlich gebunden, also eine Phase (Angenendt 2007, S. 11).

Wie im Eingangskapitel diskutiert, ist die Datengrundlage bei Migration generell oft problematisch – im Falle von irregulärer Migration sind verlässliche Daten naturgemäß noch weitaus schwieriger zu erhalten. Denn in den Ländern und Weltregionen werden die Daten nicht nur in sehr unterschiedlichem Umfang und nach unterschiedlicher Methode erhoben, oft liegen auch voneinander abweichende Definitionen von irregulärer Migration zugrunde. Zudem ist es „statistisch schwierig, verschiedene Kategorien irregulärer Einwanderung sowie Migrationsströme über Zeit und Migrationsbestände zu einem bestimmten Zeitpunkt zu erfassen, was oftmals zu einer Überschätzung des tatsächlichen Umfangs irregulärer Migration führt“ (Saulich 2015, S. 484).

Die IOM hat in ihrem „World Migration Report 2018“ die verfügbaren Zahlen zusammengestellt, schränkt aber selbst ein, dass diese mit Vorsicht zu genießen und nur bedingt vergleichbar seien. (IOM 2018, S. 20 f.). So schwanken die Zahlen für irreguläre Migration im Jahr 2008 zwischen acht Millionen, die von Frontex in einem Report veröffentlicht wurden, und 1,9 bis 3,8 Millionen die vom EU-finanzierten Clandestino Project ermittelt wurden[7]. Neuere Zahlen liegen für Deutschland vor, hier nennt ein Bericht für das Jahr 2014 die Zahl 180.000 – 520.000 (Vogel 2015). Das ist eine nicht unerhebliche Bandbreite, zuvor kursierte in der öffentlichen Debatte allerdings lange Zeit die Zahl von einer Million. Die Kalkulation bedient sich dabei der Zahlen zu Festnahmen aus der Polizeiliche Kriminalitätsstatistik. Weitere markante Zahlen sind drei bis sechs Millionen in Südafrika und 11,1 bis 11,3 Millionen irreguläre Migrant*innen in den Vereinigten Staaten.

7 Der Datensatz ist hier verfügbar: https://ec.europa.eu/knowledge4policy/dataset/ds00039_en

Georgios Karyotis zeigt anhand der Versicherheitlichung von Migration in Griechenland in den 1990ern Jahren, wie diese auch nicht-intendierte Konsequenzen haben kann (Karyotis 2012). Im traditionellen Auswanderungsland Griechenland war die Zahl der Undokumentierten in den 1990er Jahren stark angestiegen. Dies führte zu einer starken Verunsicherung der Bevölkerung – Karyotis nennt eine Umfrage aus dem Jahr 1993, wonach 90 Prozent der Befragten die Ansicht vertraten, Migrant*innen würden Jobs von griechischen Bürger*innen stehlen, 84 Prozent sahen sie als öffentliche Bedrohung (Karyotis 2012, S. 394). Bereits im Jahr 1991 war ein restriktives „Law for Aliens" verabschiedet worden, das nicht zwischen Arbeitsemigrant*innen, irregulären Migrant*innen und Asylsuchenden unterschied. In einer Parlamentsdebatte zum Thema verwendete ein Regierungsvertreter in seinem kurzen Beitrag 28 mal den Begriff „Problem" in Verbindung mit Migration – Probleme für den Arbeitsmarkt, gesundheitliche Probleme, Kriminalitätsprobleme – und behauptete „falsche" Migrant*innen und Asylbewerber*innen hätten die Mission, den Staat, die Grenzen und gar die Existenz Griechenlands zu bedrohen (Karyotis 2012, S. 395 f.).

Die in der Bevölkerung weitgehend akzeptierte Versicherheitlichung gab der griechischen Regierung einerseits freie Hand in ihrer Migrationspolitik. Auch auf die bilateralen Beziehungen Griechenlands hatte sie Auswirkungen und erlaubte, Druck auf Herkunftsländer, insbesondere Albanien auszuüben. Karyotis stellt die These auf, dass Griechenland sogar indirekt auf die Präsidentschaftswahl des Nachbarlandes Einfluss nahm, indem es kurzfristig ein geplantes Legalisierungsprogramm beendete und somit dem Amtsinhaber schadete und dem favorisierten Gegenkandidaten half. Als dieser ins Amt kam wurde die Legalisierung ermöglicht.

Die griechische Regierung wurde aber in gewisser Weise ein Opfer ihres Erfolges, was ein inhärentes Risiko von Versicherheitlichung darstellt: Ist diese nämlich erfolgreich und die gewünschten Maßnahmen werden bewilligt, besteht für die Akteure die Gefahr, dass diese Maßnahmen nicht den geschürten Erwartungen gerecht werden. Auf Griechenland mit seinen kaum kontrollierbaren Land- und Seegrenzen trifft dies in besonderem Maße zu. Politiker müssen also Legitimitätsverlust befürchten, wenn sie den Erwartungen nicht gerecht werden. Ein mögliches Szenario ist dann eine immer weiter reichende Verschärfung der Sicherheitsgesetze. Umgekehrt lässt sich bei einer erfolgreichen Versicherheitlichung das Rad nicht mehr so einfach zurückdrehen gemäß dem Zitat aus Goethes Zauberlehrling „Die ich rief, die Geister / Werd ich nun nicht los". Eine solche Erfahrung musste

Griechenland machen, als sich nach der Jahrtausendwende – und vor der Finanzkrise – die Wirtschaft des Landes positiv darstellte und auf günstige migrantische Arbeitskräfte pochte. Da diese aber in der Bevölkerung bereits fest als Bedrohung verankert waren, tat sich die Regierung mit Legalisierungsprogrammen schwer.

Als die neu ins Amt gekommene sozialistische Regierung im Jahr 2010 dann doch ein Gesetz verabschiedete, das bis zu 250.000 Kindern und Jugendlichen den Zugang zur Staatsbürger*innenschaft eröffnen sollte, traf dieses auf eine starke nationalistische Gegenbewegung. So wurde an anderer Stelle kompensiert – durch die Ankündigung, einen Zaun an der türkisch-griechischen Grenze zu errichten und die Einrichtung von Internierungslagern. Der Erfolg der Neonazi-Partei „Goldene Morgenröte" bei den folgenden Wahlen kann auch als Reaktion auf diese nicht eingelösten Versprechen der Versicherheitlichung gesehen werden (Karyotis 2012, S. 404).

8.6 Die Sicherheit *vor* Migrant*innen

Der vorherige Abschnitt hat bereits Beispiele gezeigt, wie die Versicherheitlichung von Migration in einer Vielzahl von Gesetzen und Praktiken resultieren kann. Diese reichen von Verschärfung von Einreisebestimmungen, Visaerteilungen und Möglichkeiten zur Asylantragsstellung bis hin zu Internierungen, Militarisierung von Land- und Seegrenzen und dem Bau von Zäunen und Mauern.

Bewachte Grenzen sind das klassische Mittel zur Abwehr von Migrant*innen und Geflüchteten. Doch viele Bestimmungen greifen bereits, bevor die Menschen die Grenzen erreicht oder sich sogar auf den Weg gemacht haben. Dazu zählen verschärfte Verfahren zur Antragsstellung für Einreise und Arbeitserlaubnis, die (nicht nur Migrant*innen betreffende) Übermittlung von Daten vor Antritt einer Flugreise und sogar Kampagnen der Zielländer in den Herkunftsländern. Diese können der Aufklärung dienen, vor Missbrauch warnen, aber auch die Abschreckung zum Ziel haben. So ergab eine Untersuchung im Jahr 2016, dass von 23 befragten EU-Mitgliedsstaaten 13 bereits Informationskampagnen für Migrant*innen und Geflüchtete in Drittländern durchgeführt hatten (European Migration Network 2016). Deutschland führte solche Kampagnen etwa in Afghanistan, Albanien, Serbien, dem Kosovo und Bosnien-Herzegowina durch. Dabei stehen – nach Selbsteinschätzung der EU – folgende Ziele im Mittelpunkt: Zum einen, Migrant*innen vor einer irregulären Migration in die EU abzuhalten, indem ihnen ein „realistisches Bild" über das Leben in Europa vermittelt wird und die Risiken eines solchen Schrittes betont werden. Weiterhin informieren einige der Kampagnen über legale Migrationswege. Andere wollen prospektive Auswanderer bestärken, in ihren Herkunftsländern zu bleiben, zum Teil verbunden mit Informationen über dort vorhandene Arbeitsmöglichkeiten.

Forscherinnen des Danish Institute for International Studies halten dagegen, dass diese Kampagnen oft wenig erfolgreich sind, da sie von falschen Voraussetzungen ausgehen: Zum einen, dass potentiellen Migrant*innen die Risiken nicht bewusst sind und zum anderen, dass die Ursachen des Missbrauchs bei Schmuggler*innen und Menschenhändler*innen liege (Alpes und Nyberg-Sørensen 2015). Vielen Migrant*innen seien die Risiken aber durchaus bewusst und sie erachteten selbst illegale *Broker* als vertrauenswürdiger als staatliche Institutionen.

Während diese Kampagnen argumentativ von irregulärer Migration abraten wollen, setzen andere ausschließlich auf Abschreckung. So schaltete Dänemark Anzeigen in libanesischen Zeitungen mit der Warnung, dass abgelehnte Asylbewerber*innen abgeschoben werden; Ungarn ging einen Schritt weiter und warnte vor Inhaftierung[8]. Australien schließlich sorgte im Jahr 2013 mit einer Online-Kampagne für Kontroversen, die unter dem Titel „No Way. You Will Never Call Australia Home" verkündete, dass es für Menschen ohne Visa keinen Zugang zu dem Land gebe. Wer per Boot anzureisen versuche, lande nicht in Australien, sondern zur Erfassung in einem Zentrum auf Nauru oder Manus Island.[9] In einer online verfügbaren Graphic Novel, die sich wohl vor allem an afghanische Aslysuchende richtete, wurde Menschen in den Internierungslagern gezeigt, die an medizinischen Problemen und Depressionen litten.

Dies ist durchaus eine realitätsnahe Darstellung, denn die Zustände in den Camps werden nicht nur von Aktivist*innen, sondern auch von Politiker*innen und Wissenschaftler*innen sowie regelmäßig von Vertreter*innen der Vereinten Nationen wie dem Flüchtlingswerk und dem Menschenrechtsrat

---

8 http://openmigration.org/en/op-ed/dangerous-journey-limited-effect-of-information-campaigns-to-deter-irregular-migration/

9 https://www.theguardian.com/world/2014/feb/11/government-launches-new-graphic-campaign-to-deter-asylum-seekers

angeprangert[10]. So bezeichnete der High Commissioner for Refugees Filippo Grandi im Juli 2017 die Haltung der australischen Regierung bei der Aufnahme von Geflüchteten als eine Verletzung von grundlegenden Prinzipien der Familienzusammenführung, des Schutzes von Geflüchteten und von Sitte und Anstand („common decency").[11]

Grundlage der Kritik ist, dass alle Asylbewerber*innen die in australischen Gewässern ankommen, verpflichtend in Internierungslagern auf Nauru oder in Papua-Neuguinea unterkommen müssen – eine Maßnahme, die zeitlich nicht begrenzt ist und nicht angefochten werden kann. Amy Nethery und Rosa Holman bezeichnen die australische Lagerpolitik daher als von Geheimhalterei und Menschenrechtsverletzungen geprägt – hier werde ein abgeschlossenes, kontrolliertes Umfeld geschaffen, in dem Menschen routinemäßig vernachlässigt und geschädigt würden (Nethery und Holman 2016, S. 1018). Diese Situation ist nicht auf Australien beschränkt, unhaltbare Zustände werden aus vielen Internierungslagern berichtet – in Malaysia starben beispielsweise zwischen 2015 und 2017 mindestens 24 Menschen, von denen der Großteil aus Myanmar stammte.[12]

Während Australien die Menschen interniert, bevor sie ins Land gelangen, kommen sie in den meisten Zielländern in Haft, wenn sie bereits im Land sind und abgeschoben werden sollen. In den Vereinigten Staaten sind diese Lager teils Bestandteil größerer Komplexe. Und so wie Gefängnisse in den Vereinigten Staaten privatisiert werden, lässt sich eine ähnliche Entwicklung bei den Internierungslagern für undokumentierte Migrant*innen beobachten. Im Jahr 2010 stimmte der amerikanische Senat bereits einer Forderung nach einer kompletten Privatisierung zu, diese scheiterte aber darauf. im Repräsentantenhaus. Doty und Wheatley sprechen angesichts dieser Entwicklung von einem „Immigration Industrial Complex" in dem ökonomische Interessen und eine Zunahme der Inhaftierungen Hand in Hand gehen (Doty und Wheatley 2013). Als besonders schwerwiegend wird die Internierung von Kindern gesehen – die Nichtregierungsorganisation International Detention Coalition hat daher im Jahr 2012 die globale Kampagne „End Child Detention" ins Leben gerufen.

---

10 http://www.huffingtonpost.com.au/2017/07/25/all-the-times-the-un-has-slammed-aus tralias-asylum-seeker-polic_a_23046469/ .

11 http://www.unhcr.org/en-au/news/press/2017/7/597217484/unhcr-chief-filippo-grand i-calls-australia-end-harmful-practice-offshore.html

12 https://www.theguardian.com/world/2017/may/16/dozens-of-refugees-have-died-in-malaysian-detention-centres-un-reveals

Ein weiteres Phänomen, das zunehmend zu beobachten ist, ist die Externalisierung von Grenzen, insbesondere im EU-Migrationsregime (→ auch 12 Migrationspolitik der Europäischen Union). Ziel davon ist es, über die Herstellung von Sicherheit an der EU-Außengrenze (Buraczyński 2015) hinaus, Migrationsrouten zu schließen oder Migration vorab zu stoppen. Ein Beispiel für ersteres ist die Schließung der Balkanroute, über die Migrant*innen sozusagen durch die Hintertür über Mazedonien und Serbien nach Europa kommen konnten. Durch Druck seitens der EU trat hier aber nach Einschätzung von Alice Greider ein Domino-Effekt mit einer Reihe von Grenzschließungen und -verschärfungen entlang der Route ein; sie spricht von einem „Outsourcing“ des EU-Migrationsmanagements (Greider 2017). Eine weitere Maßnahme ist das im EU-Kapitel behandelte Abkommen mit der Türkei.

Das „klassische“ Mittel zur Sicherung vor unerwünschter Zuwanderung bleibt aber die Grenze. Hier hat in den letzten Jahrzehnten die Zahl der Mauern stark zugenommen: Waren es nach dem Fall der Berliner Mauer im Jahr 1989 noch zwölf Grenzmauern und – zäune weltweit, so stieg die Zahl bis zum Jahr 2017 auf 90 an[13]. Neben den genannten Beispielen in Ungarn und Griechenland finden sich solche Mauern auch in Frankreich, Bulgarien sowie um die spanischen Enklaven Ceuta und Melilla in Marokko. Diese Grenzen werden teils militarisiert: Ein Beispiel ist die Grenze zwischen Mexiko und den Vereinigten Staaten, an der – abhängig von der jeweiligen politischen Diskussion über irreguläre Migration – seit den späten 1970er Jahren Truppen entsandt werden (Heyman 2011, S. 157). Massey et al. argumentieren allerdings, dass diese Verstärkung der Grenze ein „Schuss nach hinten“ war (Massey et al. 2016). So sei zwischen den Jahren 1986 und 2008 die undokumentierte Bevölkerung in den USA von drei auf zwölf Millionen angestiegen – obwohl sich die Zahl der Grenzbeamt*innen in dieser Zeit verfünffacht, das Budget gar um das Zwanzigfache gesteigert habe. Durch die verstärkten Kontrollen habe sich zirkuläre in permanente Migration verwandelt, da die Zahl der rückkehrenden Migrant*innen in dieser Zeit stark gesunken sei (Massey et al. 2016, S. 1557 f.).

13 http://www.ndtv.com/world-news/keep-out-border-walls-around-the-world-1664266

Migration und Terrorismus

„Es ist eine Tatsache, dass alle Terroristen Migranten sind; die Frage ist nur, wann sie in die Europäische Union gezogen sind“[14]. Nicht alle würden so weit gehen wie der ungarische Ministerpräsident in einem Interview im November 2015 – die Verknüpfung zwischen Migration und Terrorismus wird aber oft vollzogen und als eine der Ursachen der zunehmenden Versicherheitlichung gesehen. Es ist unbestreitbar, dass es seit den Anschlägen des 11. September zu einer Versicherheitlichung des Diskurses und der Einführung von außergewöhnlichen Maßnahmen gekommen ist. Thomas Faist nennt das Beispiel des neugeschaffenen U.S. Department of Homeland Security – die größte Veränderung der föderalen Bürokratie seit der Gründung des Pentagons während des Zweiten Weltkriegs (Faist 2006, S. 105). Terrorismus wird seitdem oft als Grund für strengere Grenzkontrollen genannt, wie auch in dem weiter oben diskutierten „muslim (travel) ban“. Eine Studie von Dreher et al. zeigt aber noch einen anderen Zusammenhang: Bei der Untersuchung von 152 Ländern zwischen den Jahren 1976 und 2000 ergab sich, dass Terrorismus ein klarer „push factor“ für Migration ist – allerdings nur für höherqualifizierte (Dreher et al. 2011). Für diese Gruppe ist Terrorismus bei einer Kosten-Nutzen-Rechnung ein wesentliches Argument, das für eine Auswanderung spricht.

8.7 Die Sicherheit *von* Migrant*innen

Das Kapitel hat gezeigt, dass Migrant*innen verstärkt als Sicherheitsbedrohung dargestellt werden. Wie steht es aber um die Sicherheit *von* Migrant*innen? Hierzu finden sich weit weniger Beiträge von Politik und Forschung. Im Zusammenhang mit Flucht wird zwar auch die Sicherheit der Betroffenen diskutiert, teils stellen aber auch die Maßnahmen der Versicherheitlichung von Migration ein Sicherheitsrisiko für Migrant*innen dar –so in den weiter oben beschriebenen Internierungslagern, auf dem Weg ins Zielland, wo etwa

14 http://www.politico.eu/article/viktor-orban-interview-terrorists-migrants-eu-russia-putin-borders-schengen/

im Transitland Mexiko regelmäßig Migrant*innen verschwinden, oder an der Grenze.

Die Grenzen von Menschenrechten an der Grenze

In Zeiten verschärfter Grenzkontrollen bis hin zur Militarisierung stößt der Schutz von Menschenrechten oft an seine Grenzen. Daher veröffentlichte das Hochkommissariat für Menschenrechte (United Nations High Commissioner for Human Rights, OHCHR) im Oktober 2014 eine Empfehlung für Prinzipien und Richtlinien zu Menschenrechten an internationalen Grenzen. Das Dokument ist rechtlich nicht bindend und führt auch keine neuen Rechte ein. Es wird aber klargestellt, dass internationale Grenzen keine Gebiete für Ausnahmen bei den Menschenrechten sind und diese von Grenzbeamten und anderen Vertretern der Staatsgewalt eingehalten werden müssen. Die Verpflichtungen der Staaten gegenüber Menschen an internationalen Grenzen seien unabhängig davon, mit welcher Motivation eine Grenze überquert werde.

Das Dokument enthält drei Prinzipien und zehn Richtlinien. Die Prinzipien sind der Vorrang von Menschenrechten, Nicht-Diskriminierung und Unterstützung und Schutz vor Schaden. Die Richtlinien gehen auf den rechtlichen und politischen Rahmen ein und adressieren auch praktische Aspekte wie Identifizierung, Befragungen und eine menschenrechtsbasierte Rückführung.[15]

Darüber hinaus stellt aber auch der irreguläre Status im Zielland eine Grundlage für vielfache Gefährdungen der Sicherheit von Migrant*innen dar. Sie sind vielfältigen Formen von Ausbeutung und Missbrauch ausgesetzt, die meist nicht zur Anzeige kommen, da die Betroffenen eine Deportation befürchten. Als im August 2017 der Hurrikan Harvey die Stadt Houston in Arizona überflutete, warf dies auch ein Schlaglicht auf die Situation der irregulären Migrant*innen. Deren Zahl wird auf 600.000 geschätzt – die zweithöchste in den USA nach New York und Los Angeles – und viele scheuten sich, die Schutzunterkünfte aufzusuchen, da eine Registrierung zur

15 http://www.ohchr.org/Documents/Issues/Migration/A-69-CRP-1_en.pdf https://gfmd2010.wordpress.com/2014/10/23/un-releases-principles-and-guidelines-on-human-rights-at-international-borders-migration/

Abschiebung hätte führen können.[16] Der Bürgermeister der Stadt, Sylvester Turner, gab drauf die Zusage, dass der Aufenthaltsstatus in der Zeit des Hurrikans keine Rolle spiele.

Migrantenrechtsaktivist*innen fordern, dass auch in anderen Fällen der Aufenthaltsstatus der Migrant*innen keine Rolle spielen solle – sie sprechen von *firewalls*, die hochgezogen werden sollen, um die Betroffenen besser zu schützen. Gemeint ist damit der Zugang zu Dienstleistungen, ohne dass die Betroffenen ihre persönlichen Dateien preisgeben müssen oder dass diese an staatliche Sicherheitsdienste weitergeben werden[17]. Dies können medizinische Dienstleistungen und der Zugang zu Bildung sein, aber auch die Möglichkeit der Anzeige von Ausbeutung. Insbesondere bei Inspektionen am Arbeitsplatz sei diese *firewall* wichtig – diese Inspektionen sollten der Gewährleistung von Arbeitsrechten und nicht der Abschiebung dienen.

Der spätere UN-Sonderbeauftrage für die Menschenrechte von Migrant*innen François Crépeau schrieb 2007 in einem mit Kollegen veröffentlichten Aufsatz, dass die Versicherheitlichung von Migration einen paradoxen Effekt habe (Crépeau et al. 2007): So habe sich die Menschheit zwar in großem Ausmaße den Menschenrechten verpflichtet, aber gerade denjenigen, denen diese Rechte in ihrem Herkunftsland verweigert werde, werde der Zuzug schwer gemacht. Das Prinzip der territorialen Souveränität müsse daher mit dem bestehenden Menschenrechtsregime kompatibel gemacht werden und könne nicht als Rechtfertigung für die unbegrenzte Verletzung von individuellen Rechten und Freiheiten auf der Grundlage von Nationalität dienen (Crépeau et al. 2007, S. 331). Mit anderen Worten: Die Versicherheitlichung von Migration kann kein Anlass sein, die Sicherheit von Migrant*innen einzuschränken.

16 https://www.nytimes.com/2017/08/29/us/immigration-harvey-border-patrol.html?mcubz=0

17 http://fra.europa.eu/sites/default/files/apprehension-fra_2013_01520000_el_tra-georgia_revised.pdf

Weiterführende Fragen und Literatur

Drei Fragen zum Weiterdenken

- Wie kann das legitime Sicherheitsbedürfnis des Staates mit den Sicherheitsinteressen von Migrant*innen und Geflüchteten in Einklang gebracht werden?
- Welche Rolle spielen die Medien bei der – bewussten oder unbewussten – Versicherheitlichung von Migration? Sollten sie bestimmte Formulierungen vermeiden oder wäre dies eine unangebrachte Einschränkung?
- Ist Versicherheitlichung ein Konzept, dass sich empirisch-kausal nachweisen lässt?

Drei Bücher zum Weiterlesen

Ole Waever/Barry Buzan/Morten Kelstrup/Pierre Lemaitre (Hg.) (1993): Identity, Migration and the New Security Agenda in Europe. London: Pinter.
Ein grundlegender Sammelband zur Theorie der Versicherheitlichung mit Fokus auf Migration.

Thanh-Dam Truong/Des Gasper (Hg.) (2011): Transnational Migration: The Migration-development-security-nexus: Springer Verlag.
Ein sehr breit aufgestellter Band, der aber in vielen seiner 22 Essays den Zusammenhang von Migration und menschlicher Sicherheit sowie Entwicklung (Human security) gut aufzeigt.

Michaela Wendekamm (2015): Die Wahrnehmung von Migration als Bedrohung: Zur Verzahnung der Politikfelder innere Sicherheit und Migrationspolitik. Wiesbaden: Springer VS.
Eine Dissertation mit einem sehr umfangreichen Theorieteil, die eine Politikfeldanalyse der deutschen Migrations- und (innere) Sicherheitspolitik vornimmt.

9 Migration und Integration[1]

Migration und Integration werden oft als zwei Seiten derselben Medaille bezeichnet. Aber was macht den Begriff „Integration" aus? Warum wird er seit vielen Jahren und in vielen Einwanderungsländern so kontrovers diskutiert? Es kommt immer wieder zu Konflikten und Auseinandersetzungen zwischen Einheimischen und Einwanderer*innen sowie zu polarisierenden Debatten über die Gestaltung der Integrationspolitik. Dieses Kapitel versucht einen Einstieg in die komplexe Debatte zu liefern.

9.1 Assimilation oder Integration?

„Integration ja – Assimilation nein!" sagte 2011 der türkische Staatspräsident Recep Erdogan anlässlich seines Besuches in Deutschland.[2] Damit brachte er eine Diskussion auf den Punkt, die seit vielen Jahrzehnten in Deutschland und in vielen anderen Einwanderungsländern kontrovers geführt wird (siehe Aumüller 2009). Während einige Wissenschaftler*innen den Begriff der Integration sehr stark mit dem Konzept der Assimilation in Verbindung bringen, verweisen andere auf den einengenden und zwanghaften Charakter von Assimilationsprozessen und fordern eine Politik, die auf kulturelle Unterschiede mehr Rücksicht nimmt.

Für Assimilationsbefürworter*innen geht es nicht ohne einen notwendigen Angleichungsprozess zwischen Migrant*innen- und Nicht-Migrant*innen (Esser 2001). So unterscheidet etwa der Soziologe Esser konkret zwei Formen der „Integration": System-Integration als der Zusammenhalt des gesellschaftlichen Systems und seiner Teile sowie Sozial-Integration als die Eingliederung der Individuen in die Gesellschaft. „Eine Systemintegration der ganzen Gesellschaft mit ihren Untergruppen allgemein läge danach dann vor, wenn sich die verschiedenen Gruppen, Einheimische untereinander

1 Unter Mitarbeit von Stefan Metzger

2 Siehe Frankfurter Allgemeine Zeitung 2011 unter www.faz.net/aktuell/politik/auftritt-in-duesseldorf-erdogan-nein-zur-assimilation-1603573.html .

und Ausländer der unterschiedlichen Herkunftsländer und Kulturen, in gleichgewichtigen, relativ spannungsfreien, wenngleich nicht unbedingt ‚harmonischen', Relationen zueinander befinden, worauf diese Beziehungen auch immer beruhen." (Esser 2001, S. 30). Als zweite Form der Integration unterscheidet er die Sozial-Integration, die „ohne irgendeine Form der ‚Angleichung' nicht zu haben" sei (Esser 2001, S. 22). Dabei wird betont, dass Angleichung immer eine Angleichung an bestehende Verteilungen der Aufnahmegesellschaft ist. Bei einer gelungenen Assimilation steht im Endergebnis ein spannungsfreier Zustand des Individuums und der Gesellschaft, der dann Integration genannt wird. Scheitert die Assimilation, stehen am Ende ethnisch geschichtete Gesellschaften und die Ausgrenzung einzelner Personen und Gruppen. Gleichzeitig verweist der Assimilations-Ansatz auf den zeitlichen und intergenerationellen Aspekt: „Nach einigen Generationen ‚assimilieren' sich die Gruppen, wenngleich unterschiedlich rasch und unterschiedlich nachhaltig, fast allesamt. Der Augenschein der ethnischen Differenzierung der westlichen Einwanderungsländer hat offenbar weniger damit zu tun, dass es keine Assimilation (mehr) gäbe oder dass eine nachhaltige ethnische Pluralisierung begonnen hätte, als damit, dass im Zuge der weltweiten Mobilisierung immer neue Gruppen als Erstgeneration mit dem mitunter durchaus langen Prozess der assimilativen ‚Inklusion' in die Aufnahmegesellschaft beginnen" (Esser 1999, S. 32). Insbesondere in Frankreich nimmt der Begriff Assimilation eine Schlüsselstellung ein, so wie in Deutschland der Begriff Integration. Brubaker (1992) erklärt dies mit der unterschiedlichen republikanischen Tradition in beiden Ländern.

Segmentierte Assimilation

Der Begriff der „Segmented Assimilation" wurde maßgeblich von den US-Wissenschaftler*innen Portes und Zhou (1993) geprägt. Sie untersuchten in einer breit angelegten Studie die Anpassung von Migrant*innennachkommen – die so genannte Zweite Generation – in den USA nach 1965. Dabei sprechen sie von segmentierter Assimilation, indem sie die klassische Assimilationstheorie weiterentwickeln, wie sie in der US-Forschung seit den 1920er Jahren geprägt und in der deutschen Forschungsdiskussion etwa von Esser oder Kalter aufgegriffen wurde. Demnach gebe es nicht nur den einen Pfad der Anpassung (englisch: „path of adaption"), sondern verschiedene Wege der Eingliederung (englisch: „Modes of Incorporation"). Weil

Assimilation ein Prozess sei, der über mehrere Generationen hinweg gehe und maßgeblich auch durch die Eltern geprägt wird, vergleichen Portes und Zhou die Anpassungspfade unterschiedlicher Migrant*innengruppen über zwei Generationen hinweg. Die Ergebnisse der Untersuchung weisen auf drei zentrale Pfade: erstens die Assimilation mit sozialem Aufstieg in die weiße Mittelschicht, zweitens die Assimilation in die ausgeschlossene Unterschicht der amerikanischen Gesellschaft, und drittens die Nicht-Assimilation und der Erhalt des Migrant*innenstatus bei gleichzeitigem sozialen Aufstieg innerhalb der Migrant*innengruppe. Die neue Erkenntnis am Modell der „segmentierten Assimilation" ist, dass Assimilation nicht automatisch mit sozialem Aufstieg verbunden wird. Nicht-Assimilation kann unter gewissen Voraussetzungen zu ökonomischem und sozialem Aufstieg führen.

Dagegen sind andere Wissenschaftler*innen der Ansicht, dass die vom Assimilations-Ansatz eingeforderte Angleichung zumeist als einseitiger Prozess der Anpassung von Migrant*innen an die Aufnahmegesellschaft verstanden wird. Dieses Verständnis von Integration – gerade wenn das Wort Integration etymologisch von lat. integer – vollständig, einheitlich; Integration = Wiederherstellung eines Ganzen; hergeleitet werde (siehe Kasten) – suggeriere, dass die Zuwanderer*innen ein intaktes Ganzes zerstören würden, das durch Integrationsmaßnahmen wiederhergestellt werden müsse. Dies sei eine Denkfigur, die letztlich der Homogenitätsideologie des Nationalstaats verhaftet bleibe und somit ausgrenzend wirke (Krüger-Potratz 1998). Stattdessen wird oftmals ein Integrationsbegriff gefordert, der sich an einem für Heterogenität offenerem Leitbild einer multikulturellen Gesellschaft orientiert (Schulte 1998).

Wortursprung von *Integration*

Laut etymologischem Wörterbuch der deutschen Sprache (Kluge 1989, S. 334) hat das Wort „Integration" zwei Anknüpfungspunkte. Einerseits ‚eingliedern, zu einem Ganzen zusammenfügen'. Im 18. Jahrhundert entlehnt aus dem lateinischen Wort integrare (integratum) ‚wiederherstellen, ergänzen'. Andererseits wird sein Ursprung in dem lateinischen Wort integer ‚unversehrt, unberührt, unbefangen, unbescholten‘ gesehen, das zu lat. tangere ‚berühren‘ gebildet wird. Die erste Herleitung des Wortes im Sinne von Wiederherstellung eines Ganzen wurde von Generationen von Migrationsforscher*innen zur Grundlage empirischer Studien zu Migration und Integration und zur Theoriebildung gemacht.

Hierbei geht es vor allem um eine „Politik der Anerkennung“ (Taylor 1993), etwa der Kultur der Einwanderer*innengruppen, und ihrer „rechtlichen Emanzipation“ (Groeendijk 1985). Während es bei der assimilativen Position also mehr um eine Anpassung von Migrant*innen geht, geht es beim multikulturellen Ansatz eher um den Freiraum für (legitime) Unterschiede. Dies kann sich etwa darin äußern, dass für einzelne Gruppen, ethnische Minderheiten bzw. einzelne Migrant*innengruppen, Sonderrechte eingeführt werden, z. B. das Recht, die eigene Sprache als Unterrichtssprache an Schulen einzuführen.

Besonders weitgehend ist ein solches Integrationsverständnis in der Politik Kanadas (Schmidtke 2003). Hier gab es in den 1980er Jahren eine breite Diskussion um die Einführung spezieller Sprachgesetze für die Provinz Quebec. Hierdurch wurde u. a. geregelt, dass Kinder nicht auf englischsprachige Schulen gehen dürfen, Unternehmen mit mehr als 50 Mitarbeiter*innen Französisch als Geschäftsprache haben müssen und Plakatwerbung in der Provinz nur auf Französisch möglich war (Taylor 1993, S. 45). Diese Einschränkung der Wahlfreiheiten von einem Teil der Bürger*innen Quebecs wurde mit dem besonderen Charakter der Gesellschaft Quebecs und dem Hinweis auf den multikulturellen Charakter Kanadas begründet (Taylor 1993). Ähnliche Politiken fanden und finden sich auch in anderen Ländern, wie etwa den Niederlanden und Australien (Böcker und Thränhardt 2003; Baringhorst 2003).

Beide Positionen stehen sich in der skizzierten Form mittlerweile seit Jahrzehnten scheinbar unversöhnlich gegenüber, und es gibt kein richtiges Fortkommen in dieser Frage. Hinter der wissenschaftlichen Kontroverse steht zumeist der Streit um den richtigen Integrationsbegriff und das richtige Integrationsmodell, das die jeweiligen Forschungstraditionen jeweils befürworten. Während das eine Lager Integration weitgehend mit Assimilation gleichsetzen und gelungene Integration an dem Ausbleiben systematischer (auf ethnische Unterschiede zurückzuführende) Ungleichheiten in den Verteilungen relevanter, vor allem sozio-ökonomischer Merkmale (wie Bildungsstand, Arbeitsmarktposition etc.) von Zuwanderer*innen und Einheimischen messen (Esser 2001; Koopmans 2017), wendet sich das andere Lager genau gegen diese Position und sieht in der Forderung nach Assimilation eine Einschränkung der Persönlichkeitsrechte der Einwanderer*innen (Taylor 1993; Krüger-Potratz 2001; Leggewie 2011). Stattdessen fordern sie stärkere Minderheitenrechte und präferieren die Idee einer pluralen und multikulturellen Gesellschaft. Vermittelnde Positionen, wie etwa vom Politikwissenschaftler Thränhardt, sehen Möglichkeiten für beide Optionen: Es gebe „erfolgreiche Integration sowohl über den assimilativen Weg wie über den pluralistischen Weg. In Deutschland haben sowohl die spanische wie die griechische Gruppe einen beträchtlichen Erfolg: die eine in assimilativer Weise, die andere in pluralistischer" (Thränhardt 2000, S. 46).

Multikulturalismus in der kanadischen Verfassung

Unter dem kanadischen Premierminister Pierre Trudeau, dem Vater des heutigen Premierministers Justin Trudeau, wurde 1971 die „Politik des Multikulturalismus in einem zweisprachigen Rahmen" als zentrales politisches Staatsziel verkündet (Geißler 2003). Dabei werden vier Leitgedanken formuliert:

„In implementing a policy of multiculturalism within a bilingual framework, the government will provide support in four ways. First, resources permitting, the government will seek to assist all Canadian cultural groups that have demonstrated a desire and effort to continue to develop a capacity to grow and contribute to Canada, and a clear need for assistance, the small and weak groups no less than the strong and highly organized. Second, the government will assist members of all cultural groups to overcome cultural barriers to full participation in Canadian society. Third, the government will promote creative encounters and interchange among all Canadian cultural groups in the interest of national unity. Fourth, the government will continue to assist immigrants to acquire at least one of Canada's official languages in order to become full participants in Canadian society." (Trudeau 1971, S. 402).

Im Jahr 1985 wurde Multikulturalismus als Grundrecht in der kanadischen Verfassung verankert und wenig später im „Multikulturalismusgesetz" rechtlich durchbuchstabiert.

9.2 Von Integration auf Inklusion umstellen?

An den beiden geschilderten Antipoden von Assimilation und multikultureller Gesellschaft reibt sich seit Jahrzehnten die Diskussion um den Begriff Integration, ohne dass es bis heute zu einer konstruktiven Verständigung gekommen wäre. Einige Wissenschaftler*innen, allen voran der Soziologe Bommes, haben vor diesem Hintergrund bereits vorgeschlagen, auf den Begriff ganz zu verzichten und im Sinne einer systemtheoretischen Deutung der Gesellschaft „von Integration auf Inklusion umzustellen", um so die in seinen Augen „eingefahrene Problemstellung" zu überwinden (Bommes 1999). Diese Kritik zielt im Kern auf die implizite Bezugnahme beider Positionen auf das Konzept der sozialen Gleichheit bzw. Ungleichheit. Das Problem sei, so Bommes, dass Gleichheit zwischen Einwanderer*innen und Einheimischen, oder im Sinne des Assimilationsansatzes, „die Angleichung an die bestehenden Verteilungen der Aufnahmegesellschaft" (Esser 2001), nicht *eo ipso* als Ziel eines gesellschaftlichen Integrationsprozesses angesehen werden könne, da die Begriffe Gleichheit und Ungleichheit im Zuge des grundlegenden Individualisierungsprozesses selbst immer mehr ihre Grundlage verlieren würden (Beck 1986). Insbesondere durch den Wertewandel in der Gesellschaft können handfeste Gleichheits- und Ungleichheitsdimensionen kaum verbindlich fest gemacht werden (Inglehart 1983).

Ist etwa die Höhe des Einkommens tatsächlich ein angemessener Indikator für Integration, wenn mittlerweile viele Menschen denken, dass Zeit ein viel höheres Gut ist als Geld und deswegen freiwillig weniger als eine Vollzeitstelle arbeiten wollen und dabei auch in Kauf nehmen, weniger zu verdienen? Die Lebensstile und Milieus seien zu individuell, als dass man von einer anzustrebenden Gleichheit (wenn auch nur in den Verteilungen) sprechen könnte. Die von der Integrationsforschung zugrunde gelegten Dimensionen von Gleichheit und Ungleichheit seien zudem keine an sich relevanten Unterscheidungen, sondern „allenfalls Konventionen der Forschung" (Bommes 1999, S. 23). Integration als einen wie auch immer gearteten Angleichungsprozess zu begreifen sei daher zweifelhaft. Auch könne nicht immer automatisch von „Integrationsproblemen" ausgegangen werden, auch wenn Ungleichheiten empirisch nachzuweisen seien. Im Gegenteil, in manchen Fällen sei Ungleichheit, etwa die Möglichkeit als Ausländer*in bzw. Beschäftigte*r eines ausländischen Unternehmens in

Deutschland, zu untertariflichen Bedingungen zu arbeiten, manchmal erst die Bedingung für Inklusion hier in den deutschen Arbeitsmarkt.

Anstatt die individuellen Bedingungen der Migrant*innen in den Blick zu nehmen, wie es beim Assimilationsansatz geschieht, fordert ein auf Inklusion ausgerichteter Ansatz, stärker die Funktionslogiken einzelner gesellschaftlicher Teilsysteme (z. B. das Bildungssystem, den Arbeitsmarkt, das politische System, etc.) in Betracht zu ziehen. So erklärt der Assimilationsansatz beispielsweise den mangelnden Bildungserfolg von Migrant*innennachkommen insbesondere mit dem fehlenden Humankapital der Migrant*innennachkommen, wie z. B. Sprache oder die familiäre Situation der Schüler*innen (Alba et al. 1994). Der Inklusions-Ansatz hingegen konzentriert sich auf das Bildungssystem und erklärt die Unterschiede mit Funktionslogiken des jeweiligen Systems, etwa mit separierten so genannten „Ausländerklassen", die in einigen Bundesländern einen Bildungsaufstieg von Migrant*innenkindern jahrelang verhinderten (Hunger und Thränhardt 2001).

Der Begriff der „Super-Diversity"

Um die bereits skizzierte Komplexität zu beschreiben, die in den letzten Jahrzehnten als Folge von Individualisierungsprozessen und Migrationsprozessen entstand, konzipierte der amerikanische Soziologe Vertovec den Begriff der „Super-Diversity" (Vertovec 2007). Durch die zunehmende Mobilität von immer mehr Menschen weltweit entstünden neue und komplexe soziale Formen, die in der Art vorher nicht dagewesen seien: „Um die komplexe Natur der gegenwärtigen, von Migration bestimmten Diversität besser zu verstehen und umfassender anzugehen, müssen Sozialwissenschaftler, politische Entscheidungsträger, die Praktiker im Feld und die Öffentlichkeit zusätzliche Variablen berücksichtigen. Dazu gehören Unterschiede im Einwanderungsstatus und die damit einhergehenden Rechtsansprüche und Einschränkungen von Rechten, divergierende Arbeitsmarkterfahrungen, unterschiedliche Geschlechter- und Altersprofile, welche die Einwandererströme kennzeichnen, spezifische räumliche Verteilungsmuster in den Aufnahmekontexten sowie lokal uneinheitliche Reaktionen von Dienstleistern und Ortsansässigen" (Vertovec 2012, eigene Übersetzung). Super-Diversity wird durch die Situation im Herkunftsland, wie z. B. die Sprache, kulturelle Werte und Praktiken oder religiöse

Traditionen, durch den Migrationsweg (soziale Netzwerke, Einreisemöglichkeiten usw.) und durch Strukturen im Zielland der Migration (Chancen auf dem Arbeitsmarkt und im Bildungssystem, rechtlicher Status etc.) geprägt. Diese unterschiedlichen Variablen bestimmen auch die Integration der Migrant*innen, die vor dem Hintergrund der beschriebenen Komplexität kaum als einfache Anpassungsleistung verstanden werden kann.

9.3 Integration im transnationalen Raum

Eine Erweiterung erfuhr der Integrationsbegriff im Zuge der Transnationalismusforschung ab den 1990er Jahren. Transnationalismus bedeutet, dass Migrant*innen über nationale Grenzen migrieren und Verbindungen sowohl zum Herkunftsland als auch im Zielland halten (Glick-Schiller et al. 1992). Lange Zeit wurde unter Integration allerdings fast ausschließlich die Situation im Aufnahmeland der Migrant*innen betrachtet. Dabei herrschte eine Defizitperspektive vor, die davon ausging, dass es sich negativ auf die Integration von Migrant*innen auswirke, wenn diese sich an ihrem Herkunftsland orientieren (Esser 1986). Diese Perspektive ist einer offeneren und nach Potentialen schauenden Betrachtungsweise gewichen. Studien einer transnationalen Migrationsforschung zeigen etwa, dass zwischen dem Engagement von Migrant*innen für ihr Herkunftsland, bei dem sie z.B. Wissen, Geld oder Güter transferieren oder demokratische Strukturen aufbauen, und ihrer Integration im Aufnahmeland ein produktiver Zusammenhang bestehen kann (Portes et al. 2007; Pries 2010). Einerseits engagieren sich hauptsächlich solche Migrant*innen für ihr Herkunftsland, die in Deutschland als „gut integriert“ gelten und in diesem Fall über die für ein entwicklungspolitisches Engagement notwendigen Ressourcen verfügen, wie z.B. einen höheren Bildungsabschluss, ein festes Einkommen oder den Zugang zu Informationen und Institutionen (Metzger 2015). In der Wissenschaft wird dabei von einem „resource-dependency-model“, einem ressourcenabhängigen Engagement, gesprochen (Baraulina und Borchers 2008). Andererseits wird durch entwicklungspolitisches Engagement nicht nur die Beziehung zum Herkunftsland erhöht, sondern es entstehen gleichzeitig Beziehungen zu Personen, Organisationen und Institutionen in Deutschland, was sich wiederum produktiv auf die soziale, ökonomische oder politische Integration der Migrant*innen in Deutschland auswirkt (Riester 2011; Metzger 2011). Daraus entsteht ein doppeltes Potenzial für den Integrationsprozess in Deutschland sowie im transnationalen Raum mit dem Herkunftsland.

Allerdings ist die Transnationalismusforschung, wie sie in Deutschland insbesondere von Pries und Faist vertreten wird (Pries 1996; Faist 2000) in der Forschungsdiskussion nicht unumstritten. Insbesondere Esser kritisierte den Ansatz, da es bei internationalen Migrationsprozessen selten zu einer Integration im transnationalen Raum komme. Empirisch wäre es häufiger der Fall, dass Migrant*innen weder im Herkunfts- noch im Aufnahmeland integriert seien. Ähnlich kritisierte Bommes aus systemtheoretischer Perspektive, dass durch Migration nur in seltenen Fällen ein neuer transnationaler Raum entstehe, sondern dass es sich vielmehr um Inklusionsanfordungen in die Sozialsysteme zweier Länder handele (Bommes 2003).

9.4 Der Streit über die Rolle von Migrant*innenselbstorganisationen

Eine Kernfrage bei der Auseinandersetzung um den richtigen Integrationsbegriff stellt die Auseinandersetzung über die Rolle von Migrant*innenselbstorganisationen dar. Sie spielen eine Schlüsselrolle, was die Integration von Migrant*innen in Deutschland betrifft (Hunger 2004). Migrant*innenselbstorganisationen sind freiwillige Vereinigungen, die von Menschen im Migrationskontext gegründet wurden und deren Mitglieder und Funktionseliten in überwiegendem Maße einen Migrationshintergrund haben. Migrant*innenselbstorganisationen dienen dabei zunächst oftmals als erste Anlaufstellen und Orte der Geselligkeit und Traditionspflege für Neuzugezogene, später mehr und mehr als Institutionen der Selbsthilfe und Repräsentation. Manchmal erfüllen sie auch mehrere Funktionen zugleich.[3] So gibt es neben Kulturvereinen, Kirchen- und Moscheevereinen auch politische Lobby-Organisationen, Unternehmer*innenverbände, Studierendenvereinigungen, Fußball- und andere Sportvereine, Elternvereine, Kindertagesstätten, Jugendklubs, Bildungsträger uvm., wobei viele Migrant*innenselbstor-

3 Für die unterschiedlichen Funktionen von Migrant*innenorganisationen siehe Gaitanides (2003).

ganisationen oftmals zunächst nur für eine Migrant*innengruppe aus einem bestimmten Herkunftsland gegründet wurden, sich heute aber mehr und mehr auch an eine herkunftsübergreifende Zielgruppe richten. Je nach Lesart des Integrationsbegriffs ergeben sich unterschiedliche Argumente für bzw. gegen die Unterstützung von Migrant*innenselbstorganisationen – etwa ob ihnen eine eher integrative oder eine eher segregierende Wirkung zugesprochen wird.

An dieser Frage hat sich eine wissenschaftliche Kontroverse entzündet, die seit vielen Jahrzehnten andauert. Eine Gruppe von Forscher*innen ist der Ansicht, dass Migrant*innenselbstorganisationen eher eine positive Rolle im Integrationsprozess spielen, da sie in der ersten Phase der Einwanderung Sicherheit und Orientierung geben, als Vermittlerinnen von wichtigem Alltagswissen fungieren und später auch als Interessenvertretung der Migrant*innen auftreten können. Der deutsche Migrationssoziologe Georg Elwert hat in diesem Zusammenhang den Ausdruck von der „gesellschaftlichen Integration durch Binnenintegration“ geprägt, womit zum Ausdruck gebracht werden soll, dass durch die interne Gruppenbildung von Migrant*innen eine Integration in die Gesamtgesellschaft gefördert, ja manchmal erst ermöglicht werde (Elwert 1982). Eine andere Gruppe von Forscher*innen kommt dagegen zu gegenteiligen Ergebnissen und sieht in der Existenz von spezifisch ethnischen Organisationen eine Sackgasse für die Integration, da sie dazu führten, dass Zuwanderer*innen mehr Kontakt zu ihrer eigenen Gruppe als mit der Aufnahmegesellschaft suchen würden, was letztlich einer Segregation Vorschub leisten würde. Je vollständiger das Netz ethnischer Organisationen sei, desto größer die Gefahr, dass der Kontakt zur Aufnahmegesellschaft abbreche und sich die Einwander*innen mit den eigenen Ressourcen begnügen würden. Dies führe mindestens zu einem suboptimalen Integrationsergebnis, wenn nicht gar zu einer „Ghettobildung“, die weitere Benachteiligungen und Stigmatisierungen nach sich zöge. Anhänger*innen dieser Interpretation sprechen daher von einer Tendenz zur „gesellschaftlichen Isolation“ an Stelle von Binnenintegration (Esser 1986).

Es gibt Empfehlungen, die sich gegen die Förderung von spezifisch ethnischen Netzwerken und Migrant*innenselbstorganisationen aussprechen und allenfalls für die erste Migrant*innengeneration positive Wirkungen erwarten, etwa im Hinblick auf die oben erwähnten zwei Funktionen der Vermittlung von Sicherheit und Orientierung sowie von Alltagswissen. Danach jedoch drohten, so der Soziologe Friedrich Heckmann, „ethnische

Kolonien [...] zu Ghettos zu werden, wenn sie sich über Generationen verfestigen, die sozialen Chancen der den Migranten nachfolgenden Generationen bedrohen und ein gesamtgesellschaftliches Konfliktpotential darstellen" (Heckmann 1998, S. 41). Diese Interpretation deckt sich weitgehend mit der öffentlichen Wahrnehmung von Migrant*innenvereinen, die von der Gesellschaft eher skeptisch betrachtet werden. Bei dieser Einschätzung spielt sicherlich auch die überrepräsentierte Berichterstattung über extremistische politische Migrant*innenvereinigungen eine Rolle, wie z. B. die rechtsextremistischen grauen Wölfe, die an sich nur einen geringen Prozentsatz der Migrant*innenorganisationen ausmachen.

Demgegenüber gibt es Empfehlungen einer stärkeren Förderung von Migrant*innenselbstorganisationen, unabhängig davon, ob es sich um Organisationen von Migrant*innen der ersten, zweiten oder dritten Generation handelt. Es sei wichtig, „die Vertreter der Selbstorganisationen im politischen Prozess ernst zu nehmen und als gleichwertige Diskussionspartner anzuerkennen" (Dierigsweiler und Thränhardt 1999, S. 70). Dort wo Selbstorganisationen bereits gefördert werden, sollte man ihre Förderung ausbauen, da Selbstorganisationen „eine entscheidende Vermittlerrolle im Diskussionsprozess zwischen Einheimischen und Zuwanderern" spielen (ebd.). Migrant*innenorganisationen stellen aus dieser Perspektive ein wichtiges Element der Selbstbestimmung dar. In diesem Zusammenhang wird vielfach auch auf andere Länder verwiesen, in denen die Rolle von Migrant*innenselbstorganisationen höher bewertet würde. Eine Studie zeigt in diesem Zusammenhang etwa, dass ethnische Organisationen in Großbritannien in weitaus größerem Maße in den politischen Auseinandersetzungen über Zuwanderung und Integration eingebunden sind bzw. sich einbringen als Migrant*innenorganisationen in Deutschland (Koopmann und Statham 1999). Auch dieser Befund kann wiederum in beide Richtungen interpretiert werden: als Nachweis, dass Migrant*innenselbstorganisationen in Deutschland nicht ausreichend unterstützt und in das politische System eingebunden sind, oder als Nachweis, dass sich Migrant*innenselbstorganisationen in Deutschland zu sehr mit der Situation in ihren Herkunftsländern beschäftigten und deswegen ins Abseits führen.

9.5 Jenseits von Integration

Unabhängig davon, ob man den Begriff „Integration" aus den genannten Gründen aufgeben will und ihn im Grunde für ein „Gespensterwort" hält, „das seit langem in vielen Interpretationen durch die politischen Reden und wissenschaftlichen Texte über die Folgen der Migration geistert," (Krüger-Potratz 2003) oder ihn trotz der geschilderten theoretischen Differenzen „eigentlich als geklärt" (Esser 2001) ansieht, wird im politischen wie im wissenschaftlichen Diskurs bis heute an ihm festgehalten (Bommes 2011). Ja, man kann sagen, dass sich (vor allem in Deutschland) fast die gesamte Diskussion um den Zuzug von Neueinwanderer*innen und das Zusammenleben von Einheimischen und Einwanderer*innen nach wie vor um diesen Begriff rankt. In der aktuellen Diskussion um die Aufnahme von Geflüchteten in der Bundesrepublik Deutschland spielt der Begriff geradezu eine Schlüsselrolle (Hunger et al. 2016).

Eine Gruppe von Forscher*innen rund um die Sozialwissenschaftlerin Naika Foroutan meidet den Integrationsbegriff zunehmend (Foroutan et al. 2014). Sie schlagen im Gegenzug andere Begrifflichkeiten vor und sprechen von einer „postmigrantischen Gesellschaft". „Postmigrantisch" sind nach ihrer Lesart Aushandlungsprozesse in Kommunen, Ländern und auf Bundesebene, die in Deutschland einsetzen, nachdem Migration als politische Realität anerkannt wurde. Seitdem Migrant*innen und ihre Nachkommen in Deutschland zunehmend wichtige gesellschaftliche Positionen einnehmen und einfordern, werden vermehrt Fragen aufgeworfen: „Wer gehört dazu und wer nicht? Wer darf mitgestalten und wer nicht? Welche Anerkennungsformen, Rechte und Partizipationsmöglichkeiten werden Minderheiten zugestanden?" (Foroutan et al. 2014). In postmigrantischen Gesellschaften kommt es zu einer Omnipräsenz des Migrantischen: „Das Thema Migration in Form von Ein- und Auswanderung, aber auch als bewertende und zuschreibende Zuordnungskategorie ist in der politischen und gesellschaftlichen Beschreibung des Landes allgegenwertig geworden; Migration hat sich zu einem gesellschaftsstrukturierenden Metanarrativ entwickelt, das vielfach als allgemein erklärende Kategorie herangezogen wird. Bildungsrückstände, Kriminalität, soziale Transferleistungen und viele sozialstrukturellen Probleme mehr werden mit diesem Metanarrativ erklärt, das in alle gesellschaftlichen Lebensbereiche hineinzugreifen scheint, sei es Sport, Gesundheit, Bildung, Politik, Identität, Zusammenleben etc. – sie alle scheinen sich vor der Debatte um Migration neu zu ordnen." (Foroutan et al. 2015). Integration wird nach dem Konzept der postmigrantischen Gesellschaft neben der Partizipation an unterschiedlichen gesellschaftlichen Teilsystemen als zweiseitiger Prozess verstanden, bei dem sich Migrant*innen mit der Gesamtgesellschaft identifizieren und Migrant*innen wiederum als selbstverständlicher Teil der Gesellschaft anerkannt werden.

Weiterführende Fragen und Literatur

Drei Fragen zum Weiterdenken

- Welches Integrationsverständnis prägt die Integrationspolitik in Deutschland sowie in anderen europäischen Ländern wie Frankreich, den Niederlanden oder Großbritannien?
- Wie schätzen Sie die Diskussion seit Sommer 2015 über die „Integration" in Deutschland im Hinblick auf das oben beschriebene Integrationsverständnis ein?
- Welche Gründe sprechen für die Integrationskraft von Migrant*innenenorganisationen und welche nicht?

Drei Bücher zum Weiterlesen

Michael Bommes (1999): Migration und nationaler Wohlfahrtsstaat. Opladen/Wiesbaden: Westdeutscher Verlag.
Standardwerk zum Thema Migration und moderne Gesellschaft.

Charles Taylor (1993): Multikulturalismus und die Politik der Anerkennung. Frankfurt am Main: Suhrkamp.
Das Standardwerk zum Thema Integration und Multikulturalismus.

Ludger Pries (2010): Transnationalisierung. Theorie und Empirie grenzüberschreitender Vergesellschaftung. Wiesbaden: Springer VS Verlag.
Ein Standardwerk zum Thema Transnationalisierung.

10 Migration und Entwicklung[1]

Das Thema „Migration und Entwicklung" ist in den vergangenen beiden Jahrzehnten immer mehr in den Mittelpunkt der Debatte gerückt. In der Entwicklungspolitik ist die Vorstellung, dass Entwicklung durch Migration gefördert werden könne, zu einer Art „neuem Mantra" geworden. Es sind zahlreiche Reports veröffentlicht und Programme aufgelegt worden, wobei der Zusammenhang von Migration und Entwicklung aber immer noch umstritten ist, wie auch der Begriff von Entwicklung selbst. Das Kapitel will in die wesentlichen Linien der Debatte einführen und Beispiele für das Potential von Migration für Entwicklung geben.

10.1 Brain Drain

Wie das → Kapitel 4 Migration und Arbeit für fast alle Industrieländer eine herausragende Rolle für die Erhaltung ihrer Wirtschaftskraft. Aber welche Auswirkungen hat die Abwanderung der vielen Millionen Arbeitsmigrant*innen, unter denen auch viele Hochqualifizierte sind, auf die Herkunftsländer? Viele der Zuwanderer*innen kommen aus weniger entwickelten Ländern, und man könnte annehmen, dass sie diese Arbeitskräfte, vor allem die Hochqualifizierten, selbst gut für ihre wirtschaftliche Entwicklung gebrauchen könnten. Bis vor wenigen Jahren wäre die Antwort auch eindeutig ausgefallen: Die Migration insbesondere von Hochqualifizierten aus Entwicklungs- in Industrieländer hat für die Entwicklungsländer negative Folgen, sehr starke sogar, da ihnen durch die „Abwanderung der besten Köpfe" (sog. Brain Drain, → Kasten Brain Drain, Brain Gain und Brain Circulation) wichtige Ressourcen für den Aufbau verloren gehen. Einige Kritiker*innen warfen den Industrieländern daher vor, durch die gezielte Abwerbung der besten Köpfe die Abhängigkeit (Dependenz) der Entwicklungsländer von der Industriewelt weiter verstärken zu wollen. Dependenztheoretiker wie Eduardo Galeano sprachen in diesem Zusammenhang von einem Ausbluten der Entwicklungsländer (Galeano 1988) und

1 Unter Mitarbeit von Sascha Krannich.

plädierten für eine Einschränkung dieser Migration, z. B. durch Auswanderungsverbote. Zusätzlich wurde eine Art Brain-Drain-Steuer vorgeschlagen, die von Industrieländern an Entwicklungsländer gezahlt werden sollte, um zumindest die Ausbildungskosten zu kompensieren (Bhagwati 1976, 1983). Lange Zeit hat man daher in vielen Industrieländern bewusst davon abgesehen, hochqualifizierte Arbeitskräfte aus weniger entwickelten Ländern abzuwerben, um deren Entwicklungsprozess nicht zu gefährden. Deswegen durften beispielsweise ausländische Studierende in Deutschland bis vor kurzem nach Abschluss ihres Studiums nicht bleiben, sondern mussten in ihre Herkunftsländer zurückkehren.

Seit Beginn des 21. Jahrhunderts wird nicht mehr so eindeutig davon ausgegangen, dass sich diese Form der internationalen Migration nur negativ auf die Entwicklungsländer auswirkt, vielmehr wurden immer mehr Studien veröffentlicht, die auch positive Effekte für die Entwicklung der Herkunftsländer aufzeigten (Kapur 2003; Welrbank 2005; Saxenian 2001). Der schweizerische Migrationsforscher Paul Ladame (1970) vermutete dies bereits in den 1970er Jahren. Er betrachtete den Brain Drain aus Entwicklungsländern nicht als die Endstufe eines Migrationsprozesses, der den wirtschaftlichen und sozialen Niedergang von Entwicklungsländern verschärfe, sondern als eine Zwischenphase innerhalb eines längerfristigen Prozesses, der die Möglichkeit eines positiven Effekts bei Rückwanderung der Migrant*innen in ihre Heimatländer einschloss. Außer der bekannten Auswanderung von hochqualifizierten Migrant*innen aus Entwicklungs- in Industrieländer sei auch die umgekehrte Wanderungsbewegung langfristig möglich, von der die Entwicklungsländer profitieren könnten. Denn haben sich die Eliten im Ausland erst einmal etabliert und gute berufliche Positionen erreicht, können sie ihre gewonnenen Erfahrungen, ihr erwirtschaftetes Kapital und ihre Kontakte – bei den passenden Voraussetzungen – gewinnbringend für ihr Herkunftsland einbringen, möglicherweise sehr viel effektiver, als wenn sie nie ausgewandert wären.

Einige Forschende sprechen daher davon, dass sich der anfängliche Brain Drain langfristig in einen sog. Brain Gain (also einen Gewinn für das Abgabeland) verwandeln kann (Van Hear 2003; Thränhardt 2005). In diesem Zusammenhang prägte Ladame den Begriff der „circulation des élites", also der Ein- und Rückwanderung von Eliten, der sich heute unter dem englischen Begriff „Brain Circulation" (→ Kasten „Brain Drain, Brain Gain und Brain Circulation") weitgehend etabliert hat (zitiert nach Hillmann und Rudolph 1996).

Brain Drain, Brain Gain und Brain Circulation

Brain Drain heißt wörtlich übersetzt „Abfluss von Gehirn". Gemeint ist in diesem Kontext der Verlust von hoch qualifizierten Fachkräften für die heimische Wirtschaft. Interessanterweise wurde der Begriff zuerst im Zusammenhang mit der Auswanderung hoch qualifizierter Fachkräfte (insbesondere Wissenschaftler*innen) aus Großbritannien in die USA, also von einem Industrieland in ein anderes, geprägt (Hillmann und Rudolph 1996, S. 2). Anfang der 1960er Jahre veröffentlichte die Königliche Gesellschaft Großbritanniens eine Studie zur Abwanderung hoch qualifizierten Personals in die USA. Diese Studie wurde dazu benutzt, auf die Schwächen des britischen Wissenschaftssystems aufmerksam zu machen und eine verstärkte Förderung dieses Bereiches zu fordern (Great Britain 1968).

Brain Gain heißt wörtlich übersetzt „Gewinn an Gehirn". Interessanterweise wurde auch dieser Begriff zunächst in Bezug auf Industrieländer verwendet, insbesondere auf die USA, die am stärksten von der Zuwanderung von Fachkräften, „den besten Köpfen", profitiert haben.

Brain Circulation (wörtlich: „Zirkulation von Gehirnen") verbindet beide Begriffe („Brain Drain" und „Brain Gain") und bezeichnet somit den ständigen Austausch von Wissen, Ideen, Werten und auch Kapital der Migrant*innen zwischen den Herkunfts- und Aufenthaltsländern (Hunger 2004).

10.2 Das Beispiel Indien

Als ein Beispiel für die Entwicklung vom Brain Drain zum Brain Gain kann die Entwicklung des Schwellenlandes Indien angesehen werden, das sich in den letzten zwei Jahrzehnten vom Entwicklungsland zu einer der größten Volkswirtschaften der Welt entwickelt hat. Die Migration von (hoch)qualifizierten Fachkräften spielte dabei eine zentrale Rolle (Hunger 2004). Indien galt lange Zeit als das Land, das weltweit am stärksten vom Brain Drain betroffen war. Heute ist es eines der Beispielländer für einen Brain Gain: Über Jahrzehnte wanderten jährlich viele Tausend Studierende und gut ausgebildete Fachkräfte aus Indien nach Nordamerika und Europa aus, insbesondere in die USA und Großbritannien. Man nahm an, dass diese

Auswanderer*innen aufgrund der schwierigen Wirtschaftslage nicht wieder nach Indien zurückkehren würden und infolgedessen für die Entwicklung des Landes verloren seien. Viele von ihnen kamen jedoch zurück und wirkten entscheidend am Wirtschaftsaufschwung des Landes mit (ebd.).

Der wesentliche Grund für die Rückkehr lag in der Öffnung des Landes zu Beginn der 1990er Jahre, als Indien vor der Zahlungsunfähigkeit stand. Um Kredite von internationalen Geldgebern wie dem Internationalen Währungsfonds und der Weltbank zu bekommen, verpflichtete sich das Land, tiefgreifende wirtschaftliche Reformen durchzuführen. Dazu gehörten auch die Liberalisierung seiner Wirtschaft und der erleichterte Zugang für Investor*innen aus dem Ausland. Viele im Ausland tätige Menschen indischer Abstammung (sog. Persons of Indian Origin, PIO), sei es in der IT-Branche oder in anderen Bereichen, nutzten diese Gelegenheit und investierten ihr Geld in Indien, nachdem sie sich erfolgreich in ihren neuen Zielländern etabliert und beachtlichen wirtschaftlichen Erfolg erreicht hatten. Sie waren vom Erfolg ihrer Unternehmungen überzeugt, da in Indien die Lohnkosten – wie für Entwicklungsländer typisch – gering waren und das Land zum anderen über gut ausgebildete Fachkräfte verfügte, die auch auf dem internationalen Arbeitsmarkt wettbewerbsfähig waren, nur häufig keine adäquaten Arbeitsplätze in ihrem Ursprungsland fanden.

So nutzen viele ehemalige Auswanderer*innen (vor allem solche, die lange in den USA gelebt hatten) ihre Kenntnisse über ihr Herkunftsland und ihre Kontakte zu Investor*innen und Unternehmen in ihrem jeweiligen Zielland und ließen die Produkte unter deutlich günstigeren Konditionen in ihrer alten Heimat fertigen. Eine Studie zu Beginn des Aufschwungs in den frühen 2000er Jahren zeigte, dass fast die Hälfte der in Indien tätigen IT-Unternehmen von ehemaligen Auswanderer*innen (vor allem aus den USA) gegründet bzw. von ihnen geleitet wurden (Hunger 2004). Auch viele multinationale Großkonzerne der Branche haben mehr und mehr ihre Softwareproduktion nach Indien verlagert, so dass Indien heute als eine der führenden Technologiestandorte der Welt gilt – nachdem das Land über Jahrzehnte als hoffnungslos vom technischen und wirtschaftlichen Fortschritt abgehängt galt (ebd.).

10.3 Weitere Brain Gain-Beispiele

Diese Entwicklung vom Brain Drain zum Brain Gain in Indien zog weltweit große Aufmerksamkeit auf sich. Sie führte nicht nur zu einer Neubestimmung der Bedeutung internationaler Migration für Entwicklungsländer in der Wissenschaft, sondern war auch Anlass für zahlreiche politische Änderungen, auf die wir weiter unten noch genauer eingehen werden. Ähnliche Ansätze wie in Indien konnten auch in anderen (Entwicklungs-)Ländern beobachtet werden, dazu zählen China, Taiwan und Vietnam, wo ebenfalls viele Auswanderer*innen beim Aufbau ihres Herkunftslandes eine wichtige Rolle gespielt haben, nachdem sie Jahre und Jahrzehnte in der sogenannten Ersten Welt (vor allem in die USA) gelebt hatten. So wird geschätzt, dass in China mehr als die Hälfte aller Auslandsinvestitionen im Land von den (ehemaligen) Auswanderer*innen getätigt wurden, also chinesischen Auswanderer*innen in den USA und anderen westlichen Ländern sowie auch in Asien (Zhu 2007, S. 284 f.). Gleiches gilt für Taiwan, wo die Hardwareindustrie, die eine Schlüsselbranche der taiwanesischen Wirtschaft darstellt, maßgeblich von zurückgekehrten ehemaligen Auswanderer*innen aufgebaut wurde, ähnlich wie die Softwareindustrie in Indien (Saxenian 2001). Auch in Vietnam war ein wirtschaftlicher Aufschwung eng mit den Rücküberweisungen und der Rückkehr von Auslandvietnames*innen verbunden (Sidel 2007). In Lateinamerika und Afrika lassen sich ebenfalls Ansätze eines Brain Gain erkennen (Baraulina et al. 2011).

Viele Entwicklungsländer haben inzwischen die Migration als strategisches Instrument für ihre Entwicklung ausgemacht und spezielle Ministerien eingerichtet, die oftmals „Diasporaministerium" genannt werden (zum Begriff „Diaspora" → Kasten). Die Afrikanische Union (AU) nennt die afrikanische „Diaspora", die von Asien über Europa bis nach Amerika verteilt ist, die „sechste Region Afrikas" (neben den sonst üblichen fünf Großregionen Nord-, West- und Zentralafrika, das Horn von Afrika und Ostafrika).

Diaspora

Der Begriff „Diaspora" stammt aus dem Griechischen und bedeutet „Zerstreuung" oder „Verbreitung" (Safran 1991). Verwendet wurde der Begriff ursprünglich für die jüdische Gemeinschaft, die nach der Vertreibung aus ihrer Heimat überall auf der Welt verstreut lebte. Zunächst wurde der Begriff für die negative Erfahrung einer unfreiwilligen Existenz außerhalb des ursprünglichen Heimatlandes benutzt.

In den letzten Jahrzehnten wird der Begriff allerdings in einer deutlich breiteren Bedeutung angewandt. So bezeichnet man mit ihm heute häufig ganz allgemein Gemeinschaften, 1) „die sich von einem ursprünglichen Zentrum an mindestens zwei periphere Orte verstreut haben; 2) die eine Erinnerung, Vision oder einen Mythos des ursprünglichen Heimatlandes aufrechterhalten; 3) die glauben, dass sie in ihrem Gastland nicht voll akzeptiert sind; 4) die die Heimat ihrer Ahnen als Ort einer letztlichen Rückkehr, wenn die Zeit dafür gekommen ist, sehen; 5) die sich der Aufrechterhaltung und Wiederherstellung dieser Heimat widmen; und 6) deren Gruppenbewusstsein und -solidarität zentral über die anhaltende Beziehung mit dem Heimatland geprägt ist" (Mayer 2005, S. 9 f., Safran 1991).

Darüber hinaus wird der Begriff „Diaspora" (im weiteren Sinne) heute häufig ganz allgemein für eine im Ausland lebende Bevölkerung eines Landes bzw. einer Region oder eines Kontinents (wie etwa die afrikanische Diaspora als „sechste Region" Afrikas) verwendet, u. a. von politischen Entscheidungsträger*innen in Herkunfts- und Zielländern sowie von zahlreichen Migrant*innengruppen selbst. Allerdings ist die Verwendung des Begriffs unter Migrant*innengruppen nicht unumstritten und wird teilweise auch abgelehnt, zumal der Begriff eine einheitliche Gruppe signalisiert, Migrant*innengemeinschaften aber vielfältig sind und sich auch oft untereinander abgrenzen (Brubaker 2005; Sökefeld 2006). Auch ist bezeichnend, dass bspw. deutsche Finanzexpert*innen in London oder Singapur nie als Diaspora bezeichnet werden, sondern stattdessen als „Expats".

10.4 Die Rolle von Rücküberweisungen und Investitionen

Eine Schlüsselrolle in der Debatte über Migration und Entwicklung spielen die Rücküberweisungen der Migrant*innen in ihre Herkunftsländer (sog. finanzielle Remittances). Anfang der 2000er Jahre hatte die Weltbank mit einer Meldung für weltweites Aufsehen gesorgt: Sie berichtete, dass die Summe der Rücküberweisungen, die Migrant*innen in ihre Herkunftsländer jährlich überweisen, mehr als doppelt so hoch sei wie die Summe der weltweiten öffentlichen Entwicklungshilfegelder. Inzwischen ist sie um mehr als das Dreifache gestiegen. 2019 betrug die Zahl der Rücküberweisungen in Länder mit niedrigem oder mittlerem Einkommen über 550 Milliarden US-Dollar. Das weltweit führende Hauptempfängerland war Indien mit über 82 Milliarden US-Dollar, gefolgt von China mit rund 70 Milliarden US-Dollar und Mexiko mit rund 38 Milliarden US-Dollar).[2] Die privaten Rücküberweisungen sind in vielen Entwicklungs- und Schwellenländern inzwischen zu einer wichtigen Einnahmequelle geworden. In Tonga, Kirgisistan und Nepal umfassen sie ca. ein Drittel des Bruttoinlandsprodukts (BIP), also der Summe aller Waren und Dienstleistungen, die in einem Land hergestellt werden (Weltbank 2019: 2).

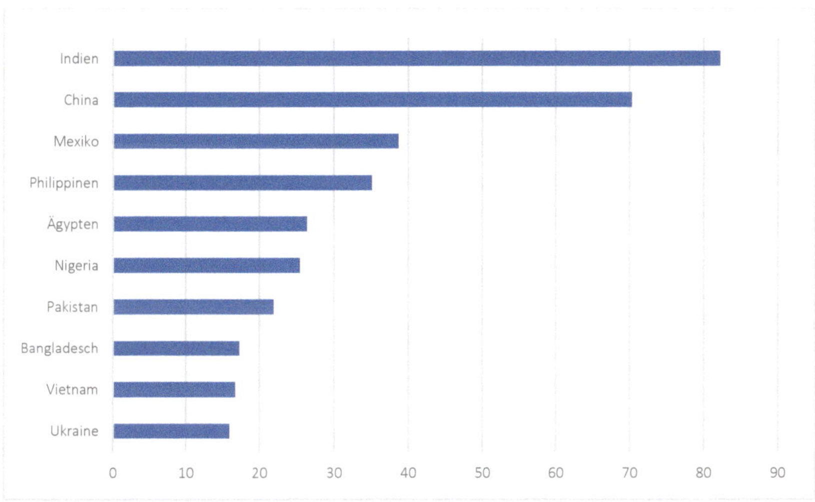

Abbildung 29: Die zehn größten Empfängerländer von Rücküberweisungen von Migrant*innen 2019 (in Mrd. US-Dollar; nur Länder mit niedrigem und mittlerem Einkommen)
Quelle: Weltbank. [3]

2 Siehe Weltbank 2020 unter https://blogs.worldbank.org/peoplemove/data-release-remittances-low-and-middle-income-countries-track-reach-551-billion-2019.

3 Siehe ebd.

Neben den privaten bzw. Familien-Remittances gibt es noch sogenannte kollektive Remittances, die von den Mitgliedern von Migrant*innenorganisationen gesammelt und gebündelt in die Herkunftsgemeinden transferiert werden. Dort werden sie gezielt in lokale Projekte, die zumeist der gesamten Gemeinde zugutekommen, investiert. Ein Paradebeispiel stellen die mexikanischen Hometown Associations (HTAs) dar. Die Mitglieder einer HTA stammen überwiegend aus demselben Dorf bzw. derselben Stadt in Mexiko und engagieren sich gemeinsam für dessen bzw. deren Entwicklung. In Zusammenarbeit mit offiziellen Vertreter*innen der Herkunftsgemeinde entscheiden sie, welche Projekte gemeinsam gefördert werden sollen. Häufig werden öffentliche Gebäude (Verwaltungsgebäude, Schulen oder Krankenhäuser) instandgesetzt, neue öffentlicher Plätze, Kirchen oder Sportplätze oder öffentliche Straßen und Wege verbessert sowie Abwasserkanäle oder Elektrizitätssysteme installiert (SEDESOL 2013). Diese sehr auf die Herkunftskommune ausgerichteten Migrant*innenorganisationen sind auch unter Migrant*innen aus anderen lateinamerikanischen Ländern wie Guatemala, Honduras und Kolumbien weit verbreitet und werden zunehmend von afrikanischen und asiatischen Migrant*innen nachgeahmt (Levitt und Nyberg-Sorensen 2004; Portes et al. 2009; Zamora 2006; Castles und Delgado Wise 2008).

Remittances

„Remittances“ sind Rücküberweisungen, die von Migrant*innen aus dem Aufenthaltsland in das Herkunftsland getätigt werden. Dabei kann es sich um finanzielle („financial remittances“) oder soziale Rücküberweisungen („social remittances“) handeln. Zu den finanziellen Rücküberweisungen gehören insbesondere private Geldüberweisungen („private remittances“), die einzelne Migrant*innen an Familienmitglieder oder Freunde im Herkunftsland schicken, aber auch kollektive Geldüberweisungen („collective remittances“), die unter Mitgliedern von Migrant*innenorganisationen gesammelt und an die Herkunftsgemeinden zur Finanzierung von Infrastrukturmaßnahmen geschickt werden. Zu den sozialen Remittances („social remittances“) gehören vorwiegend die Transfers von Know-how und Ideen ins Herkunftsland, aber auch politische und soziale Aktivitäten, die von rückkehrenden Migrant*innen im Herkunftsland unternommen werden oder politische Einstellungen, die von der Migrationserfahrung

beeinflusst werden (Levitt und Lamba-Nieves 2011; Piper 2009; Faist et al. 2013; Kessler und Rother 2016).
Streng genommen ist Rücküberweisung jedoch nicht der treffende Begriff, da sie in erster Linie die Umkehrung einer Überweisung im Zahlungsverkehr bedeutet. Heimatüberweisungen oder allgemein Geldtransfer wäre der richtigere Begriff. Da sich der Begriff jedoch etabliert hat, verwenden wir ihn ebenfalls. Dennoch sollte an dieser Stelle kurz darauf verwiesen werden, dass es noch die anderen Begriffe gibt.

Neben den Rücküberweisungen können die oben angesprochenen Investitionen von migrantischen Unternehmen von enormer Bedeutung für die Herkunftsländer sein (Massey und Parrado 1994). Außer den bereits erwähnten indischen Unternehmen gibt es eine Reihe weiterer Beispiele, wo migrantische Unternehmer*innen zur wirtschaftlichen Entwicklung der Herkunftskommune, der Herkunftsregion oder sogar des Herkunftslandes beitragen. So haben zum Beispiel im Nordirak – nach dem Fall des Saddam-Regimes – viele Rückwanderer*innen aus Europa, darunter auch aus Deutschland, in das neu aufstrebende Land investiert und Unternehmen gegründet, u. a. ein Nordiraker aus Bonn, der die „Rhein-Mall" im nordirakischen Erbil gegründet hat (Candan 2013). Dabei ist der oben angesprochene Know-how-Transfer, bei dem im Zielland erworbene Kenntnisse und Fertigkeiten durch die Interaktion mit Geschäftspartner*innen ins Herkunftsland transferiert werden, von entscheidender Bedeutung. Migrant*innen spielen häufig auch bei Investitionsentscheidungen eine wichtige Schlüsselrolle. So werden Investitionen von großen Unternehmen in Ländern getätigt, aus denen Mitarbeitende stammen und wo sie die sozialen, kulturellen und politischen Gegebenheiten kennen.

Die oben beschriebene enorme Abhängigkeit vieler Volkswirtschaften von Rücküberweisungen wird jedoch auch kritisch gesehen. So führe der Geldfluss aus dem Ausland zu neuen sozialen Ungleichheiten und Spannungen und viele Familien geraten in Abhängigkeit von den Auslandsüberweisungen. Zum Teil würden Staaten, die – wie die Philippinen – den „Export" von Arbeitskräften quasi als Entwicklungsstrategie ausgerufen haben, die nötigen Reformen im Inland unterlassen und sich nur auf das Geld von außen verlassen. Hier könne nicht von „Entwicklung durch Migration", sondern eher von „Migration statt Entwicklung" gesprochen werden (Rother 2015). So wurden hier vor dem Hintergrund der stetig wachsenden Rücküberweisungen dringend notwendige Landreformen und Programme zur Schaffung von Arbeitsplätzen vernachlässigt. Zwar gehen die Rücküberweisungen nicht nur in den Konsum, sondern auch in die Ausbildung der Kinder. Diese entschließen sich dann aber trotzdem oft, weit unter ihrer Qualifikation liegende Jobs im Ausland anzunehmen, weil sie damit ungleich mehr verdienen als im Heimatland.

Auch wird die oben zitierte Zahl zur Höhe der Rücküberweisungen zunehmend hinterfragt: Steht diese nicht eher für den „Umsatz" als den „Gewinn" – und lässt damit die Kosten außer Acht? Hierzu zählen etwa die finanziellen Kosten für Ausbildung, Transport, Rekrutierungsagenturen, aber auch soziale Kosten wie bei getrennt lebenden Familien oder, vor allem in Osteuropa, bei Kindern, die ohne ihre Eltern aufwachsen (sogenannte „EU-Waisen"). Zudem müssen gerade Arbeitsmigrant*innen in gering qualifizierten Jobs oder irregulärem Aufenthaltsstatus oft Ausbeutung und Missbrauch ertragen – ebenfalls ein hoher Preis, der beim alleinigen Blick auf die Rücküberweisungen nicht berücksichtigt wird.

10.5 Politische Diasporaaktivitäten

Neben den ökonomischen Einflüssen ist der Einfluss von Auslandsgruppen auf das politische Geschehen im Herkunftsland von Bedeutung. Wie viele Studien gezeigt haben, können Migrant*innen bzw. Migrant*innen- oder Diasporagruppen direkt oder indirekt großen Einfluss auf die politische Entwicklung ihres Herkunftslandes nehmen (Østergaard-Nielsen 2003). So sind Migrant*innen im Ausland vielfach noch Staatsbürger*innen ihres Herkunftslandes und nehmen entsprechend an Wahlen teil (→ auch 7 Migration und Demokratie) und/oder unterstützen bzw. organisieren Wahlkampfveranstaltungen in der alten Heimat. In einigen Ländern sind sie sogar so einflussreich, dass die Diaspora eigene Sitze im Parlament erhalten hat, wie etwas im Senegal.

Zudem unterstützen sie Parteien oder politische Bewegungen auch ideell, materiell und finanziell. Dadurch können politische Geschehnisse beeinflusst und Wähler*innen im Herkunftsland mobilisiert werden, auch wenn die Migrant*innen im Herkunftsland nicht wahlberechtigt sind. Zudem können die Migrant*innenorganisationen auf soziale und politische Missstände im Herkunftsland international aufmerksam machen und sogar zu politischen Umstürzen beitragen. So spielte z. B. 2011 die arabische Exilbevölkerung keine unwesentliche Rolle im „Arabischen Frühling". Und auch die kurdischen Migrant*innen machen durch Veranstaltungen im Ausland und Online-Aktivitäten auf ihre ethnische Diskriminierung in der Türkei oder in Syrien weltweit aufmerksam (Hunger/Candan/Krannich 2011). So gibt es Migrant*innenorganisationen, die nur mit der Absicht gegründet wurden, aktiv auf transnationale Politikgeschehnisse und die Politik im Herkunftsland Einfluss zu nehmen, die somit „diaspora politics" machen (Cohen 2008).

Dabei wurde auch in vielen Studien nachgewiesen, dass Migrant*innen und ihre Organisationen auch einen negativen Einfluss auf die Geschehnisse oder Entwicklungen ihres Herkunftslandes haben und z. B. einen Konflikt im Herkunftsland erst richtig befeuern können (Smith und Stares 2007; Brinkerhoff 2011). Die radikale Unabhängigkeitsbewegung innerhalb der kroatischen Diaspora ist ein Beispiel dafür, wie Diasporagemeinden Konflikte im Herkunftsland verstärken können, vor allem durch Parteinahme, Lobbying und Waffenlieferungen (Skrbis 2007). Ebenso kann es innerhalb einer bestimmten Diaspora verschiedene Interessen und Ziele bezüglich eines Konfliktes geben. Auch kann ein und dieselbe Diaspora zu verschiedenen Zeitpunkten eine unterschiedliche Position einnehmen und so einen Konflikt am Köcheln halten (Bercovitch 2007).

10.6 Soziokulturelle Diasporaaktivitäten

Neben den politischen Aktivitäten engagieren sich Diasporas auch soziokulturell, vorwiegend in sozialen, kulturellen oder religiösen Migrant*innenorganisationen wie Kulturvereinen, Sportclubs, Moscheegemeinden bzw. Kirchen etc. (Portes 2007; Levitt 2001). Deren Aktivitäten erstrecken sich von der Organisation und Durchführung kultureller Veranstaltungen (Itzigsohn und Saucedo 2002; Levitt 2003), wie die regelmäßigen Gastauftritte von Migrant*innenbands in den Herkunftsstädten oder -dörfern (Martiniello 2006, S. 100), bis zur finanziellen Förderung von religiösen oder Bildungseinrichtungen. Ein hervorstechendes Beispiel sind wiederum die mexikanischen Migrant*innenorganisationen in den USA, die bereits erwähnten „Hometown Associations" (HTA), die sich in zahlreichen Projekten für Schüler*innenaustausche und die Verbesserung der Schulausstattung in ihren Herkunftsgemeinden einsetzen (López 2007). Diese immateriellen und materiellen Leistungen werden häufig auch zu den oben erwähnten sozialen Rücküberweisungen („social remittances") gezählt und beeinflussen die soziale Entwicklung im Herkunftsland (Faist et al. 2013).

Zu den „social remittances" gehören auch Know-how, Werte und Ideen. So können durch transnationale Aktivitäten der Migrant*innen etwa demokratische Werte in die Herkunftsländer der Migrant*innen transferiert wird. Zum Beispiel führten die Erfahrungen von Frauen aus Bangladesch in Malaysia dazu, dass sie nach ihrer Rückkehr mehr Geschlechtergerechtigkeit in Bangladesch einforderten (Dannecker 2005). Zudem kann das Erlangen von demokratischen Kompetenzen auch dazu führen, dass sich Migrant*innen stärker als Vermittler*innen und Verhandlungspartner*innen in wichtigen sozialen und politischen Fragen im Herkunftsland einbringen können, wie die philippinischen Arbeitsmigrant*innen, die sich viele soziale Kompetenzen im kosmopolitischen urbanen Umfeld von Hongkong angeeignet haben, die ihnen nach der Rückkehr helfen, ihre Interessen besser gegenüber staatlichen Akteuren durchzusetzen (Rother 2013).

Zusammengefasst lassen sich also sehr unterschiedliche Formen finden, wie sich Migrant*innen an der Entwicklung ihres Herkunftslandes beteiligen können. Das Gemeinsame dieser Aktivitäten ist, dass sie vorwiegend über sogenannte transnationale Netzwerke von Migrant*innenorganisationen koordiniert und ausgeführt werden. Diese „transnationalen Netzwerke" verbinden Menschen und Organisationen über nationale Grenzen hinweg und führen zu einem intensivierten Austausch, von dem – im Idealfall – beide Seiten profitieren (Basch et al. 1994).

10.7 Politische Maßnahmen zur Förderung eines ‚Brain Gain'

10.7.1 Durch die Herkunftsländer

Aufgrund des enormen Potentials, das Migrant*innen für die Entwicklung ihrer Herkunftsländer zugesprochen wird, haben – wie bereits kurz angesprochen wurde – mittlerweile viele Regierungen in den Herkunftsländern Initiativen ergriffen, um Kontakt mit ihren Diasporas im Ausland aufzunehmen und dauerhafte Kooperationen zu etablieren. Ein Beispiel dafür ist Indien, wo im Jahr 2004 ein spezielles Ministerium gegründet wurde, das sich ausschließlich um die ausgewanderten Inder*innen in aller Welt kümmern soll, das „Ministry of Overseas Indian Affairs" (MOIA). Seine

Aufgabe ist, Kontakte zu den Auslandsinder*innen (sog. Non-Resident Indians und sog. People of Indian Origin) herzustellen und sie langfristig an Indien zu binden (MOIA 2014) – unter anderem mit einer Reihe von Vergünstigungen. Hierzu zählt etwa die Möglichkeit, dass Migrant*innen und ihre Nachkommen ohne Visa nach Indien ein- und ausreisen dürfen und auch keine Einschränkungen haben, Eigentum zu erwerben. Zudem werden Investitionen erleichtert und teilweise Steuern erlassen, des Weiteren gibt es spezielle Stipendienprogramme für Kinder der Non-Resident-Indians und People of Indian Origin an indischen Universitäten (Naujoks 2013).

In Mexiko wurde bereits im Jahr 1990 das Programa para las Comunidades Mexicanas en el Exterior (PCME; Programm für die mexikanischen Gemeinschaften im Ausland) gegründet, das später in Instituto de los Mexicanos en el Exterior, IME (Institut für die Mexikaner im Ausland) umbenannt wurde. In den USA arbeitet das IME eng mit anderen mexikanischen Institutionen, vor allem mit den 50 Konsulaten, zusammen. Es bietet den dort lebenden Mexikaner*innen in vielen Bereichen Unterstützung an, unter anderem bei sozialen Problemen (im Bildungs- oder Gesundheitsbereich), auch wenn sie sich irregulär in den USA aufhalten. Es unterhält zudem ein Lehrer*innenaustauschprogramm, gibt Alphabetisierungskurse und unterstützt Veranstaltungen der Hometown Associations in US-Städten. Bei der Unterstützung der Entwicklungsprojekte für die Herkunftsregionen der Auswanderer*innen arbeitet es intensiv mit der mexikanischen Entwicklungsorganisation Secretaria de Desarrollo Social (SEDESOL) zusammen, um gerade die unterentwickelten Regionen in Mexiko zu fördern. Zudem hat der mexikanische Staat 2001 das „tres per uno"-Programm ins Leben gerufen: Für jeden Dollar, den Migrant*innenorganisationen in Entwicklungsprojekte ihrer Herkunftsorte investieren, legen die nationale, bundesstaatliche und lokale Ebene jeweils einen weiteren Dollar drauf. Damit wurden bislang viele Projekte gefördert (Malone 2020); allerdings gibt es Kritik, dass Gemeinden, die durch ein hohes Volumen an remittances ohnehin ökonomisch besser dastehen, noch weiter bevorzugt und somit Ungleichheiten verstärkt werden (Marchand 2015)

10.7.2 Durch internationale Organisationen und Zielländer

Auf der Ebene der internationalen Politik spielt das Thema „Migration und Entwicklung" seit rund zwei Jahrzehnten eine zentrale Rolle, es gibt zahlreiche Reports und Treffen wie das Global Forum on Migration and Development (GFMD), in dem wichtige Akteure aus Politik, Zivilgesellschaft und Wirtschaft zusammenkommen (→ 13 Global Migration Governance). Auch wird in den Nachhaltigkeitszielen der Vereinten Nationen, den Sustainable Development Goals (SDGs), Migration an mehreren Stellen explizit genannt (Piper 2017).

Sustainable Development Goals (SDGs) und Migration
Die Relevanz von Migration im Kontext von Entwicklung wird bereits in der Einleitung der Agenda 2030 deutlich. Hier heißt es:
„*Wir sind uns des positiven Beitrags der Migranten zu inklusivem Wachstum und nachhaltiger Entwicklung bewusst. Wir sind uns außerdem dessen bewusst, dass die internationale Migration eine mehrdimensionale Realität von großer Bedeutung für die Entwicklung der Herkunfts-, Transit- und Zielländer ist, die kohärente und umfassende Antworten erfordert*" (UN 2015).
Die Unterzeichnerstaaten werden aufgefordert, „auf internationaler Ebene zusammen[zu]arbeiten, um eine sichere, geordnete und reguläre Migration zu gewährleisten, bei der die Menschenrechte uneingeschränkt geachtet werden und Migrant*innen, ungeachtet ihres Migrationsstatus, Flüchtlinge und Binnenvertriebene eine humane Behandlung erfahren" (ebd., § 29).
Die 17 Ziele für nachhaltige Entwicklung lauten im Einzelnen:[4]
Ziel 1: Armut in jeder Form und überall beenden
Ziel 2: Ernährung weltweit sichern
Ziel 3: Gesundheit und Wohlergehen
Ziel 4: Hochwertige Bildung weltweit
Ziel 5: Gleichstellung von Frauen und Männern
Ziel 6: Ausreichend Wasser in bester Qualität
Ziel 7: Bezahlbare und saubere Energie
Ziel 8: Nachhaltig wirtschaften als Chance für alle
Ziel 9: Industrie, Innovation und Infrastruktur
Ziel 10: Weniger Ungleichheiten
Ziel 11: Nachhaltige Städte und Gemeinden

4 Für einen detaillierten Bezug zu Migration siehe www.fes.de/themenportal-flucht-migration-integration/artikelseite-flucht-migration-integration/wie-viel-migration-steckt-in-der-agenda-2030

Ziel 12: Nachhaltig produzieren und konsumieren
Ziel 13: Weltweit Klimaschutz umsetzen
Ziel 14: Leben unter Wasser schützen
Ziel 15: Leben an Land
Ziel 16: Starke und transparente Institutionen fördern
Ziel 17: Globale Partnerschaft

Einzelne Zielländer wie Deutschland und Frankreich sind in diesem Bereich inzwischen ebenfalls aktiv. So hat die Deutsche Gesellschaft für Internationale Zusammenarbeit (GIZ) mit der Zentralen Auslands- und Fachvermittlung (ZAV) der Bundesagentur in Deutschland eine Reihe von „triple Win"-Programmen aufgelegt, von denen Herkunfts- und Zielland sowie die Migrant*innen selbst profitieren sollen. Im Rahmen dieser Programme werden etwa qualifizierte Pflegefachkräfte aus Serbien, Bosnien-Herzegowina und den Philippinen für Einrichtungen der Kranken- und Altenpflege gewonnen. Nachhaltigkeit soll garantiert werden, indem man ausschließlich in Staaten, die einen Überschuss an gut ausgebildeten Pflegekräften haben, Migrant*innen rekrutiert. Ein Gewinn für das Herkunftsland sei damit neben den Rücküberweisungen auch die Entlastung des heimischen Arbeitsmarktes. In Frankreich wurde im Jahr 2007 sogar ein eigenes Ministerium für Einwanderung, Integration, nationale Identität und Co-Development eingerichtet, das eine Reihe von Programmen und Initiativen zum Thema „Migration und Entwicklung" gestartet hat. Eine wichtige Rolle spielt dabei die Zusammenarbeit mit Marokko, das jährlich mehrere Milliarden Euro als Rücküberweisungen von seinen mehr als eine Million Auslandsbürger*innen in Europa erhält (de Haas 2007; Metzger et al. 2011).

Weiterhin gibt es innovative Ideen wie die Global Skills Partnerships (GSP), ein von dem Ökonomen Michael Clemens entwickeltes Modell. Danach vereinbaren Herkunfts- und Zielländer Abkommen, in denen nicht nur gezielt Arbeitskräfte angeworben werden, sondern auch eine Beteiligung von Zielland und Arbeitgeber an der Ausbildung der Migrant*innen festgelegt wird. Diese Ausbildung könnte dann etwa zu Teilen im Herkunft- und im Zielland stattfinden. Auch auf eine Einbindung der Gewerkschaften im Zielland wird Wert gelegt (Clemens 2015).

10.8 Zusammenfassung

Zusammenfassend lässt sich ein deutlicher Wandel bei der Beurteilung der (hoch qualifizierten) Migration von Entwicklungs- in Industrieländer weg von einer rein negativen (Brain Drain) hin zu einer optimistischeren Sichtweise (Brain Gain) konstatieren, wobei die genauen Wirkungszusammenhänge und zeitlichen Abläufe eines Prozesses vom Brain Drain zum Brain Gain noch nicht klar herausgearbeitet worden sind. Durch die intensive Untersuchung zentraler Fälle einer Entwicklung vom Brain Drain zum Brain Gain ist jedoch deutlich geworden, dass Migration vor allem die Funktion der Vernetzung von Gesellschaften hat und letztendlich auch dazu führen kann, dass neue Entwicklungsprozesse angestoßen werden.

Jedoch kann hier von keinem automatischen Zusammenhang ausgegangen werden. So kann eine zu große Abwanderung von hochqualifizierten Migrant*innen nach wie vor zu einem Brain Drain führen und die soziale Situation im Herkunftsland enorm verschlechtern. Dies kann zum Beispiel im Gesundheitssektor beobachtet werden, in dem in einigen – insbesondere afrikanischen – Ländern bis heute ein gewaltiger Brain Drain herrscht. In diesen Fällen kann auch eine langfristige Aussicht auf einen Brain Gain die aktuellen Nachteile der Auswanderung kaum aufwiegen. Dazu kommt die Frage, warum ausgerechnet die Migrant*innen etwas vorantreiben sollen, was ihren Herkunftsländern oder der internationalen Entwicklungszusammenarbeit meist nicht gelungen ist (Faist 2009). Hier wird darauf hingewiesen, dass es sich bei Rücküberweisungen um privates Geld handelt, dessen Aufgabe nicht die Entwicklung des Staates oder der Kommune ist. Dies rückt auch das bereits erwähnte und auf den ersten Blick so überzeugende tres por uno-Programm in ein anderes Licht: Denn hierdurch werden öffentliche Ausgaben durch private Akteure gesteuert. Und Gemeinden mit einer hohen Zahl an Rücküberweisungen stehen ohnehin besser da als Kommunen ohne nennenswerte Auswanderung – gerade diese gehen bei dem Programm aber leer aus. Deshalb wird auch an dem zugrundeliegenden Begriff von Entwicklung Kritik geübt (Piper und Rother 2014). Ist damit klassisches Wachstum gemeint oder das auch von den Vereinten Nationen unterstützte weiterreichende Konzept von „menschlicher Entwicklung" (human development), das auch menschliches Wohlergehen (well-being), Gesundheit und Bildung umfasst? Kritiker*innen wie Katherine Rankin (2001) sehen die Debatte daher als Teil eines neoliberalen Programms, bei dem die

Verantwortung für die Bereitstellung öffentlicher Güter auf Privatpersonen abgewälzt wird und sich der Staat dabei aus der Verantwortung stiehlt.

Weiterführende Fragen und Literatur

Drei Fragen zum Weiterdenken

- Wie beurteilen Sie die Flucht aus Syrien nach Europa vor dem Hintergrund der Brain Drain/Brain Gain-Diskussion? Handelt es sich um einen klassischen Brain Drain, der das Land wirtschaftlich noch weiter zurückwerfen wird oder bestehen langfristig sogar Chancen auf einen Brain Gain? Wovon wird dies abhängen?
- Wie lässt sich der Brain Drain gerade im Gesundheitssektor verhindern? Brauchen wir ein Auswanderungsverbot bzw. Zielverbot für medizinische Berufe oder eine Art Brain-Drain-Steuer?
- Wie könnten transnationale Entwicklungsaktivitäten von Migrant*innen ganz konkret „vor Ort“ gefördert werden? Welche Rolle könnten z. B. internationale Städtepartnerschaften spielen?

Drei Bücher zum Weiterlesen

Nina Glick Schiller/Thomas Faist (Hg.) (2010). Migration, Development, and Transnationalization: A critical stance. New York, NY: Berghahn.
Ein umfassender Überblick zu Migration, Entwicklung und sozialer Transformation.

Ronald Skeldon (2014): Migration and Development: A global perspective. London: Routlegde.
Grundlegender Band zu Migration und Entwicklung in globaler Perspektive.

Tatjana Baraulina/Axel Kreienbrink/Andrea Riester (Hg.) (2011): Potenziale der Migration zwischen Afrika und Deutschland. Nürnberg/Eschborn: Bundesamt für Migration und Flüchtlinge, Deutsche Gesellschaft für internationale Zusammenarbeit.
Sammelband mit vielen Fallbeispielen zum Zusammenhang von Migration und Entwicklung mit einem Schwerpunkt auf Deutschland und Afrika.

Online-Quellen:

www.knomad.org/
https://blogs.worldbank.org/peoplemove

11 Einwanderungspolitik im internationalen Vergleich[1]

Migrationspolitik ist nach wie vor eine Domäne der Nationalstaaten. Wie unterschiedlich Nationalstaaten ihre Einwanderungspolitik gestalten, ist Gegenstand dieses Kapitels. Behandelt werden klassische Einwanderungsländer wie die USA, Kanada und Australien (sog. nations of immigrants), neuere Einwanderungsländer wie Deutschland und die Schweiz (sog. countries of immigration) sowie jüngste Einwanderungsländer wie Italien und Japan (latecomer to immigration).

Im Folgenden soll die Migrationspolitik unterschiedlicher Länder betrachtet werden. Dabei orientiert sich dieses Kapitel an der Kategorisierung des Standardwerks „Controlling Immigration" (Hollifield et al. 1993), welches „nations of immigrants" von „countries of immigration" und „latecomer to immigration" unterscheidet. Die „nations of immigrants" USA, Kanada und Australien wurden von Einwanderer*innen gegründet, besiedelt und errichtet. Einwanderung gehört zum Gründungsmythos dieser Länder. Dahingegen sind „countries of immigration" zwar Einwanderungsländer, offiziell wurde diese Realität lange Zeit aber abgestritten. Dies ist etwa der Fall bei Ländern wie Deutschland, der Schweiz und Österreich, selbst bei den großen ehemaligen Kolonialmächten wie Frankreich, England und den Niederlanden. Einwanderung gehört in diesen Nationalstaaten, die oftmals lange durch hohe Auswanderungszahlen geprägt waren, nicht zum Gründungsmythos. Die letzte Kategorie der „latecomers of immigration" bezeichnet Länder, die erst in den letzten Jahren bzw. Jahrzehnten zu Einwanderungsländern wurden. Insbesondere durch eine schnelle Industrialisierung und Demokratisierung in Süd- und Osteuropa entwickelten sich eine ganze Reihe von Staaten vom Auswanderungs- zum Einwanderungsland, eindrücklich nachzuvollziehen an den Beispielen Italien oder Spanien. Ein besonderer Fall ist Japan. Auch wenn sich nach dem Zweiten

1 Unter Mitarbeit von Stefan Metzger.

Weltkrieg alle OECD-Länder kontinuierlich geöffnet haben, blieb Japan seiner Abschottungspolitik nahezu treu.

11.1 „Nations of immigrants"

11.1.1 Die Vereinigten Staaten von Amerika - USA

Die Vereinigten Staaten von Amerika gelten als das Einwanderungsland schlechthin, das jährlich weltweit den größten Anteil an Einwanderer*innen anzieht. Einwanderung gehört in dieser „nation of immigrants" (Hollifield et al. 2014) zum Gründungsmythos und ist fester Bestandteil der nationalen Identität des Landes. Seit dem 17. Jahrhundert wurde das Land, das ursprünglich von native americans besiedelt war, von vier wichtigen Migrationsbewegungen geprägt (Martin 2014, S. 55). Die ersten Migrant*innen waren englische Siedler*innen im 17. und 18. Jahrhundert, die insbesondere die Westküste der heutigen USA besiedelten. Zwischen 1820 und 1860 kamen vor allem europäische Migrant*innen in die USA. Zunächst waren es mehrheitlich Neuankömmlinge aus Deutschland und Irland, die etwa vor der großen Kartoffelseuche in Irland aus dem Jahr 1840 flohen. Ab 1880 kamen verstärkt Migrant*innen aus süd- und osteuropäischen Ländern in die USA, insgesamt etwa 20 Millionen Menschen. Waren es 1880 noch 460.000 Neuzuwanderer*innen im Jahr, so stieg die Anzahl auf 1,2 Mio. Menschen im Jahr 1914. Mit dem ersten Weltkrieg begann schließlich die migrationspolitische Abschottung der USA, die mit wenigen Ausnahmen bis in die 1950er anhielt. Vor allem Einwanderung aus Asien wurde per Gesetz erschwert. Erst durch eine steigende Nachfrage an Arbeitskräften durch die boomende Nachkriegsökonomie wurden wieder verstärkt Arbeitskräfte zugelassen, insbesondere in den Bracero-Programmen, die sich an Migrant*innen aus Mexiko richtete. Die Regierung verabschiedete mit dem Immigration and Nationality Act im Jahr 1965 eine weitgehende Liberalisierung der Einwanderungsbegrenzung, die vor allem hochqualifizierten Migrant*innen sowie Migrant*innen mit Familienangehörigen die Einreise in das Land ermöglichte. Dadurch kamen verstärkt Migrant*innen aus Asien sowie Lateinamerika in das Land.

Mit der Neufassung des Immigration and Nationality Act von 1990 wurde das Hauptinteresse der USA nochmals deutlich: Bevorzugt werden sollen vor allem hochqualifizierte Einwanderer*innen (Hermann und Hunger

2003). Hervorgerufen wurde das Interesse an und die Forderungen nach einer auf Qualifikationen beruhenden Einwanderungsregelung insbesondere durch das Wachstum der Informationstechnologie- und Telekommunikationsbranche seit Ende der 1980er Jahre. Gleichzeitig kamen zahlreiche Migrant*innen ohne regulären Aufenthaltstitel („unauthorised“) in die USA. Sie stammen vor allem aus Lateinamerika und arbeiten vorwiegend im Niedriglohnsektor. Zu Beginn der 2000er Jahre waren zehn Prozent der Arbeitnehmer*innen im Niedriglohnsektor undokumentierte Migrant*innen, in der Landwirtschaft bis zu 60 Prozent (Hollifield et al. 2014, S. 10). Diese Entwicklung sowie die Terroranschläge des 11. September führten zu dem Eintritt in eine Phase der stärkeren Kontrollpolitik. Einwanderung wurde maßgeblich unter dem Gesichtspunkt der nationalen Sicherheit betrachtet (→ 8 Migration und Sicherheit), was während der Präsidentschaft Donald Trumps noch einmal stark zugenommen hat. Dennoch ist die Erzählung der „nation of immigrants“ für Neuzuwanderer*innen wichtig, die allen eine Chance auf einen Neuanfang und das „Streben nach Glück“ („pursuit of happiness“) verspricht, wie es in der amerikanischen Verfassung verankert ist. Gerade die Tatsache, dass auf dem Territorium der USA geborene Kinder automatisch die amerikanische Staatsbürgerschaft erlangen, wirkt weiter inklusiv. Und auch die US-Wirtschaft fragt nach wie vor insbesondere hochqualifizierte Arbeitskräfte aus dem Ausland nach. Eine Mauer, die Trump nach Mexiko bauen will, werde, wie der US-amerikanische Migrationsforscher James F. Hollifield anlässlich eines Vortrags in Deutschland 2019 sagte, „eher gebraucht, um Mexikaner vor der Rückkehr nach Mexiko abzuhalten als irreguläre Migration aus Mexiko zu verhindern“. Denn heute wandern bereits mehr Mexikaner*innen aus den USA ab als zu.

11.1.2 Kanada

Kanada stellt, im Gegensatz zu den Migrationspolitiken in den USA und anderen Länder, die in diesem Kapitel skizziert werden, eine gewisse Ausnahme dar. Das gilt insbesondere in Bezug auf die im Theoriekapitel formulierte gap-Hypothese, nach der es aufgrund einer größer werdenden Lücke zwischen Politikzielen und Politikergebnissen zu einer ansteigenden Anti-Einwanderungsstimmung innerhalb der Bevölkerung kommt (Reitz 2014). Die kanadische Regierung verfolgt seit nunmehr einigen Jahrzehnten eine relativ liberale und offene Migrationspolitik, die auf hohen Zustimmungsraten der Bevölkerung aufbaut. Im Gegensatz zu anderen Ländern stimmten im Rahmen einer Vergleichsstudie nur rund ein Viertel (26 Prozent) der Bevölkerung der Aussage zu, dass Einwanderung eher ein Problem als eine Chance bedeute. Damit rangierte Kanada am Ende der „Anti-Einwanderungsskala"; das nächstplatzierte Land war Frankreich mit einer Zustimmungsrate von 43 Prozent (Bloemraad 2014, S. 117). Obwohl jedes Jahr mehrere Hunderttausend Zuwanderer*innen nach Kanada kommen (2019 rund 330.000 Menschen, was insbesondere im Vergleich zum direkten Nachbarn USA gemessen an der Bevölkerungsgröße relativ viel ist),[2] bleibt die kanadische Öffentlichkeit mehrheitlich tolerant. Das hängt auch mit der Einwanderungsgeschichte und dem multikulturellen Selbstverständnis des Landes als „nation of immigrants" zusammen (Schmidtke 2003).

Die ersten Einwanderer*innen aus Frankreich und Großbritannien kamen während der Kolonialisierungszeit Nordamerikas im 17. Jahrhundert nach Kanada. Nach dem Siebenjährigen Krieg zwischen Großbritannien und Frankreich fiel im Jahr 1763 fast das gesamte heutige Staatsgebiet Kanadas unter britische Kolonialherrschaft. Im Jahr 1828 begann Großbritannien mit dem Migration Act zum ersten Mal die Auswanderung nach Kanada zu regulieren. Mit dem Immigration Act aus dem Jahr 1910 wurde erstmalig die kanadische Staatsbürger*innenschaft eingeführt. Damit übernahm die kanadische Regierung die Regulierung der Einwanderung selbst. Dabei wurden potenzielle Einwanderer*innen in zwei Kategorien eingeteilt: Einwanderer*innen aus bevorzugten Herkunftsländern und aus nicht-bevorzugten Herkunftsländern. Bevorzugte Herkunftsländer waren anglophone Länder wie Großbritannien, Irland oder die USA. Zu den nicht-bevorzugten Herkunftsländern gehörten vor allem asiatische, aber auch lateinamerikanische Länder. Trotz dieser Regelung kamen in einer ersten Migrationsphase vor allem chinesische Arbeitsmigrant*innen, um den hohen Bedarf an geringqualifizierten Arbeitskräften in der wachsenden kanadischen Wirtschaft zu decken. Die chinesische Einwanderung wurde jedoch schließlich mit dem Chinese Immigration Act 1923 stark eingeschränkt (Chan 2013). Der Citizenship Act 1946 setzte die selektive Einwanderungspolitik Kanadas fort bzw. intensivierte sie noch, indem er die Einwanderung noch stärker an den Staaten des Commonwealth ausrichtete und generell „weiße" Einwanderer*innen bevorzugte (Chapnick 2007).

2 Gemessen an der Bevölkerungsstärke zieht Kanada dreimal so viele Migrant*innen pro Jahr an wie die USA (Hollifield et al. 2014, S. 11).

Erst in den 1960er Jahren wurde die ethnisch diskriminierende und national ausgerichtete Einwanderungspolitik langsam aufgeweicht und stärker nach ökonomischen Kriterien ausgerichtet (FitzGerald und Cook-Martin 2014). Dabei wurde ein besonderer Schwerpunkt auf gut ausgebildete Arbeitsmigrant*innen gelegt. In diesem Zuge wurde im Jahr 1967 das weltweit erste Punktesystem zur Regulierung von hochqualifizierten Einwanderer*innen eingeführt. Das neue Punktesystem orientierte sich dabei vor allem an der Ausbildung, den Fähigkeiten und der Berufserfahrung der potenziellen Einwanderer*innen. Im Zuge des Immigration Act 1978 wurden auch eine neue Politik für Geflüchtete und eine Neuregelung der Familienzusammenführung von Einwanderer*innen festgelegt. Zudem sollten durch das Gesetz mehr Unternehmer*innen und Investor*innen nach Kanada geholt werden, um die Wirtschaftskraft des Landes zu stärken. Der Immigration Act 1978 wurde im Jahr 2002 von dem Immigration and Refugee Protection Act (IRPA) abgelöst, der seitdem alle Arten von Einwanderung in einem einzigen Gesetz zusammenfasst. Trotz einiger Schwächen der Migrationspolitik in den letzten Jahren – insbesondere der Mangel an hoch qualifizierten Einwanderer*innen sowie eine steigende Arbeitslosigkeit unter Migrant*innen – hält die kanadische Regierung an einer liberalen Migrationskontrollpolitik fest. Kritiker*innen bemängeln allerdings eine Zunahme von Migrant*innen mit temporärem Status, was zu einer Zwei-Klassen-Gesellschaft gegenüber den Migrant*innen mit Staatsbürgerschaft führe und die Gefahr der Ausbeutung verstärke.

11.1.3 Australien

Ähnlich wie Kanada setzt Australien seit 1967 auf ein Punktesystem, um hoch qualifizierte Einwanderer*innen zu gewinnen. Und ähnlich wie Kanada war es auch in Australien gelungen, mit einer multikulturellen Integrationspolitik hohe Zustimmungsraten zu dieser Politik zu erhalten. In den letzten Jahren gerät die Migrationskontrollpolitik Australiens allerdings zunehmend unter Druck. Sowohl die regionale Integration Australiens im Südpazifik als auch das Ankommen von Boat People aus dem Irak, Afghanistan und Sri Lanka ließ nicht nur die Anti-Einwanderungspartei One Nation Party aufkommen, sondern führte insgesamt zu einem Richtungswechsel in der Migrationspolitik. Seit 2007 wurden die Grenzkontrollpolitik und das Asylrecht deutlich verschärft (Castles et al. 2014).

Die ersten europäischen Einwanderer*innen in Australien waren britische Häftlinge, die zum Ende des 18. Jahrhunderts nach Australien gebracht wurden, um die überfüllten Gefängnisse in England zu entlasten (Buchanan et al. 2013). Im 19. Jahrhundert folgten mehr und mehr „freie" Einwanderer*innen aus Europa sowie aus asiatischen Ländern, die in Australien eine Chance sahen, sich ein neues Leben und eine wirtschaftliche Existenz aufzubauen. Um die zunehmende Einwanderung zu regulieren, führte der australische Staat, der 1901 im Rahmen des britischen Commonwealth gegründet wurde, zunächst eine Einwanderungspolitik ein, die weiße Einwanderer*innen aus Großbritannien bevorzugte und nicht-europäische Einwanderer*innen, vor allem aus China, ausgrenzte. Diese diskriminierende Einwanderungspolitik hielt bis in die Zeit nach dem Zweiten Weltkrieg an und wurde auch von fast allen politischen Parteien Australiens unterstützt (Phillips und Klapdor 2010).

Erst mit der Einrichtung einer nationalen Einwanderungsbehörde – dem Department of Immigration (heute Department of Immigration and Citizenship, DIAC) – und dem Erlass des Migration Acts von 1958 (der heute noch gültig ist) öffnete sich Australien auch für Einwanderer*innen aus nicht-britischen Ländern. Hintergrund hierfür war die Erkenntnis, dass der australische Staat wachsen müsse, um sich gegenüber den bevölkerungsreicheren asiatischen Ländern behaupten zu können (sog. „populate or perish policy") und als Wirtschaftsnation international konkurrenzfähiger zu werden (Buchanan et al. 2013). Neben den wirtschaftlichen Interessen ging es aber auch um Sicherheitsaspekte. Die Kehrtwende in der australischen Einwanderungspolitik war eine direkte Reaktion auf den japanischen Angriff auf Darwin im pazifischen Krieg, was auch die rassistische Ausrichtung erklärt; so erklärte Immigrationsminister Arthur Calwell 1947: „We have 25 years at most to populate this country before the yellow races are down on us."

Die sog. White Australia Policy wurde endgültig in den 1970er Jahren abgeschafft, ein neuer Multikulturalismus propagiert und die Arbeitsmigrations- und Fluchtpolitik ausgeweitet (Murray 2011, S. 21). So kamen während der 1970er und 1980er Jahre mehr als 120.000 Geflüchtete aus süd- und südostasiatischen Staaten nach Australien, viele von ihnen aus Vietnam, um nach dem Vietnamkrieg dem kommunistischen Regime zu entkommen. Zudem führten auch Krisen und Kriege in anderen Weltregionen weitere Migrant*innen nach Australien, etwa aus Südamerika, wo viele Menschen vor den Diktaturen flüchteten. Ende des 20. Jahrhunderts erlangte die Familienzusammenführung mehr und mehr an Bedeutung (Phillips 2006).

Heute wird Australien massiv wegen seiner menschenrechtlich hoch umstrittenen extraterritorialen Lager auf der Pazifikinsel Nauru (Nauru Regional Processing Centre) kritisiert. Auf Booten geflüchtete werden vor dem Erreichen des australischen Festlands aufgegriffen und in den Lagern unter menschenunwürdigen Bedingungen zum Teil jahrelang interniert. Unwillkommenen Migrant*innen wird eine massive Anti-Einwanderungsrhetorik entgegengehalten: „You will never call Australia home." (⟶ auch 8 Migration und Sicherheit)

11.2 „Countries of immigration"

11.2.1 Deutschland

Deutschland ist seit Jahrhunderten durch Migration geprägt. Bis ins frühe 19. Jahrhundert verließen zahlreiche Menschen Deutschland bzw. die deutschen Gebiete in Richtung Ost- und Mitteleuropa. Danach setzte im 19. Jahrhundert die massive Abwanderung nach Nord- und Südamerika ein. Allein in die USA reisten zwischen 1816 und 1914 rund 5,5 Millionen deutsche Auswanderer*innen ein, wo sie nach den Ir*innen zwischenzeitlich die zweitgrößte Migrant*innengruppe stellten (Hanewinkel und Oltmer 2015, S. 2). Mit dem Ersten Weltkrieg kehrte sich die Wanderungsbewegung um. Deutschland wurde wichtiges Zielland zahlreicher Fluchtbewegungen, insbesondere aus Russland nach der Revolution und dem Entstehen der Sowjetunion. Auch wurden während der beiden Weltkriege zahlreiche Zwangsarbeiter*innen nach Deutschland verschleppt, um in der Kriegsindustrie zu arbeiten. Nach dem Zweiten Weltkrieg flohen rund 14 Mio. Menschen sogenannte „Volksdeutsche" aus den ehemaligen Ostgebieten des Deutschen Reiches.

Mit dem einsetzenden Wirtschaftsaufschwung in den 1950er Jahren warb Deutschland zunehmend Arbeitskräfte aus Süd- und Südosteuropa an. Um den Bedarf an Arbeitskräften zu decken, schloss die deutsche Regierung Anwerbeverträge mit den Regierungen von Italien (1955), Griechenland und Spanien (1960), der Türkei (1961), Marokko (1963), Portugal (1964), Tunesien (1965) sowie dem ehemaligen Jugoslawien (1968). Die gemeinhin als Gastarbeiter*innen bezeichneten Migrant*innen holten bald ihre Familien nach

Deutschland nach, insbesondere nachdem die Bundesrepublik den Zuzug im Zuge des Ölpreisschocks von 1973 mit einem Anwerbestopp zu begrenzen versucht hatte – womit dieser eine letztlich entgegengesetzte Wirkung hatte (Herbert 2001). In den späten 1980er und frühen 1990er Jahren kamen dann zahlreiche Migrant*innen aus der ehemaligen Sowjetunion, die als Nachfahr*innen deutscher Minderheiten in der Sowjetunion auf Antrag die deutsche Staatsbürger*innenschaft erhielten. Gleichzeitig nahm der Zuzug von Geflüchteten zu, die vor Gewalt und Bürgerkrieg in der Türkei und auf dem Balkan flohen.

Trotz dieser Migrationsrealität wehrte sich die Politik in Deutschland bis zur Jahrhundertwende dagegen, Deutschland als Einwanderungsland zu bezeichnen. Der Migrationsforscher Dietrich Thränhardt nannte Deutschland in den 1980er Jahren aus diesem Grund ein „unerklärtes Einwanderungsland" (Thränhardt 1988), und sein Kollege Klaus J. Bade bezeichnete Deutschland im Rückblick als „verspätetes Einwanderungsland wider Willen" (Bade 2013). Demensprechend wurde auf politischer Ebene auch relativ spät gehandelt, um den politischen, sozialen und ökonomischen Herausforderungen der Zuwanderung zu begegnen. Erst mit der Novellierung des Staatsbürgerschaftsgesetzes im Jahr 1999 und dem Zuwanderungsgesetz von 2005 wurde politisch umgesteuert und ein echter Paradigmenwechsel in Deutschland eingeleitet (Thränhardt 2014). Dieser wurde mit der Green Card-Initiative unter Kanzler Gerhard Schröder aus dem Jahr 2000 begleitet, die den Wettbewerbsnachteil von deutschen Unternehmen verbessern wollte und insbesondere die Rekrutierung von ausländischen IT-Spezialist*innen zum Ziel hatte (Kolb 2003). Dennoch nahm die Netto-Zuwanderung in den ersten Jahren nach den Reformen ab. Es reisten in den Jahren 2008 und 2009 sogar mehr Menschen aus Deutschland aus als nach Deutschland ein. Erst ab 2010 nahm die Einwanderung nach Deutschland wieder zu, insbesondere durch den Zuzug von zahlreichen Geflüchteten aus dem Nahen Osten und Südosteuropa. Im Jahr 2015 lag die Zahl der Nettozuwanderung bei 1,14 Mio. Menschen und ist laut amtlicher Statistik „der höchste jemals gemessene Wanderungsüberschuss von Ausländerinnen und Ausländern in der Geschichte der Bundesrepublik" (Destatis 2016). Seither hat die Zuwanderung aber wieder deutlich abgenommen und lag mit 327.000 im Jahr 2019 unter dem Wert von 2012.

Die Migrationspolitik Deutschlands seit 1945 lässt sich gut mit dem im → Kapitel 3 Migrationstheorien angeführten „liberalen Paradox" beschreiben (Hollifield 2003, S. 45). Deutschland warb ab den 1950ern „Gastarbeiter" an, um die Nachfrage der boomenden Wirtschaft nach Arbeitskraft zu stillen. Als sich die Gastarbeiter*innen jedoch in Deutschland niederließen und das Wirtschaftswachstum abflaute, reagierte Deutschland – wie andere westeuropäische Länder auch – mit einem Anwerbestopp. Auch wurde versucht, die in Deutschland lebenden „Gastarbeiter" zu einer Rückkehr in ihr Herkunftsland zu bewegen. Dennoch holten die Migrant*innen auf der Grundlage individueller Rechte ihre Familien nach Deutschland, wodurch die politischen Maßnahmen zur Migrationsbegrenzung weitestgehend unterlaufen wurden. Dies führte wiederum dazu, dass der politische Druck, die Zuwanderung zu begrenzen, weiter stieg. Erst Jahrzehnte später, als die Gastarbeiter*innen und ihre Nachkommen bereits über zwei bis drei Generationen in Deutschland lebten, fanden sich die politischen Entscheidungsträger*innen mit der Tatsache ab und reagierten mit einer notwendigen Einwanderungsreform.

11.2.2 Schweiz

Die Schweiz ist ähnlich wie Deutschland ein Einwanderungsland, das diese Tatsache lange Zeit nicht anerkannt hat. Obwohl die Schweiz im Zuge der Industrialisierung schon im 19. Jahrhundert von der Einwanderung aus den Nachbarländern Deutschland, Frankreich und Italien profitierte und lange Zeit eine der höchsten Einwanderungsraten in Europa vorweisen konnte (relativ an der Bevölkerung wanderten in die Schweiz zeitweise doppelt so viele Migrant*innen ein wie in die USA), wehrten sich die politischen Parteien auf Bundesebene lange gegen ein klares Bekenntnis (D'Amato 2014, S. 308). Das hat auch mit der Angst der Schweiz zu tun, dass sie im Herzen Europas liegend von anderen Staaten und Völkern überrannt wird (ebd.). Bis heute drückt sich dies in einer „Überfremdungsangst" (Kohler 1994) aus, die in zahlreichen politischen Debatten rund um das Thema Migration immer wieder ihren Ausdruck findet.

Die Schweiz benötigte, ähnlich wie Deutschland und andere Länder Westeuropas, nach dem Zweiten Weltkrieg zahlreiche Arbeitskräfte, die sie maßgeblich aus den Nachbarländern Italien, Deutschland, Frankreich und Österreich rekrutierte. Sie führte dabei ein Rotationsmodell ein, das den Arbeitsmigrant*innen lediglich eine Aufenthaltsdauer von einem Jahr zugestand. Obwohl der Arbeitsvertrag und damit auch das Aufenthaltsrecht häufig verlängert wurden, sollte das Rotationssystem mit einen temporären Aufenthalt der Einwanderer*innen einer „Überfremdung" der Schweiz entgegenwirken (Carrel 2012). Dennoch machten Migrant*innen mit über 20 Prozent bald einen großen Anteil der schweizerischen Bevölkerung aus, darunter viele aus Spanien, Portugal und der Türkei (D'Amato 2014, S. 311). Mit dem Ölpreisschock und der ökonomischen Rezension von 1973 nahm auch in der Schweiz der Bedarf an Arbeitskräften aus dem Ausland ab. Die Zahl von Menschen mit ausländischer Staatsbürger*innenschaft verringerte sich auf knapp 15 Prozent im Jahr 1980. In der Folge stieg sie insbesondere durch den Zuzug der Asylbewerber*innen aus Osteuropa und den Balkan-Staaten auf 18 Prozent im Jahr 1990, auf 22 Prozent im Jahr 2000 und 25,2 Prozent im Jahr 2019.

Dieser hohe Anteil an ausländischen Staatsbürger*innen erklärt sich auch mit einem relativ restriktiven Einbürgerungsrecht. Die Schweizerische Staatsbürgerschaft kann nur erwerben, wer mindestens zwölf Jahre im Land lebt, wobei die Zeit zwischen dem zehnten und zwanzigsten Lebensjahr doppelt angerechnet wird. Eine Besonderheit ist auch die erforderliche Bewilligung durch unterschiedliche Ebenen im föderalen System, sowohl der Gemeinde als auch dem Kanton und dem Bund. Durch die kontinuierliche Integration der Schweiz in den europäischen Wirtschaftsraum und die Bewegungsfreiheit für EU-Bürger*innen wird die Migrationskontrolle deutlich schwerer als in der Vergangenheit (Thränhardt 2014, S. 336). Auch das föderale System der Schweiz und sein konsensorientiertes Politikverständnis nach einem bestimmten Proporz (der „Zauberformel" nach Partei, Sprache, Region) macht eine Regulierung der Migration zunehmend schwer, da viele unterschiedliche Akteure und Veto-Player zu einer Zunahme an Referenden zum Thema Migration und Integration führten, die seit den 1990ern zunehmend von der rechtspopulistischen SVP-Partei und deren Parteivorsitzenden Christoph Blocher initiiert wurden (D'Amato 2014, S. 327). Im Jahr 2009 wurde etwa die Initiative „Gegen den Bau von Minaretten" angenommen, und die Initiative „für die Ausschaffung krimineller Ausländer" sieht vor, Ausländer*innen automatisch das Aufenthaltsrecht zu entziehen, sofern sie bestimmte Straftaten begehen oder ein Missbrauch beim Bezug von Sozialleistungen festgestellt wird (Carrel 2012, S. 7). 2014 gab es zudem die eidgenössische Volksinitiative „Gegen Masseneinwanderung", mit der die Zuwanderung begrenzt werden sollte und die mit knapper Mehrheit angenommen wurde. Dies hat zu erheblichen internationalen Verwerfungen mit den Nachbarländern und der EU und dem Vorwurf der Rosinenpickerei geführt. Der damalige EU-Parlamentspräsident Martin Schulz sagte dazu: „Vorteile zu genießen, aber selbst die Türen zu schließen – das geht nicht".[3]

11.2.3 Österreich

Obwohl Österreich über viele Jahrhunderte eher Aus- als Einwanderungsland gewesen ist, waren bereits während des 17. und 18. Jahrhunderts größere österreichische Städte beliebte Zuwanderungsziele für Menschen aus dem „Heiligen Römischen Reich Deutscher Nation" und später für Arbeitskräfte aus dem habsburgischen Reich, Nord- und Süddeutschland oder anderen angrenzenden Ländern. Die meisten gingen in die Hauptstadt Wien, die als wirtschaftliches Zentrum eine große Nachfrage nach Arbeitskräften hatte. Dies führte z. B. dazu, dass im 19. Jahrhundert ein Großteil der Wiener Handwerker*innen aus Süddeutschland und Norditalien stammte (Bauer 2008, S. 3). Abwanderung gab es damals vorwiegend in die USA und nach Kanada, aber auch ins deutschsprachige Ausland (Deak 1974; Bednar 2012).

Nach dem Zweiten Weltkrieg wurde wie in vielen anderen westeuropäischen Ländern eine sogenannte „Gastarbeiterpolitik" verfolgt, bei der vor allem geringqualifizierte Arbeitskräfte aus Mittelmeerländern angeworben wurden. Hierzu wurden ähnlich wie in Deutschland Anwerbeabkommen mit Spanien (1962), der Türkei (1964) und Jugoslawien (1966) geschlossen. 1975 wurde das bis heute geltende Ausländerbeschäftigungsgesetz verabschiedet, das ähnlich wie in der Bundesrepublik Deutschland einen Anwerbestopp verhängte. Trotz des Anwerbestopps kamen aber weiterhin Zuwanderer*innen im Rahmen der Familienzusammenführungsregelungen nach Österreich (Faßmann und Münz 1995).

In den 1990er Jahren wurde die österreichische Zuwanderungspolitik vor allem durch die Flucht- und Wanderungsbewegungen nach dem Fall des „Eisernen Vorhangs" und aufgrund der Balkankriege geprägt. Um die Geflüchteten und Asylbewerber*innen zu integrieren, wurde in den 1990er Jahren eine Reihe von Gesetzen erlassen: 1992 der Wiener Integrationsfonds und das Asylgesetz, 1993 das Fremdengesetz und 1997 das „Integrationspaket", mit dem eine Reihe von Restritkionen für Neuzuwanderungen eingeführt wurden. Seit dem Beitritt zur Europäischen Union und damit zum Schengener Abkommen im Jahr 1995, gilt die Freizügigkeit und Niederlas-

3 Zitiert nach *Der Spiegel*, online unter: www.spiegel.de/politik/ausland/eu-parlamentspraesident-schulz-warnt-vor-drohkulisse-gegen-die-schweiz-a-952563.html

sungsfreiheit für EU-Ausländer*innen in Österreich (mit einschränkenden Übergangsregelungen für osteuropäische Länder, die der EU im Jahr 2004 beigetreten sind, die aber 2011 aufgehoben wurden).

In Österreich etablierte sich seit den 1990er Jahren wie in vielen anderen europäischen Ländern eine rechtspopulistische Partei, die FPÖ, deren Programm besonders auf einer Anti-Einwanderungspolitik fußt. Unter ihrem ehemaligen Vorsitzenden Jörg Haider stieg die Partei bei den Nationalratswahlen 1999 mit 26,9 Prozent zur zweitstärksten Partei auf. Sie bildete bis 2002 eine Koalition mit der bürgerlichen ÖVP, was zu Sanktionen von anderen EU-Mitgliedsstaaten führte. Der Aufstieg der Partei ist auch mit der langen Abwesenheit des Themas Einwanderung in der öffentlichen Debatte verbunden, die nach dem Zweiten Weltkrieg maßgeblich von zwei großen politischen Lagern – den Konservativen und Sozialdemokraten – dominiert wurde. Bis in die 1970er und 1980er Jahre wurde die Einwanderungsrealität in Österreich nicht akzeptiert, was auch mit dem nationalen Selbstverständnis Österreichs und dem lange verdrängten Erbe der Nazi-Zeit zu tun hat. Auch heute gehört Österreich (wieder) zu den einwanderungskritischen Ländern in der Europäischen Union. Im Jahr 2019 wanderten rund 150.000 Menschen nach Österreich ein.

11.2.4 Frankreich

Im Gegensatz zu Deutschland bekannte sich Frankreich schon früh zu seiner Realität als Einwanderungsland. Das ging einher mit einer Bereitschaft, Migrant*innen nicht nur als Arbeitskräfte zu akzeptieren, sondern auch als zukünftige Bürger*innen (Hollifield 2014, S. 157-187). Basierend auf der „republikanischen Tradition", die seit der Französischen Revolution von 1789 jedem bzw. jeder Staatsbürger*in die gleichen Rechte vor dem Gesetz garantierte, wurde Ausländer*innen schon in den 1920er und 1930er Jahren der Zugang zur französischen Staatsbürger*innenschaft ermöglicht. Dabei war Frankreich, anders als Deutschland, aufgrund seiner ländlichen Struktur relativ spät auf eine große Anzahl ausländischer Arbeitskräfte angewiesen. Erst nach dem Ersten Weltkrieg nahm der Industrialisierungsprozess in Frankreich an Fahrt auf. In dieser Zeit zwischen den beiden Weltkriegen schloss Frankreich auch zahlreiche Anwerbeabkommen mit europäischen Ländern, bereits 1919 mit Italien und Polen, 1920 mit der Tschechoslowakei und 1932 mit Spanien. Schon Anfang der 1930er Jahre war Frankreich in absoluten Zahlen nach den USA das zweitgrößte Einwanderungsland der

Welt (Engler 2014). Nach dem zweiten Weltkrieg unterzeichnete Frankreich nochmals ein Anwerbeabkommen mit Italien (1946), später auch mit Griechenland (1960), Spanien (1963), Portugal (1964), Marokko (1964), Tunesien (1964), der Türkei (1965) und Jugoslawien (1965).

Noch während des Ersten Weltkriegs wurden zahlreiche Arbeitskräfte sowohl für die Kriegsindustrie als auch die Armee aus den damaligen Kolonien rekrutiert, insbesondere aus dem Maghreb, Indochina (heute Laos, Kambodscha und Vietnam) und Subsahara Afrika. Bis heute ist die Einwanderung stark geprägt durch Frankreichs koloniale Vergangenheit. Insbesondere nach der Entkolonialisierung in den 1950ern und 1960er kamen viele ehemalige Siedler*innen und Kollaborateur*innen aus den ehemaligen Kolonien nach Frankreich, um dort in der boomenden Nachkriegswirtschaft Beschäftigung zu finden. Gerade die Migrant*innen aus den ehemaligen Kolonien genossen einen privilegierten Status, der ihnen umfassende Rechte zusicherte. Wie Deutschland verhängte Frankreich einen Anwerbestopp als Folge des Ölpreisschocks von 1973, der ebenfalls vergleichbar zu den Entwicklungen im Nachbarland zu einer verstärkten Familienmigration führte. Die Migrationskontrollpolitik scheiterte, auch aufgrund der liberalen republikanischen Migrationstradition (Hollifield 2014, S. 164). Dies führte in der Folge nicht nur zu immer restriktiveren Versuchen („immigration zéro" in den 1980ern oder „immigration choisie"/„gewählte Einwanderung" in den 2000ern), die Einwanderung zu begrenzen, sondern auch zu dem Aufstieg der rechtspopulistischen Anti-Einwanderungspartei Front National. Bei den Regionalwahlen in Frankreich im Dezember 2015 erhielt der Front National im ersten Wahlgang 27 Prozent der Wähler*innenstimmen und wurde damit in knapp der Hälfte der Regionen stärkste politische Kraft.

11.2.5 Großbritannien

Großbritannien ist seit Jahrhunderten von Migration geprägt. Zunächst wurde es durch römische, sächsische, wikingische und normannische Migrant*innen aufgebaut, die seit Jahrhunderten auf den britischen Inseln siedelten. Bereits im Jahr 1350 wurde der Status of Children Born Abroad Act beschlossen, der es im Ausland geborenen Kindern, deren Eltern aus England kommen, erlaubte, ebenfalls zur englischen Nation zu gehören. Diese Regelung wurde durch den British Nationality Act 1772 nochmals bekräftigt. Mit seinem Aufstieg zur Weltmacht dehnte England auch seine Einflussbereiche auf andere Kontinente aus. Dabei betrieb es Sklav*innenhandel mit den kolonisierten Ländern des britischen Imperiums. Um 1800 lebten über 20.000 afrikanische Sklav*innen in England. Dennoch entwickelte sich das Vereinigte Königreich erst nach dem Zweiten Weltkrieg zum Einwanderungsland (Hansen 2014, S. 199-219). Ähnlich wie in Deutschland und Frankreich bestand nach 1945 eine Nachfrage an Arbeitskräften, die in England vorwiegend von Migrant*innen aus den ehemaligen Kolonien gedeckt werden konnte. Auch kamen irische Arbeitskräfte nach England, die freien Zugang zum Arbeitsmarkt hatten. Dafür wurde der British Nationality Act von 1948 eingeführt, der es den 800 Millionen Bürger*innen des Commonwealths erlaubte, ohne Visum nach Großbritannien einzureisen, dort zu leben und zu arbeiten (Somerville et al. 2009). Zudem gab es Programme, wie z. B. das European Volunteer Workers Programme, um geringqualifizierte Arbeitskräfte aus kontinentaleuropäischen Staaten anzuwerben.

Jedoch führte Großbritannien nie eine so umfangreiche „Gastarbeiterpolitik" ein wie die Bundesrepublik Deutschland und andere Staaten Westeuropas in den 1950er und 1960er Jahren (Hampshire 2009). In den 1970er und 1980er Jahren verhängte die Regierung deutliche Restriktionen. Auch führte es nicht wie andere europäische Staaten die Bewegungsfreiheit innerhalb der Europäischen Union und des Schengen Raumes ein. Erst in den späten 1990er Jahren unter Tony Blairs „New Labour"-Regierung wurde diese Politik der strikten Einwanderungsbegrenzung aufgegeben. Im Gegensatz zu anderen EU-Mitgliedsstaaten war Großbritannien eines der wenigen Länder, die den Arbeitnehmer*innen aus den neuen EU-Mitgliedsländern zeitnah Bewegungsfreiheit zusicherte, und zwar direkt mit dem EU-Beitritt. Insgesamt zählt Großbritannien trotz der relativ restriktiven Einwanderungspolitik der letzten Jahrzehnte zu den wichtigsten Einwanderungsländern Westeuropas mit einer bedeutenden Bevölkerung mit Migrationshintergrund. Kritik an der von Politiker*innen und Medien als unkontrolliert bezeichneten Einwanderung galt allerdings als einer der wesentlichen Gründe für den Ausgang des „Brexit"-Referendums, bei dem eine knappe Mehrheit für den Austritt aus der EU votierte. Aktuell organisiert Großbritannien sein Einwanderungssystem neu und setzt dabei vor allem auf die Zuwanderung von Hochqualifizierten.

Postkoloniale Migration
Einer der zentralen Einflussfaktoren für internationale Migration und die Entstehung transnationaler Netzwerke ist die Verbindung zwischen ehemaligen Kolonialmächten und ehemaligen kolonisierten Gebieten. Insbesondere Großbritannien, Frankreich oder Spanien, aber auch die Niederlande, Portugal, Italien und Deutschland kolonisierten zahlreiche Länder und Gebiete im globalen Süden. In einer ersten „Welle“ europäischer Ausdehnung seit dem 15. Jahrhundert wurden Gebiete in Nordamerika, Sibirien und Lateinamerika sowie Australien, Neuseeland und Südafrika besiedelt. In der zweiten Welle auf dem Gipfel des europäischen Hochimperialismus im 19. Jahrhundert war annähernd die gesamte nicht-westliche Welt kolonialisiert, wobei Afrika fast komplett unter europäischen Herrschern „aufgeteilt“ wurde (Ansprenger 1998, S. 55 f.). Während der Kolonialzeit migrierten zahlreiche Menschen zwischen dem Zentrum der Kolonialmächte und den Kolonien in der Peripherie, teils freiwillig für Ausbildung und Arbeit, größtenteils aber unfreiwillig vor dem Hintergrund von Sklaverei und Menschenhandel. Dadurch etablierten sich Migrationsmuster, die bis heute Gültigkeit besitzen – was am Beispiel der Migration aus der Karibik nachvollzogen werden kann: Menschen aus Jamaica immigrieren nach wie vor insbesondere nach Großbritannien, nach Frankreich kommen Migrant*innen aus Martinique und in die Niederlande vorwiegend Menschen aus Surinam (van Amersfoort 2008).
Zur Dekolonialisierung kam es maßgeblich nach dem Zweiten Weltkrieg, einerseits durch gewaltfreien Widerstand und halbwegs demokratische Teilhabeprozesse wie in Indien, Ghana, Senegal oder Mali, andererseits zu bewaffneten Kämpfen und Entkolonialisierungskriegen wie in Algerien, Kenia oder Angola. Mit der Dekolonialisierung stieg die Migration von ehemaligen Siedler*innen, Verbündeten und Kollaborateur*innen in die europäischen ehemaligen Kolonialzentren. Oftmals genossen und genießen Migrant*innen aus den ehemals besetzten Territorien mehr Einreise- und Aufenthaltsrechte alssolche aus anderen Staaten. Gleichzeitig überdauerte in vielen Fällen auch das Verhältnis zwischen Kolonisator und Kolonisiertem und spielt bis in die Gegenwart auf rechtlicher, sozialer und kultureller Ebene eine Rolle. In vielen Fällen bestimmt diese Beziehung noch immer

das Bild und das Leben von Migrant*innen aus dem globalen Süden (siehe hierzu Said 1978; Gilroy 1993; Bhabha 1994). Durch die globale Finanzkrise drehten sich diese Muster allerdings in einigen Fällen um – so stieg die Migration von Portugies*innen in die einstige Kolonie Angola an.

11.2.6 Niederlande

Die Niederlande sind/waren seit Jahrhunderten ein wichtiges Zielland der Migration, insbesondere dank einer im Vergleich mit anderen Ländern toleranten Politik gegenüber religiösen Minderheiten. Vor allem Protestant*innen und Juden bzw. Jüdinnen aus Spanien, Frankreich und anderen Ländern kamen ab dem 16. Jahrhundert auf das heutige Staatsgebiet und halfen dabei, aus einem maßgeblich ländlich geprägten Land ein ökonomisches und geistiges Zentrum Europas des 17. und 18. Jahrhundert zu formen (Maas 2014, S. 256 f.). Bis zum Zweiten Weltkrieg waren die Niederlande ein Einwanderungsland. Erst danach, als hohe Geburtenraten und wirtschaftliche Probleme viele Menschen zur Auswanderung drängten, überstiegen für kurze Zeit die Auswanderungs- die Einwanderungszahlen. Von 1945 bis 1969 emigrierten nahezu fünf Prozent der niederländischen Bevölkerung ins Ausland, insbesondere nach Kanada und Australien sowie in die USA und nach Südafrika (Ersanilli 2014, S. 2). Doch nachdem sich die niederländische Wirtschaft in den 1960er Jahren erholte, wurden wieder Arbeitskräfte benötigt. Zahlreiche Auswanderer*innen kehrten in ihr Herkunftsland zurück, darüber hinaus schloss die Regierung ab 1960 nach deutschem Vorbild bilaterale Anwerbeabkommen mit mehreren Herkunftsländern ab. Hauptherkunftsländer der Arbeitsmigration wurden die Türkei, Marokko und Spanien. Darüber hinaus nahm die Ein- und Rückwanderung aus den ehemaligen Kolonien zu, insbesondere aus Indonesien (etwa 300.000 Siedler und 12.500 Molukker) und aus Surinam, von wo in den ersten Jahren der Unabhängigkeit 1975 bis 1980 fast die Hälfte der allerdings sehr kleinen Bevölkerung in die Niederlande auswanderte (van Amersfoort und van Niekerk 2003).

Gleichzeitig gewährten die Niederlande relativ liberale Asylrechte, was zu einer Zunahme der Asylmigration bis in die 1980er Jahre führte. Auch die Familienzusammenführung und das Einbürgerungsrecht wurden traditionell liberaler gestaltet als in anderen europäischen Einwanderungsländern.

Mit der Einführung von weitreichenden Migrations- und Gesellschaftsreformen 1979/1980 wurde Multikulturalismus als Staatsprogramm eingeführt, der bis zur Jahrhundertwende als Vorbild für zahlreiche andere Einwanderungsländer galt (Thränhardt 2010). Die niederländische Spielart des Multikulturalismus baute maßgeblich auf dem „Poldermodell" auf und der sogenannten „Versäulung" unterschiedlicher gesellschaftlicher Gruppen (Michalowski 2005). Demnach stellen unterschiedliche kulturelle, religiöse oder politische Gesellschaftsgruppen (z.B. Katholik*innen, Protestant*innen, Sozialdemokrat*innen oder auch Einwanderer*innen) die Säulen der Gesellschaft, die relativ getrennt voneinander leben und denen weitreichende Selbstorganisationsrechte gewährt werden. Friso Wielenga vom Institut für Niederlandestudien in Münster beschreibt die Versäulung und die getrennten Lebenswelten anschaulich (Wielenga 2007): „Ein katholischer Junge besuchte natürlich katholische Schulen und wurde Mitglied eines katholischen Fußballvereins. Ebenso selbstverständlich verliebte er sich in ein katholisches Mädchen, das er auch heiratete. Er wählte die katholische Partei und war Mitglied der katholischen Gewerkschaft. Sein Sozialleben spielte sich im eigenen katholischen Kreis ab, ob es nun darum ging, Schach oder Dame zu spielen oder Ziegen zu züchten, für alle Freizeitbeschäftigungen gab es eigene katholische Organisationen. Er kaufte sein Brot bei einem katholischen Bäcker und natürlich kam am Ende eines reichen katholischen Lebens auch der Bestattungsunternehmer aus katholischem Hause. Von der Wiege bis zur Bahre blieb man innerhalb der eigenen Säule – ob katholisch, protestantisch oder sozialdemokratisch –, abgeschirmt von den anderen weltanschaulichen Säulen."

Erst nach der Jahrhundertwende nahmen die Niederlande vom Multikulturalismus als Staatsprogramm Abschied, nachdem die gesellschaftlichen Probleme um das Thema Einwanderung zunahmen und es zu einem Erstarken rechtspopulistischer Bewegungen und Parteien kam. Mit der Ermordung von Pim Fortuyn im Jahr 2002, der Identifikationsfigur der rechtspopulistischen Bewegung, polarisierte sich die Diskussion um Migration und Integration zunehmend, und die Migrations- und Integrationspolitiken wurden zunehmend restriktiver. Insbesondere die Partei für die Freiheit (Partij voor de Vrijheid) von Geert Wilders, der in Pim Fortyns Fußstapfen trat, betreibt eine Anti-Einwanderungsrhetorik, mit der sie die etablierten Parteien in den Niederlanden vor sich hertreibt (Knauß 2017).

11.2.7 Schweden

Schweden ist ein klassisches Beispiel für einen Wohlfahrtsstaat skandinavischer Prägung. Insbesondere aufgrund seiner starken Wohlfahrtsstaatstradition garantiert es nicht nur der einheimischen Bevölkerung, sondern auch Einwanderer*innen soziale Rechte auf einem relativ hohen Niveau. Gleichwohl wird seine Migrationspolitik von einer immer restriktiveren Kontrollpolitik geprägt, was ab 1995 auch eng mit der EU-Migrationspolitik zusammenhing (Hammar 2003, S. 234-236).

Schweden wurde in den 1930er Jahren vom Aus- zum Einwanderungsland, als insbesondere rückkehrende Migrant*innen aus den USA sowie Geflüchtete nach Schweden kamen. Nach dem Zweiten Weltkrieg benötigte die schwedische Wirtschaft wie die anderen OECD-Länder Arbeitskräfte, die zunächst aus den Nachbarstaaten kamen und mit denen Schweden seit 1954 im Gemeinsamen Nordischen Arbeitsmarkt verbunden war. Bei anhaltendem Wirtschaftswachstum wurden Arbeitskräfte zunehmend auch aus Südeuropa (Griechenland, Italien, Türkei und dem damaligen Jugoslawien) rekrutiert. Ein Gastarbeiter*innen-System, wie es in anderen Staaten angewandt wurde und auf einer mehr oder weniger strikten Rotation fußte, wurde in Schweden allerdings nicht angewendet. Nach den Grundprinzipien der Arbeiter*innenbewegung und des sozialdemokratischen Wohlfahrtsstaatsmodells genossen Einwanderer*innen, die dauerhaft in Schweden lebten, die gleichen Rechte wie schwedische Staatsbürger*innen (Hammar 2003, S. 235). Ausländische Arbeitskräfte erhielten nach zwei bis drei Jahren einen dauerhaften Aufenthaltstitel, der nach einigen Jahren in der Einbürgerung münden konnte. Anstatt dass wie in anderen Ländern mit einer Rückkehr der Arbeitsmigrant*innen gerechnet wurde, ging das schwedische Modell davon aus, dass die Einwanderer*innen im Land bleiben konnten (Hammar 2003, S. 240). Ab den 1980er Jahren nahm die Fluchtmigration nach Schweden zu, insbesondere irakische Kurd*innen und Bürgerkriegsgeflüchtete aus dem Libanon. Ein erster Höhepunkt wurde 1992 erreicht, als in Schweden 84.000 Geflüchtete aus dem ehemaligen Jugoslawien einen Asylantrag stellten. Ähnlich hoch waren die Antragszahlen im Jahr 2014, als das Land 81.000 Anträge auf Asyl registrierte (Parusel 2016, S. 10). Damit nahm Schweden im Jahr 2014 nach Deutschland die meisten Asylbewerber*innen auf. Gemessen an seiner Bevölkerungsgröße rangierte Schweden sogar an der Spitze, mit 8,4 Asylanträgen pro 1.000 Einwohner. Die Zahl wurde auf dem Höhepunkt der Fluchtmigration nach Europa im Jahr 2015 nochmals übertroffen. In diesem Jahr stellten 163.000 Menschen einen Asylantrag. Seit November 2015 verschärfte die Regierung zunehmend das Asylrecht und die Grenzkontrollen, wodurch die Zahl der neuregistrierten Geflüchteten drastisch zurückging (Parusel 2016, S. 14). Im Jahr 2019 stellten nur noch rund 22.000 Menschen einen Asylantrag in Schweden.[4]

Obwohl seit 2010 die rechtspopulistische Partei „Schwedendemokraten“ immer mehr an Einfluss gewinnt, bleibt die schwedische Migrations- und Integrationspolitik im Vergleich zu anderen europäischen Ländern relativ offen (Parusel 2016, S. 1 f.). So wird nach wie vor allen regulären Einwanderer*innen, die beabsichtigen, für mindestens ein Jahr im Land zu bleiben, der Zugang zum Gesundheitswesen, zur Sozialversicherung und zu anderen wohlfahrtsstaatlichen Leistungen garantiert, unabhängig von ihrem Aufenthaltstitel. Auf der anderen Seite gab es für schwedische Verhältnisse massive Einschränkungen im Schutz von Geflüchteten. Der schwedische Staat wie auch die skandinavischen Nachbarländer stehen vor der Herausforderung, Einwanderung und das „sozialdemokratische Wohlfahrtsstaatsmodell“ in Einklang zu bringen (Hammer 2003; Brochmann 2014).

11.3 „Latecomer of immigration“

11.3.1 Italien

Italien entwickelte sich in den letzten Jahrzehnten von einem der wichtigsten Auswanderungsländer weltweit zu einem der „stärksten Einwanderungsmagneten der Welt“ (Sciortino 2014, S. 366). In der zweiten Hälfte des 19. Jahrhunderts verließen insgesamt 14 Millionen Italiener*innen ihr Land (di Muzio 2012, S. 2). Die USA waren vor Argentinien und Brasilien mit Frankreich und Österreich-Ungarn das Hauptzielland der Migrant*innen. Mehr als die Hälfte aller Migrant*innen aus Übersee kehrten wieder in ihr Herkunftsland zurück. Zahlreiche Migrant*innen waren Saisonarbeitskräfte: Bis zum Herbst arbeiteten sie in der italienischen Landwirtschaft, brachten dort die Ernte ein und überquerten den Atlantik nach Argentinien, wo sie im Frühjahr eintrafen und wiederum bis zum Herbst arbeiteten, um wieder nach Italien zurückzukehren (Bade 2000, S. 163 f.). Dies brachte ihnen in Argentinien den Spitznamen „golondrinas“ (Schwalben) ein, in

4 Vgl. www.asylumineurope.org/reports/country/sweden/statistics.

den USA wurden sie „birds of passage" (Wandervögel) genannt. Auch nach dem Ersten Weltkrieg hielt die Auswanderung aus Italien an, allerdings in deutlich geringerem Umfang. Durch strikte Reglementierung der Einwanderung in die USA bildeten sich neue Zielländer heraus, insbesondere in Südamerika und Nordwesteuropa. Dies hatte auch mit der zunehmenden Industrialisierung Italiens zu tun, außerdem mit der Reglementierung der Auswanderung durch das faschistische Regime Mussolinis ab den 1920er Jahren. Viele Italiener*innen verließen das Land darüber hinaus in Richtung Ost- und Nordafrika, wo Italien von 1934/1935 bis 1941 größere Gebiete in Nord- und Ostafrika ((„Italienisch-Libyen", „Italienisch-Ostafrika", Äthiopien) kolonisierte. Nach dem Zweiten Weltkrieg nahm die Auswanderung weiter zu, und der italienische Staat förderte diese, indem er bilaterale Anwerbeabkommen zur Arbeitsmigration mit Belgien (1946), Frankreich und der Tschechoslowakei (1947), Argentinien (1948), mit Kanada und Australien (1951) und mit Deutschland (1955) abschloss.

Erst im Jahr 1973, als die meisten Länder Nordeuropas einen Anwerbestopp verordneten, kehrte sich der Trend um, und Italien verzeichnete erstmals einen positiven Wanderungssaldo (di Muzio 2012, S. 2). Das lag insbesondere daran, dass viele ehemalige Auswanderer*innen in ihr Herkunftsland zurückkamen. Aber auch in der Folge nahm die Zahl der Einwanderer*innen stetig zu, was auch mit dem steigenden Bedarf ausländischer Arbeitskräfte auf dem zweiten Arbeitsmarkt (in der so genannten Schattenökonomie, insbesondere in der häuslichen Pflege, der Land- und Bauwirtschaft) zusammenhängt. Die Einwanderer*innen stammen seit den 1980er Jahren insbesondere aus Marokko und dem Senegal, seit dem Fall des Eisernen Vorhangs und der EU-Osterweiterung auch aus Ländern Ost- und Südosteuropas. Der starke Bedarf an Arbeitskräften bei gleichzeitiger restriktiver Einwanderungspolitik führte bis heute zu einem kontinuierlichen Ansteigen der irregulären Einwanderung nach Italien (Sciortino 2003). Die irregulären Migrant*innen, die von den meisten wohlfahrtsstaatlichen Leistungen ausgeschlossen sind, wurden seit den 1990er Jahren immer wieder regularisiert, um einen Übergang zum regulären Aufenthaltsstatus zu gewährleisten.

11.3.2 Japan

Japan stellt in Bezug auf die Einwanderungspolitik eine Ausnahme unter den OECD-Ländern dar. Es ist die einzige westliche Demokratie, die seine wachsende Nachkriegsökonomie nicht auf ausländischen Arbeitskräften aufbaute. Bis heute verfolgt Japan eine Migrationspolitik der relativen Abschottung und hat aus diesem Grund keine vergleichbare Einwanderungserfahrung, wie sie am Beispiel Deutschlands, Frankreichs, Großbritanniens und der USA beschrieben wurde. Bis zum Zweiten Weltkrieg war Japan weitestgehend ein Auswanderungsland. Japaner migrierten vor allem aus wirtschaftlichen Gründen nach Nord- und Südamerika oder in asiatische Nachbarstaaten. Insbesondere Brasilien wurde zu einem wichtigen Zielland, wo die japanische Migrant*innengruppe mit ihren Nachkommen bis 1988 sogar auf 1,2 Millionen Menschen anwuchs (Vogt 2012, S. 3). Zwar verfügte Japan wie Frankreich und Großbritannien über Kolonien und damit einhergehend auch über Migrationsbewegungen zwischen Kolonie und Kolonialstaat, verlor diese allerdings nach dem Zweiten Weltkrieg. Das Bürgerrecht für die Einwohner*innen der ehemaligen Kolonien wurde, im Gegensatz zu den erwähnten Ländern, zeitnah abgeschafft. Aus diesem Grund verloren die meisten Angehörigen der beiden größten Migrant*innengruppen – 666.000 Koreaner*innen und 223.000 Chines*innen – nach dem Krieg die japanische Staatsbürgerschaft (Thränhardt 1999). Aufgrund der späten Industrialisierung Japans und der geografischen Lage als Insel hielt das Land jahrelang an einer Nicht-Einwanderungspolitik fest.

Obwohl Japan zu den ältesten Gesellschaften weltweit gehört und vor allem die Bau- und Unterhaltungsbranche nach Arbeitskräften verlangt, setzten sich die einflussreichen Industrieverbände nicht für ausländische Arbeitskräfte ein, auch weil sie die Niedriglohnarbeit maßgeblich in andere Länder auslagerten (Thränhardt 1999). Eine Folge dieser „Closed Door Policy" (Chung 2014, S. 399) war ein Ansteigen der irregulären Migration, insbesondere für Arbeitskräfte im Bausektor. Erst 1979 wurden erste legale Einwanderungsmöglichkeiten geschaffen, etwa über die Kategorie „Entertainment", wobei die Grenze zur Prostitution teils fließend war. Auf Druck der USA, die Japan in ihrem jährlichen Human trafficking-Report eine negative Einstufung verliehen, wurde diese Form der Migration allerdings stark eingeschränkt. Seit der Revision des japanischen Zuwanderungsgesetzes im Jahr 1990 vergrößerte sich die Migrant*innenbevölkerung in Japan stetig. Obwohl sich die ausländische Bevölkerung von 850.000 im Jahr 1985 auf über 2,2 Mio. Menschen im Jahr 2008 fast verdreifachte, bleibt der Anteil der Migrant*innen an der Gesamtbevölkerung auf geringem Niveau (Chung 2014). Sie machten im Jahr 2008 nur 1,7 Prozent (Vogt 2012, S. 3) und im Jahre 2018 rund zwei Prozent der Bevölkerung aus.[5] Insbesondere Migrant*innen aus ehemaligen Kolonien in China sowie Nachkommen der japanischen Auswanderer*innen in Brasilien stellen einen Großteil der Neuzuwanderer*innen. Umstritten sind „trainee"-Programme, die oft weniger der Fortbildung als der Ausbeutung billiger Arbeitskräfte dienen. Trotz der alternden Gesellschaft (seit 2005 schrumpft die Bevölkerung Japans) und der Arbeitskräftenachfrage der Industrie wird Einwanderung nach wie vor als Zeichen einer nationalen Krise verstanden.

11.4 Fazit

Die Beispiele haben gezeigt, dass es rechtsstaatlich verfassten Nationalstaaten immer schwerer fällt, den Prozess der Migration – ob Arbeits- oder Fluchtmigrant*innen – zu regulieren. Zwar behalten Nationalstaaten maßgeblich die Kontrolle über ihr Territorium, doch wird ihre Kapazität der Migrationskontrolle zum einen durch Klientelpolitik (insbesondere durch Wirtschaftsinteressen) und zum anderen durch rechtsbasierte Politiken auf nationaler und internationaler Ebene limitiert (Hollifield et al. 2014, S. 27). Auch das Gewähren von sozialen Rechten, etwa in Ländern mit einer starken Wohlfahrtsstaatstradition wie in Schweden, Frankreich oder Deutschland, verringert die Handlungsspielräume eine Kontrolle der Migration (Hammar 2003).

Die Entwicklung der internationalen Menschenrechte seit 1945 stärkt kontinuierlich die Rechte von Individuen vor dem Staat, auch von Migrant*innen. Wissenschaftler*innen und Jurist*innen sprechen vor diesem Hintergrund sogar von einer Herausbildung einer internationalen Rechtsperson, die Rechte jenseits von nationalstaatlichen Grenzen im Sinne einer „transnationalen Staatsbürgerschaft" (Bauböck 1994) besitzt. Ein Beispiel für die Bedeutung internationaler Menschenrechte für die nationale Migrationskontrollpolitik sind die Bemühungen von Deutschland und der Europäischen Union, die Zahl der Geflüchteten aus dem Nahen Osten zu regulieren. Zwar wollen einige Mitgliedsstaaten die Zahl und den Familiennachzug begrenzen, verstoßen dadurch aber gegen internationales Recht wie die Genfer Flüchtlingskonvention.

---

5 Vgl. www.oecd-ilibrary.org/sites/e025d47d-en/index.html?itemId=/content/component/e025d47d-en.

Auch wird die zunehmende globale Verflechtung der Wirtschaftsräume weiter einen hohen Grad an Migration mit sich bringen. Die zunehmende regionale und supranationale Integration von Wirtschaftsräumen, unter anderem im Rahmen der Europäischen Union oder des nordamerikanischen Freihandelsabkommen (North American Free Trade Agreement, kurz NAFTA), wird nicht nur zu einer freien Zirkulation von Gütern, Dienstleistungen und Kapital führen, sondern auch zur verstärkten Wanderung von Menschen. James Hollifield resümiert in einem Artikel mit Blick auf die deutsche Migrationspolitik (Hollifield 2014, S. 50): „Wenn Staaten Freihandel und Investitionen vorantreiben wollen, müssen sie deshalb auf eine Zunahme der Migration vorbereitet sein. Viele Staaten (wie z. B. Deutschland) sind offen und interessiert daran, ‚Eliten' -Migration zu fordern, weil sich die Zahlen steuern lassen und es wahrscheinlich ist, dass der politische Widerstand bei Zuwanderung von hochqualifizierten Gruppen eher klein ist. Bei einer großen Zahl ungelernter und weniger ausgebildeter Arbeitskräfte ist es dagegen sehr wahrscheinlich, auf politischen Widerstand zu stoßen. Dies gilt sogar auch für Branchen, in denen eine Arbeitskräftenachfrage besteht, wie etwa im Baugewerbe oder im Gesundheitswesen. In diesen Fällen neigen die Regierungen dazu, zu den alten Gastarbeitermodellen zurückzukehren, in der Hoffnung, gerade so viele zeitlich befristete Arbeitskräfte anzuwerben, um die Lücken auf dem Arbeitsmarkt zu schließen. Hier werden zumeist strikte Verträge zwischen ausländischen Arbeitnehmern und ihren Arbeitgebern geschlossen, die die Aufenthaltszeit und die Möglichkeit der Niederlassung oder der Familienzusammenführung begrenzen" (eigene Übersetzung).

Weiterführende Fragen und Literatur

Drei Fragen zum Weiterdenken

- Worin unterscheiden sich „nations of immigrants" and „countries of immigration"? Hat diese Unterscheidung Einfluss auf ihre Einwanderungspolitik?
- Ist Deutschland mittlerweile ein „echtes" Einwanderungsland oder nur ein Einwanderungsland „wider Willen"?
- Wieso wird Japan der „abweichende Fall" unter allen OECD-Ländern genannt? Und trifft dies weiterhin zu?

Drei Bücher zum Weiterlesen

James F. Hollifield/Philip L. Martin/Pia M. Orrenius (Hg.) (2014): Controlling Immigration. A global perspective. Third Edition. Stanford University Press: Standford, California.
Grundlagenwerk und mittlerweile ein internationaler „Klassiker" der vergleichenden Migrationsforschung.

Terri E. Givens/Rachel Navare/Pete Mohanty (2020): Immigration in the 21st Century: The comparative politics of immigration policy. London: Routledge.
Aktueller Band zur vergleichenden Migrationspolitik mit vielen Länderbeispielen.

Klaus J. Bade (2002): Europa in Bewegung. Migration vom späten 18. Jahrhundert bis zur Gegenwart. München: C.H. Beck.
Überblickswerk zu Migrationsbewegungen in Europa vom 18. bis ins 21. Jahrhundert.

12 Migrationspolitik der Europäischen Union[1]

Das Kapitel gibt einen Einblick in die Migrationspolitik der Europäischen Union. Welche Bereiche der Migrationspolitik sind bereits vergemeinschaftet? In welchen Bereichen haben die Nationalstaaten weiterhin das Sagen? Welche Freiheiten gibt es innerhalb der Europäischen Union zu migrieren? Worin liegen mögliche Probleme?

Mit ihrer gemeinsamen Migrationspolitik nimmt die Europäische Union weltweit eine Vorreiterrolle ein. Zuvor wurden Räume der Bewegungsfreiheit zwischen meist zwei oder wenigen Ländern geschaffen. Mit der EU wurde dagegen ein politischer Staatenverbund geschaffen, der die Migrationspolitik nach innen (zwischen den EU-Mitgliedsstaaten) und nach außen (aus Drittstaaten) gemeinsam regulieren möchte. In vergleichbaren regionalen Freihandelszonen – wie etwa der NAFTA – ist die Bewegungsfreiheit deutlich eingeschränkter, wie es am Beispiel der Grenze bzw. des Zauns zwischen USA und Mexiko deutlich wird (Thränhardt 2003).[2]

Dennoch zählt Migration zu den Politikfeldern der EU, die noch am wenigsten vergemeinschaftet sind. Das bedeutet, dass – jenseits der Binnenfreizügigkeit für EU-Bürger*innen – in diesem Fall die einzelnen Nationalstaaten noch relativ wenig Kompetenzen auf die europäische Ebene übertragen haben. Im Gegensatz zur Währungspolitik, bei der mit der Schaffung einer gemeinsamen europaweiten Währung viele Kompetenzen der Nationalstaaten an Brüssel abgegeben wurden, haben diese in Sachen Migrationspolitik gegenüber Migrant*innen aus Drittstaaten weitestgehend die Hoheit behalten.. Beim Versuch, die unterschiedlichen nationalen Politikansätze zu harmonisieren, wird viel mit EU-Richtlinien operiert. Das heißt, dass auf Europäischer Ebene zwar der Rahmen gesetzt wird, in dem sich die Mitgliedsstaaten bewegen sollen, bei der Umsetzung in nationales Recht haben die EU-Mitgliedsstaaten allerdings noch einen gewissen Spielraum.

1 Unter Mitarbeit von Stefan Metzger.

2 Demgegenüber ist die westafrikanische Wirtschaftsgemeinschaft ECOWAS (Economic Community of West African States) weiter fortgeschritten. Hier gibt es neben der (in der Praxis allerdings nicht immer gewährten) Arbeitnehmer*innenfreizügigkeit auch bereits einen gemeinsamen Pass.

In den letzten Jahren wird verstärkt auf eine Vergemeinschaftung der Asylpolitik gedrängt. Gleichzeitig stand sie kaum jemals so sehr in Frage wie vor dem Hintergrund der Fluchtmigration aus dem Nahen Osten und Afrika.

12.1 Migrationspolitik nach innen - Binnenmigration

Die Binnenmigration innerhalb Europas wurde maßgeblich in der Schengener Vereinbarung geregelt, die am 15. Juni 1985 im luxemburgischen Grenzort Schengen abgeschlossen wurde. Sie setzte sich zum Ziel, Personenkontrollen an den EU-Binnengrenzen abzubauen. Dazu sollten einheitliche Vorschriften zur Einreise und dem kurzfristigen Aufenthalt von Ausländer*innen im Schengen-Raum („Schengenvisum") sowie zur Gewährung von Asyl für Menschen aus Drittstaaten, gemeinsame Maßnahmen gegen grenzüberschreitenden Drogenhandel, polizeiliche Zusammenarbeit und die Zusammenarbeit der sog. Schengenstaaten im Justizwesen gestärkt werden. Die Öffnung der EU-Binnengrenzen ging mit einer stärkeren Kontrolle der EU-Außengrenze einher. So wurde in Schengen die Schaffung des Schengener Informationssystems vereinbart, das u. a. den Austausch von Fahndungsdaten ermöglicht.

Ursprünglich wurde das Schengener Abkommen zwischen Belgien, Frankreich, den Niederlanden, Luxemburg und Deutschland ausgehandelt. Mit dem Amsterdamer Vertrag von 1997 ging die Schengener Vereinbarung in den EU-Besitzstand ein und ist seither allgemeines EU-Recht (Zandonella 2005). Damit gilt es heute prinzipiell für alle EU-Staaten. Großbritannien und Irland entschieden sich allerdings dazu, dem Schengener Abkommen nicht beizutreten. Die EU-Länder Bulgarien, Kroatien, Rumänien und Zypern wollen dem Schengen-Raum demnächst beitreten. Mit Island, Liechtenstein, der Schweiz und Norwegen gehören auch nicht-EU-Mitgliedsstaaten zum Schengen-Raum. Laut EU-Informationsdienst sind die Landgrenzen des Schengen Raums mit mehr als 400 Millionen Einwohner*innen über 7700 Kilometer lang, die Seegrenzen knapp 42.700 Kilometer. Nach Angaben der EU-Kommission gibt es jedes Jahr etwa 1,25 Milliarden Reisen über die Grenzen innerhalb des Schengen-Raumes (EU-Info 2016).

Vorübergehend sind auch Grenzkontrollen möglich, was im Schengen-Grenzkodex festgelegt ist. Nach Artikel 23 kann ein Mitgliedsland „im Falle einer schwerwiegenden Bedrohung der öffentlichen Ordnung oder inneren Sicherheit" für einen begrenzten Zeitraum an seinen Grenzen wieder Personenkontrollen einführen. Die Maßnahmen dürfen allerdings höchstens 30 Tage dauern bzw. nur solange, wie die „schwerwiegende Bedrohung" besteht. In der Vergangenheit wurde diese Klausel etwa bei politischen Gipfeltreffen oder bei Fußballspielen genutzt, um gewaltbereiten Hooligans die Einreise zu verweigern. Im Kontext der Fluchtmigration in den letzten Jahren wurden die Schengen-Regeln ebenfalls wiederholt außer Kraft gesetzt. Im Frühjahr 2020 wurden Grenzen als Reaktion auf die Corona-Pandemie geschlossen.

12.1.1 Arbeitnehmer*innenfreizügigkeit

Mit der Schaffung einer Europäischen Wirtschaftsgemeinschaft von 1957 ging die Idee einher, dass nicht nur Waren, Kapital und Dienstleistungen frei verkehren können, sondern auch Personen. Schon die „Europäische Gemeinschaft für Kohle und Stahl" (EGKS), die 1951 zwischen Deutschland, Frankreich, Italien und den Benelux-Staaten gegründet wurde, hatte zum Ziel, auf lange Frist einen gemeinsamen Binnenmarkt mit Bewegungsfreiheit zu schaffen. Als im Jahr 1968 eine gemeinsame Zollunion in Kraft trat, wurde eine Freizügigkeit für Arbeitnehmer*innen geschaffen, die mit gewissen Übergangsfristen auch für die Bürger*innen neuer EU-Mitgliedsstaaten galt. Seither genießen Bürger*innen prinzipiell das uneingeschränkte Recht, sich in einem anderen Mitgliedstaat niederlassen und eine Beschäftigung aufnehmen zu können. Dabei stellten sich folgende Fragen, die einer Regelung bedurften und die teilweise Gegenstand von politischen und gesellschaftlichen Debatten waren: Welche Gesetze gelten und welche Rechtsansprüche haben die Arbeitnehmer*innen in den anderen Mitgliedsstaaten? Gilt nach dem Arbeitsortprinzip der gleiche Lohn am gleichen Ort? Oder werden die Arbeitnehmer*innen nach Standards des Landes bezahlt, in dem das Unternehmen angesiedelt ist? Wie sind die sich frei bewegenden Arbeitnehmer*innen in anderen Ländern versichert?

Während man bei dem Beitritt mittel- und nordeuropäischer Staaten von 1973 (Großbritannien, Irland und Dänemark) und 1995 (Österreich, Schweden und Finnland) auf Übergangsfristen verzichtete, vermutete man bei der Süd- und Ostererweiterungen allein aufgrund der enormen Lohn- und Arbeitskostenunterschiede größere Migrationsbewegungen.

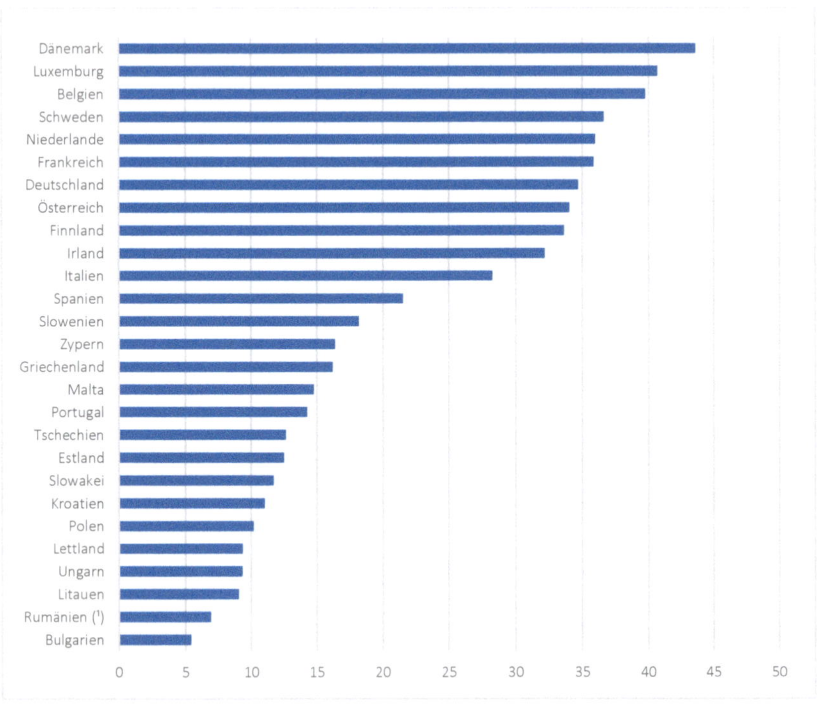

Abbildung 30: Arbeitskosten in der EU 2018 (geschätzte Kosten pro Stunde in €)
Quelle: Eurostat.

Vor allem die direkten Anrainerstaaten wie Deutschland und Österreich befürchteten eine erhebliche Einreise von Arbeitskräften und machten sich für Übergangsfristen stark, die jeder Mitgliedsstaat selbst gestalten konnte. Nach dem Beitritt 1981 erhielt Griechenland erst 1987 die Arbeitnehmer*innenfreizügigkeit, Spanien und Portugal nach ihrem Beitritt 1985 im Jahr 1992. Für die neuen EU-Mitgliedsstaaten Polen, Tschechien, Ungarn, die Slowakei, Slowenien, Estland, Lettland und Litauen sowie für Rumänien und Bulgarien wurde ebenfalls eine Übergangsfrist der Arbeitnehmer*innenfreizügigkeit verhängt. Nach einer sogenannten „2-3-2-Jahresformel" war es den bisherigen Mitgliedsstaaten möglich, insgesamt sieben Jahre die Freizügigkeit aus den neuen Mitgliedsstaaten einzuschränken. Deutschland etwa machte von dem Recht Gebrauch und beschränkte die Arbeitnehmer*innenfreizügigkeit für Bürger*innen aus Rumänien und Bulgarien nach deren

Beitritt im Jahr 2007 bis Ende 2013. Insbesondere bei der EU-Osterweiterung wurde die Arbeitnehmer*innenfreizügigkeit heftig diskutiert.

Während in Frankreich im Frühjahr 2005 über einen bevorstehenden „Ansturm des polnischen Klempners“ diskutiert wurde,[3] fürchtete Deutschland insbesondere billige Arbeitskräfte im Baugewerbe. Im Jahr 2004 erwarteten beispielsweise 75 Prozent der Deutschen nach der EU-Osterweiterung einen Anstieg der Arbeitslosigkeit. Lediglich 28 Prozent begrüßten die Erweiterung (Heinen und Pegels 2006). Länder wie Großbritannien, Schweden und Irland hingegen öffneten ihre Arbeitsmärkte direkt nach dem EU-Beitritt der osteuropäischen Staaten im Mai 2004 (Clark und Hardy 2011; Hughes 2011). Sie wurden nach der EU-Osterweiterung zu maßgeblichen Zielländern der Migration aus Osteuropa, wovon nicht nur die Migrant*innen selbst, sondern auch die Herkunftsländer maßgeblich profitierten (BpB 2019). Nach dem sog. Brexit-Referendum, wonach sich eine Mehrheit der britischen Wähler*innen für einen EU-Austritt aussprach, ist auch die EU-Arbeitnehmer*innenfreizügigkeit in Gefahr. Dies wirft grundlegende Fragen auf: Welchen Weg wird Großbritannien einschlagen? Folgt das Land dem Modell Norwegens und ist weiterhin an den Schengenraum angegliedert? Oder wird es ganz aus dem Schengenraum austreten? Welche Folgen hätte das für die britische und auch die europäische Wirtschaft?

12.1.2 Dienstleistungsfreiheit

Eng verbunden mit der Arbeitnehmer*innenfreizügigkeit ist die Dienstleistungsfreiheit, die neben der Personenfreizügigkeit, der Waren- und Kapitalverkehrsfreiheit zu den vier Grundfreiheiten des Europäischen Binnenmarktes zählt. Sie gilt sowohl für Bürger*innen von EU-Mitgliedsstaaten, die in einem anderen EU-Mitgliedsstaat niedergelassen sind und dort eine Dienstleistung erbringen, als auch für EU-Bürger*innen, die in einem anderen Mitgliedstaat eine Dienstleitung anbieten. Besonders kontrovers diskutiert war die nach dem damaligen Binnenmarktkommissar benannte Bolkestein-Richtlinie (Hunger 2000). Diese Richtlinie ist Teil der Lissabon-Strategie von 2000, die mehr Konkurrenz und Wettbewerb in der europäischen Wirtschaft fördern und Wettbewerbshindernisse abbauen wollte (Lorenz 2010, S. 16). Nachdem die EU-Kommission 2004 einen Richt-

3 Siehe Süddeutsche Zeitung 2010 unter www.sueddeutsche.de/kultur/arbeitskraefte-heute-wer-hat-angst-vor-dem-polnischen-klempner-1.440164.

linien-Entwurf auf den Weg brachte, kam es zu kontroversen öffentlichen Debatten in den Mitgliedsstaaten. Während die eine Seite in der Richtlinie eine Komplementierung des Binnenmarkprojektes sah, fürchtete die andere Seite Lohndumping und einen Verfall von Qualitätsstandards.

Insbesondere in Frankreich wurde der Richtlinienentwurf scharf kritisiert, wobei mit dem oben erwähnten Schreckgespenst des „polnischen Klempners" (*le plombier polonais*) Stimmung gemacht wurde. Nachdem auch das europäische Parlament gegen die Richtlinie stimmte, verabschiedete der Europäische Rat Ende 2006 eine abgeschwächte Version. Der wesentliche Inhalt ist, dass jede Person, die in einem europäischen Land ein Gewerbe ausübt, diese Dienstleistung auch in den anderen EU-Mitgliedstaaten anbieten darf (Haase und Jugl 2008). Entgegen dem ersten Entwurf der Richtlinie gelten dabei die Standards des Landes, in dem die Dienstleistung angeboten wird, z. B. Mindestlohn, Arbeitszeit, Sozialleistungen oder Bauvorschriften. Diese Regelung wurde allerdings teilweise durch die Niederlassungsfreiheit – eine weitere Grundfreiheit im EU-Vertrag – konterkariert.

12.1.3 Niederlassungsfreiheit

Demnach umfasst die Niederlassungsfreiheit „das Recht zur Aufnahme und Ausübung selbstständiger Erwerbstätigkeiten sowie zur Gründung und Leitung von Unternehmen, Zweigniederlassungen oder Tochtergesellschaften durch Angehörige eines Mitgliedstaates im Hoheitsgebiet eines anderen Mitgliedstaates" (Lorenz 2010, S. 20). Im Gegensatz zur Dienstleistungsfreiheit muss es sich dabei um eine dauerhafte Tätigkeit handeln, die von einer festen Einrichtung aus durchgeführt wird. Die Niederlassungsfreiheit bietet jedoch auch Möglichkeiten des Missbrauchs, insbesondere durch Scheinselbstständigkeiten und „vorgetäuschte Entsendungen" von Arbeitnehmer*innen (Hunger 2001). Zudem können durch die Niederlassungsfreiheit Sozialleistungen im Zielland bezogen werden, wie z. B. Kindergeld. In der politischen Gestaltung der Niederlassungsfreiheit war es den Gesetzgeber*innen in den EU-Mitgliedsstaaten ein Anliegen, solchen Missbrauchsfällen vorzubeugen. In Deutschland etwa wurde unter Federführung des Bundesministeriums für Finanzen sowie des Bundesministeriums für Arbeit und Soziales eine „Task Force zur Bekämpfung des Missbrauchs der Dienstleistungs- und Niederlassungsfreiheit" (Lorenz 2010) eingeführt.

In diesem Zusammenhang wurde in den letzten Jahren zunehmend der Umgang mit der Migration der so genannten „Armutsflüchtlinge“[4] diskutiert. Insbesondere seit dem EU-Beitritt Rumäniens und Bulgariens kommen verstärkt Migrant*innen aus den südosteuropäischen Ländern in den Norden. Obwohl die Arbeitnehmer*innenfreizügigkeit bis zum 1. Januar 2014 eingeschränkt war, wanderten zahlreiche Menschen nach Nordeuropa, unter ihnen viele Angehörige der Gruppe der Romnja und Roma, die in ihren Herkunftsländern oftmals von Diskriminierung und Armut betroffen sind. Die Einwanderung löste in vielen EU-Mitgliedsstaaten heftige politische Diskussionen aus (SVR 2013, S. 129 ff.). So kündigte die französische Regierung 2010 an, Roma aus Bulgarien und Rumänien mit irregulärem Aufenthaltstitel in ihre Herkunftsländer abzuschieben. In Deutschland waren einige Kommunen von der Roma-Einwanderung betroffen, vor allem Berlin und einige Städte im Ruhrgebiet. Insbesondere der Duisburger Stadtteil Hochfeld war mit dem Zuzug von 4.000 Roma, was einem Viertel der Bevölkerung entspricht, und deren sozialpolitischer Betreuung stark beansprucht. Als im Laufe des Jahres 2015 immer mehr Migrant*innen nach Deutschland kamen, waren darunter auch zahlreiche Menschen aus Südosteuropa. Wurden Geflüchtete aus Syrien aus dem Nahen Osten weitestgehend willkommen geheißen, bezeichnete man die Migrant*innen aus Südosteuropa oftmals abwertend als „Armutsflüchtlinge“, die nach negativem Asylbescheid in die Herkunftsländer abgeschoben werden sollten.

Wichtige Entwicklungsschritte der EU in Jahresdaten

1957 Römische Verträge

Gründung der EG von Deutschland, Frankreich, Italien und die Beneluxstaaten. Schaffung eines gemeinsamen Marktes mit dem Ziel, Handelsbarrieren zu reduzieren und die Bewegungsfreiheit von Gütern, Dienstleistungen, Kapital und Personen zu fördern.

1973 Erste Erweiterung

Dänemark, Irland und England treten zur EG bei (jetzt 9 Mitgliedsstaaten).

4 Siehe „Die Welt“ 2013 unter www.welt.de/politik/deutschland/article115607185/Innenminister-will-Armutsfluechtlinge-stoppen.html.

1975 Trevi Gruppe
Informelle Kooperation zu Sicherheitsfragen, außerhalb der EG-Verträge.
1981 Zweite Erweiterung
Griechenland tritt der EG bei (jetzt 10 Mitgliedsstaaten).
1985 Schengener Abkommen
Benelux-Staaten, Frankreich und Deutschland beschließen eine Reduzierung der Grenzkontrollen und mehr Kooperation bei der Grenzsicherung
1986 Einheitliche Europäische Akte
Definiert Europa als einen Raum ohne interne Grenzen und Bewegungsfreiheit für Güter, Dienstleistungen, Kapital und Personen.
1986 Dritte Erweiterung
Portugal und Spanien treten der EG bei (jetzt 12 Mitgliedsstaaten).
1990 Dubliner Übereinkommen zur Festlegung des „One stop"-Prinzips des europäischen Asylsystems (in Kraft seit 1997).
1992 Vertrag von Maastricht
Schaffung einer intergouvernemantalen Säule „Recht und Inneres", inklusive Einwanderung und Asyl.
1995 Vierte Erweiterung
Österreich, Finnland und Schweden treten der EU bei (jetzt 15 Mitgliedsstaaten).
1999 Vertrag von Amsterdam
Definiert die EU als „Raum der Freiheit, der Sicherheit und des Rechts"; Einbindung des Einwanderungs- und Asylkapitels sowie der Schengen-Vereinbarung in den Hauptvertrag.
1999 Tampere-Programm
Vereinbarung der Regierungschefs eines 5-Jahres-Plans, um die Amsterdam-Bestimmungen zu Einwanderung und Asyl umzusetzen.
2001 Vertrag von Nizza
Reform der Entscheidungsfindung, u. a. im Bereich Einwanderung und Asyl.
2003 Dublin-II-Verordnung
Weiterentwicklung eines Gemeinsamen Europäischen Asylsystems.
2004 Den Haag-Programm
Zweiter 5-Jahres-Plan über internationale Sicherheit, inklusive der Themen Einwanderung und Asyl.

2004 Fünfte Erweiterung
Zypern, die Tschechische Republik, Estland, Ungarn, Lettland, Litauen, Malta, Polen, Slowakei und Slowenien treten der EU bei (jetzt 25 Mitgliedsstaaten).
2008 Sechste Erweiterung
Bulgarien und Rumänien treten der EU bei (jetzt 27 Mitgliedsstaaten).
2009 Vertrag von Lissabon
Bringt die Bereiche Einwanderung und Asyl vollständig in den institutionellen Rahmen der EU.
2010 Stockholm-Programm
Dritter 5-Jahresplan für internationale Sicherheit, Einwanderung und Asyl.
2013 Siebte Erweiterung
Kroatien tritt der EU bei (auf 28 Mitgliedsstaaten).
2014 Dublin-III-Verordnung
Vorläufig letzte Weiterentwicklung des Gemeinsamen Europäischen Asylsystems.
2020 Brexit
Austritt Großbritanniens aus der EU (jetzt 27 Mitgliedsstaaten).

Quelle: Geddes 2014, S. 434.

12.1.4 EU-Staatsbürger*innenschaft bzw. Unionsbürger*innenschaft

Der Begriff der Unionsbürger*innenschaft wurde mit dem Vertrag von Maastricht eingeführt. In Artikel 17 des Vertrages heißt es: „Es wird eine Unionsbürgerschaft eingeführt. Unionsbürger ist, wer die Staatsangehörigkeit eines Mitgliedstaats besitzt. Die Unionsbürgerschaft ergänzt die nationale Staatsbürgerschaft, ersetzt sie aber nicht" (EU 1992). Die dahinterstehende Idee ist, dass Menschen, die in einem gemeinsamen Rechtsraum leben, auch über die gleichen Rechte verfügen, beispielsweise unbegrenzte Reise- und Aufenthaltsfreiheit innerhalb der EU, Diskriminierungsverbot oder das Wahlrecht bei Kommunal- und Europawahlen. Mit der Unionsbürger*innenschaft wurde jeder und jedem Unionsbürger*in das Recht garantiert, sich auch ohne Erwerbszweck innerhalb der EU frei bewegen zu können. Im Rahmen des Vertrags von Maastricht wurde auch das aktive und passive

Wahlrecht für Unionsbürger*innen bei Kommunal- und Europawahlen eingeführt. Das bedeutet, dass jede*r Unionsbürger*in in dem Land, in dem er oder sie lebt, an den jeweiligen Kommunalwahlen teilnehmen darf. In 14 Mitgliedsstaaten, u. a. in Belgien, den Niederlanden und Schweden, ebnete die Einführung des kommunalen Wahlrechts für Bürger*innen anderer EU-Staaten auch den Weg zur Einführung dieses Rechts für Drittstaatsangehörige (Groenendijk 2014). In 13 von 27 EU-Mitgliedsstaaten, u. a. Deutschland, Frankreich oder Italien, bleibt das Kommunalwahlrecht allerdings EU-Staatsbürger*innen vorbehalten. Außerdem können Unionsbürger*innen an Wahlen zum europäischen Parlament teilnehmen. Neben den erweiterten Rechten stellt sich die Frage, inwiefern eine Unionsbürger*innenschaft auch einer gemeinsamen EU-Identität Vorschub leistet.

12.2 Migration von außen bzw. Migration aus Drittstaaten

Während die Bewegungsfreiheit und die Migration innerhalb der EU seit der Gründung der Union ein zentrales Element ist, ist die Regulierung der Migration von außen ein relativer „Newcomer", der erst seit den 1990er Jahren auf EU-Ebene angegangen wird (Boswell und Geddes 2010, S. 1–18). Insbesondere in den letzten Jahren gewinnt die EU-Migrationspolitik gegenüber Drittstaatsangehörigen zunehmend an Bedeutung. Institutionell haben die Mitgliedsstaaten vermehrt Kompetenzen aus verschiedenen Politikfeldern auf die europäische Ebene delegiert (Bendel 2009). Dennoch beharren einige EU-Mitgliedsstaaten auf ihrem Recht, Einwanderung auch zukünftig national zu regulieren.

Die Grundlagen der europäischen Migrationspolitik wurden mit den oben erwähnten Verträgen von Maastricht und Amsterdam gelegt. Dabei wurde erstmals eine gemeinsame Innen- und Justizpolitik entworfen. Langfristig solle ein „Raum der Freiheit, Sicherheit und des Rechts" (EU 1997) entwickelt werden. Dazu legte sich der Rat der Europäischen Union im Jahr 1999 ein fünfjähriges Arbeitsprogramm auf, das in einem „Gesamtansatz zur Migrationsfrage" mündete. Darin heißt es, dass

> *„Migrationsfragen für die EU und ihre Mitgliedstaaten immer wichtiger werden und dass die jüngsten Entwicklungen in einigen Mitgliedstaaten zu wachsender Besorgnis in der Öffentlichkeit geführt haben. Er unterstreicht die Notwendigkeit, einen ausgewogenen und kohärenten Gesamtansatz zu verfolgen, der Maßnahmen zur Bekämpfung der irregulären Einwanderung umfasst und in Zusammenarbeit mit*

den Drittländern die Vorteile der legalen Migration nutzbar macht. Er erinnert daran, dass Migrationsfragen einen zentralen Aspekt der Beziehungen zwischen der EU und zahlreichen Drittländern darstellen, zu denen insbesondere die Nachbarregionen der Union namentlich im Osten, im Südosten und im Mittelmeerraum gehören, und weist darauf hin, wie wichtig es ist, diesen Politikfeldern Finanzmittel in angemessener Höhe zuzuweisen. Die EU wird den Dialog über Migrationsfragen einschließlich der Organisation der Rückkehr und die entsprechende Zusammenarbeit mit all diesen Ländern im Geiste der Partnerschaft vertiefen und hierbei den Gegebenheiten in den einzelnen betroffenen Ländern Rechnung tragen" (EP/ER 2005, S. 12).

In diesem Sinne wurden vier Teilbereiche abgesteckt, in denen Maßnahmen erarbeitet werden sollen: Asyl (1), Migration und Integration (2), Migration und Entwicklung (3) und Grenzkontrollen und irreguläre Migration (4). Die Maßnahmen sollen dabei so ausgestaltet werden, dass die Grundrechte der Migrant*innen garantiert werden können: „Es muss etwas unternommen werden, um die illegalen Migrationsströme und die Zahl der Todesfälle zu verringern, die sichere Rückkehr illegaler Einwanderer*innen zu gewährleisten, bessere dauerhafte Lösungen für Flüchtlinge zu finden und Kapazitäten für eine bessere Steuerung der Migration – auch durch Maximierung der Vorteile der legalen Migration für alle Partner – aufzubauen, wobei die Menschenrechte und das individuelle Recht auf Asyl uneingeschränkt zu wahren sind" (EP/ER 2005, S. 21). Dieser „Spagat" (Bendel 2009) der Grundrechtwahrung auf der einen und der Migrationskontrolle auf der anderen Seite bestimmt die Migrationspolitik der Europäischen Union seither (Hollifield et al. 2014, Geddes 2014).

12.2.1 Asyl

Im Laufe der 1990er Jahre und vor dem Hintergrund der Balkan-Kriege wurde zunehmend versucht, ein gemeinsames System mit einem harmonisierten Vorgehen beim Asylverfahren, einem einheitlichen Schutzstatus und gegenseitige Anerkennung von Asylentscheidungen anderer EU-Staaten zu etablieren (Boswell und Geddes 2010, S. 150 f.). Obwohl das Thema Asyl für fast alle EU-Mitgliedsstaaten von hoher Relevanz ist, waren insbesondere die Länder an einer europäischen Regulierung interessiert, die in der Vergangenheit am stärksten von Fluchtmigration betroffen waren. So wurde die Asyl-Harmonisierung seit den 1990er Jahren maßgeblich von Deutschland, den Niederlanden und Großbritannien vorangetrieben.

Kernstück des EU-Asylsystems waren die Dubliner Übereinkommen und Verordnungen.

Das Dubliner Übereinkommen ist ein EU-Vertrag, den 1990 zahlreiche EU-Mitgliedsstaaten schlossen, um das Asylverfahren von Drittstaatsangehörigen zu vereinheitlichen. Es trat für diese Staaten im September 1997 in Kraft und wurde im März 2003 durch die so genannte Dublin-II-Verordnung abgelöst (Hüttmann und Wehling 2013). Alle Mitgliedsstaaten sowie die Nicht-EU-Staaten Norwegen, Island und die Schweiz übernahmen die Regelungen, wonach nur der Staat für das Asylverfahren zuständig ist, in den der oder die Asylbewerber*in als erstes eingereist ist bzw. registriert wurde. Diese Regelung folgt dem Prinzip, dass der Staat für das Asylverfahren zuständig ist, der die Einreise „veranlasst" bzw. „nicht verhindert". Falls der/die Asylsuchende dennoch einen Asylantrag in einem anderen EU-Mitgliedsstaat stellt, wird das Asylverfahren dort nicht begonnen, sondern der/die Asylsuchende an den zuständigen Staat „überstellt".

Durch einen Datenaustausch der nationalen Asylbehörden sollte verhindert werden, dass Asylbewerber*innen mehrere Asylanträge in unterschiedlichen EU-Mitgliedsstaaten stellen („one state only"), was in der öffentlichen Debatte als „Asylshopping"[5] verunglimpft wurde. Im Januar 2014 trat die Dublin-III-Verordnung in Kraft. Seither werden in der Eurodac-Datenbank die Fingerabdrücke aller Asylbewerber*innen aufgenommen, um Fragen der Zuständigkeit (in welchem Staat muss der Asylantrag gestellt werden?) zu erleichtern. Diese Zuteilung nach Ersteinreise basiert auf der Voraussetzung, dass in allen EU-Mitgliedstaaten ähnliche Aufnahme- und Schutzstandards herrschen (Bendel 2009, S. 26 f.). In der Kritik standen immer wieder die unterschiedlichen Standards der Asylverfahren und der Asylbewerber*innenunterbringung. Fraglich ist dabei, ob Asylbewerber*innen in solche Staaten zurückgeführt werden dürfen, die EU-Standards nicht einhalten. Werden dabei die Menschenrechte – bzw. die Rechte von Geflüchteten gewahrt? Was passiert mit den Familienmitgliedern? Und können Asylbewerber*innen hohe Standards garantiert werden, ohne dass es zu einer „Schutzlotterie"[6] für die Beteiligten wird?

Seit 2014 stiegen die Zahlen der Asylbewerber*innen in der Europäischen Union deutlich an. Im Jahr 2015 kamen mehr als 1 Million Geflüchtete

---

5 Vgl. Die Welt 2018 unter www.welt.de/politik/deutschland/article175398887/Unerlaubte-Einreise-Die-Politik-nimmt-das-Asyl-Shopping-ins-Visier.html.

6 Siehe Die Welt 2018 unter www.welt.de/politik/deutschland/article146679134/In-den-Untiefen-der-europaeischen-Schutzlotterie.html.

nach Europa (Eurostat 2020). Viele davon landeten mit dem Schiff in Italien, der Großteil im Jahr 2015 reiste über Griechenland ein. Bis Oktober 2015 gelangten die meisten Geflüchteten über die sogenannte „Balkanroute" nach Nordeuropa, d.h. über Griechenland, Serbien, Slowenien oder über Bulgarien, Rumänien, Serbien, Slowenien nach Österreich. Der Großteil der Geflüchteten kam nach Deutschland, nachdem sich die Bundeskanzlerin Angela Merkel im September 2015 öffentlich für die Aufnahme von Geflüchteten ausgesprochen hatte. Knapp 500.000 stellten allein im Jahr 2015 in Deutschland einen Antrag auf Asyl (BAMF 2020). Neben Deutschland nahmen Schweden, die Schweiz und die Niederlande zahlreiche Geflüchtete auf, insbesondere auch im Verhältnis zu der Einwohner*innenzahl der Länder. Während in diesen Staaten ab 2014 die Zahlen der Asylanträge deutlich in die Höhe gingen, nahmen die Aufnahmezahlen in anderen EU-Mitgliedsstaaten wie Frankreich, Malta oder Polen sogar ab. Manche EU-Mitgliedsstaaten führten zwischenzeitlich auch wieder Grenzkontrollen ein. Diese Situation forderte nicht nur die erreichte Harmonisierung der Bewegungsfreiheit innerhalb der Europäischen Union heraus, die seit dem Schengener Abkommen sowohl auf einer freien Bewegung von Gütern, als auch von Menschen beruht. Sie stellte auch das europäische Asylsystem und das humanitäre Selbstverständnis Europas in Frage. Immer wieder schockieren Fotos und Berichte aus provisorischen Zeltlagern auf den griechischen Inseln, in denen zur Zeit bis zu 20.000 Geflüchtete auf ihre Weiterreise nach Nordeuropa unter lebensunwürdigen Bedingungen warten.[7]

Seither ist das europäische Asylsystem in der Krise. Gerade die Mittelmeerstaaten wie Italien, Zypern oder Griechenland waren und sind aufgrund der großen Anzahl an Asylbewerber*innen sichtbar überfordert. Im Krisenjahr 2015 entwarf die Europäische Kommission daher eine Europäische Migrationsagenda mit zahlreichen Lösungsvorschlägen (Bendel 2015). Um die anlandenden Geflüchteten möglichst schnell zu registrieren und über ihren Asylantrag zu befinden, wurden sogenannte Hotspots in Griechenland und in Italien eingerichtet, wo u.a. auch über eine Rückführung in die Türkei entschieden wurde. Vereinbart wurde zudem die Verteilung von 160.000 Geflüchteten aus Italien und Griechenland auf andere EU-Mitgliedsstaaten bis 2017, was jedoch vor allem von den vier Visegrád-Staaten Polen, Tschechien, Slowakei und Ungarn vehement abgelehnt wurde. Im Rahmen

---

7 Vgl. www.dw.com/de/corona-krise-griechische-fl%C3%BCchtlingslager-eine-zeitbombe/a-52970589.

dieses Programms wurden bis Oktober 2018 jedoch rund 34.700 Menschen von anderen EU-Staaten (insb. Deutschland, Frankreich und Schweden) aufgenommen. Die Visegrád-Staaten übernahmen keine Geflüchteten. Auch eine finanzielle Ausgleichszahlung lehnten sie ab. Eine Neuregelung der EU-Asylpolitik ist zu diesem Zeitpunkt völlig offen. In den Jahren 2017/2018 entfielen die meisten Asylanträge noch immer auf Deutschland und Frankreich, gefolgt von Griechenland, Spanien und Italien.

Eine immer größere Rolle bei der EU-Asylpolitik nimmt die Kooperation mit Drittstaaten ein. Ende November 2015 vereinbarte die EU eine gemeinsame flüchtlingspolitische Agenda. Dabei vereinbarte sie mit der türkischen Regierung den sogenannten EU-Türkei-Deal. Dieser sah vor, dass die Türkei all diejenigen Geflüchteten zurücknimmt, die irregulär nach Griechenland über die Ägäis in die EU gekommen sind. Im Gegenzug verpflichtete sich die EU, im gleichen Umfang syrische Geflüchtete aus der Türkei aufzunehmen. Darüber hinaus verpflichtete sich die EU in zwei Schritten bis zu sechs Milliarden Euro an die Türkei für die Versorgung der Geflüchteten zu zahlen. Mit Inkrafttreten des Abkommens nahmen die Asylbewerber*innenzahlen in der EU deutlich ab. 2020 lief das Abkommen aus, und es sind erneut viele Geflüchtete aus der Türkei Richtung Griechenland gewandert, wo sie allerdings unter Gewaltanwendung von einem Grenzübertritt abgehalten wurden. Darauf wurde über eine Verlängerung bzw. eine Neuauflage des Abkommens verhandelt. Ähnliche Abkommen hatten die EU-Mitgliedsstaaten Italien und Spanien mit den EU-Anrainerstaaten Libyen (Italien) und Marokko (Spanien) vereinbart. Beide nordafrikanischen Transitländer verpflichteten sich, Geflüchtete an der Weiterreise nach Europa zu hindern, und erhielten im Gegenzug Geld und Knowhow, um ihren Grenzschutz aufzurüsten.

Darüber hinaus versucht die Europäische Union eine Reihe von Anrainerstaaten als „sichere Drittstaaten" einzustufen. Der Begriff des sicheren Drittstaates stammt ursprünglich aus dem deutschen, österreichischen und schweizerischen Asylrecht und wurde in Deutschland seit dem sogenannten Asylkompromiss von 1992 angewendet. Er bezieht sich auf Staaten, in denen weder politische Verfolgung noch „unmenschliche oder erniedrigende Bestrafung und Behandlung stattfindet" (GG 16a). Asylanträge von Menschen aus einem „sicheren Drittstaat" werden in der Regel abgelehnt. Ob EU-Mitgliedsstaaten das Konzept der „sicheren Drittstaaten" anwenden oder nicht, ist jedem Mitgliedsstaat überlassen. Momentan führen zwölf EU-Mitgliedsländer eine Liste „sicherer Herkunftsstaaten", dazu gehören Belgien, Bulgarien, Deutschland, Frankreich, Irland, Lettland, Luxemburg,

Österreich, Slowakei und bis 2020 auch das Vereinigte Königreich. Für Deutschland gelten alle Mitgliedstaaten der Europäischen Union sowie Albanien, Bosnien und Herzegowina, Ghana, Kosovo, Mazedonien, Montenegro, Senegal und Serbien als „sichere Herkunftsstaaten." Im Rahmen der Europäischen Migrationsagenda im Jahr 2015 wurde immer wieder diskutiert, ob Staaten des Westbalkans und die Türkei von der Europäischen Union als sichere Herkunftsländer eingestuft werden sollten.

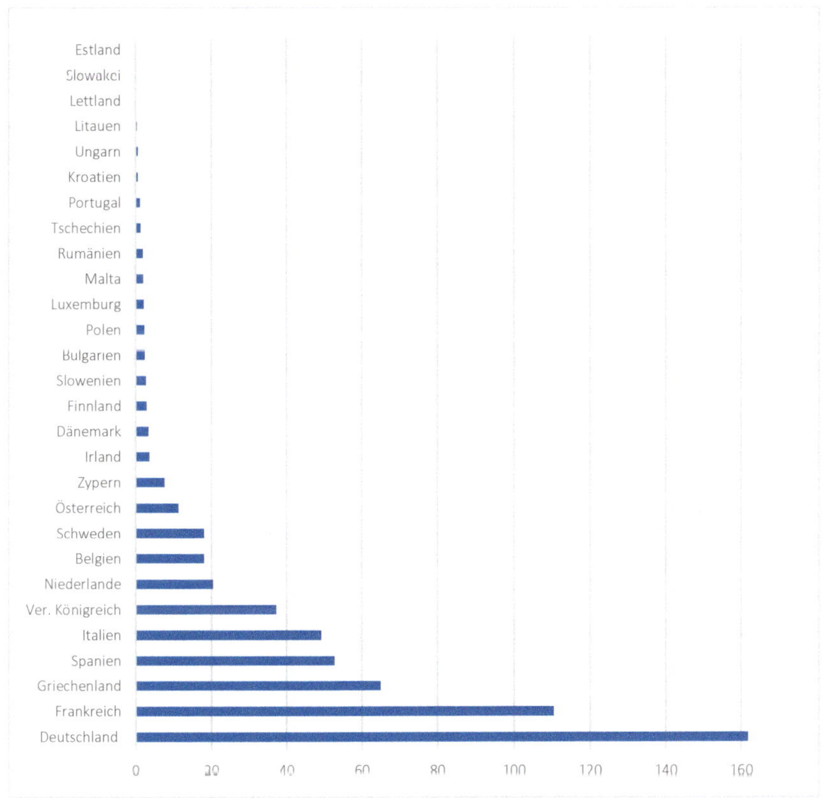

Abbildung 31: Anzahl der Asylanträge (Erstanträge aus Drittstaaten) in den Mitgliedstaaten der EU 2018 (in Tausend)
Quelle: Eurostat.

Kontrovers diskutiert wird zudem die Frage, was mit Menschen geschieht, die auf offener See aufgegriffen werden. Im Februar 2015 wurden in einem

Urteil des Europäischen Menschenrechtshofes die Rechte von Geflüchteten gestärkt. Seither werden EU-Mitgliedsstaaten dazu verpflichtet, Asylanträge von Menschen zu akzeptieren, die auf hoher See von einem Schiff unter Flagge eines EU-Staates aufgegriffen bzw. gerettet werden, auch wenn sie auf internationalem Gewässer fahren (Engler und Schneider 2015).

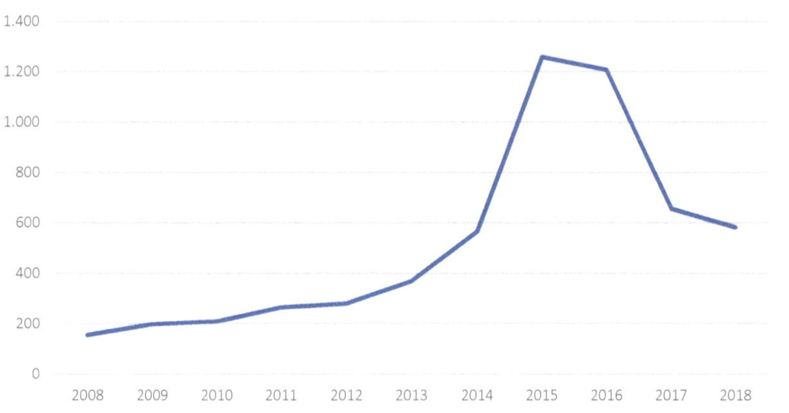

Abbildung 32: Asylanträge (Erstanträge aus Drittstaaten) in den Mitgliedstaaten der EU 2008-2018 (in Tausend)
Quelle: Eurostat.

12.2.2 Familienmigration

Insbesondere in den EU-Mitgliedsstaaten mit einer gewissen Einwanderungstradition ist Familienzusammenführung und Heiratsmigration der Migrationskanal, über den am meisten Drittstaatsangehörige in die Länder gelangen. Die EU-Richtlinie auf Familienzusammenführung ist daher ein wichtiger Meilenstein der Regulierung, deren Erarbeitung ein mehrjähriger und kontroverser Diskussions- und Aushandlungsprozess war. Vor allem die Fragen, was unter „Familie“ zu verstehen sei und welche Rolle sogenannte Integrationsmaßnahmen ausmachen sollen, sorgten für Polarisierung (Geddes 2014, S. 446). Letztendlich wurde sich darauf geeinigt, dass jede*r Drittstaatsangehörige einen Antrag stellen kann, der oder die „im Besitz eines von einem Mitgliedstaat ausgestellten Aufenthaltstitels mit mindestens einjähriger Gültigkeit ist, begründete Aussicht darauf hat, ein dauerhaftes Aufenthaltsrecht zu erlangen“ (EU 2003). Dabei wird vom Konzept der Kernfamilie ausgegangen, wonach Ehegatten und minderjährige Kinder in die EU nachgeholt werden können. Die Mitgliedsstaaten können jeweils entscheiden, ob und inwiefern sie das Recht auf Familienzusammenführung auch für Verwandte, volljährige unverheiratete Kinder, nicht eheliche Lebenspartner*innen oder eingetragene Lebenspartner*innenschaften auslegen. Daraus ergibt sich ein relativ großer Spielraum, was die Umsetzung dieser Richtlinie angeht. In der Kritik stand immer wieder auch die Anforderung, dass Familienangehörige vor der Einreise den Erwerb von Sprachkenntnissen nachweisen sollen. Diese Frage stand auch im Mittelpunkt einiger Klagen vor dem Europäischen Gerichtshof, die allerdings 2013 und 2015 wiederholt abgelehnt wurden (Lavenex 2015, S. 6 f.). In den letzten zwei Jahrzehnten haben eine Reihe von EU-Mitgliedsstaaten den Familiennachzug stark beschränkt (Borevi 2015, S. 1491). Dennoch hat die Familienmigration im Jahr 2015 einen Anteil von 38 Prozent an allen erteilten Aufenthaltsgenehmigungen in der EU (inkl. Norwegen) ausgemacht.

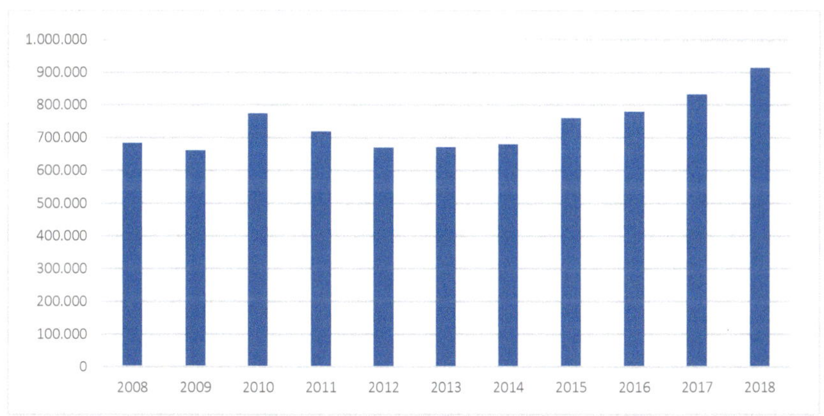

Abbildung 33: Entwicklung der Familienmigration in die EU 2008-2018
Quelle: Eurostat.

12.2.3 Arbeitsmigration – „Blue Card“

Arbeitsmigration ist innerhalb der EU im Vergleich zur Asylmigration noch deutlich stärker nationalstaatlich geregelt. So gibt es nur wenige Richtlinien, die Arbeitsmigration europäisch regeln. Ein Beispiel ist hier die sogenannte

Saisonarbeitnehmerrichtlinie (2014/36/EU), die die Beschäftigung von Saisonarbeitskräften aus Drittstaaten, etwa in der Landwirtschaft regelt. Beschäftigte dürfen demnach zwischen fünf und neun Monaten in der EU arbeiten, wobei sie ihren Hauptwohnsitz im Drittstaat beibehalten. Eine weitere Richtlinie ist die über unternehmensinterne Transfers (2014/66/ERU), die es Unternehmen und multinationalen Konzerne erleichtert, „angestellte Führungskräfte, Fachkräfte und Praktikanten vorübergehend zu Zweigstellen oder Tochtergesellschaften in die Europäische Union zu entsenden" (ebd.).

Darüber hinaus gibt es seit einigen Jahren ein Nachweisdokument, mit dem Hochqualifizierte aus Drittstaaten für die EU gewonnen werden sollen. In Anlehnung an die amerikanische „Green Card" wurde es mit Verweis auf das Blau der EU-Flagge „Blue Card" genannt. Ziel der Blauen Karte ist eine Harmonisierung der Einreise- und Aufenthaltsbedingungen von hochqualifizierten Einwanderer*innen. Die EU-Kommission schlug u. a. auf Druck von Deutschland im Oktober 2007 die Blue Card-Initiative vor, auch um den wachsenden Fachkräftebedarf vor dem Hintergrund des demografischen Wandels zu decken. Die Hochqualifizierten-Richtlinie (kurz für Richtlinie 2009/50/EG über die Bedingungen für die Einreise und den Aufenthalt von Drittstaatsangehörigen zur Ausübung einer hochqualifizierten Beschäftigung) wurde 2009 auf den Weg gebracht, allerdings in Deutschland erst im April 2012 vom Bundestag verabschiedet. Ab August 2012 erhält in Deutschland jede*r eine Blue Card, der bzw. die einen entsprechenden Hochschulabschluss oder eine spezifische Berufsausbildung vorweisen kann sowie ein konkretes Arbeitsangebot oder einen bestehenden Arbeitsvertrag mitbringt, mit dem er oder sie ein relativ hohes Gehalt (55.200 Euro im Jahr 2020) bezieht, in Mangelberufen etwas weniger (43.056 Euro, 2020). Die Aufenthaltserlaubnis ist nicht dauerhaft, sondern gilt zunächst für vier Jahre. Wenn der bzw. die Blue Card-Inhaber*in nach vier Jahren Aufenthalt weiterhin über einen Arbeitsvertrag mit entsprechendem Gehalt verfügt, kann aus dem temporären Aufenthaltstitel eine unbefristete Niederlassungserlaubnis werden. Zudem dürfen hochqualifizierte Zuwanderer*innen ihre Familien mitbringen, die ebenfalls eine Arbeitserlaubnis erhalten (European Commission 2020). Die Blaue Karte EU berechtigt zwar zur Bewegungsfreiheit aus touristischem Anlass in die anderen Schengen-Staaten, aus beruflichen Gründen kann ein*e Inhaber*in allerdings erst nach 18 Monaten visumfrei in einen anderen Mitgliedstaat einreisen.

Erste Evaluierungen der Blauen Karte EU ergaben, dass die Vergabe von Blauen Karten nur in wenigen EU-Mitgliedstaaten eine Rolle spielt.

Im Jahr 2017 wurden 84,5 Prozent der Blaue Karten in Deutschland ausgestellt, insgesamt 21.727 (BAMF 2020). Frankreich folgt mit 4,3 Prozent und Luxemburg mit 2,8 (ebd.). Dies hängt auch damit zusammen, dass die EU-Mitgliedsstaaten die Richtlinie unterschiedlich umsetzen und bewerben, auch im Wechselspiel mit anderen nationalstaatlichen Alternativverfahren (Kolb und Fellmer 2015).

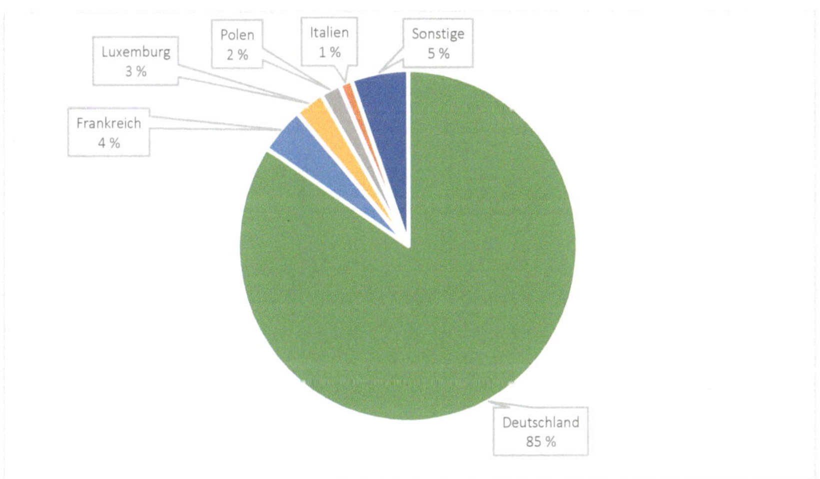

Abbildung 34: Verteilung der ausgestellten Blauen Karten auf die EU-Mitgliedstaaten 2017
Quelle: Eurostat.

12.2.4 Integrationspolitik

Was die Integrationspolitik angeht, ist die Zusammenarbeit auf der Ebene der EU im Bereich der Anti-Diskriminierungspolitik relevant. Insbesondere nach niederländischem und britischem Vorbild schlug die EU-Kommission nach dem Vertrag von Amsterdam einige Anti-Diskriminierungsmaßnahmen aufgrund der Nationalität und des Geschlechts vor (Boswell und Geddes 2010). Seit 2000 übernahm die EU in diesem Bereich eine Vorreiterrolle. Die soziale Integrationspolitik wird nach wie vor auf nationaler und lokaler Ebene reguliert. Auf europäischer Ebene kam es zu verstärkter Koordination und Informationsaustausch (Lavenex 2015). Zwar entstand in diesem Rahmen ein „Handbuch Integration" (Europäische Union 2010), das bei zahlreichen Netzwerk- und Kontaktstellentreffen erarbeitet wurde, wirkliche Kompetenzen wurden der europäischen Ebene allerdings kaum übertragen. Auch wurde im Jahr 2004 ein Katalog mit Grundprinzipien zur Integration von Zuwanderer*innen verabschiedet („Common Basic Principles on Integration"), der eine „gemeinsame Integrationsagenda" vorsah, deren Ergebnisse jährlich gemessen und evaluiert werden sollten. Bei dieser losen Kooperation sowie der Einrichtung einiger Förderinstrumente – von 2007 bis 2014 stellte das Programm „Solidarität und Steuerung der Migrationsströme" (SOLID) einen Fond von 825 Mio. Euro zur Verfügung; von 2014 bis 2020 wurde der Asyl-, Migrations- und Integrationsfonds (AMIF) mit 3,1 Mrd. Euro ausgestattet – ist es weitestgehend geblieben.

12.2.5 Migration und Entwicklung

Spätestens seit dem „Gesamtansatz zur Migrationsfrage" von 2005 besteht der politische Wille, Entwicklungsaspekte systematischer als bisher in die Migrationspolitik der Europäischen Union einzubeziehen (Angenendt 2012). Damit greift die EU einen Trend auf, der insbesondere auf internationaler Ebene durch die Weltbank und die Vereinten Nationen angestoßen wurde (→ 10 Migration und Entwicklung). Erklärtes Ziel ist es, „die Entwicklungsanstrengungen der Herkunfts- und Transitländer zu unterstützen, Bestandteil eines langfristigen Prozesses ist, mit dem auf die Chancen und Herausforderungen der Migration reagiert wird" (EP/ER 2005). Dabei wird darauf verwiesen, dass dadurch insbesondere Fluchtursachen bekämpft werden sollen. Ein zentrales Instrument hierbei sind die Mobilitätspartnerschaften.

Mit der Mitteilung der Kommission „Zirkuläre Migration und Mobilitätspartnerschaften" von 2007 wurde das Instrumentarium mit dem Ziel geschaffen, die Migration im Interesse der Europäischen Union, ihrer Mitgliedsstaaten und der Migrant*innen selbst zu steuern. Rechtlich handelt es sich bei einer Mobilitätspartnerschaft um „flexible, rechtlich nicht verbindliche Rahmenabkommen für einen verstärkten Dialog und Zusammenarbeit zwischen der EU, freiwillig teilnehmenden Mitgliedstaaten sowie ausgewählten Drittstaaten. Kern einer solchen Partnerschaft ist die koordinierte und kohärente Durchführung konkreter Initiativen in den vier Bereichen legale Migration und Integration; Bekämpfung der illegalen Migration und des Menschenhandels; Migration und Entwicklung; Asyl und internationaler Schutz" (BMI 2015, S. 12). Die Idee der Mobilitätspartnerschaften ist es, den Drittstaaten „maßgeschneiderte Verhandlungspakete" anzubieten (Haase und Jugl 2007): Während Angehörigen von Drittstaaten dadurch legale Migrationsmöglichkeiten garantiert werden, verpflichtet sich der jeweilige Drittstaat, irreguläre Migration in die EU zu unterbinden. Im Gegenzug unterstützt die Europäische Union die Rückkehr von Migrant*innen, was als Instrument der Entwicklungszusammenarbeit für die Herkunftsländer gedacht ist (Angenendt 2012). Bisher unterzeichnete die EU Mobilitätspartnerschaften mit Kap Verde (2008), Moldau (2008), Georgien (2009), Armenien (2011), Aserbaidschan (2013), Tunesien (2014) und Belarus (2016). Abhängig von der Mobilitätspartnerschaft beteiligen sich unterschiedliche EU-Mitgliedsstaaten an den jeweiligen Partnerschaften.

Neben den Mobilitätspartnerschaften vereinbarte die Europäische Union im Jahr 2007 in Lissabon eine strategische Partnerschaft zwischen der Europäischen Union und Afrika. In einer Mitteilung der Europäischen Kommission wird eine stärkere Partnerschaft in vier Bereichen (sogenannte „Flagschiff-Initiativen") formuliert: Energie, Klimawandel, demokratische Governance und Migration, Mobilität und Beschäftigung.[8] 2020 wurde ein neuer EU-Afrika-Partnerschaftsplan entwickelt (Fox 2020). Dabei ist aber festzustellen, dass sich der Fokus in den letzten Jahren immer stärker auf die Förderung von Rückkehrmigration verschoben hat. So wurden in den letzten Jahren verschiedene Programme zur Rückkehrförderung eingeführt und erweitert, die zwar jeweils auch ein Element der Entwicklungsförderung in den Herkunftsländern umfassen, aber vor allem die Rückkehr in den Mittelpunkt stellen. Zu nennen ist hier das Programm „European Return and Reintegration Network" (ERRIN), das auch ein Element zur Förderung der Reintegration umfasst.[9] Hierbei werden potentielle Rückkehrer*innen in den EU-Ländern über mögliche Chancen in ihrem Herkunftsland unterrichtet und bei einer möglichen Rückkehr und Reintegration unterstützt und beraten (Gerken et al. 2017).

12.2.6 Grenzkontrollen und irreguläre Migration

Weitere Elemente der EU-Migrationspolitik sind Grenzkontrollen und die Abwehr irregulärer Migration. Dabei wird das zum Teil rigorose Vorgehen an den Grenzen der EU unter menschenrechtlichen Aspekten scharf kritisiert.

8 Für eine kritische Betrachtung der Programme siehe Langley und Alberola 2018.

9 Früher hieß das Programm ERIN, mit einem „R", also ohne den Aspekt der Re-Integration.

Die Zusammenarbeit der Mitgliedsstaaten an der EU-Außengrenze wird auf EU-Ebene maßgeblich durch FRONTEX – kurz für „Europäische Agentur für die operative Zusammenarbeit an den Außengrenzen der Mitgliedstaaten der Europäischen Union“ – geregelt. FRONTEX ist eine Agentur der Europäischen Union mit Sitz in Warschau. Europäische Agenturen sind „unabhängige Institutionen, die gegründet werden, um spezielle Aufgaben für die EU oder deren Mitgliedstaaten zu übernehmen“ (Hüttmann und Wehling 2013). FRONTEX wurde 2004 gegründet, um die operative Zusammenarbeit an den EU-Außengrenzen zu koordinieren. Dabei senden die Mitgliedsstaaten für begrenzte Einsätze nationale Einheiten. Im Gegensatz zu der weit verbreiten Meinung ist FRONTEX keine „Grenzpolizei“. Dennoch soll FRONTEX – ähnlich wie die Polizei – Straftaten vermeiden und unterbinden und darf dazu – ebenso wie die Polizei – auch Zwang ausüben.

Gerade mit der schrittweisen Abschaffung der EU-Binnengrenzen seit dem Schengener Abkommen hat die Kontrolle der EU-Außengrenze an Bedeutung gewonnen. Das Budget der Agentur, das sich maßgeblich aus Beiträgen der Schengen-Mitgliedsstaaten errechnet, betrug im Moment der Gründung ca. 6 Millionen Euro, stieg seither aber kontinuierlich an. Im Jahr 2013 betrug es bereits rund 118 Millionen Euro. Seit 2015 ist das Budget und die Mitarbeitendenzahl noch einmal stark angestiegen. 2019 arbeiteten 1.500 Mitarbeiter*innen für FRONTEX. Das Jahresbudget betrug 330 Millionen Euro. In den nächsten Jahren soll die Ausstattung von FRONTEX noch einmal deutlich angehoben werden. Die Agentur steht immer wieder in der Kritik, dass sie zur „Festung Europa“ beitragen würde (Hüttmann und Wehling 2013). Damit gemeint ist eine zunehmende Abschottungspolitik Europas gegenüber Drittstaaten und den dort lebenden Menschen.

Ein weiterer Baustein der EU-Außensicherung ist das Überwachungssystem EUROSUR (kurz für European Border Surveillance System), das 2008 konzipiert wurde und seit 2013 in Betrieb ist. Es soll dazu dienen, unrechtmäßige Grenzübertritte an den EU-Außengrenzen im Süden und Osten zu verhindern. Dazu wurde ein Überwachungsnetz installiert, inklusive eines Ein- und Ausreiseregister sowie einer Datenbank, in der Fingerabdrücke und elektronisch lesbare Gesichtsformen gespeichert sind (Bendel 2009, S. 16). Außerdem wird die EU-Außengrenze seit 2013 durch Satelliten aus dem Weltall überwacht. Neben einer steigenden Technisierung des EU-Grenzschutzes kommt es zu einer steigenden Externalisierung der Schutzaktivitäten an Drittstaaten (Baumann 2014).

12.3 Fazit und Ausblick

Es lässt sich festhalten, dass die Binnenmigration innerhalb der Europäischen Union von Beginn an im Zuge der wirtschaftlichen Integration der Union vorangetrieben wurde. Dahingegen entwickelte sich die Regulierung der Migration aus Drittstaaten erst relativ spät. Seit dem Vertrag von Maastricht (1992) und Amsterdam (1997) spielt zunehmend auch die Steuerung der externen Migration eine Rolle. Dabei ist zu beobachten, dass die Regulierung der Europäischen Union relativ schwach ist, was die Bereiche der Familien- und Arbeitsmigration angeht (Boswell und Geddes 2010, S. 28–36). Obwohl die beiden Migrationstypen den Großteil der internationalen Migration in die EU ausmachen, werden sie maßgeblich von den Mitgliedsstaaten reguliert. Im Gegenzug spielen die Regulierung der Asylpolitik und der Kampf gegen irreguläre Migration eine immer größere Rolle. Wie sehr die letzten Jahre das Funktionieren der EU-Migrationspolitik – sowohl intern als auch extern – herausgefordert haben, wird bei einem Blick auf die Asylmigration mehr als deutlich. Schließlich stellt sich auch die Frage, wie sich die EU-Migrationspolitik nach dem Austritt Großbritanniens weiter darstellen wird.

Weiterführende Fragen und Literatur

Drei Fragen zum Weiterdenken

- Welche Möglichkeiten hat die EU zur Reform ihrer Asylpolitik?
- Braucht Europa mehr legale Zuwanderungswege? Sollte die Arbeitsmigration weiter europäisiert werden?
- Wie kann die EU eine Balance zwischen Grenzschutz und Menschenrechten finden?

Drei Bücher zum Weiterlesen

Christina Boswell/Andrew Geddes (2010): Migration and Mobility in the European Union. Basingstoke: Palgrave Macmillan.
Internationales Grundlagenwerk zur europäischen Migrationspolitik.

Sachverständigenrat deutscher Stiftungen für Integration und Migration – SVR (2013): Erfolgsfall Europa? Folgen und Herausforderungen der EU-Freizügigkeit für Deutschland. Jahresgutachten 2013 mit Migrationsbarometer. Berlin: SVR.
Bestandsaufnahme der EU-Migrationspolitik und der Auswirkungen für Deutschland.

Petra Bendel (2015): Flüchtlingspolitik der Europäischen Union. Menschenrechte wahren! WISO Diskurs. Bonn: Friedrich Ebert Stiftung.
Analyse der europäischen Flucht- und Asylpolitik vor dem Hintergrund der Fluchtmigration seit 2014.

13 Global Migration Governance

„Global Governance" ist in den vergangenen Jahren zu einem der zentralen Schlagworte der internationalen Politik und der wissenschaftlichen Forschung dazu. Doch während man im Bereich der Fluchtpolitik schon seit längerem von Kooperation in Form eines Regimes spricht (→ 3 Flucht und Asyl), ist Global Migration Governance ein vergleichsweises neues Thema sowohl in der Forschung als auch in der internationalen Politik. Durch die hitzig geführte Debatte über den sogenannten „Migrationspakt" sind die Bemühungen um globale Regelungen auch Teil des breiten öffentlichen Diskurses geworden. Dieses Kapitel zeigt die Akteure, Institutionen und Vereinbarungen im Bereich der Global Migration Governance auf.

13.1 Global Governance und die Schwierigkeiten der Kooperation

Auch wenn Menschen schon immer migriert sind, ist die Mobilität durch die „Verdichtung von Zeit und Raum" (Harvey 1989) also etwa durch schnellere und günstigere Transportmittel, in den vergangenen Jahrzehnten stark angestiegen. Arbeitsmigration kann somit als Globalisierungsphänomen *par excellence* angesehen werden. Dies wirft die Frage auf, warum Global Governance in diesem Bereich lange Zeit allenfalls in Ansätzen zu verzeichnen war. Ein wesentlicher Hinderungsgrund ist sicher, dass Nationalstaaten die Kontrolle des Zugangs zu ihrem Staatsgebiet – und dessen Verlassen – als ihre fundamentale Aufgabe ansehen. Migrationskontrolle wurde damit zu einer der letzten Bastionen staatlicher Souveränität.

Was ist Global Governance?
Global Governance ist ein komplexes, wenig spezifiziertes Konzept, das dennoch „seit Mitte der 1990er Jahre geradezu inflationär verwendet wird" (Behrens und Reichwein 2007, S. 311). Wie die Regimebildung – die ein Teil von Global Governance sein kann – ist Global

Governance eine Antwort auf die anarchische Struktur des internationalen Systems; Unterschiede zur „herkömmlichen“ internationalen Politik werden in einer geringeren Staatenzentriertheit, der Einbeziehung von NGOs (Nichtregierungsorganisationen) sowie der grundlegenden Bedeutung von Normen gesehen. Neben der internationalen Ebene soll auch, falls relevant, die lokale, nationale und regionale Ebene in die Politikgestaltung mit einbezogen werden (Behrens und Reichwein 2007, S. 312; Rosenau und Czempiel 1992). Regierungen können dabei einen unterschiedlichen Stellenwert einnehmen: in *Governance by Governments* setzen nationalstaatliche Regierungen nationalstaatliche Regelungen durch; in *Governance with Governments* koordinieren und harmonisieren mehrere Regierungen ihre Politik, um grenzüberschreitende Probleme zu lösen; und bei *Governance without Governments* können sich gesellschaftliche Gruppen grenzüberschreitend weitgehend selbst Regeln auferlegen (Zürn 2005, S. 127).

Das Konzept von Global Governance wird oft auch mit einer Demokratisierung globaler Politik in Verbindung gebracht. So konzentriert sich für Thomas Risse die Diskussion über Global Governance und über neue Formen des Regierens jenseits des Nationalstaats „fast ausschließlich auf die Frage, ob institutionalisierte Kooperation innerhalb des internationalen Systems durch die Einbindung neuer und zumeist privater Akteure demokratischer werden und an Problemlösungskapazität dazugewinnen kann“ (Risse 2007, S. 57).

Kapital- und Warenströme, das Internet, Klimawandel, gentechnisch veränderte Lebensmittel: in all diesen Bereichen wurden in den vergangenen Jahren wichtige Schritte in Richtung Global Governance und Regimebildung getan oder zumindest unter massivem Einsatz der Staatengemeinschaft angestrebt. Im Klimabereich findet sich etwa eine Vielzahl von Vereinbarungen und Standards. So wurden bei der UN-Klimakonferenz in Paris im Dezember 2015 konkrete und messbare Ziele vereinbart. Durch die Ratifizierung der UN-Mitgliedsstaaten ist das Paris-Abkommen rechtlich bindend, auch wenn bei Nichtbefolgung bislang keine Sanktionen vorgesehen sind. Gemessen an solchen Entwicklungen gab es im Bereich der Migration lange kaum Fortschritte; so schrieb die frühere philippinische Arbeitsministerin Patricia A. Santo Tomas, es sei eine bittere Ironie, dass Migrant*innen als verwundbarstes aller „Güter“ bis heute kaum von vergleichbaren globalen Mechanismen geschützt werden (Santo Tomas 2005, S. 248). Dieser Herausforderung stand mit Ausnahme des Fluchtsregimes auf der Ebene internationaler Politik weitgehende Untätigkeit gegenüber, die nötigen Steuerungsmöglichkeiten und verbindliche Regeln für den Migrationsprozess und vor allem den Schutz der Rechte von Migrant*innen zu beschließen.

13.1.1 Schwierigkeiten der Kooperation

Dabei liegt es auf der Hand, dass Migration ein Politikbereich ist, für den rein nationalstaatliche Ansätze nur unbefriedigende Lösungen bieten können. Schließlich sind Migrationsbewegungen schon lange keine Einbahnstraße von A nach B mehr, vielmehr ist eine verstärkte temporäre, teils zirkuläre Arbeitsmigration zu verzeichnen (→ 4 Migration und Arbeit und → 5 Migration von Hochqualifizierten) oder Migrant*innen ziehen nach einiger Zeit an einen anderen Ort weiter. Wirtschaftliche Entwicklung in den Ländern des Südens kann dazu beitragen, dass sich Herkunfts- zu Transit- oder Empfängerländern von Migration entwickeln – oder alles drei gleichzeitig der Fall ist, wie beispielsweise in Thailand. Migrant*innen kappen in der Regel auch nicht die Verbindungen zu ihren Heimatländern, sondern bleiben diesen durch transnationale soziale Räume verbunden.

13.1.2 Angebot und Nachfrage

Internationale Migration ist somit offenkundig ein Prozess, in dem mindestens zwei Staaten involviert sind. Doch bereits auf der bilateralen Ebene mangelt es oft an Kooperation oder gar einem Verhandeln auf Augenhöhe. Diese geringe Bereitschaft von Zielländern, bindende Verträge mit Herkunftsstaaten von Migrant*innen abzuschließen, ist auf die in der Regel höchst ungleichen Verhandlungsbedingungen zurückzuführen: Oft ist es ja gerade die schwache ökonomische und politische Lage des Heimatstaates, die Migrant*innen dazu bewegt, ihr Glück in anderen Ländern zu suchen. Wie James Hollifield (1992) konstatiert hat, besteht für die Zielländer von Migration zudem oft schlichtweg kein Anreiz zur Kooperation, wenn sie sich wie etwa die Golfstaaten aus einem bereitwilligen Heer an Arbeitsmigrant*innen bedienen können. Es gelten somit die Gesetze von Angebot und Nachfrage: Staaten verzichten oft lieber auf Migrant*innen aus einem Herkunftsland, als mit diesem verbindliche Regelungen etwa zu Arbeitsrechten und Mindestlohn abzuschließen und greifen auf Migrant*innen aus anderen

Ländern zurück. Auch darf nicht zwangsläufig angenommen werden, dass der Schutz der Migrant*innen für Herkunftsländer oberste Priorität hat. Diese können ebenso primär an den Heimatüberweisungen interessiert sein, die teils einen signifikanten Teil ihrer Staatshaushalte ausmachen, und damit zu strikte Regeln gar als hinderlich empfinden (Rother 2009a) oder auf den Exodus vorwiegend mit Desinteresse reagieren (Bauböck 2003, S. 709). In diesem Fall finden sich Arbeitsmigrant*innen in einer oftmals schutzlosen Situation wieder (→ 4 Migration und Arbeit).

Wenn schon bei bilateralen Verhandlungen oft bestenfalls unverbindliche Abkommen wie ein „Memorandum of Understanding" das Resultat sind, ist es wenig überraschend, dass kaum multilaterale Übereinkommen existieren – böten diese Entsendeländern doch potentiell größere Verhandlungsmacht. Koslowski verweist darauf, dass solche multilateralen Vereinbarungen zur Migration in den Zielländern oft auf noch größere Ablehnung stießen als etwa Freihandelsabkommen, da hier neben der Ökonomie auch empfindliche Bereiche wie Sicherheit, Gesellschaftsstruktur und Kultur berührt werden (Koslowski 2004, S. 3). Argumente wie Chancengleichheit oder ökonomische Vorteile für das Gastland spielen in diesem Kontext oft nur eine untergeordnete Rolle.

13.1.3 Migration – lange kein Thema auf der internationalen Ebene

Bis zum Beginn der 1980er Jahre stand Arbeitsmigration ohnehin kaum auf der internationalen Agenda, da diese als ein temporäres Phänomen angesehen wurde. Als die durch Gastarbeiter*innenprogramme in Länder wie Deutschland oder die Vereinigten Staaten gekommenen Migrant*innen aber entgegen den Erwartungen oft nicht in ihre Heimatländer zurückkehrten, wurde Migration zunehmend als Bedrohung angesehen – sei es in kultureller, sozio-ökonomischer oder politischer Hinsicht (Castles und Miller 2009, S. 211–214). Diese Tendenz verstärkte sich nach Ende des Kalten Krieges rapide, indem „das alte Feindbild Kommunismus durch die Dämonisierung der Migration ersetzt" wurde (Rother 2005). Dazu trug auch die Zunahme der Asylbewerber*innenzahlen bei, worauf gerade die westeuropäischen Staaten mit rigiden Politikverschärfungen reagierten; eine Differenzierung zwischen den unterschiedlichen Motiven für Migration und Flucht fand im öffentlichen Diskurs kaum statt. Vollends dominant wurde die „Versicherheitlichung von Migration" (Huysmans 2000) (→ 8 Migration und Sicherheit) durch die Anschläge des 11. September 2001, woraufhin vor allem die USA ihre Einreisebestimmungen drastisch verschärften (Castles und Miller 2009, S. 214–217). Andererseits stieg auch die Sensibilität in den Bereichen Menschenschmuggel und -handel (*smuggling and trafficking*, → auch 6 Migration und Gender); der jährlich vom State Department der Vereinigten Staaten zusammengestellte Human Trafficking Report hat beispielsweise in Japan zu Veränderungen der Gesetzgebung geführt (Rother 2010a).

13.2 Regional Migration Governance?

Machtungleichgewichte auf der bilateralen Ebene, nur langsam anlaufende Kooperation auf der globalen Ebene – diese Ausgangslage hat in Politik und Forschung verstärkt das Interesse an einer Zwischenebene geweckt: Regional Migration Governance (Geddes et al. 2019). Der naheliegende Bezugspunkt ist für viele hier sicher die EU, aber insbesondere in den vergangenen beiden Jahrzehnten hat sich eine Vielzahl an Foren und Initiativen herausgebildet, die auch als ein möglicher Baustein für globale Governance gesehen werden (Lavenex 2019).

Dazu zählen mehr als 20 sogenannte Regional Consultative Processes for Migration (RCPs) wie der „Budapest Process“ oder die „South American Conference on Migration“ (SACM). Ziel dieser Dialogforen ist es, Staaten, internationale Institutionen und teilweise auch Vertreter*innen der Zivilgesellschaft aus einer Region zusammenzubringen (Harns 2013). Die Internationale Organisation für Migration (IOM), die zahlreiche dieser Dialoge unterstützt, nennt als recht bescheidenes Ziel den informellen und nicht-bindenden Dialog und Informationsaustausch über Themen mit Migrationsbezug, die im gemeinsamen Interesse der Beteiligten liegen.[1] Damit dürfte schon klar sein, dass es sich hierbei in erster Linie um vertrauensbildende Maßnahmen handelt, bei denen es bereits als Erfolg gilt, wenn die beteiligten Akteure an einem Tisch sitzen.

Zwar würde prinzipiell auch bei diesen Foren das Potential bestehen, sich auf der Grundlage regionaler Gemeinsamkeiten auf verbindliche Normen und Regeln zu einigen. Bei genauerer Betrachtung halten sich diese Gemeinsamkeiten aber auch innerhalb einer Region oft in Grenzen: Eine geteilte Kultur ändert wenig an den ökonomischen Disparitäten und damit

1 www.iom.int/regional-consultative-processes

einhergehenden unterschiedlichen Interessen von Herkunfts- und Zielländern. Regionen wie beispielsweise Südostasien sind durch eine Vielzahl von Regierungssystemen und -vorstellungen geprägt. Die zur Regimebildung nötige geteilte Problemwahrnehmung ist hinsichtlich der Rechte von Arbeitsmigrant*innen somit nur schwer zu erreichen. Und wenn, um beim Beispiel Südostasien zu bleiben, der größere Teil der Migration in Länder außerhalb der Region erfolgt, verfügen die Akteure nur über eingeschränkte Regelungskompetenzen (Rother 2018b, 2019b). Mehr Gemeinsamkeiten sind bei Themen zu finden, die bei Herkunfts-, Transit- und Zielländern gleichermaßen als Herausforderung angesehen werden. So gibt es seit 2002 den *Bali Process on People Smuggling, Trafficking in Persons and Related Transnational Crime* (Bali Process), der sich in erster Linie als Dialogforum versteht (Kneebone 2014). Eine im März 2016 verabschiedete Deklaration hebt dann auch in erster Linie auf Prinzipien und Empfehlungen ab. Die Hoffnung, dass sich die zumindest rhetorische Einigkeit in solchen Bereichen auch positiv auf kontroversere Themen wie Arbeitsrechte oder Familiennachzug auswirkt (*spill over Effekt*) hat sich bislang jedoch nicht erfüllt. Der Popularität tut diese Unverbindlichkeit keinen Abbruch – 45 Staaten und drei internationale Organisationen zählen zu den festen Mitgliedern, weitere vor allem europäische Staaten und Agenturen sind involviert, sodass sich hier streng genommen nicht mehr von einem regionalen Prozess reden lässt.

Regional klarer fokussiert ist das 2008 mit Unterstützung der Internationalen Arbeitsorganisation (ILO) ins Leben gerufene Forum on Migrant Labour der Gemeinschaft südostasiatischer Staaten (ASEAN). Hier kommen Vertreter*innen der Regionalorganisation und ihrer Mitgliedsstaaten (meist aus den Arbeitsministerien), IOM, ILO, regionale Gewerkschaften und Arbeitgeber*innenvertretungen sowie Migrantenvertreter*innen und ein zivilgesellschaftliches Netzwerk, die Task Force for ASEAN Migrant Workers (TFAMW), zusammen. Beim siebten Treffen des Forums 2014 in Myanmar wurden beispielsweise mehrere Empfehlungen beschlossen, darunter standardisierte Arbeitsverträge, regelmäßige Arbeitsplatz-Inspektionen, verbesserte Sicherheits- und Gesundheitsstandards, Orientierungsseminare vor der Migration und ein erleichterter Zugang zur Mitgliedschaft in Gewerkschaften. Das sind hilfreiche Empfehlungen für an einer Umsetzung interessierte Staaten – besitzen aber ebenfalls keinerlei Bindewirkung. Trotz aller Einschränkungen in der Umsetzung (so können Staaten Vertreter*innen der Zivilgesellschaft auswählen oder ablehnen) kann der vor allem von der ILO beförderte inklusive Ansatz als Versuch gewertet werden, vielfältige Interessen zusammenzubringen (Rother 2018c).

Am weitesten fortgeschritten sind multilaterale Anstrengungen zur Regelung von Migration wohl in der EU, die einem Regime in diesem Bereich noch am nächsten kommt (→ 12 Migrationspolitik der Europäischen Union). Mit einer Vielzahl von Konventionen und Vereinbarungen – Maastricht, Dublin, Schengen, Amsterdam – wurde hier ein weltweit einmaliger Grad an Kooperation erreicht, wobei Kritiker*innen einwenden, dass eher Sicherheit und Abwehr von „Drittstaatler*innen" im Vordergrund stehen. Besonders heftig kritisiert werden dabei von Migrant*innenenorganisationen die 2008 vom Europäischen Parlament verabschiedeten Rückführungsrichtlinien sowie die Grenzschutzagentur FRONTEX (Bendel 2009). Zudem dürfte das über Jahrzehnte entstandene EU-Regime in anderen Weltregionen nur schwer reproduzierbar sein und könnte globale Kooperation sogar behindern (Koslowski 2004, S. 10), da es, wie der einstige UN-Generalsekretär Kofi Annan beklagte, etwa in der Frage der Geflüchteten hinter dem internationalen Standard der Genfer Konvention aus dem Jahre 1951 bzw. des Protokolls über die Rechtsstellung der Geflüchteten aus dem Jahr 1967 zurückfalle. So bleibt der Widerspruch, dass die EU eine in dieser Form einmalige Binnenfreizügigkeit erreicht hat (auch wenn diese von Mitgliedsstaaten immer wieder in Frage gestellt wird), als Akteur auf der globalen Ebene aber wenig zur Kooperation beiträgt und die Mitgliedsstaaten zentrale Konventionen nicht ratifiziert haben (siehe weiter unten).

13.3 Globale Institutionen

Auch wenn lange Zeit konstatiert wurde, dass es im Bereich der Arbeitsmigration kein globales Regime gibt (Hollifield 2000), war dies nicht auf das Fehlen von Institutionen zurückzuführen. Das Problem bestand vielmehr in mangelnder Kooperation und Abstimmung der Zuständigkeiten; auch fehlte eine zentrale, übergeordnete Instanz. Bereits 2002 nannte eine Aufstellung mehr als 50 bestehende internationale Institutionen und Prozesse, die sich mit Migration befassen (Kalm 2008, S. 45). Damit eine gewisse Koordinierung oder zumindest Kommunikation erfolgt, gründete der UN-Generalsekretär 2006 die Global Migration Group (GMG), in der sich die Spitzen der beteiligten Organisationen treffen sollten. Hierzu zählen eine Vielzahl von UN-Organisationen wie das United Nations Development Programme

(UNDP), United Nations Children's Fund (UNICEF) und UN Women, aber auch die außerhalb des UN-Systems operierende Weltbank und die IOM. Der mittlerweile durch ein neues Netzwerk, das UN Network on Migration, abgelösten Gruppe wurde aber regelmäßig Ineffizienz vorgeworfen und das Verhältnis der beteiligten Organisationen war keineswegs spannungsfrei (Pécoud 2013), was vor allem auf ihren jeweiligen Status zurückzuführen sein dürfte.

So ist die Internationale Arbeitsorganisation (ILO), die sich im vergangenen Jahrzehnt auch verstärkt den Rechten von Migrant*innen zugewandt hat, ein fester Bestandteil des UN-Systems. Die ILO gilt als vergleichsweise demokratische internationale Institution, da sie dreigliedrig (*tripartite*) organisiert ist: Vertreten sind Staaten (mit doppeltem Stimmrecht) sowie Arbeitgeber*innen- und Arbeitnehmer*innenvertreter. Verhandlungen finden weitgehend transparent und öffentlich statt, sodass beispielsweise auch Zivilgesellschaftsvertreter*innen Zugang haben – wovon diese etwa bei den Beratungen zur Konvention zum Schutz von Haushaltsarbeiter*innen reichlich Gebrauch machten (siehe Kasten: ILO Konvention 189). Die International Organization for Migration (IOM) war dagegen bis 2016 nicht, wie oft fälschlich angenommen wurde, ein Teil der UN, sondern ihren Mitgliedsstaaten (173, Stand 2020) verantwortlich. Für diese ist sie auch im Bereich der Migrationskontrolle und der „Unterstützung von freiwilliger Rückkehr" – Kritiker sprechen in einigen Fällen auch von Deportationen – tätig. Menschenrechtsorganisationen werfen der IOM daher vor, dass sie mit ihrer öffentlichen Darstellung – bei der Migration und Entwicklung eine große Rolle einnehmen – nur einen Teil ihrer Aktivitäten abbilde.

Kontroverse: Die IOM – eine Institution für Migration, aber nicht unbedingt für Migrant*innen?

Kaum jemand wird bestreiten, dass die IOM eine der führenden, wenn nicht die führende internationale Organisation im Bereich der Migration ist. Sie hat sich dem „Management von Migration" verschrieben. Ziel sei eine „humane und geordnete" Migration. Die Wurzeln der 1951 als Intergovernmental Committee for European Migration (ICEM) gegründeten Organisation liegen in der Bewältigung der Folgen des Zweiten Weltkrieges, als dessen Folge Millionen Menschen flüchten mussten oder vertrieben wurden. In den vergangenen Jahrzehnten hat die IOM ihr Engagement global ausgeweitet und zunehmend

an Bedeutung gewonnen. So wird sie nicht nur bei Rückführungen tätig und betrieb etwa für Australien höchst umstrittene Lager für Geflüchtete, sondern organisiert auch Hilfseinsätze im Falle von Katastrophen. Darüber hinaus veröffentlicht sie zahlreiche Publikationen und Reports, spricht sich gegen Fremdenfeindlichkeit aus und wirbt für einen positiven Blick auf Migration:
„The driving forces of migration will continue... Human mobility is not a problem to be solved, it is a reality to be managed" (IOM's früherer Generaldirektor William Lacy Swing)
Von Migrant*innen- und Migrant*innenrechtsorganisationen kommt jedoch Kritik, und zwar nicht nur an Maßnahmen, sondern auch an der Struktur der IOM. Fabian Georgi (Georgi 2010) etwa bemängelte, dass die IOM durch ihren Status außerhalb der UN nicht an deren Konventionen wie die Flüchtlingskonvention gebunden und damit bei ihren Einsätzen nicht dem vollem Schutz der Migrant*innen verpflichtet sei. Auch sei die Organisation fast wie eine private Firma organisiert, da sie für einen erheblichen Teil ihres Budgets auf Projektaufträge angewiesen sei. Dementsprechend vertrete sie vor allem die Interessen ihrer Geldgeber*innen und stehe in Konkurrenz zu nichtstaatlichen Akteuren. Im September 2016 wurde die IOM von der Generalversammlung als related agency aufgenommen, einen Status wie ihn etwa die Internationale Atomenergie Agentur einnimmt. Hierdurch soll die Kooperation gestärkt werden und die IOM hat bei der UN einen „festen Platz am Tisch". Allerdings wird auch festgehalten, dass die IOM sich als „nicht-normative" Agentur versteht und somit auch weiterhin nicht an die Prinzipien der UN gebunden ist.

13.4 Konventionen

Angesichts der mangelnden Kooperationsbereitschaft auf der internationalen Ebene ist es nicht verwunderlich, dass sich auch die Annahme und Umsetzung von Konventionen, die dem Schutz von Arbeitsmigrant*innen dienen, schwierig gestaltet. So vergingen 13 Jahre, bis die 1990 von der UN-Vollversammlung einhellig und ohne Abstimmung angenommene Internationale Konvention zum Schutz der Rechte aller Wanderarbeitnehmerinnen und Wanderarbeitnehmer und ihrer Familienangehörigen („International Convention on the Protection of the Rights of All Migrant Workers and Members of Their Families") die für das Inkrafttreten benötigten 20 Staaten als Unterzeichner fand. Mittlerweile gibt es 55 Ratifizierungen, darunter allerdings keine nennenswerten Empfängerstaaten von Migrant*innen. Zum Vergleich: Die anderen zentralen Menschenrechts-Instrumente der UN haben zwischen 169 (gegen Folter) und 196 (für die Rechte von Kindern) Staaten ratifiziert[2]. Nur die UN-Konvention gegen Verschwindenlassen (etwa von Oppositionspolitiker*innen oder Aktivistinnen, im Englischen Enforced Disappereance) schneidet mit 62 Ratifizierungen ähnlich schlecht ab. Auch der Genfer Flüchtlingskonvention sind 147 Staaten beigetreten. Zwei Konventionen der ILO zur Arbeitsmigration aus den Jahren 1949 und 1975 verzeichnen dagegen ähnlich niedrige Unterstützung.

Die UN-Konvention spricht Migrant*innen und Familien keine neuen Rechte zu, soll aber sicherstellen, dass grundlegende Menschenrechte auch für diese gelten. Die Bedeutung einer solchen Konvention liegt im Überprüfungs-Mechanismus der UN: Länder, die eine Konvention unterzeichnet haben, müssen alle vier bis fünf Jahre in einem Staatenbericht darlegen, wie sie bei deren Umsetzung vorangekommen sind. Dies gibt Nichtregierungsorganisationen die Möglichkeit, abweichende Meinungen und Kritik darzulegen, wovon sie auch Gebrauch machen. Regierungen müssen einen Ansehensverlust auf der internationalen Bühne befürchten, wenn zivilgesellschaftliche Organisationen dem Ausschuss einen sogenannten Schatten- oder Parallelbericht vorlegen, der ihre positive Selbstdarstellung in Frage stellt.

Die ILO Konvention 189

Mehr als 67 Millionen Menschen sind der International Labour Organisation (ILO) zufolge weltweit als Haushaltsangestellte tätig – 17 Prozent davon sind Migrant*innen[3]. Es handelt sich überwiegend um Frauen, die wichtige Aufgaben übernehmen: Sie betreuen Kinder, pflegen alte Menschen und ermöglichen Eltern – meist Müttern – die Rückkehr in den Beruf. Dennoch zählt diese Beschäftigtengruppe international zu den besonders schlecht geschützten. Missbrauch nimmt viele Formen an: von unbezahlten Überstunden über Freiheits-

2 https://indicators.ohchr.org/
3 www.ilo.org/global/topics/care-economy/domestic-workers/lang--en/index.htm

beraubung bis hin zu Gewalt und sexuellem Missbrauch. Betroffene können sich oft kaum wehren. Sie sind isoliert, abhängig und häufig nicht in der Lage, sich zu organisieren. Vielfach sind sie minderjährig. In Schwellen- und entwickelten Ländern wird die Haushaltsarbeit zunehmend von Migrantinnen verrichtet. Dies kann viele Formen annehmen: Von einer Haushaltshilfe, die bei mehreren Familien putzt bis hin zu einer Angestellten, die bei einer Familie wohnt und deren Kinder betreut (→ 6 Migration und Gender) Gegenüber einheimischen Arbeitern und selbst gegenüber Migrant*innengruppen, die in anderen Berufen arbeiten, haben diese migrantischen Hausangestellten oft nur eingeschränkte Rechte. Frauen, die ohne Papiere eingereist sind, haben zudem Grund, Behördenkontakt zu fürchten, was sie von Beschwerden über ihre Arbeitgeber abhalten kann. Erschwerend kommt hinzu, dass Rekrutierungsagenturen von Frauen oft hohe Vermittlungsgebühren verlangen, die mehrere Monatsgehälter ausmachen können. Auch in Entwicklungsländern ergeht es Haushaltshilfen oft schlecht. Sie stammen häufig vom Land, haben keine Ausbildung und sind ihren Auftraggeber*innen ausgeliefert.

Eigentlich sollten internationale Grundrechte für alle Arbeitnehmer*innen gelten. Aber in vielen Staaten schließt das Arbeitsrecht Hausangestellte explizit aus. Dahinter steht die Vorstellung, Hausarbeit sei keine richtige Arbeit. Ihr Status als Migrant*innen erklärt derweil, warum sich Gewerkschaften in westlichen Ländern lange nicht für diese Frauen interessiert haben. Dort werden billige Arbeitskräfte geduldet, sofern sie heimische Jobsuchende nicht verdrängen. Die Herkunftsländer wiederum sind meist mehr an Heimatüberweisungen interessiert, als daran, wie es den Migrantinnen in der Ferne ergeht – zumal Dienstpersonal es auch in der Heimat nicht leicht hat.

Vor diesem Hintergrund ist es als historisch zu bewerten, dass die ILO im Jahr 2011 eine bindende Konvention verabschiedet hat. Opposition leisteten vor allem asiatische Staaten wie Indien. Aber auch Kanada und die Arbeitgebervertreter*innen sprachen sich gegen ein „robustes Instrument" aus. Während sich die USA früher geradezu provozierend desinteressiert gezeigt hatten, engagierten sich die Abgesandten der damaligen Obama-Regierung bei den Verhandlungen ungewohnt konstruktiv.

Die Konvention spricht Hausangestellten Grundrechte wie die Assoziationsfreiheit, den Anspruch auf Arbeitsverträge und geregelte

Dienstzeiten zu. Auch spezifische Frage wie etwa das Recht auf Privatsphäre werden behandelt. Grundsätzlich gilt all das auch für migrantische Hausangestellte ohne Aufenthaltserlaubnis, hier wird keine Unterscheidung gemacht.
Bislang konnte die Konvention 29 Ratifikationen erreichen (Juni 2020). Für die Direktorin der zuständigen ILO-Abteilung, Manuela Tomei, stellt sie einen „kulturellen Wandel", dar weil sie dazu beitragen kann, dass Hausangestellte zunehmend als reguläre Arbeitnehmer*innen wahrgenommen werden.

13.5 Konferenzen

Im Gegensatz zu der Ebene der Konventionen ist bei den Konferenzen seit Mitte der 1990er Jahre zunehmend Bewegung zu verzeichnen. So landete bei der Cairo International Conference on Population and Development (ICPD) von 1994 erstmals Migration bei einem größeren internationalen politischen Forum auf der Agenda – allerdings eher ungeplant und spontan. Und im Jahre 2002 unterstützte der seinerzeitige UN-Generalsekretär Kofi Annan eine Initiative der Regierungen von Mexiko und Schweden und berief die Weltkommission für internationale Migration (Global Commission on International Migration, GCIM). Diese erarbeitete unter der Mitwirkung von u. a. Rita Süssmuth in den folgenden drei Jahren einen Bericht, der trotz aller Einschränkungen als eine solide Bestandsaufnahme für Herausforderungen im Bereich der Arbeitsmigration gelten kann. Zu den Empfehlungen des Reports zählte auch die Schaffung einer Institutionenübergreifenden „globalen Migrationsinstanz" – entweder durch Neugründung oder durch Umwandlung einer bestehenden Organisation (Global Commission on International Migration (GCIM) 2005).

Im September 2006 folgte ein von der UN-Vollversammlung beschlossener High-Level Dialogue (HLD) über Migration und Entwicklung. Hier wurden unterschiedliche Auffassungen über das weitere Vorgehen deutlich. Während die vor allem aus Entwicklungsländern zusammengesetzte „Gruppe der 77" und China dafür plädierten, den Dialog innerhalb der Vereinten Nationen fortzusetzen, wollten viele Zielländer von Migrant*innen ein eigenständiges Forum durchsetzen. UN-Generalsekretär Kofi Annan beauftragte daraufhin den Sonderbeauftragten für Migration Peter Sutherland, ein solches Forum zu Migration und Entwicklung zu etablieren.

13.5.1 Das Global Forum on Migration and Development

Zu diesem Zeitpunkt hatte auch die Diskussion über eine mögliche Verbindung von Migration und Entwicklung große Konjunktur erreicht, wie es der indische Politikwissenschaftler Devesh Kapur (Kapur 2003) in seinem vielbeachteten Diskussionspapier „Remittances: The New Development Mantra?" auf den Punkt gebracht hatte. Dieses „Mantra" stellt, wenn auch keinen Bruch, so doch eine stark kontrastierende Ergänzung zu der sonst oft dominanten Sicht auf Migration dar (⟶ 10 Migration und Entwicklung). So wird bei der Debatte um Migration und Entwicklung die Migration in vergleichsweise positivem Licht dargestellt. Das *Framing* – die Einrahmung, Verknüpfung – im Entwicklungskontext ermöglichte damit wohl überhaupt erst die Intensivierung und zaghafte Institutionalisierung der globalen Debatte über Migration, da sich hier eher ein gemeinsamer Nenner finden lässt. Auch war weder der Weltbank noch den meisten Staaten entgangen, welche enormen Summen mittlerweile von Migrant*innen zurück in ihre Heimatländer überwiesen werden.

Für gewöhnlich ist die Einrichtung neuer internationaler Organisationen oder Prozesse eine langwierige Angelegenheit, aber nach der langen Vorgeschichte verlief der Start des Global Forum on Migration and Development (GFMD) erstaunlich zügig. Nicht einmal ein Jahr nach dem Beschluss des HLD fand im Juli 2007 bereit das erste Forum in Brüssel statt. Der Schnellstart wurde sicherlich dadurch ermöglicht, dass für das GFMD keine nennenswerte formale Organisationsstruktur geschaffen wurde, sollte das Forum doch ein von Staaten angeführter, informeller und unverbindlicher Prozess sein. „Von Staaten angeführt" („state-led") bedeutet, dass jedes Jahr die Regierung eines anderen Landes für das jeweilige GFMD zuständig ist – in den Jahren 2017 und 2018 beispielsweise Deutschland und Marokko, die sich den Vorsitz teilten. Erst im Laufe der Jahre wurde eine minimale permanente Struktur geschaffen: die „support unit" ist bei der IOM angesiedelt, soll von dieser aber unabhängig sein und das jeweilige ausrichtende Land unterstützen.

Weitere Unterstützung kommt von der Troika, die neben dem Gastgeber aus dem Ausrichter des Vor- und Folgejahres besteht, den „Friends of the Forum", einem losen Zusammenschluss von an dem Thema interessierten

Mitgliedsländern der Vereinten Nationen und der „Steering Group“, zu der neben den bisherigen Ausrichtern besonders engagierte Regierungen zählen.

Bindende Beschlüsse sind vom GFMD nicht zu erwarten, hier werden vorwiegend Empfehlungen gegeben. Allerdings muss man dabei auch die Ausgangslage berücksichtigen. So war es laut Peter Sutherland durchaus eine Leistung, wenn Vertreter*innen von Entsende- und Empfängerländern von Migrant*inneen überhaupt zusammen an einem Tisch sitzen und dies zudem „without yelling at each other“ (Pressekonferenz 29.10.2008). Somit kann das Forum auch als vertrauensbildende Maßnahme angesehen werden – zum einen der Staaten untereinander, zum anderen aber auch zwischen Staaten und Zivilgesellschaft (Rother 2019a). Denn eröffnet werden die Treffen des GFMF von den Civil Society Days, bei denen Vertreter*innen von Migrant*innenorganisationen zusammenkommen. Die Verbindung zu den Government Days bietet ein gemeinsamer Tag, der Common Space, bei dem die Delegierten der beiden GFMD-Komponenten aufeinandertreffen. Nach zaghaften Anfängen werden hier mittlerweile durchaus offen auch kontroverse Themen wie undokumentierte Migration angesprochen – der Grad der Offenheit hängt allerdings auch vom gerade gastgebenden Land ab (Rother 2012).

13.5.2 Thematische Schwerpunkte des GFMD

Kritiker werfen dem GFMD vor, dass es Migrant*innen und ihre Arbeitskraft als eine beliebig verfügbare Ware behandele, einen zu eng auf Rücküberweisungen reduzierten Begriff von Entwicklung verfolgt und das „Management von Migration“ propagiere – also die Sichtweise von Migration als einem eher technischen Problem, dass sich durch Maßnahmen von oben bewältigen lasse (Piper und Rother 2014). Unbestritten ist, dass sich die Nationalstaaten ihre zentrale Rolle beim GFMD nicht streitig machen lassen wollen. Auf der Agenda des Treffens haben mittlerweile aber mehrere Themen Platz gefunden, die den Forderungen von Migrant*innenorganisationen entsprechen.

So wird auch hier mittlerweile über „menschliche Entwicklung“ gesprochen, also eine Vorstellung von Entwicklung, die nicht (nur) das Budget oder die Infrastruktur eines Staates im Blick haben soll, sondern auch die Gesundheit, Bildung und Würde des einzelnen Menschen. Dass in den Sustainable Development Goals (SDGs) gegenüber vorherigen Entwicklungszielen wie den Millennium Development Goals erstmals die Rolle von Migration explizit berücksichtigt wird (→ 10 Migration und Entwicklung) kann auch auf die Diskussionen und Vorarbeiten im GFMD zurückgeführt werden. Auch Fragen wie Gender, undokumentierte Migrant*innen, Geflüchtete und Maßnahmen zum verbesserten Schutz von Migrant*innen finden sich im Programm. Weiterhin zählen zu den Arbeitsthemen auch die Frage der Ausbildung und Fertigkeiten von Migrant*innen, die Unterstützung von Migrant*innen und Diasporaorganisationen als Akteure des sozioökonomischen Wandels und die Frage nach Strategien, die die öffentliche Wahrnehmung von Migrant*innen verbessern können. Auch der Schutz von Hausangestellten und damit verbunden die ILO Konvention 189 werden thematisiert (siehe Kasten).

Unter dem Eindruck der sogenannten „Flüchtlingskrise" ist auch der Schutz von Migrant*innen in Krisensituationen hinzugekommen. Hierzu wurde von den USA (in der Amtszeit Barack Obamas) und den Philippinen eine „Migrants in Countries of Crisis" (MICIC)- Initiative gestartet, um Prinzipien und Praktiken festzulegen, mit denen Migrant*innen in solchen Krisengebieten geholfen werden kann. Solche Initiativen werden beim GFMD so kontrovers wie konstruktiv diskutiert; so sah Ignacio Packer, Generalsekretär des Kinderhilfswerks terre des hommes und einer der Vorsitzenden der GFMD-Zivilgesellschaftskonferenz im Jahr 2015 in der Türkei die Initiative als einen Schritt in die richtige Richtung – der durch seinen Fokus auf Krisenstaaten allerdings noch zu kurz greife. Vielmehr sollte die Initiative unabhängig vom Aufenthaltsort alle Migrant*innen, die sich in Krisensituationen befinden, einschließen. Hier müssten zudem alle Grundrechtskonventionen der Vereinten Nationen angewendet werden, einschließlich der Kinderrechtskonvention, die mittlerweile von allen UN-Mitgliedsstaaten ratifiziert wurde – mit Ausnahme der USA. Auch weisen Organisationen wie das Migrant Forum in Asia (MFA) darauf hin, dass auch Migrant*innen in Krisensituationen nicht zwangsläufig schutzlose Opfer sind, sondern sich als Akteure in die Hilfe einbringen können. Starke Migrant*innennetzwerke können Hilfe vor Ort und Unterstützung durch Diaspora Organisationen organisieren.

Teil der weitergehenden Kritik ist, dass im Programm des GFMD zwar der „Schutz" von Migrant*innen mehrfach betont werde, nicht aber deren Rechte – ein nicht nur rhetorischer Unterschied, denn die erste Formulierung macht Migrant*innen zu Objekten, die zweite zu Subjekten der Politik (→ 7 Migration und Demokratie). Solche unterschiedlichen Sichtweisen haben mit dazu beigetragen, dass Migrant*innenorganisationen nicht nur am „offiziellen“ Treffen der Zivilgesellschaft im Rahmen des GFMD teilnehmen, sondern parallel oder im Vorfeld dazu ihre eigenen Veranstaltungen abhalten.

13.5.3 Die Parallelveranstaltung: Die PGA

Wie das GFMD geht das Treffen der People's Global Action on Migration, Development and Human Rights (PGA) auf den HLD 2006 in New York zurück. Aus Unzufriedenheit über die eingeschränkten Teilnahmemöglichkeiten der Zivilgesellschaft bei den Verhandlungen (nur zwölf Vertreter*innen der Zivilgesellschaft waren zu den Roundtables zugelassen, darunter acht von Nichtregierungsorganisationen) schufen Migrant*innenverbände wie Migrants Rights International (MRI), das Migrant Forum in Asia (MFA) und das National Network for Immigrant and Refugee Rights (NNIRR) eine Parallelveranstaltung namens „Global Community Dialogue on Migration, Development and Human Rights“, aus der seit dem GFMD in Manila 2008 die PGA wurde. Das grundlegende Ziel ist gleichgeblieben: einen Raum zu schaffen, der frei von den Restriktionen der offiziellen Treffen hinsichtlich Inhalten und Teilnehmenden ist.

So gibt es bei der PGA keine Begrenzungen bei der Teilnahme von Migrantenvertreter*innen und es können auch kritische Themen angesprochen werden, wie die zunehmende Militarisierung von Grenzen, Abschiebungen im Rahmen der EU-Rückführungsdirektive oder die Diskriminierung und Kriminalisierung der Sinti und Roma. Das Programm besteht in der Regel aus einer Vielzahl von Workshops, Vorträgen, Besuchen von Migrant*innenorganisationen im jeweiligen Gastland und öffentlichen Kundgebungen.

Bei aller Kritik am GFMD suchen die Veranstalter der PGA den Dialog mit den Organisator*innen des Forums und den teilnehmenden Staaten. Mit dieser „inside-outside“-Strategie wollen sie die Agenda des GFMDs beeinflussen und verweisen auf einige ihrer Forderungen und Themen, die mittlerweile auch im offiziellen Programm Eingang gefunden haben (Rother 2009c, 2013, 2010b). Dazu gehören die zunehmende Berücksichtigung der Menschenrechte, eine Gender-Perspektive und Diskussionen über undokumentierte Migrant*innen. Zudem sind mehrere regionale Netzwerke von Migrant*innenrechtsorganisationen, darunter das Pan African Network in Defense of Migrants' Rights (PANiDMR), aus diesem Forum hervorgegangen. Weiterhin wurden Arbeitsgruppen gegründet, die u. a. Vorschläge für verbindliche Standards für die Rekrutierung von Migrant*innen ausarbeiten und die oft horrenden Gebühren der Agenturen reduzieren sollen. Messlatte für den Erfolg diese Initiative wird aber die Verabschiedung verbindlicher Regeln und deren Implementierung bleiben. Auch bei diesen Treffen wird oft eine Resolution verabschiedet. Im Jahr 2012 wurde zudem ein „8-Punkte-5-Jahresplan" erstellt, der sogar Eingang in die Resolution der UN-Generalversammlung beim High Level Dialogue in New York 2013 fand (siehe Kasten „Der Fünfjahresplan").

Der Fünfjahresplan

Nichtregierungsorganisationen wird von staatlicher Seite oft vorgeworfen, zu wolkige und wenig spezifische Forderungen zu stellen. Als Reaktion haben im Jahr 2012 globale Migrant*innenrechtsnetzwerke einen „8-point 5-year Action Plan for Collaboration"[4] verabschiedet, um die global governance von Migration zu stärken und zu verbessern. Dazu zählen:

1) Als Teil der (2015 von der UN verabschiedeten) nachhaltigen Entwicklungsziele soll eine breitere Perspektive auf den Zusammenhang von Migration und Entwicklung deutlich werden. Dazu zählt, dass Migration aus freier Wahl und nicht aus ökonomischen Zwängen erfolgen soll.

2) Diaspora und Migrant*innenorganisationen sollen umfassend in Entwicklungsprogramme miteinbezogen werden.

3) „Gestrandete Migrant*innen", die durch Krieg, Konflikte oder Katastrophen keine Möglichkeit zur Weiterreise haben, sollen gut koordinierte Unterstützung von internationalen Organisationen erhalten, wobei die besondere Schutzbedürftigkeit von Frauen und Kindern berücksichtigt werden muss.

4) Die spezifischen Bedürfnisse und Rechte von Migrantinnen sollen nicht nur als eigenständiges Thema, sondern bei allen Migrationspolitiken berücksichtigt werden.

5) Bei der nationalen Gesetzgebung sollen alle relevanten internationalen Konventionen berücksichtigt werden.

4 https://madenetwork.org/sites/default/files/PDF/2013_5year_8point_Plan%20of%20Action.pdf

6) Globale Institutionen im Bereich der Migration sollen die normativen Standards der UN befolgen und die Partizipation von Migrant*innenvertretern institutionalisieren.
7) Die „Migrationsindustrie", insbesondere Rekrutierungsagenturen, bedarf der Regulierung und globaler Standards.
8) Migrant*innen sollen die gleichen Arbeitsrechte wie Staatsbürger genießen.

13.5.4 Die Gegenveranstaltung: Die IAMR

Kritiker werfen der PGA allerdings eine zu große Nähe zum und Vereinnahmung durch das GFMD vor. Zu diesen Kritikern zählen die Organisator*innen der International Assembly of Migrants and Refugees (IAMR). Hier ist vor allem die 2008 gegründete International Migrants' Alliance (IMA) aktiv, eine globale Dachorganisation von Graswurzel-Migrant*innenorganisationen. Diese kritisiert das GFMD als ein neoliberales Forum für moderne Sklaverei, von dem die eigentlichen Betroffenen, die Migrant*innen, ausgeschlossen seien (Rother 2018a). Seit 2008 hält die IAMR ebenfalls eine eigene Veranstaltung während des GFMD ab. Diese unterscheidet sich organisatorisch nicht wesentlich von der PGA, bietet aber, vereinfacht gesagt, deutlich radikaleren Positionen und Gruppierungen Platz. Ein Austausch zwischen den beiden Veranstaltungen findet nicht statt. Die IAMR setzt zudem noch mehr als die PGA auf Mobilisierung und brachte etwa 2008 in Manila Tausende auf die Straße. Mittlerweile bestehen enge Verbindungen zu Dachorganisationen von protestantischer Kirchen und gemeinsam formuliert man teils fundamentale Kritik am derzeitigen Migrations- und Wirtschaftssystem (Piper und Rother 2014). Als das GFMD im Sommer 2017 in Berlin stattfand, zeigten sich die Differenzen auch bei den Veranstaltungen – die IAMR lud an einem Vormittag zur Demonstration vor das Brandenburger Tor, Teilnehmer*innen der Civil Society Days und der PGA trafen sich am selben Tag dort am Abend.

13.6 Die Global Compacts

Im September 2016 mündeten die globalen Diskussionen schließlich in zwei aufeinanderfolgenden Gipfeln im Rahmen der Generalversammlung der Vereinten Nationen zu Migration und Geflüchteten. Der erste richtete sich an die gesamte Mitgliedschaft der UN, am zweiten, dem von Obama initiierten Leader Summit on Refugees konnte nur teilnehmen, wer größeres finanzielles Engagement für Fluchtpolitik zusagte. Es wurde beschlossen, dass aus den Gipfeln binnen zwei Jahren zwei globale Verträge (Global Compacts) hervorgehen: Einer zu geteilter Verantwortung in Fluchtlkrisen, ein weiterer zu den Voraussetzungen für sichere, geregelte und legale Migration. Nachdem die Beratungen zügig und für Interessierte auch recht transparent angelaufen waren, wurde der Prozess allerdings zunehmend politisiert: Als sich Ende 2017 Vertreter*innen von Staaten, internationalen Organisationen und Zivilgesellschaft zu einer Bestandsaufnahme der bisherigen Beratungen im mexikanischen Puerto Vallarta trafen, verkündete die Trump-Regierung wenige Tage zuvor öffentlichkeitswirksam ihren Austritt aus den Gesprächen, da dieser ihre nationale Souveränität gefährde. Weitere Staaten wie Ungarn folgten und selbst, nachdem das Dokument im Sommer 2018 in New York von den beteiligten Staaten angenommen worden war, zogen sich einige davon wie Österreich, nachträglich von dem Prozess zurück. In Belgien zerbrach gar die Regierung darüber und auch in Deutschland erhielt der „Migrationspakt" plötzlich Aufmerksamkeit, angeheizt durch konzertierte Kampagnen in sozialen Medien (Schierup et al. 2019). Dennoch wurden die Compacts zu Migration und Flucht schließlich bei der UN-Vollversammlung in New York im Dezember 2018 mit 152 bzw. 181 Stimmen angenommen. Nun stellt sich die Frage der Umsetzung. Der Compact zu Migration will das Thema mit einer „360 Grad-Perspektive" umfassend angehen und führt 23 Ziele auf – vom Zugang zur Grundversorgung, etwa medizinischen Leistungen, über die Bereitstellung von Ausweisdokumenten, die Stärkung regulärer Migrationskanäle und bessere Integration und Teilhabe in den Zielländern bis hin zum Kampf gegen Menschenhandel (*trafficking*), Diskriminierung und Fremdenfeindlichkeit. Im Jahr 2022 sollen die Fortschritte im Rahmen des neu etablierten International Migration Review Forum (IMRF) überprüft werden. Alle Länder, die dem „Migrationspakt" zugestimmt haben, müssen bis dahin einen entsprechenden Bericht verfassen.

Die Ziele des Compacts zu Flucht bestehen darin „ i) den Druck auf die Aufnahmeländer zu mindern, ii) die Eigenständigkeit der Geflüchteten zu erhöhen, iii) den Zugang zu Drittstaatenlösungen zu erweitern und iv) in den Herkunftsländern Bedingungen für eine Rückkehr in Sicherheit und

Würde zu fördern"[5]. Auf dem alle vier Jahre stattfindenden Global Refugee Forum (GRF) sollen möglichst konkrete Zusagen der beteiligten Akteure gemachte werden. Dazu zählen neben Staaten auch Unternehmen, wie sich beim ersten Forum im Dezember 2019 in Genf zeigte, wo diese etwa Ausbildungsmöglichkeiten für Geflüchtete zusagten. Auf einer Website werden die Zusagen regelmäßig dokumentiert[6]. An beiden Prozessen waren und sind zivilgesellschaftliche Vertreter beteiligt, wobei die Migrant*innen-Selbstorganisationen eine bessere Startposition hatten, um auf die Verhandlungen Einfluss zu nehmen (Rother und Steinhilper 2019); nun muss sich zeigen, welche Rolle die Organisationen bei der Umsetzung und Überprüfung einnehmen können[7].

13.7 Chancen für die Governance von Migration – Global oder „von unten"?

Das Kapitel hat gezeigt, dass der Bereich der Arbeitsmigration schwierige Voraussetzungen für eine Regelung durch Global Governance mit sich bringt. Dabei sind Gemengelagen zutage getreten, die sich von der Analyse anderer Global Governance-Felder abheben. Dazu zählt vor allem die komplexe Akteurskonstellation: Die Interessenslage auf der Ebene der Nationalstaaten verläuft zwar zum einen entlang der klaren ökonomischen Disparitäten, zum anderen stellen sich aber die Herkunftsländer keineswegs als homogene Gruppe dar, mit der die Zivilgesellschaft gemeinsam nach „Inseln der Überzeugung" Ausschau halten könnte. Indonesien beispielsweise verfolgt zwar einen offensiven Export von Arbeitskräften; Migrantinnen, die als Haushaltshilfen arbeiten wollen, wird aber während monatelanger „Trainingscamp"-Aufenthalte und durch das Konsulatspersonal am Zielort eingeschärft, sich keineswegs mit politisch aktiven NGOs einzulassen (Rother 2009b, S. 144 f.). Und Thailand, selbst Entsende-, Empfänger- und Transitland, betreibt eine widersprüchliche, aber nicht ungewöhnliche Politik: während man seine eigenen Migrant*innen im Ausland geschützt sehen

5 www.unhcr.org/dach/wp-content/uploads/sites/27/2018/11/GCR_final_GER.pdf
6 www.unhcr.org/5e20790e4
7 www.fes.de/themenportal-flucht-migration-integration/artikelseite-flucht-migration-integration/zivilgesellschaft-gefragt

will, werden kambodschanische Arbeitsmigrant*innen und burmesische Geflüchtete im Inland diskriminiert.

Letztlich sind aber das GFMD und den Anliegen von Migrant*innen wohlgesonnene Staaten streng drauf bedacht, das Forum informell zu belassen und an ihrer staatlichen Souveränität festzuhalten. Hier liegt wohl die zentrale Herausforderung für eine Global Governance von Migration. Indem sie Foucaults Konzept der „Gouvernementalität" von der innerstaatlichen auf die internationale Ebene überträgt, kommt Sara Kalm (Kalm 2008, S. 22) im Falle der Migration zu dem Schluss, dass dem Staatensystem im Kern das Konzept einer sesshaften Bevölkerung zugrunde liegt. Dies steht im Kontrast zu der Beobachtung, dass Migration längst ein „Normalfall" (Bade und Oltmer 2004) geworden ist, dem das Konzept des Nationalstaates als „Container" nicht gerecht werden kann. Die Anstrengungen der Nationalstaaten – *framing*, Ablehnung von Konventionen, allenfalls informelle Verhandlungen – können somit als Abwehrversuch gewertet werden, an den von ihnen als Grundfesten des Nationalstaates empfundenen Normen zu rütteln. Kalm fragt daher, ob vielleicht Migration gar nicht das Haupanliegen von global migration governance sei, sondern vielmehr die Aufrechterhaltung staatlicher Souveränität. Und auch die Global Compacts für Migrant*innen und Geflüchtete können sehr unterschiedlich interpretiert werden: Einerseits als ambitionierte Zielvorgaben, die aufgrund ihrer unverbindlichen Natur breite Zustimmung erreichen konnten – andererseits als Versuch, bestehende bindende Konventionen („hard law") aufzuweichen und durch nicht sanktionierbare Empfehlungen („soft law") zu ersetzen. In der COVID-19-Krise brach sich dann auch rein nationalstaatliches Denken wieder seinen Weg und es schlossen viele Staaten unilateral ihre Grenzen. Andererseits sieht das UN-Migrationsnetzwerk auch die Chance, auf Grundlage der während der Pandemie gemachten Erfahrungen neue Vorstellungen von menschlicher Mobilität zu entwickeln[8].

8 https://migrationnetwork.un.org/sites/default/files/network_statement_on_sg_policy_brief_-_final.pdf

Weiterführende Fragen und Literatur

Drei Fragen zum Weiterdenken

- Lässt sich Migration am besten auf der nationalstaatlichen Ebene managen oder müssen Staaten auch bereit sein, diese „Bastion ihrer Souveränität" zumindest teilweise aufzugeben?
- Wie könnte eine globale Institution im Bereich der Migration gestaltet sein? Soll eine bestehende Institution ausgebaut oder besser eine vollkommen neue Einrichtung geschaffen werden?
- Welche Rolle kann Zivilgesellschaft bei der Global Migration Governance spielen? Besitzt sie hierfür die notwendige Legitimität? Wieviel von ihrem 5-Jahres-Plan ist mittlerweile umgesetzt worden?

Drei Bücher zum Weiterlesen

Alexander Betts (Hg.) (2011): Global Migration Governance. Oxford: Oxford Univ. Press.
Ein Grundlagenwerk, in dem Global Migration Governance anhand einer Vielzahl von Politikfeldern – Hochqualifizierte, irreguläre Migration, „Lifestyle" Migration – behandelt wird.

Martin Geiger/Antoine Pécoud (Hg.) (2010): The Politics of International Migration Management. London: Palgrave.
Eine kritische Analyse des Managements von Migration und Geflüchteten auf der internationalen und nationalen Ebene; die Beiträge behandeln Organisationen wie die IOM, Frontex und das International Centre for Migration Policy Development (ICMPD)

Carl-Ulrik Schierup/Branka Likić-Brborić/Raúl D. Wise/Gülay Toksöz (Hg.) (2019): Migration, Civil Society and Global Governance. London: Routledge Taylor & Francis Group.
Ein Sammelband, der den Fokus auf die Rolle von migrantischer Zivilgesellschaft in der Global Governance legt und die bisherigen Mitwirkungsmöglichkeiten kritisch bewertet.

14 Ausblick: Migration ohne Grenzen. Eine Utopie?

Eine Welt ohne Grenzen, das kann nicht funktionieren, sagen viele „Realpolitiker". Aber wie gut funktioniert denn eine Welt mit immer aufwändigeren und kostenintensiven Grenzkontrollen? Wäre das Geld nicht etwa besser in Entwicklungszusammenarbeit und Fluchtursachenbekämpfung investiert? Muss Staatsbürger*innenschaft neu gedacht werden, etwa durch „transnational labor citizenship" oder einen „globalen Reisepass"? Im Schlusskapitel sollen alternative Ansätze der Migrationsforschung vorgestellt und hinsichtlich ihrer Machbarkeit diskutiert werden.

14.1 Immanuel Kant als Vordenker der „No Border"-Bewegung?

Soziale Bewegungen, die sich für eine an den Menschenrechten ausgerichtete Grenzpolitik, offene Grenzen oder gar für die vollkommene Abschaffung von Grenzen einsetzen, haben in den vergangenen beiden Jahrzehnten an Fahrt aufgenommen und sich in einer Vielzahl von Netzwerken organisiert (Scherr 2013). Dazu zählen etwa das „No Border Network", die „Kein Mensch ist illegal"-Kampagne oder die Bewegung der *Sans Papiers* in Frankreich.

Die *Sans Papier*-Bewegung

Die *Sans Papier*-Bewegung in Frankreich gilt als eine der zentralen Urheberinnen der gegenwärtigen Kampagne für offene Grenzen. Zu ihr zählten vor allem Migrant*innen aus afrikanischen Herkunftsländern, die sich dagegen wehrten als „Illegale" eingestuft zu werden. Sie wollten auch nicht mehr akzeptieren, dass ihr Leben vom französischen Staat in einem großen Ausmaß kontrolliert werde, nur, weil sie über „keine Papiere", also keine offiziellen Dokumente zum Aufenthaltsstatus etc. verfügten. Die französische Regierung reagierte darauf, indem sie einige der Aktivisten deportierte. Weltweit kam es zu lautstarken Solidaritätsbekundungen mit dieser Bewegung. Der daraus u.a. entstandene Slogan „Wir sind alle Ausländer" wurde in Deutschland durch den Zusatz „fast überall" ergänzt.

Bei ihrer Argumentation greifen Befürworter*innen der „Keine Grenzen"-Bewegung nicht nur auf aktuelle Debatten, sondern auch auf Klassiker der politischen Ideengeschichte zurück – etwa Immanuel Kants Konzept des Weltbürgerrechts: Dieses betont „das Recht eines Fremdlings, seiner Ankunft auf dem Boden eines andern wegen von diesem nicht feindselig behandelt zu werden. Dieser kann ihn abweisen, wenn es ohne seinen Untergang geschehen kann, so lange er aber auf seinem Platz sich friedlich verhält, ihm nicht feindlich begegnen." (Kant 2008). Als Grundlage einer grenzenlosen Gesellschaft taugt Kants Schrift „Zum ewigen Frieden" aber nur bedingt – macht der Philosoph doch bereits im nächsten Absatz klar:

„Es ist kein Gastrecht, worauf dieser Anspruch machen kann (wozu ein besonderer wohlthätiger Vertrag erfordert werden würde, ihn auf eine gewisse Zeit zum Hausgenossen zu machen), sondern ein Besuchsrecht, welches allen Menschen zusteht, sich zur Gesellschaft anzubieten vermöge des Rechts des gemeinschaftlichen Besitzes der Oberfläche der Erde, auf der als Kugelfläche sie sich nicht ins Unendliche zerstreuen können, sondern endlich sich doch neben einander dulden müssen, ursprünglich aber niemand an einem Orte der Erde zu sein mehr Recht hat, als der Andere." (Kant 2008)

Auch wenn sich der letzte Satz als Plädoyer eines gleichberechtigten Aufenthaltsstatus interpretieren ließe, sieht Kant diesen nur „ursprünglich" als gegeben an. Staaten sind ein zentraler Bestandteil seiner Philosophie, und dem „Fremden" kommt in dieser zwar ein Besuchs- aber kein Bleiberecht zu.

Grenzen – eine Notwendigkeit für Gastrecht?

Sind Grenzen also unumgänglich, gerade um Fremden ein Gastrecht gewähren zu können? Der frühere Bundespräsident Joachim Gauck vertrat in einer Rede zum Auftakt der Interkulturellen Woche genau diesen Standpunkt:

„Es muss Staaten geben, in die Menschen flüchten können, solange es Krieg und Verfolgung gibt. Und unser Deutschland muss einer dieser Staaten sein und bleiben. Damit das so bleibt, müssen Staaten, aber auch ein Staatenverbund wie die Europäische Union, ihre äußeren Grenzen schützen. Denn nur so können wir die Kernaufgaben eines staatlichen Gemeinwesens erfüllen: die Aufrechterhaltung der inneren Ordnung und letztlich des inneren Friedens. Sie sind die Voraussetzungen dafür, überhaupt Flüchtlinge in großer Zahl aufnehmen zu können." (Gauck 2015, S. 7)

Die Auffassung, dass Staaten ihre Grenzen schützen müssen, haben wir bereits im → Kapitel 8 Migration und Sicherheit diskutiert. Auch Gauck sieht hier Grenzen als unerlässlichen Bestandteil für die Aufrechterhaltung der inneren Ordnung eines Staates. Solchen Positionen hält Chris Giligan, Gründungsmitglied von Open Borders Scotland, entgegen, dass Grenzkontrollen unmenschlich seien: Nation-states are not good at recognizing humanity. They are only good at recognizing nationality." (Giligan 2016). Er vertritt die Ansicht, dass es bei der Debatte nicht allein um Geflüchtete oder Asylbewerber*innen gehe, sondern um menschliche Freiheit. Jeder Mensch habe das Recht auf Bewegungsfreiheit, in Europa herrsche heute aber ein Kampf um die Freiheit, bei dem die Nationalstaaten die Kampflinie zwischen der Freiheit ihrer eigenen Staatsbürger*innen und der (eingeschränkten) Freiheit von Ausländer*innen ziehen würden.

Schutz der Grenzen auf der einen Seite, eine utopische Vision einer Welt ohne Grenzen auf der anderen – entlang dieser beiden Pole verläuft auch oft die Debatte zu Sinn und Zweck von Grenzen. Dazwischen findet sich aber ein weites Spektrum an Positionen und Politikvorschlägen, das in diesem Schlusskapitel diskutiert werden soll.

14.2 Die Argumente für Grenzkontrollen und geschlossene Grenzen

Die wissenschaftlichen und politischen Argumente für Grenzkontrollen wurden bereits in den Kapiteln zu → 2 Migrationstheorien, 11 Migrationspolitik im internationalen Vergleich und 8 Migration und Sicherheit diskutiert. Sie stützen sich auf grundlegende Prinzipien sowie konkrete politische Herausforderungen. Zu den Prinzipien zählt in erster Linie das Prinzip der Souveränität und die Sorge um den Kontrollverlust. Wenn ein

Staat nicht mehr kontrollieren könne, wer auf sein Territorium Zugang habe, sei dieser in seiner Souveränität stark eingeschränkt und verliere an Autorität. Dies wird zum einen als Bedrohung eines Wertes an sich gesehen, zum anderen wird eine kumulative Wirkung vermutet: Wenn ein Staat seine Grenzen nicht kontrollieren kann, dann motiviert dies wiederum weitere zum Grenzübertritt. Auch mit dem Prinzip der Gerechtigkeit wird argumentiert: Vor allem in den USA wird häufig das Argument angeführt, „illegale" Migrant*innen sollten sich gefälligst „hinten anstellen", da sie sich sonst einen Vorteil gegenüber anderen Anwärter*innen verschafften, die auf legalem Wege erst später oder gar nicht ins Land kämen. Auch in Deutschland ist in der politischen Debatte das Argument zu vernehmen, dass bei der Hinnahme unautorisierter Grenzübertritte illegales Verhalten quasi „belohnt" werde.

Wenn vom Schutz der Grenzen die Rede ist, dann meint dies zum einen den Schutz vor Einreise von Kriminellen, Menschenhändler*innen und, insbesondere seit dem 11. September, Terrorist*innen. Im amerikanischen Präsidentschaftswahlkampf 2016 lieferte Donald Trump die wohl extremste Zuspitzung dieser Besorgnis: Undokumentierte mexikanische Einwanderer seien „Vergewaltiger, die Drogen und Verbrechen bringen", weshalb man sich mit einer Mauer gegen diese schützen müsse, die der mexikanische Staat zu finanzieren habe. In der deutschen Debatte schwingt dieses Argument zumindest unterschwellig mit, wenn Besorgnis über die hohe Zahl an ohne Familien eingereister Männer geäußert wird – spätestens nach den massiven Missbrauchsvorfällen in der Kölner Silvesternacht ist damit die klare Konnotation einer sexuellen Bedrohung verbunden. In Ungarn wurde diese von der Regierung auch ganz offen artikuliert: „Seit Beginn der Migrationskrise stieg die Belästigung von Frauen in Europa sprunghaft an", war auf Plakaten zu lesen, mit denen im Sommer 2016 ein Referendum gegen die EU-Geflüchtetenquote beworben wurde[1]. Die Süddeutsche Zeitung berichtete darüber unter der Überschrift „Wer hat Angst vor dem fremden Mann?" (Kahlweit 2016). Das Bild des Fremden, insbesondere mit einer anderen Hautfarbe, der die einheimischen Frauen bedroht, hat dabei eine jahrhundertealte Vorgeschichte.[2] Ebenso weit reicht die Verbindung von

1 Die Regierungsposition erhielt im Referendum mehr als 98 Prozent Zustimmung, allerdings wurde bei der Abstimmung die benötigte Wahlbeteiligung verfehlt, sodass es keine Gültigkeit erlangte.

2 https://www.washingtonpost.com/news/worldviews/wp/2016/02/18/the-so-called-islamic-rape-of-europe-is-part-of-a-long-and-racist-history/

Migration und der Verbreitung von Krankheiten und Seuchen zurück, die es einzudämmen gelte.

Neben den Sicherheitsaspekten sehen die Befürworter von Grenzen unkontrollierte Migration auch als Bedrohung von wirtschaftlicher und sozialer Ordnung. In seinem in der Migrationsforschung sehr kontrovers diskutierten Buch „Exodus: Warum wir Einwanderung neu regeln müssen" argumentiert der Ökonom Paul Collier, dass Einwanderungsländer begrenzte Aufnahmekapazitäten haben und eine zu hohe Einwanderung das soziale Vertrauen zerstören könne (Collier 2016). Weniger wissenschaftlich ausgedrückt gehört die Aussage „Wir können nicht alle aufnehmen" zum Standardsatz in deutschen Talkshows und wird mit einer Forderung von „Obergrenzen" verbunden. Der Freiburger Finanzökonom Bernd Raffelhüschen rechnete in diesem Zusammenhang vor, dass die „Flüchtlingswelle" die deutsche Gesamtverschuldung um bis zu 1,5 Billionen Euro vergrößern könne: Das Wohlstandsgefälle zwischen Afrika und Europa sei „so groß, dass bei offenen Grenzen eine riesige Armutswanderung unvermeidbar wäre".[3] Wenn die Deutschen weiterhin an ihrem Wohlfahrtsstaat mit starken Umverteilungselementen festhalten wollten, müssten sie die Grenzen schließen.

Diese Aussage zum Wohlfahrtsstaat zeigt, dass es zu simpel ist, Plädoyers für geschlossene Grenzen allein dem konservativen oder „rechten" Lager zuzuschreiben. Lange Zeit reagierten etwa die Gewerkschaften skeptisch auf Einwanderung, da sie neben Konkurrenz auf dem Arbeitsmarkt auch die Gefahr von „Lohndumping" durch billige importierte Arbeitskräfte anmahnten. Und bereits 2005 verkündete Oskar Lafontaine auf einer Kundgebung in Chemnitz: „Der Staat ist verpflichtet zu verhindern, dass Familienväter und Frauen arbeitslos werden, weil Fremdarbeiter ihnen zu Billiglöhnen die Arbeitsplätze wegnehmen." Kritiker monierten, diese Aussage sei nicht weit entfernt vom NPD-Wahlkampfslogan „Grenzen dicht für Lohndrücker!"[4]

---

3 http://m.welt.de/wirtschaft/article157171883/Auf-unsere-Kinder-wartet-die-7-7-Billionen-Euro-Luecke.html

4 http://www.faz.net/aktuell/politik/linksbuendnis-lafontaine-und-der-rechte-rand-1230949.html

14.3 Rechtebasierte Gegenargumente

Die Debatte über Grenzen ist also nicht erst seit der Krise des Jahres 2015 sehr emotional und potentiell vergiftet. Es gibt aber auch eine Argumentationslinie, die über das jeweilige Tagesgeschehen hinausreicht und auf grundlegenden Rechten basiert. Wenn es um diese Rechte geht, lässt sich ein Widerspruch ausmachen, denn das Recht von Menschen, ein Land zu verlassen wird kaum bestritten: So wurde etwa im Kalten Krieg den Ländern des Ostblocks von westlichen Demokratien die mangelnde Reisefreiheit bis hin zum Mauerbau vorgeworfen. Das korrespondierende Recht, jederzeit in ein Land einzureisen, wird aber nicht ansatzweise in gleicher Weise proklamiert.

Einer der einflussreichsten Artikel zu einem rechtebasierten Ansatz stammt aus dem Jahr 1987 vom Politikwissenschaftler Joseph H. Carens: „Aliens and Citizens: The Case for Open Borders" (Carens 1987) und die Argumentation wird vom Autor bis heute weiterentwickelt (Carens 2015). Er fordert, das Grenzen „prinzipiell" offen sein sollten und Menschen „normalerweise" die Freiheit besitzen sollten, ihr Herkunftsland zu verlassen und sich niederzulassen, wo immer sie wollen.

Carens argumentiert, dass die Staatsbürger*innenschaft in westlichen Demokratien in vielerlei Hinsicht eine moderne Form der mittelalterlichen Privilegien der feudalen Klasse sei: ein nicht selbst verdienter, sondern vererbter Status, der im Leben bessere Chancen ermögliche. Wer in einem reichen Staat in Europa geboren werde, zähle damit gewissermaßen zum modernen Adel, wer aus einem armen Entwicklungsland stamme, habe einen vergleichbaren Status zum Landvolk des Mittelalters. Die zentrale Kontrolle dieses Standes sei im Mittelalter durch die Einschränkung von Bewegungsfreiheit geschehen und auch heute bestimme die im Reisepass vermerkte Nationalität oft, wie frei sich jemand bewegen könne. Migrantenrechtsaktivist*innen verweisen zudem darauf, dass auch das mittelalterliche Prinzip der Schuldknechtschaft fortbestehe – wenn temporäre Arbeitsmigrant*innen von ihren Rekrutierungsagenturen mit hohen Gebühren belegt und dadurch von diesen abhängig werden. Eine gängige Praxis, wie die Agenturen diese Abhängigkeit im Zielland kontrollieren, bezieht sich ebenfalls auf die Bewegungsfreiheit: Sie behalten oft – gesetzeswidrig – die Pässe der Migrant*innen ein.

Carens stellt dieser Analyse ein Plädoyer für offene Grenzen entgegen (Carens 2013, 2015). Dieses baut er auf drei Grundannahmen auf: Erstens gebe es keine „natürliche soziale Ordnung“. Die soziale Welt, in der wir leben, ihre Regeln und Institutionen wurden von Menschen geschaffen und können somit auch geändert werden. Wenn man sich Alternativen überlegt, wie die Welt sozial und politisch organisiert sein soll, müsse, zweitens, der Grundsatz gelten, dass alle menschlichen Wesen gleichwertig sind. Daher müsse es, drittens, für die Eingrenzung der menschlichen Bewegungsfreiheit eine moralische Rechtfertigung geben. Diese drei Annahmen seien kein revolutionäres Denken, sondern die Grundlage jedes gegenwärtigen demokratischen Staates.

Daraus lassen sich laut Carens drei Gründe für offene Grenzen ableiten: Zum einen sei Bewegungsfreiheit ein so fundamentales Menschenrecht, dass es gute Gründe für deren Einschränkungen geben müsse. Und diese müssten sowohl die Interessen derjenigen, die bereits „drin“ sind berücksichtigen als auch die Rechte der Ausgeschlossenen. Eine Regelung müsse somit fair gegenüber allen Menschen sein. Der Ausschluss von fremden Armeen oder Terrorist*innen lässt sich somit rechtfertigen, eine strikte Kontrolle jedweder Einwanderung dagegen nicht.

Zweitens entsprechen für Carens offene Grenzen dem Prinzip der Chancengleichheit. Innerhalb der meisten demokratischen Staaten sei dies ein akzeptiertes Prinzip – über Staatsgrenzen hinweg jedoch keineswegs. Somit bestimme ähnlich wie im Feudalismus weiterhin oft die Geburt (genauer: deren Ort und soziale Umstände) die Chancen eines Menschen im Leben und nicht dessen Talente und Leistungen. Damit sei, drittens, jede Anstrengung, die zu mehr ökonomischer, sozialer und politischer Gleichheit führe, bereits ein Wert an sich. Und offene Grenzen könnten dazu beitragen.

Der Pariser Politologe Antoine Pécoud ergänzt dieses Argument noch um eine weitere Dimension: Bei der Bewegungsfreiheit verlaufe die Trennlinie nicht nur zwischen wohlhabenderen und ärmeren Staaten sondern auch zwischen den sogenannten hoch- und geringqualifizierten Arbeitskräften (Pécoud 2015). Doch warum sollten ohnehin besser gestellte Ärzte oder Ingenieure bessere Chancen auf und durch Mobilität haben als ihre Landsleute in geringqualifizierten Jobs, für die ein ökonomischer Aufstieg doch noch weitaus dringender sei?

14.4 Pragmatische Argumente

Den oben aufgeführten Argumenten wird oft entgegengehalten, sie basierten zwar auf hehren Prinzipien, diese ließen sich in der harten Welt der Tagespolitik mit ihren Zwängen aber nicht umsetzen. Solchen „Realpolitiker*innen" könnte allerdings ein pragmatisches Argument zu denken geben: Das Prinzip der geschlossenen Grenzen funktioniert oft nur schlecht bis gar nicht und wenn dann allenfalls um einen sehr hohen Preis (→ auch 8 Migration und Sicherheit). Auch historisch war eine volle Kontrolle der Außengrenzen niemals die Norm. Allerdings erlauben moderne Technologien heute bessere Kontrollmaßnahmen, sodass der oft beklagte Kontrollverlust eher auf dem Mythos einer einst perfekten Souveränität beruht, die es tatsächlich nie gegeben hat (Pécoud und de Guchteneire 2006).

Der vollen Kontrolle der Grenzen stehen der menschliche Wille nach besseren Lebensbedingungen und bei Geflüchteten oft auch existenzbedrohende Not und Verzweiflung entgegen. So zeigte sich in der sogenannten „Flüchtlingskrise" seit dem Jahr 2015, dass Geflüchtete bei der Schließung oder stärkeren Kontrolle von Grenzen auf alternative Routen ausweichen. Und auch wer sich nicht dem Ruf nach offenen Grenzen anschließt, muss in demokratischen Staaten eine Abwägung zwischen Grenzkontrollen und Menschenrechten wie dem auf körperliche Unversehrtheit treffen. So war die Aufregung in Deutschland um eine als Aufruf zum Einsatz von Waffen interpretierte Äußerung der AfD-Politikerin Beatrix von Storch im Frühjahr 2016 entsprechend groß und zeigte, dass eine Grenzkontrolle um jeden Preis in Demokratien kaum vermittelbar ist (zumal die Diskussion in Deutschland historisch vorbelastet ist, da der Schießbefehl auf „Republikflüchtlinge" an der innerdeutschen Grenze zu den Hauptkonflikten zwischen BRD und DDR zählte).

Regionale und globale Pässe

Viele Menschen verstehen sich als Weltbürger*innen oder als Bürger*innen in der „Einen Welt" – da ist es nur folgerichtig, dass es auch einen „Welt-Pass" gibt. Dieser wird von der World Service Authority (WSA) herausgegeben, eine 1954 gegründeten Organisation, die sich die Abschaffung der nationalen Grenzen zum Ziel gesetzt hat und einen Weltstaat anstrebt. Hinter dieser stand der Aktivist Garry Davis, der sich, aufgrund seiner Erfahrungen als US-Bomberpilot im Zweiten Weltkrieg im Jahr 1948 dazu entschloss, seine US-Staatsbürgerschaft

abzulegen und sich zum Weltbürger zu erklären. Nach eigenen Angaben hat die Organisation bis heut mehr als eine Million solcher Pässe ausgestellt – Davis sandte auch Exemplare an den Wikileaks-Gründer Julian Assange und den Whistleblower Edward Snowden. Die meisten Staaten lehnen das Dokument aber als „Fantasiepass“ ab.
Größere Akzeptanz können dagegen regionale Ausweise erfahren. So gibt es zwar keinen reinen EU-Passport, Pässe in Europa sind aber einheitlich gestaltet und Rechte werden oft auch einheitlich für EU-Bürger*innen gewährt. Diese gelten allerdings nicht für die EU-Länder Dänemark, Irland (für das Vereinigte Königreich fanden sie auch keine Anwendung), dafür für die mit der EU assoziierten Länder Island, Liechtenstein, Norwegen und Schweiz. Die Afrikanische Union (AU) will diesem Beispiel folgen und einen „African passport“ einführen, der die Länder-Ausweise sogar ersetzen könnte und bis 2020 Freizügigkeit in den beteiligten Staaten ermöglichen sollte (wobei der Zeitplan durch die COVID-19 Pandemie wieder in Frage gestellt wurde[5]). In der Westafrikanischen Wirtschaftsgemeinschaft (ECOWAS) gibt es einen solchen Pass bereits, wobei sich nicht alle Mitgliedsländer daran beteiligen. Die EU dient solchen Projekten oft als Referenzpunkt; können die vielfältigen Erfahrungen der Regionalorganisation (Kahanec und Zimmermann 2009) deshalb auch als Labor für offene Grenzen angesehen werden?

Auch der Fall der USA zeigt, dass sich irreguläre Migration allenfalls temporär reduzieren lässt. Die „Aufgriffsrate“ (catch rate) an der Grenze wird auf 33 Prozent geschätzt, sodass etwa im Jahr 2015 auf 337.000 an der Grenze aufgegriffene Personen geschätzt 674.000 kamen, die ohne Papiere die Grenze überschritten haben.[6] Hinzu kommt, dass viele der „Illegalen“ zuvor auf legalem Wege in die USA eingereist, allerdings nach Ablauf ihres Visums in dem Land geblieben sind („overstayers“), sodass Grenzkontrollen auch hier nur bedingte Wirksamkeit haben. Demgegenüber stehen geschätzte Kosten von 90 Milliarden Dollar, die die USA in den Jahren 2000 bis 2010 allein für die Kontrolle der Grenzen zwischen den USA und Mexiko ausgegeben haben[7].

5 www.dw.com/en/africa-when-closed-borders-become-a-problem/a-53311669
6 https://www.dhs.gov/news/2015/12/22/dhs-releases-end-fiscal-year-2015-statistics
7 https://www.usimmigration.com/cost-benefits-border-security.html

14.5 Ökonomische Argumente für offene Grenzen

Angesichts dieser erheblichen Summe stellt sich auch die Frage nach der ökonomischen Kosten-Nutzen-Rechnung von Grenzkontrollen. Die Antwort ist von Eindeutigkeit weit entfernt, da unterschiedlichste Grundannahmen und Berechnungsmodelle zum Einsatz kommen. Der amerikanische Wirtschaftswissenschaftler Michael Clemens hat verschiedene Schätzungen verglichen und meint, deren Ergebnisse würden vielen Ökonomen „wohl die Kinnlade runterklappen lassen": „Research on this question has been distinguished by its rarity and obscurity, but the few estimates we have should make economists' jaws hit their desks." (Clemens 2011, S. 83). So könne eine Aufhebung der Einwanderungsbeschränkungen das globale Bruttosozialprodukt erheblich steigen lassen – in der einfachen bis doppelten Größenordnung gegenüber der Aufhebung aller bestehenden Begrenzungen für den Fluss von Waren und Kapital. Die von ihm ausgewerteten Schätzungen lassen das globale Bruttosozialprodukt um 67 bis 147 Prozent anwachsen, im Schnitt wird von einer Verdopplung ausgegangen. Wie hoch der Zuwachs ausfällt, ist von den zugrundeliegenden Annahmen abhängig. Dazu zählen laut Clemens die Auswirkungen von Migrant*innen auf Nichtmigrant*innen (bspw. bei Löhnen), die Nachfrage nach Arbeitskräften, die Auswirkungen von Standorten auf die Produktivität und die Machbarkeit von größeren Migrationsbewegungen. Auffallend ist jedoch, dass weithin von positiven Effekten ausgegangen wird, weshalb es verwundert, dass Ökonomen diesem Feld bislang vergleichsweise wenig Aufmerksamkeit geschenkt haben.

14.6 Kritische Gegenpositionen

Diese ökonomischen Argumente sind Autor*innen, die sich um eine dezidiert linke Position bemühen, allerdings suspekt.[8] Zu ihnen zählt Nick Gill, ein britischer politischer Geograph. Er betont, dass ökonomische Argumente für offene Grenzen eine „instrumentelle Perspektive" seien – Migrant*innen also vor allem als Mittel zum ökonomischen Zweck angesehen werden – und sich stark von prinzipiellen ethischen Argumenten unterscheiden.

8 Man mag argumentieren, dass klassische Links-Rechts-Schemata im 21. Jahrhundert überholt sind, da die Autor*innen diese Einordnung allerdings explizit selbst vornehmen wird sie hier auch verwendet.

Wenn nur argumentiert werde, wie sehr Migrant*innen beispielsweise der amerikanischen Wirtschaft dienen würden, blieben dabei wichtige Rechte auf der Strecke (Gill 2011). Auch stelle sich die Frage, was mit diesen Migrant*innen passiere, wenn sie nicht mehr nützlich seien. Daher müsse man Migrant*innen ganzheitlich betrachten – als soziale und kulturelle Akteure, die historische und familiäre Verbindungen hätten. Dies erinnert an den berühmten Spruch des Schriftstellers und Architekten Max Frisch „Wir riefen Arbeitskräfte, und es kamen Menschen". Der ökonomische Nutzen für das Zielland sollte also nur ein Aspekt sein und mit dem ökonomischen Nutzen für die Herkunftsländer und die Migrant*innen selbst einhergehen (→ 10 Migration und Entwicklung).

Aus einer vergleichbaren Perspektive heraus warnen Bridget Anderson, Nandita Sharma und Cynthia Wright, dass bei einer zu starken Konzentrierung auf Staatengrenzen und Bewegungsfreiheit wichtige Aspekte nicht berücksichtigt würden (Anderson et al. 2009). So verliefen Grenzen eben nicht nur entlang, sondern auch innerhalb eines Staates. Der offenkundigste Ausdruck dieser Grenzen ist der aufenthalts- oder arbeitsrechtliche Status, der Migrant*innen selbst nach ihrem regulären Grenzübertritt von „einheimischen Arbeitskräften" unterscheiden kann. So hätten Arbeitgeber*innen oft größere Kontrollmöglichkeiten über migrantische Arbeitskräfte, insbesondere Neuankömmlinge, deren Aufenthaltsstatus möglicherweise an eine Arbeitserlaubnis geknüpft sei.

Die Autorinnen kritisieren auch die Agenda vieler NGOs, die sich vor allem für den Schutz und menschenwürdige Behandlung von Migrant*innen einsetzen; besonders einflussreich sei dies bei dem Schutz von Opfern von Menschenhandel. Diesem „Opferdiskurs" entgegnen sie, dass Migrant*innen hier vor allem als passive Objekte dargestellt werden, die es zu schützen gelte. Auch verwehren sie sich dagegen, dass ausgerechnet der Staat der angemessene Akteur für diesen Schutz sein solle. Schließlich schaffe dieser die Schutzlosigkeit doch erst durch Migrationskontrolle und „produziere Illegalität" und mit ihr verbunden ungleiche Machtverhältnisse und Ausbeutung (Anderson et al. 2009, S. 8)

Die Autorinnen weisen auch pragmatische „No Border"-Argumente zurück, wonach eine Welt ohne Grenzen keine radikal andere sei, da die Zahl der Migrant*innen nicht extrem zunehmen und der Status Quo der Staatsbürgerschaft kaum angetastet würde:

„We reject the politics of these sorts of arguments. A radical No Borders politics acknowledges that it is part of revolutionary change. If successful, it will have a very profound effect on all of our lives for it is part of a global reshaping of economies and societies in a way that is not compatible with capitalism, nationalism, or the mode of state-controlled belonging that is citizenship. It is ambitious and requires exciting and imaginative explorations, but it is not utopian. It is in fact eminently practical and is being carried out daily." (Anderson et al. 2009, S. 12)

Dieser Position schwebt eine globale Gesellschaft als Gegenmodell zu nationalen Staatsbürger*innen vor, bei der Gleichheit auch global angestrebt wird. Als Vorreiter sehen sie zahlreiche zivilgesellschaftliche Organisationen wie das „No Border"-Netzwerk, progressive Gewerkschaften und Ärzt*innen oder Anwält*Innen ohne Grenzen.

14.7 Transnational labor citizenship

Auch wer diese weitreichenden und potentiell revolutionären Ziele teilt, steht vor der Frage, wie der Weg dorthin aussehen soll. Ein möglicher erster Schritt wäre es, die Rechte von Arbeitsmigrant*innen zu stärken. In einem vielbeachteten Aufsatz hat die Juristin Jennifer Gordon hierzu das Konzept der Transnational Labor Citizenship entwickelt (Gordon 2009). Diese soll ein neues Regime (→ 2 Migrationstheorien und 13 Global Migration Governance) umfassen, das vor allem den Arbeitsmigrant*innen zugutekommt. Ein Hauptziel ist es, die „Wand" zwischen den unterschiedlichen Formen von Arbeitsmigration einzureißen – temporäre Arbeiter*innen mit eingeschränkten Rechten und Migrant*innen mit dauerhaftem Aufenthaltsstatus. Gordons Konzept baut einerseits auf grundlegenden Prinzipien auf – alle Migrant*innen sind Menschen mit fundamentalen Rechten und sollen als solche behandelt werden – und strebt andererseits nach einer pragmatischen Lösung.

Zentrales Kriterium für Gordon ist, dass Migrant*innen bereits in ihrem Herkunftsland mit Gewerkschaften und NGOs in Verbindung treten und ihr Recht auf Migration daran geknüpft ist, Rechteverletzungen am Arbeitsplatz zu melden. Auch müssen Arbeitsmigrant*innen die Möglichkeit haben, ihre Arbeitgeber*innen zu wechseln, da sonst die Gefahr der Abhängigkeit und potentiellen Ausbeutung zu groß ist – die Visa dürfen also nicht an bestimmte Arbeitgeber*innen geknüpft sein. Auch die Mitgliedschaft in einer Gewerkschaft ist bei diesem Konzept verpflichtend. Dadurch können Migrant*innen bereits über ihre Rechte und Standards informiert werden, bevor sie ihr Herkunftsland verlassen, und haben im Zielland eine Organisation als Ansprechpartnerin. Den Migrant*innen würden somit größere Rechte gewährt, allerdings müssten diese auch einen „Eid der Solidarität" ablegen – indem sie zusagen, dass sie Arbeitgeber*innen bei Fehlverhalten melden, wodurch Missbrauch großflächig bekämpft werden könnte. Zivilgesellschaftliche Organisationen könnten dabei mit der Regierung zusammenarbeiten, da die Einhaltung von Standards im geteilten Interesse liege. Arbeitgeber*innen würde somit Rechtssicherheit gegeben (und potentielle Konkurrenz, die auf niedrigere Standards, Löhne etc. setzt, verringert). Die Migrant*innen müssten einen Mitgliedsbeitrag zahlen, der aber durch die Verringerung der „Kosten der Illegalität" aufgewogen werden könne.

14.8 Fazit

Unser Schlusskapitel hat – repräsentativ für den gesamten Band – gezeigt, mit welcher Vielzahl von Perspektiven man sich dem Thema Migrationspolitik nähern kann. In der öffentlichen Debatte weckt die Aussicht auf eine „Migration ohne Grenzen" oft Ängste vor einer grenzenlosen Migration. Unstrittig ist, dass das Politikfeld Migration in den vergangenen Jahren im Zentrum der wachsenden Polarisierung vieler Gesellschaften gestanden ist. Die in diesem Kapitel skizzierten Ansätze zeigen dagegen, wie man sich dem Thema jenseits von Polemik nähern kann. Aspekte wie Souveränität, Sicherheit und Rechte, ökonomische, soziale, ethische, aber auch pragmatische Positionen können fundiert begründet und in die Diskussion eingebracht werden. Wir hoffen, mit diesem Lehrbuch zum einen Material für eine evidenzbasierte Debatte bereitgestellt, zum anderen aber auch den ein oder anderen Anstoß gegeben zu haben, um Migration aus einer Vielzahl von Perspektiven zu betrachten und zu erforschen: Arbeit, Rechte, Entwicklung Demokratie, Geschlechterverhältnisse, Global Governance und mehr.

Zum Zeitpunkt der Fertigstellung dieses Lehrbuches scheint die Aussicht auf eine Welt ohne Grenzen in besonders weite Ferne gerückt zu sein. Aufgrund der Corona-Pandemie wurde die weltweite Mobilität stark eingeschränkt – selbst für Besitzer*innen „starker" Reisepässe (siehe Kapitel Migration und Demokratie). Jenseits dieser kollektiven globalen Erfahrung wurden in Folge der Pandemie aber soziale Ungleichheiten oft noch verstärkt; die Pandemie und die damit verbundenen Politiken hatten insbesondere auf Migrant*innen und Geflüchtete gravierende Auswirkungen.

Andererseits rückte die Pandemie neben den teils katastrophalen Arbeitsbedingungen auch den erheblichen Beitrag, den viele Migrant*innen in den Zielländern etwa im Gesundheits- und Pflegesektor leisten, in den Fokus, bis hin zur „Systemrelevanz“[9]. Daher besteht zumindest auch die Möglichkeit, dass, wie bereits am Ende des vorherigen (Global Migration Governance)-Kapitels ausgeführt, die während der Pandemie gemachten Erfahrungen dazu führen können, dass neue Vorstellungen von menschlicher Mobilität entwickelt werden. So schreibt das United Nations Network on Migration, dass die Gewährleistung von Rechten und die Inklusion von verwundbaren Gruppen wie Migrant*innen und Geflüchteten, der einzige Weg sei, um die durch COVID-19 hervorgerufene Krise zu überwinden.[10]

Weiterführende Fragen und Literatur

Drei Fragen zum Weiterdenken

- Ist eine Welt ohne Grenzen machbar und erstrebenswert? Wie lässt es sich rechtfertigen, dass Staatsbürger*innen weiterreichende Rechte als Nicht-Staatsbürger*innen haben?
- Plädieren Sie für einen pragmatischen oder radikalen Entwurf – sollen Schritte wie das „transnational labor citizenship“ am Anfang des Prozesses stehen oder Grenzkontrollen baldmöglichst fallen?
- Ist es legitim, sich auf die ökonomischen Vorteile und „Nützlichkeit“ von Migrant*innen zu konzentrieren, um damit die Bevölkerung von Zielländern zu überzeugen – oder werden damit grundlegende Prinzipien außen vorgelassen?

9 www.ipg-journal.de/regionen/global/artikel/detail/wurst-case-szenario-4457/

10 https://migrationnetwork.un.org/sites/default/files/network_statement_on_sg_policy_brief_-_final.pdf

Drei Bücher zum Weiterlesen

Antoine Pécoud/Paul de Guchteneire (Hg.) (2007): Migration without Borders: Essays on the free movement of people. Paris: UNESCO.
Ein Sammelband, der theoretische und regionale Perspektiven zur Bewegungsfreizügigkeit und sozialen, politischen und ökonomischen Aspekten eines Szenarios der offenen Grenzen diskutiert.

Special Issue: "No Borders As Practical Politics", Refuge: Canada's journal on refugees 26 (2), 2009. Open access: https://refuge.journals.yorku.ca/index.php/refuge/issue/view/1828
Eine umfassende Bestandsaufnahme des „No Border"-Diskurses und seiner wissenschaftlichen, politischen und ideologischen Grundlagen.

Joel S. Fetzer (2016): Open Borders and International Migration Policy: The effects of unrestricted immigration in the United States, France, and Ireland. Basingstoke: Palgrave Pivot.
Es wurde viel über die theoretischen Grundlagen von unbeschränkter Einwanderung geschrieben – dieser Band untersucht am Beispiel dreier Städte, was eine solche Immigration für Bereiche wie Wohnungsmarkt, öffentliche Finanzen, Schulen und Kriminalität bedeutet.

Online-Quellen:

http://de.openborders.info/ (umfangreiche Literatursammlung)

Literatur

Grundbegriffe und aktuelle Trends

Bommes, Michael (1999): Migration und nationaler Wohlfahrtsstaat. Opladen/Wiesbaden: Westdeutscher Verlag.

Castles, Stephen; de Haas, Hein; Miller, Mark J. (2014): The Age of Migration. International population movements in the modern world. Fifth edition. New York: Palgrave Macmillan.

International Organization for Migration (IOM) (2014): Global Migration Trends: an overview. Geneva: IOM.

International Organization for Migration (IOM) (2015): World Migration Report 2015. Migrants and cities: New partnerships to manage mobility. Geneva: IOM.

International Organization for Migration (IOM) (2018): World Migration Report 2018. Geneva: IOM.

International Organization for Migration (IOM) (2019a): Migration in the World. Online verfügbar unter https://www.iom.sk/en/migration/migration-in-the-world.html, zuletzt geprüft am 17.08.2020.

International Organization for Migration (IOM) (2019b): World Migration Report 2019. Geneva: IOM.

Koser, Khalid (2007): International Migration. A very short introduction. Oxford: Oxford University Press.

Martin, Susan F. (2014): International Migration. Evolving trends from the early twentieth century to the present. Cambridge: Cambridge University Press.

Migrationsdatenportal (2020): Urbanisierung und Migration. Online verfügbar unter https://www.migrationdataportal.com/de/themes/urbanisation-et-migration, zuletzt geprüft am 16.08.2020.

Pew Research Center (2013): Five Challenges to Estimating Global Migration. Washington DC. Online verfügbar unter http://www.pewresearch.org/fact-tank/2013/10/25/5-challenges-to-estimating-global-migration/, zuletzt geprüft am 29.07.2020.

Samers, Michael (2010): Migration. New York/London: Routledge.

United Nations (2020): Current World Population. New York, NY. Online verfügbar unter www.worldometers.info/world-population/, zuletzt geprüft am 06.09.2020.

United Nations, Department of Economic and Social Affairs (1998): Recommendations on Statistics of International Migration. Statistical Papers. Series M, No. 58, Rev. 1. New York, NY.

United Nations, Department of Economic and Social Affairs (2013): International Migration Report 2013. New York, NY.

United Nations, Department of Economics and Social Affairs (2019): International Migration Report 2019. New York, NY.

United Nations, Economic and Social Council (2018): Commission on Population and Development. Fifty-first session. General debate. Sustainable cities, human mobility and international migration. Report of the Secretary-General. New York, NY.

United Nations (2019): World Population Prospects. Online verfügbar unter https://population.un.org/wpp/Graphs/, zuletzt geprüft am 30.09.2020.

Wedgwood, Cicely V. (2011): Der Dreißigjährige Krieg. Hamburg: Nikol.

Migrationstheorien

Basch, Linda; Glick Schiller, Nina; Szanton Blanc, Cristina (1994): Nations Unbound. Transnational projects, postcolonial predicaments, and deterritorialized nation-states. London: Routledge.

Bommes, Michael; Halfmann, Jost (1998): Migration in nationalen Wohlfahrtsstaaten. Theoretische und vergleichende Untersuchungen. Osnabrück: Rasch.

Borjas, George J. (1989): Economic Theory and International Migration. In: International Migration Review 23 (3), S. 457–485.

Brettel, Caroline B.; Hollifield, James F. (Hg.) (2008): Migration Theory: talking across disciplines. New York/London: Routledge.

Brettell, Caroline; Hollifield, James F. (Hg.) (2015): Migration Theory: Talking across disciplines. Third edition. New York: Routledge.

Brimelow, Peter (1996): Alien Nation: Common sense about America's immigration disaster. New York: Harper Perennial.

Clark, William A. V. (1986): Human Migration. Scientific Geography Series 7. Beverly Hills, CA: Sage Publications.

Cornelius, Wayne A.; Tsuda, Takeyuki; Hollifield, James F.; Martin, Philip L. (Hg.) (2004): Controlling Immigration. A global perspective. 2. edition. Stanford, Calif.: Stanford University Press.

Dougherty, James E.; Pfaltzgraff, Robert L. (2001): Contending Theories of International Relations. A comprehensive survey. 5. edition. New York: Longman.

Faist, Thomas (1995): Sociological Theories of International South to North Migration: The missing meso-link. Bremen (ZeS-Arbeitspapier 17/1995).

Faist, Thomas (2004): Towards a Political Sociology of Transnationalization. The state of the art in migration research. In: European Journal of Sociology 45 (3), S. 331–366.

Glick Schiller, Nina; Basch, Linda; Blanc-Szanton, Cristina (Hg.) (1992): Towards a Transnational Perspective on Migration. Race, class, ethnicity, and nationalism reconsidered. New York: New York Academy of Sciences.

Haas, Ernst B. (2004): The Uniting of Europe. Political, social, and economic forces, 1950-1957. Notre Dame, Ind.: University of Notre Dame Press.

Haug, Sonja (2000): Klassische und neue Theorien der Migration. Arbeitspapiere. Nr. 30. Mannheim: Mannheimer Zentrum für Europäische Sozialforschung.

Hirst, Paul; Thompson, Grahame (1996): Globalization in Question. Oxford: Polity Press.

Hollifield, James F.; Wong, Tom K. (2015): The Politics of International Migration. How can we "Bring the State Back In"? In: Caroline Brettell und James F. Hollifield (Hg.): Migration theory. Talking across disciplines. Third edition. New York, NY: Routledge, S. 227–288.

Huntington, Samuel P. (2004): Who Are We? The challenges to America's national identity. New York, NY: Simon & Schuster.

Jacobson, David (1996): Rights Across Borders. Immigration and the decline of citizenship. Baltimore: Johns Hopkins University Press.

Jensen, Stefan (1999): Erkenntnis – Konstruktivismus – Systemtheorie. Einführung in die Philosophie der konstruktivistischen Wissenschaft. Opladen: Westdeutscher Verlag.

Joppke, Christian (1998): Why Liberal States Accept Unwanted Immigration. In: World Politics 50 (2), S. 266–293.

Keohane, Robert O. (1989): International Institutions and State Power. Essays in international relations theory. Boulder: Westview Press.

Koslowski, Rey (2000): Migrants and Citizens. Demographic change in the European state system. Ithaca, NY: Cornell University Press.

Krasner, Stephen D. (1982): Structural Causes and Regime Consequences: regimes as intervening variables. In: International Organization 36 (2), S. 185–205.

Kritz, Mary M.; Lim, Lin Lean; Zlotnik, Hania (Hg.) (1992): International Migration Systems. A global approach. Seminar on International Migration Systems, Processes, and Policies. Oxford: Clarendon Press.

Lee, Everett Spurgeon (1966): A Theory of Migration. Demography 3 (1), S. 47–57.

Massey, Douglas S. (1990): Social Structure, Household Strategies, and the Cumulative Causation of Migration. In: Population Index 56 (1), S. 3–26.

Massey, Douglas S.; Arango, Joaquín; Hugo, Graeme; Kouaouci, Ali; Pellegrino, Adela; Taylor, Edward J. (1994): An Evaluation of International Migration Theory: the North American case. In: Population and Development Review 20 (4), S. 699–751.

Massey, Douglas S.; Arango, Joaquín; Hugo, Graeme; Kouaouci, Ali; Pellegrino, Adela; Taylor, J. Edward (1993): Theories of International Migration: A review and appraisal. In: Population and Development Review 19 (3), S. 431–466.

Mercer, Jonathan (1995): Anarchy and Identity. In: International Organization 49 (2), S. 229–252.

Moravcsik, Andrew (1997): Taking Preferences Seriously. A liberal theory of international politics. In: International Organization 51 (4), S. 513–553.

Morgenthau, Hans J. (1978): Politics Among Nations. The struggle for power and peace. 5. ed., rev. New York, NY: Knopf.

Mueller, Charles F. (1981): The Economics of Labor Migration: A behavior analysis. New York, NY: Academic Press.

Nuscheler, Franz (2003): Internationale Migration. Flucht und Asyl. 2., kompl. überarb. u. aktual. Aufl. Opladen: Leske + Budrich.

Oberndörfer, Dieter (1991): Die offene Republik. Zur Zukunft Deutschlands und Europas. Freiburg: Herder (Herder Spektrum).

Patterson, Orlando (1987): The Emerging West Atlantic System: migration, culture, and underdevelopment in the United States and the circum-Caribbean Region. In: William Alonso (Hg.): Population in an interacting world. Cambridge, Mass.: Harvard University Press, S. 227–260.

Portes, Alejandro; Walton, John (1981): Labor, Class and the International System. New York, NY: Academic Press.

Pries, Ludger (2008): Die Transnationalisierung der sozialen Welt. Sozialräume jenseits von Nationalgesellschaften. Frankfurt am Main: Suhrkamp.

Pries, Ludger (2010): Transnationalisierung. Theorie und Empirie grenzüberschreitender Vergesellschaftung. Wiesbaden: Springer VS Verlag.

Ravenstein, Ernst G. (1885/89): The Laws of Migration. In: Journal of the Royal Statistical Society 48 und 52, S. 167–227 und 214–301.

Roos, Christof (2013): EU and Immigration Policies. Cracks in the walls of fortress Europe? Basingstoke: Palgrave Macmillan.

Rother, Stefan (2004): Normen, Identitäten, und die Logik der Anarchie. Die ASEAN aus konstruktivistischer Perspektive. Freiburg i. Br.: ABI Arnold-Bergstraesser-Institut.

Rother, Stefan (2009): Transnational Political Spaces: Political activism of Philippine labor migrants in Hong Kong. In: Jorge V. Tigno (Hg.): Changing dynamics in Filipino overseas migration: nationalism, transnationalism, regionalism and the state. Quezon City: Philippine Migration Research Network and Philippine Social Science Council Publishing, S. 109–140.

Samers, Michael (2010): Migration. New York/London: Routledge.

Sassen, Saskia (1991): The Global City: New York, London, Tokyo. Princeton, NJ: Princeton University Press.

Schieder, Siegfried; Spindler, Manuela (Hg.) (2010): Theorien der internationalen Beziehungen. 3. überarb. und aktual. Aufl. Opladen: Budrich.

Schlesinger, Arthur M. (1998): The Disuniting of America. Reflections on a multicultural society. Rev. and enlarged. New York u. a: Norton.

Semyonov, Moshe; Gorodzeisky, Anastasia (2004): Occupational Destinations and Economic Mobility of Filipino Oversea Workers. In: International Migration Review 38 (1), S. 5–25.

Senghaas, Dieter (Hg.) (1974): Peripherer Kapitalismus. Analysen über Abhängigkeit und Unterentwicklung. Berlin: Suhrkamp.

Shah, Nasra M.; Menon, Indu (1999): Chain Migration Through the Social Network. Experience of labour migrants in Kuwait. In: International Migration 37 (2), S. 361–382.

Smith, Michael Peter; Guarnizo, Luis Eduardo (Hg.) (1998): Transnationalism From Below. New Brunswick, NJ: Transaction Publ.

Smoliner, Stefanie; Förschner, Michael; Hochgerner, Josef; Nová, Jana (2013): Comparative Report on Re-Migration Trends in Central and Eastern Europe. In: Thilo Lang (Hg.): Return migration in Central Europe: current trends and an analysis of policies supporting returning migrants (Forum IfL, 21). Leipzig: Leibniz-Institut für Länderkunde e. V. (IfL), S. 11–57.

Sommer, Sarah (2013): Opening Fortress Europe? Constructing a new approach to EU migration policy. In: Brussels Journal of International Studies 10, S. 42–82.

Soysal, Yasemin Nuhoğlu (1994): Limits of Citizenship. Migrants and postnational membership in Europe. Chicago, IL: University of Chicago Press.

Stark, Oded (1984): A Note on Modelling Labour Migration in LDCs. In: The Journal of Development Studies 20 (4), S. 318–322.

Todaro, Michael P. (1969): A Theoretical Note on Labour as an "Inferior" Factor in Less Developed Economies. In: The Journal of Development Studies 5 (4), S. 252–261.

Todaro, Michael P. (1976): Internal Migration in Developing Countries. A review of theory, evidence, methodology and research priorities. Geneva: International Labour Office.

Van Hear, Nicholas; Sørensen, Nina Nyberg (Hg.) (2003): The Migration-Development Nexus. Geneva: International Organization for Migration.

Wallerstein, Immanuel M. (2004): World-Systems Analysis: An introduction. Durham: Duke University Press.

Waltz, Kenneth N. (1979): Theory of International Politics. Reading/Mass: Addison-Wesley.

Weiner, Myron (1985): On International Migration and International Relations. In: Population and Development Review 11 (3), S. 441–455.

Wendt, Alexander (1992): Anarchy is what States Make of it: The social construction of power politics. In: International Organization 46 (2), S. 391–425.

Wendt, Alexander (1994): Collective Identity Formation and the International State. In: The American Political Science Review 88 (2), S. 384–396.

Wolpert, Julian (1965): Behavioral Aspects of the Decision to Migrate. In: Papers in Regional Science 15 (1), S. 159–169.

Zangl, Bernhard (2010): Regimetheorie. In: Siegfried Schieder und Manuela Spindler (Hg.): Theorien der internationalen Beziehungen. 3. überarb. und aktual. Aufl. Opladen: Budrich, S. 131–155.

Flucht und Asyl

Akram, Susan M. (2016): Das Hilfswerk der Vereinten Nationen für Palästina-Flüchtlinge im Nahen Osten (UNRWA). Bonn: Bundeszentrale für politische Bildung. Online verfügbar unter https://www.bpb.de/gesellschaft/migration/kurzdossiers/229614/unrwa, zuletzt geprüft am 29.07.2020.

Alberts, Cornelia; Flor, Anne (2016): Zwischen Grenz- und Grundrechtsschutz. Eine Bewertung der Seeaußengrenzenverordnung am Maßstab des Hirsi-Urteils. In: Dieter Kugelmann (Hg.): Migration, Datenübermittlung und Cybersicher. Grundfragen und ausgewählte Handlungsfelder der Zusammenarbeit von Sicherheits- und Strafverfolgungsbehörden in der EU. Baden-Baden: Nomos.

Amnesty International (2017): Australia. Submission to the United Nations Human Rights Committee. 121st Session, 16 October–10 November 2017. London: Amnesty International Ltd.

Angenendt, Steffen; Biehler, Nadine; Kipp, David; Meier, Amrei (2019): Mehr Flüchtlinge, unzureichende Finanzmittel. Wie kann der internationale Flüchtlingsschutz finanziert werden? SWP-Studie 16. Berlin: Stiftung Wissenschaft und Politik (SWP).

Ansorg, Nadine (2017): Innerstaatliche Konflikte. Demokratische Republik Kongo. Bonn: Bundeszentrale für politische Bildung. Online verfügbar unter www.bpb.de/internationales/weltweit/innerstaatliche-konflikte/54628/kongo, zuletzt geprüft am 24.07.2020.

Bade, Klaus J. (2000): Europa in Bewegung. Migration vom späten 18. Jahrhundert bis zur Gegenwart, München: C.H. Beck.

BBC (2020): Myanmar Rohingya: What you need to know about the crisis. Online verfügbar unter www.bbc.com/news/world-asia-41566561, zuletzt geprüft am 31.07.2020.

Betts, Alexander (2010): Survival Migration: A new protection framework. In: Global Governance 16 (3), S. 361–382.

Betts, Alexander (2014): International Relations and Forced Migration. In: Gil Loescher, Elena Fiddian-Qasmiyeh, Katy Long und Nando Sigona (Hg.): The Oxford Handbook of Refugee and Forced Migration Studies. Oxford: Oxford University Press, S. 60–73.

Bocco, Riccardo (2009): UNRWA and the Palestinian Refugees: A history within history. In: Refugee Survey Quarterley 28 (2-3), S. 229–252.

Buckley-Zistel, Susanne; Krause, Ulrike; Loeper, Lisa (2014): Sexuelle und geschlechterbasierte Gewalt an Frauen in kriegsbedingten Flüchtlingslagern. Ein Literaturüberblick. In: Peripherie 34 (133), S. 71–89.

Bundesamt für Migration und Flüchtlinge (BAMF) (2020): Das Bundesamt in Zahlen 2019. Nürnberg.

Castles, Stephen; Miller, Mark (2009): The Age of Migration: International population movements in the modern world. 4th edition. Basingstoke, Hampshire: Palgrave Macmillan.

Chkam, Hakim (2016): Aid and the Perpetuation of Refugee Camps: The case of Dadaab in Kenya 1991–2011. In: Refugee Survey Quarterly 35 (2), S. 79–97.

Deutsches Rotes Kreuz (2005): 30 Jahre danach. Boat People in Deutschland – Beispiele gelungener Integration. Bonn, Berlin: Köllen Verlag.

European Migration Network (2019): Annual Report on Migration and Asylum 2018.

Feldman, Ilana (2012): The Challenge of Categories: UNRWA and the definition of a 'Palestine Refugee'. In: Journal of Refugee Studies 25 (3), S. 387–406.

Fritz, Carolina (2010): Climate Change and Migration: Sorting through complex issues without the hype. Washington DC: Migration Policy Institute. Online verfügbar unter http://www.migrationinformation.org/Feature/display.cfm?id=773, zuletzt geprüft am 16.08.2020.

Garnier, Adèle (2014): Arrested Development? UNHCR, ILO, and the refugees' right to work. In: Refuge: Canada's Journal on Refugees 30 (2), S. 15–25.

Gavalakis, Nikolaos; Katsioulis, Nicole (2016): Gestranded in Griechenland. Wie die Implementierung der EU-Flüchtlingspolitik scheitert. Bonn: Friedrich Ebert Stiftung.

Gerken, Laura; Meininghaus, Esther; Röing, Tim; Rudolf, Markus (2017): Freiwillige Rückkehr von Asylsuchenden. Bonn: Bundeszentrale für politische Bildung.

Online verfügbar unter https://www.bpb.de/gesellschaft/migration/kurzdossiers/243268/freiwillige-rueckkehr, zuletzt geprüft am 30.07.2020.

Ghezelbash, Daniel; Moreno-Lax, Violeta; Klein, Natalie; Opeskin, Brian (2018): Securitization of Search and Rescue at Sea: The response to boat migration in the Mediterranean and offshore Australia. In: International and Comparative Law Quarterly 67 (2), S. 315–351.

Goodman, Annekathryn; Mahmood, Iftkher (2019): The Rohingya Refugee Crisis of Bangladesh: Gender based violence and the humanitarian response. In: Open Journal of Political Science 9 (3), S. 490–501.

Grenz, Wolfgang; Lehmann, Julian; Keßler, Stefan (2015): Schiffbruch. Das Versagen der europäischen Flüchtlingspolitik. München: Knaur.

Heck, Gerda; Hess, Sabine (2017): Tracing the Effects of the EU-Turkey Deal. The momentum of the multi-layered Turkish border regime. In: movements. Journal for Critical Migration and Border Regime Studies 3 (2), S. 35–56.

Hoesch, Kristen (2018): Migration und Integration. Eine Einführung. Wiesbaden: Springer VS.

International Organization for Migration (IOM) (2020): World Migration Report 2020. Geneva: IOM.

International Organization for Migration (IOM) (2017): Four Decades of Cross-Mediterranean Undocumented Migration to Europe. A review of evidence. Geneva: IOM.

Israel Central Bureau of Statistics (2020): Israel in Figures. Selected data from the statistical abstract of Israel 2019. Jerusalem: The State of Israel. Online verfügbar unter www.cbs.gov.il/en/Pages/search/searchResultsIsraelnFigures.aspx (abgerufen am 23.03.2020).

Keely, C.B. (2001): The International Refugee Regime(s): The end of the cold war matters. In: International Migration Review 35 (1), S. 303–314.

Klepp, Silja (2011): Europa zwischen Grenzkontrolle und Flüchtlingsschutz. Eine Ethnographie der Seegrenze auf dem Mittelmeer. Bielefeld: transcript Verlag.

Koser, Khalid (2012): International Migration. A very short introduction. Oxford: Oxford University Press.

Linde, Thomas (2011): Mixed Migration. A humanitarian counterpoint. In: Refugee Survey Quarterly 30 (1), S. 89–99.

Loescher, Gil (2001): The UNHCR and World Politics: A perilous path. Oxford: Oxford University Press.

Loescher, Gil (2009): Human Rights and Forced Migration. In: Michael Goodhart (Hg.): The politics and practice of human rights. Oxford: Oxford University Press, S. 245–265.

Loescher, Gil; Fiddian-Qasmiyeh, Elena; Long, Katy; Sigona, Nando (Hg.) (2014): The Oxford Handbook of Refugee and Forced Migration Studies. Oxford: Oxford University Press.

Long, Katy (2013): When Refugees Stopped Being Migrants: Movement, labour and humanitarian protection. In: Migration Studies 1 (1), S. 4–26.

Macklin, Audrey; Barber, Kathryn; Goldring, Luin; Hyndman, Jennifer; Korteweg, Anna; Labman, Shauna; Zyfi, Jona (2018): A Preliminary Investigation into Private Refugee Sponsors. In: Canadian Ethnic Studies 50 (2), S. 35–57.

Marrus, Michael (1985): The Unwanted. European refugees in the twentieth century. Oxford: Oxford University Press.

Martin, Susan F. (2018): Forced Migration and Refugee Policy. In: Hugo Graeme, Mohammad Jalal Abbasi-Shavazi und Ellen Percy Kraly (Hg.): Demography of refugee and forced migration. Cham: Springer Nature, S. 271–303.

Massey, Douglas S. (1999): International Migration at the Dawn of the 21st Century: the role of the state. In: Population and Development Review 25 (2), S. 303–322.

Mixed Migration Hub (2016): Mixed Migration Trend Report for January 2016 Covering Mixed Migration Events In: Algeria, Egypt, Libya, Mali, Morocco, Niger, Sudan, Tunisia, Greece and Italy. Online verfügbar unter http://www.mixedmigrationhub.org/wp-content/uploads/2016/02/MHub-Trend-Bulletin-JANUARY-2016.pdf, zuletzt geprüft am 03.08.2020.

Müller, Andreas W. (2014): Unbegleitete Minderjährige in Deutschland: Fokus-Studie der deutschen nationalen Kontaktstelle für das Europäische Migrationsnetzwerk (EMN). Nürnberg: Bundesamt für Migration und Flüchtlinge (Working Paper 60).

Neumayer, Ingo (2016): Menschenrechte. Flüchtlinge, Planet Wissen. Online verfügbar unter www.planet-wissen.de/geschichte/menschenrechte/fluechtlinge/pwwbfluechtlinge100.html, zuletzt überprüft am 24.07.2020.

Olivius, Elisabeth (2017a): Sites of Repression and Resistance: political space in refugee camps in Thailand. In: Critical Asian Studies 49 (3), S. 289–307.

Olivius, Elisabeth (2017b): The Ideal Refugees: Gender, islam, and the sahrawi politics of survival: The concerned women of Buduburam: Refugee activists and humanitarian dilemmas. In: International Migration Review 51 (3), S. e47-e49.

Pichl, Maximilian; Tohidipur, Timo (2019): An den Grenzen Europas und des Rechts. Interdisziplinäre Perspektiven auf Migration, Grenzen und Recht. Bielefeld: transcript Verlag.

Piguet, Etienne; Pécoud, Antoine; de Guchteneire, Paul (2011): Migration and Climate Change: An overview. In: Refugee Survey Quarterly 33 (3), S. 1–23.

Ruedlin, Didier; Rosenberger, Sieglinde; Merhaut, Nina (2018): Tracing Anti-deportation Protests: A longitudinal comparison of Austria, Germany and Switzerland.

In: Sieglinde Rosenberger, Verena Stern und Nina Merhaut (Hg.): Protest movements in asylum and deportation. Cham: Springer Nature, S. 89–115.

Sassen, Saskia (1996): Migranten, Siedler, Flüchtlinge. Von der Massenauswanderung zur Festung Europa. Frankfurt am Main: Fischer Verlag.

Schammann, Hannes; Kühn, Boris (2016): Kommunale Flüchtlingspolitik in Deutschland. Bonn: Friedrich-Ebert-Stiftung.

Schneider, Jan (2008): Historische Entwicklung der jüdischen Einwanderung. Bonn: Bundeszentrale für politische Bildung. Online verfügbar unter https://www.bpb.de/gesellschaft/migration/laenderprofile/57631/historische-entwicklung, zuletzt geprüft am 04.08.2020.

Sippel, Lilli (2009): Zuwanderungsgeschichte der Bundesrepublik Deutschland 1945 bis 1990: Vertriebene und Flüchtlinge, Gastarbeiter und ihre Familien. Berlin: Berlin-Institut für Bevölkerung und Entwicklung.

United Nations High Commissioner for Refugees (UNHCR) (1951): Abkommen über die Rechtsstellung der Flüchtlinge vom 28. Juli 1951; Art. 1A Nr. 2. Genf.

United Nations High Commissioner for Refugees (UNHCR) (2000): Global Report 2000: Achievements and impact. Geneva.

United Nations High Commissioner for Refugees (UNHCR) (2007): 2006 Global Trends: Refugees, asylum-seekers, internally displaced and stateless persons, Geneva.

United Nations High Commissioner for Refugees (UNHCR) (2011): UNHCR Resettlement Handbook. Division of International Protection. Geneva.

United Nations High Commissioner for Refugees (UNHCR) (2014): Internally Displaced People. Geneva.

United Nations High Commissioner for Refugees (UNHCR) (2017): Refugee and Migrant Children – Including Unaccompanied and Separated Children – in the EU. Geneva.

United Nations High Commissioner for Refugees (UNHCR) (2019): Global trends. Forced displacement in 2018. Geneva.

United Nations High Commissioner for Refugees (UNHCR) (2020): Global trends. Forced displacement in 2019. Geneva.

United States Holocaust Memorial Museum (2016): German Jewish Refugees, 1933–1939. In: Holocaust Encyclopedia. Washington DC.

UNRWA (2019): Ofid's Support of UNRWA via PALFUND provides US$ 141.3 million in Loans to Palestinian Microenterprise Sector. Online verfügbar unter www.unrwa.org/newsroom/press-releases/ofid%E2%80%99s-support-unrwa-palfund-provides-us-1413-million-loans-palestinian, zuletzt geprüft am 16.08.2020.

Weinzierl, Ruth; Lisson, Urszula (2007): Grenzschutz und Menschenrechte. Eine europarechtliche und seerechtliche Studie. Bonn: Deutsches Institut für Menschenrechte.

West, Helen; Plunkett, Róisín (2018): Mapping of Refugee Resettlement Schemes. K4D Helpdesk Report. Brighton, UK: Institute of Development Studies.

Windfuhr, Michael (2018): Klimaflucht und Menschenrechte. In: Forschungsjournal Soziale Bewegungen 31 (1-2), S. 117–131.

Wojczewski, Thorsten (2017): Innerstaatliche Konflikte. Pakistan. Bonn: Bundeszentrale für politische Bildung. Online verfügbar unter www.bpb.de/internationales/weltweit/innerstaatliche-konflikte/54682/pakistan, zuletzt geprüft am 24.07.2020.

Zolberg, Aristide; Benda, Peter (Hg.) (2001): Global Migrants, Global Refugees. Problems and solutions. New York, Oxford: Berghahn Books.

Zolberg, Aristide; Suhrke, A.; Aguao, S. (1989): Escape from Violence. New York: Oxford University Press.

Arbeitsmigration

Amnesty International (2013): The Dark Side of Migration: Spotlight on Qatar's construction sector ahead of the world cup. Online verfügbar unter https://www.refworld.org/docid/528b20044.html, zuletzt geprüft am 05.08.2020.

Angenendt, Steffen (2006): Wanderungsbewegungen und Globalisierung. Zusammenhänge – Probleme – Handlungsmöglichkeiten. In: Christoph Butterwegge und Gudrun Hentges (Hg.): Zuwanderung im Zeichen der Globalisierung. Migrations-, Integrations-, und Minderheitenpolitik. 3. Aufl. Wiesbaden: VS Verlag für Sozialwissenschaften, S. 37–53.

Angenendt, Steffen (2009): Formen der Migration. Bonn: Bundeszentrale für politische Bildung. Online verfügbar unter www.bpb.de/gesellschaft/migration/dossier-migration-ALT/56611/migrationsformen, zuletzt geprüft am 05.08.2020.

Bade, Klaus J. (2000): Europa in Bewegung. Migration vom späten 18. Jahrhundert bis zur Gegenwart. München: C.H. Beck.

Bade, Klaus J.; Oltmer, Jochen (2007): Deutschland. In: Klaus J. Bade; Pieter Emmer; Leo Lucassen und Jochen Oltmer (Hg.): Enzyklopädie Migration in Europa. Vom 17. Jahrhundert bis zur Gegenwart. Paderborn, München: Schöningh.

Bredow, Iris von (2012): Wandernde Handwerker zwischen Ost und West in der früharchaischen Zeit? In: Eckart Olshausen und Vera Sauer (Hg.): Mobilität in den Kulturen der antiken Mittelmeerwelt. Stuttgarter Kolloquium zur Historischen Geographie des Altertums 11, 2011, Stuttgart: Franz Steiner Verlag, S. 55–69.

Brücker, Herbert (2010): Neue Erkenntnisse zu den Arbeitsmarktwirkungen internatonaler Migration. Ein kritischer Überblick über vorliegende Befunde. In: WSI-Mitteilungen 63 (10), S. 499–507.

Butterwegge, Christoph (2006): Globalisierung als Spaltpilz und sozialer Sprengsatz. Weltmarktdynamik und „Zuwanderungsdramatik“ im postmodernen Wohlfahrtsstaat. In: Christoph Butterwegge und Gudrun Hentges (Hg.): Zuwanderung im Zeichen der Globalisierung. Migrations-, Integrations-, und Minderheitenpolitik. 3. Aufl. Wiesbaden: VS Verlag für Sozialwissenschaften, S. 55–102.

Europäische Kommission (2020): Bericht der Kommission an das Europäische Parlament, den Rat, den Europäischen Wirtschafts- und Sozialausschuss und den Ausschuss der Regionen über die Auswirkungen des demografischen Wandels. COM(2020) 241 final. Brüssel.

Fuchs, Johann; Kubis, Alexander; Schneider, Lutz (2015): Zuwanderungsbedarf aus Drittstaaten in Deutschland bis 2050. Szenarien für ein konstantes Erwerbspersonenpotenzial – unter Berücksichtigung der zukünftigen inländischen Erwerbsbeteiligung und der EU-Binnenmobilität. Gütersloh: Bertelsmann Stiftung.

Geißler, Reiner (2008): Die Sozialstruktur Deutschlands. Zur gesellschaftlichen Entwicklung mit einer Bilanz zur Vereinigung. 5. Aufl. Wiesbaden: VS Verlag für Sozialwissenschaften.

Gould, David M. (1994): Immigrant Links to the Home Country: Empirical implications for U.S. bilateral trade flow. In: The Review of Economics and Statistics 76 (2), S. 301–316.

Hödl, Gerald; Husa, Karl; Parnreiter, Christof; Stacher, Irene (2000): Internationale Migration: Globale Herausforderung des 21. Jahrhunderts? In: Karl Husa, Christof Parnreiter und Irene Stacher (Hg.): Internationale Migration. Die globale Herausforderung des 21. Jahrhunderts? Frankfurt am Main: Brandes & Apsel; Wien: Südwind, S. 9–24.

Hunger, Uwe (2000): Der ‚rheinische Kapitalismus‘ in der Defensive. Eine komparative Policy-Analyse zum Paradigmenwechsel in den Arbeitsmarktbeziehungen am Beispiel der Bauwirtschaft. Baden-Baden: Nomos.

International Labour Organization (ILO) (1949): Übereinkommen über Wanderarbeiter (Nr. 97). Geneva: ILO.

International Labour Organization (ILO) (1958): Übereinkommen über die Diskriminierung in Beschäftigung und Beruf (Nr. 111). Geneva: ILO.

International Labour Organization (ILO) (1975): Übereinkommen über Missbräuche bei Wanderungen und die Förderung der Chancengleichheit und der Gleichbehandlung der Wanderarbeitnehmer (Nr. 143). Geneva: ILO.

International Labour Organization (ILO) (2011): Übereinkommen über menschenwürdige Arbeit bei Hausangestellten (Nr. 189). Geneva: ILO.

International Labour Organisation (ILO) (2012): Verfassung der Internationalen Arbeitsorganisation und ausgewählte Texte. Geneva: ILO.

International Labour Organization (ILO) (2018): ILO Global Estimates on International Migrant Workers. Results and methodology. Second edition (reference year 2017). ILO Labour Branch and ILO Department of Statistics. Geneva: ILO.

International Labour Organisation (ILO) (2019): ILO Global Estimates on Migrant Workers. Results and methodology. Geneva: ILO.

International Labour Organisation (ILO) (2020): What is Forced Labour, Modern Slavery and Human Trafficking. Geneva: ILO.

Martin, Philip L. (2001): There is Nothing More Permanent than Temporary Foreign Workers. Washington DC: Center for Immigration Studies.

Migrationdataportal (2020): online verfügbar unter https://www.migrationdataportal.com/de/themes/urbanisation-et-migration, zuletzt geprüft am 16.08.2020.

Münz, Rainer (2009): Internationale Migration. In: Berlin-Institut für Bevölkerung und Entwicklung (Hg.): Online-Handbuch Demografie. Berlin. Online verfügbar unter https://www.berlin-institut.org/fileadmin/user_upload/handbuch_texte/pdf_Muenz_Internationale_Migration_09.pdf, zuletzt geprüft am 08.08.2020.

Niebuhr, Annekatrin (2016): Effekte der Migration auf Produktivität, Innovationen und Exportaktivität. In: Wirtschaftspolitische Blätter 63 (3), S. 543–554.

Oltmer, Jochen (2013): Migration. In: Karl-Heinz Meier-Braun und Reinhold Weber (Hg.): Deutschland Einwanderungsland. Begriffe – Fakten – Kontroversen. Stuttgart: Verlag W. Kohlhammer, S. 31–34.

Oltmer, Jochen; Kreienbrink, Axel; Sanz Díaz, Carlos (Hg.) (2012): Das „Gastarbeiter"-System. Arbeitsmigration und ihre Folgen in der Bundesrepublik Deutschland und Westeuropa. München: Oldenbourg Verlag.

Panizzon, Marion; Zürcher, Gottfried; Fornalé, Elisa (Hg.) (2015): The Palgrave Handbook of International Labour Migration: law and policy perspectives. Basingstoke: Palgrave Macmillan.

Piore, Michael J. (1979): Birds of Passage. Migrant labor and industrial societies. Cambridge, New York: Cambridge University Press.

Pries, Ludger (2010a): Arbeitsmarkt und Beschäftigung: Internationalisierung von Arbeitsmobilität durch Arbeitsmigration. In: Fritz Böhle, G. Günter Voß und Günther Wachtler (Hg.): Handbuch Arbeitssoziologie. Wiesbaden: Springer VS Verlag, S. 729–747.

Pries, Ludger (2010b): Transnationalisierung. Theorie und Empirie grenzüberschreitender Vergesellschaftung. Wiesbaden: Springer VS Verlag.

Radford, Jynnah (2019): Key Findings about U.S. Immigrants. Washington DC: Pew Research Center. Online verfügbar unter https://www.pewresearch.org/fact-tank/2019/06/17/key-findings-about-u-s-immigrants/, zuletzt geprüft am 08.08.2020.

Ravenstein, Ernst G. (1885): The Laws of Migration. In: Journal of the Statistical Society 48 (2), S. 1667–235.

Schierup, Carl-Ulrik; Munck, Ronaldo; Likić-Brborić, Branka; Neergaard, Anders (Hg.) (2015): Migration, Precarity, and Global Governance. Challenges and opportunities for labour. Oxford: Oxford University Press.

Schwieger, Jörg (2019): Philippinische Arbeitsmigration – weltweit und nach Deutschland. In: südostasien. Zeitschrift für Politik, Kultur, Dialog. Online verfügbar unter https://suedostasien.net/philippinische-arbeitsmigration-weltweit-und-nach-deutschland/, zuletzt geprüft 08.08.2020.

Tausend, Klaus (2012): Fremdarbeiter im Altertum: Künstler, Söldner und Diplomaten im mykenischen Griechenland. In: Antike Welt 43 (3), S. 15–18.

Weber, Max (1892): Die Verhältnisse der Landarbeiter im ostelbischen Deutschland, Preußische Provinzen Ost- und Westpreußen, Pommern, Posen, Schlesien, Brandenburg, Großherzogtümer Mecklenburg, Kreis Herzogtum Lauenburg. Leipzig: Duncker und Humblot.

Weltbank (Ratha, Dilip; De, Supriyo; Kim, Eung Ju; Plaza, Sonia; Seshan, Ganesh; Yameogo, Nadege Desiree) (2019): Data Release: Remittances to low- and middle-income countries on track to reach $551 billion in 2019 and $597 billion by 2021. Washington DC. Online verfügbar unter https://blogs.worldbank.org/peoplemove/data-release-remittances-low-and-middle-income-countries-track-reach-551-billion-2019, zuletzt geprüft am 08.08.2020.

Migration von Hochqualifizierten

Australiamigration.com (2015): Visa Solutions. Online verfügbar unter www.australia-migration.com/page/Sponsorship_AoS/62, zuletzt geprüft am 08.08.2020.

Azahaf, Najim (2020): Wie transnationale Ausbildungspartnerschaften in Deutschland vorangebracht werden können. Gütersloh: Bertelsmann Stiftung.

Agnieszka Weinar; Amanda Klekowski von Koppenfels (2020): Highly-Skilled Migration: Between Settlement and Mobility. IMISCOE Research Series. Wiesbaden: Springer.

Bedford, Richard (2006): A2 Skilled Migration in and out of New Zealand: Immigrants, workers, students and emigrants. In: Bob Birrell, Lesleyanne Hawthorne und Sue Richardson (Hg.): Evaluation of the General Skilled Migration Categories. Canberra: Department of Immigration and Multicultural Affairs, Australian Governement, S. 217–244.

Bedford, Richard; Spoonley, Paul; Trlin, Andrew (2010): New Zealand and International Migration: A digest and bibliography, number 5. Auckland: Massey University Press.

Bhagwati, Jagdish N. (1976): Taxing the Brain Drain. In: Challenge 19 (3), S. 34–38.

Birrell, Bob; Hawthorne, Lesleyanne; Richardson, Sue (2006): Evaluation of the General Skilled Migration Categories. Canberra: Department of Immigration and Multicultural Affairs, Australian Governement.

Buchanan, Kelly; Ahmad, Tariq; Feikert-Ahalt, Clare; Umeda, Sayuri; Gesley, Jenny (2020): Points-Based and Family Immigration – Australia, Austria, Canada, Japan, South Korea, New Zealand, United Kingdom. Washington DC: The Law Library of Congress, Global Legal Research Center. Online verfügbar unter http://www.loc.gov/law/help/points-based-immigration/, zuletzt geprüft am 09.08.2020.

Carville, Olivia; Banjo, Shelly (2020): Trump's H-1B Order Leaves Many US Workers Stuck in India. In: The Economic Times. Online verfügbar unter https://economictimes.indiatimes.com/nri/visa-and-immigration/trumps-h-1b-order-leaves-many-us-workers-stuck-in-india/articleshow/76722325.cms, zuletzt geprüft am 24.07.2020.

Citizenship and Immigration Canada (CIC) 2015: Eligibility to Apply as a Federal Skilled Worker (Express Entry). Ottawa. Online verfügbar unter https://www.canada.ca/en/immigration-refugees-citizenship/services/immigrate-canada/express-entry/eligibility/federal-skilled-workers.html, zuletzt geprüft am 10.08.2020.

Cornelius, Wayne A.; Espenshade, Thomas J.; Salehyan, Idean (Hg.) (2001): The International Migration of the Highly Skilled: Demand, supply, and development consequences in sending and receiving countries. San Diego, Calif.: Center for Comparative Immigration Studies.

Faßmann, Heinz 2013: Die Rot-Weiß-Rot-Karte in Österreich. Inhalt, Implementierung, Wirksamkeit, Gütersloh: Bertelsmann Stiftung.

Findlay, Allan M. (1991): Population Geography. In: Progress in Human Geography 15 (1), S. 64–72.

Findlay, Allan M. (1993): Population Geography: disorder, death and future directions. In: Progress in Human Geography 17 (1), S. 73–83.

Findlay, Allan; Gould, William T.S. (1989): Skilled International Migration: A research agenda. In: Area 21 (1), S. 3–11.

Gould, William T.S. (1987): Urban Bias, Regional Differentiation and Rural-Urban Interaction in Kenya 2 (2), S. 122–133.

Gould, William T.S. (1988): Skilled International Labour Migration: An introduction. In. Geoforum 19 (4), S. 433–445.

Great Britain. Committee on Manpower Resources for Science and Technology. Working Group on Migration (1968): The Brain Drain. Report. London.

Hawthorne, Lesleyanne (2011): Competing for Skills: Migration policies and trends in New Zealand and Australia. Full report. Wellington, New Zealand.

Hawthorne, Lesleyanne (2012): Designer Immigrants? International students and two-step migration. In: Darla K. Deardorff, Hans de Wit, John D. Heyl und Tony Adams (Hg.): The SAGE Handbook of International Higher Education, Thousand Oaks, Calif.: SAGE Publications, S. 417–435.

Hawthorne, Lesleyanne (2014): A Comparison of Skilled Migration Policy: Australia, Canada and New Zealand. Online verfügbar unter http://sites.nationalacademies.org/cs/groups/pgasite/documents/webpage/pga_152512.pdf., zuletzt geprüft am 10.08.2020.

Hillmann, Felicitas; Rudolph, Hedwig (1996): Jenseits des brain drain: zur Mobilität westlicher Fach- und Führungskräfte nach Polen. WZB Discussion Paper, No. FS I 96-103. Berlin: Wissenschaftszentrum Berlin für Sozialforschung (WZB).

Hinte, Holger; Rinne, Ulf; Zimmermann, Klaus (2015): Punkte machen?! Warum Deutschland ein aktives Auswahlsystem für ausländische Fachkräfte braucht. Bonn: IZA Standpunkte 79.

Hollifield, James F.; Wong, Tom K. (2015): The Politics of International Migration. How can we "Bring the State Back In"? In: Caroline Brettell und James F. Hollifield (Hg.): Migration theory. Talking across disciplines. Third edition. New York: Routledge, S. 227–288.

Hunger, Uwe (2003): Brain drain oder brain gain: Migration und Entwicklung. In: Dietrich Thränhardt und Uwe Hunger (Hg.): Migration im Spannungsfeld von Globalisierung und Nationalstaat. Leviathan Sonderheft 22. Wiesbaden: Westdeutscher Verlag, S. 58–75.

Hunger, Uwe (2017): Steuerungssysteme der Erwerbszuwanderung im internationalen Vergleich: Welches System passt am besten zu Deutschland? In: Bertelsmann Stiftung (Hg.): Faire Fachkräftezuwanderung nach Deutschland. Grundlagen und Handlungsbedarf im Kontext eines Einwanderungsgesetzes. Gütersloh: Verlag Bertelsmann Stiftung, S. 185–196.

Hunger, Uwe; Herrmann, Vivian (2003): Die Einwanderungspolitik für Hochqualifizierte in den USA und ihre Bedeutung für deutsche Einwanderungsdiskussion. In: IMIS-Beiträge 22, S. 81–98.

Hunger, Uwe; Krannich, Sascha (2018): Das entwicklungsbezogene Engagement von internationalen Studierenden und Alumni. Wie kann es am besten gefördert werden? Eine Analyse am Beispiel des Stipendienprogramms des Katholischen Akademischen Ausländerdienstes (KAAD). Bonn: Schriftenreihe der

Wissenschaftlichen Arbeitsgruppe für weltkirchliche Aufgaben der Deutschen Bischofskonferenz (Forschungsergebnisse Nr. 11).

Hunger, Uwe; Krannich, Sascha (2015): Einwanderungsregelungen im Vergleich. Was Deutschland von anderen Ländern lernen kann. Bonn: Friedrich-Ebert-Stiftung.

Hunger, Uwe; Krannich, Sascha (2017): Einwanderung Neu Gestalten – Transparent, Attraktiv, Einfach. Bonn: Friedrich-Ebert-Stiftung.

Immigration New Zealand (2015): Skilled Migrant Category. Wellington. Online verfügbar unter www.immigration.govt.nz/migrant/stream/work/skilledmigrant/, zuletzt geprüft am 08.09.2020.

International Organization for Migration (IOM) (2015): Migrants and Cities: New partnerships to manage mobility. Geneva.

Jöns, Heike (2007): Transnational Mobility and the Spaces of Knowledge Production: A comparison of global patterns, motivations and collaborations in different academic fields, in: Social Geography 3 (1), S. 97–119.

King, Russell; Findlay, Allan; Ahrens, Jill (2010): International Student Mobility Literature Review. Project Report. Higher Education Funding Council for England (HEFCE), Bristol.

King, Russell; Raghuram, Parvati (2013): International Student Migration: Mapping the field and new research agendas. In: Population Space and Place 19 (2), S. 127–137.

Kolb, Holger (2004): Einwanderungspolitik zwischen wohlverstandenem Eigeninteresse und symbolischer Politik. Das Beispiel der deutschen Green Card. Münster: Lit-Verlag.

Kolb, Holger (2008): Punktesystem, Einwanderungsplanwirtschaft und marktwirtschaftliche Alternativen oder: Was kann Deutschland von Kanada lernen? In: Petra Bendel und Axel Kreienbrink (Hg.): Kanada und Deutschland: Migration und Integration im Vergleich. Nürnberg: Bundesamt für Migration und Flüchtlinge, S. 56–77.

Kolb, Holger (2016): Ein PUMA in Baden-Württemberg: Zur steuerungssystematischen Einordnung des „Punkteorientierten Modells für ausländische Fachkräfte". In: Zeitschrift für Ausländerrecht und Ausländerpolitik 36 (4), 136–139.

Kolb, Holger; Finotelli, Claudia (2015): "The Good, the Bad and the Ugly" Reconsidered: A comparison of German, Canadian and Spanish labour migration policies. In: Journal of Comparative Policy Analysis 19 (1), S. 72–86.

Kolb, Holger; Hunger, Uwe (Hg.) (2003): Die deutsche „Green Card". Migration von Hochqualifizierten in theoretischer und empirischer Perspektive. Osnabrück: IMIS-Beiträge 22.

McKay, John; Whitelaw, James S. (1977): The Role of Large Private and Government Organizations in Generating Flows of Inter-Regional Migrants: the case of Australia. In: Economic Geography 53 (1), S. 28–44.

Mountford, Andrew (1997): Can a Brain Drain be Good for Growth in the Source Economy? In: Journal of Development Economics 53 (2), S. 287–303.

Müller, Martina; Englmann, Bettina (2007) Brain waste: Die Anerkennung von ausländischen Qualifikationen in Deutschland. Augsburg.

Murray, Alasdair (2011): Britain's Points Based Migration System. London: Centre-Forum.

New American Economy (NAE) (2020): New American Fortune 500 in 2020: Top American Companies and Their Immigrant Roots. Online verfügbar unter https://data.newamericaneconomy.org/en/fortune500-2020/, zuletzt geprüft am 08.09.2020.

Organisation for Economic Co-operation and Development (OECD) (2002): Annual Report 2002. Paris.

Organisation for Economic Co-operation and Development (OECD) (2013a): International Migration Outlook 2013. Paris: OECD.

Organisation for Economic Co-operation and Development (OECD) (2013b): Zuwanderung ausländischer Arbeitskräfte. Paris: OECD.

Pew Research Center (2019): Majority of U.S. Public Supports High-Skilled Immigration. Washington DC.

Pott, Andreas; Barthelt, Franziska; Meschter Diana; Meyer zu Schwabedissen, Frederike (2015): Internationale Studierende – aktuelle Entwicklungen und Potenziale der globalen Bildungsmigration. Kurzdossiers. Bonn: Bundeszentrale für politische Bildung. Online verfügbar unter http://www.bpb.de/gesellschaft/migration/kurzdossiers/212090/internationale-studierende, zuletzt geprüft am 11.08.2020.

Raghuram, Parvati (2013): Theorising the Spaces of Student Migration. In: Population Space and Place 19 (2), S. 127–137.

Ruhs, Martin; Anderson, Bridget (Hg.) (2010): Who Needs Migrant Workers? Labor shortages, immigration and public policy. Oxford: Oxford University Press.

Sachverständigenrat deutscher Stiftungen für Integration und Migration (SVR) (2015): Unter Einwanderungsländern: Deutschland im internationalen Vergleich. Jahresgutachten 2015. Berlin.

Salt, John (1983): High Level Manpower Movements in Northwest Europe and the Role of Careers: An explanatory framework. In: International Migration Review 17 (4), S. 633–652.

Salt, John (1986): International Migration: A spatial theoretical approach. In: Michael Pacione (Hg.): Population Geography: Progress and prospect. London: Routledge, S. 166–193.

Salt, John (1989): A Comparative Overview of International Trends and Types, 1950–80. In: International Migration Review 23 (3), S. 431–456.

Salt, John (1992): Migration Processes among the Highly Skilled in Europe. In: International Migration Review 26 (2), S. 484–505.

Salt, John (1992): The Future of International Labor Migration. In: International Migration Review 26 (4), S. 1077–1111.

Salt, John; Findlay, Allan M. (1989): International Migration of Highly-Skilled Manpower: Theoretical and development issues. In: Reginald Appleyard (Hg.): The impact of migration on developing countries. Paris: OECD, S. 159–180.

Saxenian, AnnaLee (2001): Silicon Valley's New Immigrant Entrepreneurs. In: Wayne A. Cornelius, Thomas J. Espenshade und Idean Salehyan (Hg.): The international migration of the highly skilled. San Diego, Calif.: Center for Comparative Immigration Studies, S. 197–234.

Schmidtke, Oliver (2008): Die Einwanderungspolitik Kanadas – beispielgebend für Deutschland? In: Dietrich Thränhardt (Hg.): Entwicklung und Migration. Berlin, Münster: Lit-Verlag, S. 51–78.

Straubhaar, Thomas; Wolter, Achim (1997): Globalisation, Internal Labour Markets and the Migration of the Highly Skilled. In: Intereconomics: Review of European Economic Policy 32 (4), S. 174–180.

Thränhardt, Dietrich (2014): Steps toward Universalism in Immigration Policies: Canada and Germany. RCIS Working Paper 2. Toronto.

Trembley, Karine (2002): Student Mobility between and towards OECD Countries: A comparative analysis. In: OECD (Hg.): International mobility of the highly skilled. Paris, S. 39–67.

United Nations (2006): Weltbevölkerungsbericht 2006: Der Weg der Hoffnung. Frauen und internationale Migration. Stuttgart: Hampp.

Unabhängige Kommission Zuwanderung (Hg.) (2001): Zuwanderung gestalten – Integration fördern. Bericht der Unabhängigen Kommission Zuwanderung. Berlin.

Usdansky, Margaret L.; Espenshade, Thomas J (2001): The Evolution of U.S. Policy toward Employment-based Immigrants and Temporary Workers: the H1-B debate in historical perspective. Working Paper 11. University of California San Diego: Center for Comparative Immigration Studies.

WHO (2020): Global Code of Practice on the International Recruitment of Health Personnel. Geneva. Online verfügbar unter www.who.int/hrh/migration/code/code_en.pdf?ua=1, zuletzt geprüft am 08.09.2020.

Migration und Gender

Agustiń, Laura Maria (2007): Sex at the Margins. Migration, labour markets and the rescue industry. London: Zed.

Amelina, Anna; Lutz, Helma (2017): Gender, Migration, Transnationalisierung. Eine intersektionelle Einführung. Bielefeld: transcript Verlag.

Bastia, Tanja (2014): Intersectionality, Migration and Development. In: Progress in Development Studies 14 (3), S. 237–248.

Block, Laura (2016): Policy Frames on Spousal Migration in Germany. Regulating membership, regulating the family. Wiesbaden: Springer VS.

Bonjour, Saskia; Block, Laura (2013): Fortress Europe or Europe of Rights? The Europeanisation of family migration policies in France, Germany and the Netherlands. In: European Journal of Migration and Law 15 (2), S. 203–224.

Boyd, Monica; Grieco, Elizabeth (2003): Women and Migration: Incorporating gender into international migration theory. Washington DC: Migration Policy Institute (MPI).

Butler, Judith (2014): Körper von Gewicht. Die diskursiven Grenzen des Geschlechts. 8. Aufl. Frankfurt am Main: Suhrkamp.

Constable, Nicole (2007): Maid to Order in Hong Kong. Stories of migrant workers. 2. ed. Ithaca, NY: Cornell University Press.

Crenshaw, Kimberle (1989): Demarginalizing the Intersection of Race and Sex: a black feminist critique of antidiscrimination doctrine, feminist theory and antiracist politics. In: University of Chicago Legal Forum 1989 (1), S. 139–167.

Donato, Katharine M.; Gabaccia, Donna R. (2015): Gender and International Migration. From the slavery era to the global age. New York: Russell Sage Foundation.

Donato, Katharine M.; Gabaccia, Donna (2016): The Global Feminization of Migration: Past, present, and future. Washington DC: Migration Policy Institute (MPI).

Donato, Katharine M.; Gabaccia, Donna; Holdaway, Jennifer; Manalansan, Martin; Pessar, Patricia R. (2006): A Glass Half Full? Gender in migration studies. In: International Migration Review 40 (1), S. 3–26.

Ehrenreich, Barbara; Hochschild, Arlie Russell (Hg.) (2003): Global Woman. Nannies, maids, and sex workers in the new economy. Gordonsville, VA: Henry Holt and Company (Metropolitan Books).

Foucault, Michel (2003): Der Wille zum Wissen. 14. durchges. und korr. Aufl. Frankfurt am Main: Suhrkamp.

Gammeltoft-Hansen, Thomas; Sørensen, Ninna N. (Hg.) (2013): The Migration Industry and the Commercialization of International Migration. London, New York: Routledge.

Global Alliance Against Traffic in Women (2010): Beyond Borders: Exploring links between trafficking and gender. Bangkok: GAATW Working Paper Series.

Han, Petrus (2003): Frauen und Migration. Strukturelle Bedingungen, Fakten und soziale Folgen der Frauenmigration. Stuttgart: Lucius & Lucius.

Herrera, Gioconda (2013): Gender and International Migration. Contributions and cross-fertilizations. In: Annual Review of Sociology 39 (1), S. 471–489.

Hochschild, Arlie (2000): The Nanny Chain. In: The American prospect (Online Edition) 11 (4). Online verfügbar unter https://prospect.org/features/nanny-chain/, zuletzt geprüft am 30.08.2020.

Hondagneu-Sotelo, Pierette (2011): Gender and Migration Scholarship: An overview from a 21st century perspective. In: Migraciones Internacionales 6 (1), S. 219–233.

Hondagneu-Sotelo, Pierette (2013): New Directions in Gender and Immigration Research. In: Steven J. Gold und Stephanie J. Nawyn (Hg.): The Routledge international handbook of migration studies. London, New York: Routledge, S. 180–188.

ILO; IOM (2009): Mandatory HIV Testing for Employment of Migrant Workers in Eight Countries of Southeast Asia. From discrimination to social dialogue. Bangkok: ILO.

Ingelfinger, Antonia (2011): Migration – Mobilität – Geschlecht. Eine Einleitung. In: Meike Penkwitt und Antonia Ingelfinger (Hg.): Migration – Mobilität – Geschlecht. Leverkusen-Opladen: Budrich, S. 25–32.

Jeanty, Jessica.; Tobin, Harper Jan (2013): Our Moment for Reform: Immigration and transgender people. Washington DC: National Center for Transgender Equality.

Karakaşoğlu, Yasemin (2013): Ehrenmord. In: Karl-Heinz Meier-Braun und Reinhold Weber (Hg.): Deutschland Einwanderungsland. Begriffe – Fakten – Kontroversen. Stuttgart: Kohlhammer, S. 243–244.

Kempadoo, Kamala; Sanghera, Jyoti; Pattanaik, Bandana (Hg.) (2011): Trafficking and Prostitution Reconsidered. New perspectives on migrations, sex work, and human rights. Boulder: Paradigm Publishers.

Kessler, Christl; Rother, Stefan (2016): Democratization Through Migration? Political remittances and participation of Philippine return migrants. Lanham: Lexington Books.

Kraler, Albert (2010): Civic Stratification, Gender and family migration policies in Europe. Final Report. Vienna: International Centre for Migration Policy Development (ICMPD).

Kraler, Albert; Kofman, Eleonore (2009): Family Migration in Europe: policies vs. reality (IMISCOE Policy Brief, 16). Online verfügbar unter http://research.icmpd.org/fileadmin/Research-Website/Project_material/NODE/IMISCOE_PB_Familymigration_in_EU.pdf, zuletzt geprüft am 30.08.2020.

Krause, Ulrike (2016): Konflikt-Flucht-Nexus. Globales Ausmaß, genderbezogene Auswirkungen und politische Relevanz. In: S+F 34 (1), S. 46–51.

Krause, Ulrike (2017): Die Flüchtling – der Flüchtling als Frau. In: Cinur Ghaderi und Thomas Eppenstein (Hg.): Flüchtlinge. Wiesbaden: Springer Fachmedien Wiesbaden, S. 79–93.

Lim, Lin Lean (2016): Gender Sensitivity in Labour Migration-Related Agreements and MOUs. Geneva: ILO Research Series.

Luibhéid, Eithne (2002): Entry Denied. Controlling sexuality at the border. Minneapolis, Minn. u.a.: University of Minnesota Press.

Lukunka, Barbra (2012): New Big Men. Refugee emasculation as a human security issue. In: International Migration 50 (5), S. 130–141.

Lutz, Helma (2007): Vom Weltmarkt in den Privathaushalt. Die neuen Dienstmädchen im Zeitalter der Globalisierung. Opladen: Barbara Budrich.

Lutz, Helma (2010): Gender in the Migratory Process. In: Journal of Ethnic and Migration Studies 36 (10), S. 1647–1663.

Lutz, Helma; Palenga-Möllenbeck, Ewa (2015): Care-Arbeit, Gender und Migration: Überlegungen zu einer Theorie der transnationalen Migration im Haushaltsarbeitssektor in Europa. In: Uta Meier-Gräwe (Hg.): Die Arbeit des Alltags. Gesellschaftliche Organisation und Umverteilung. Wiesbaden: Springer Fachmedien Wiesbaden, S. 181–199.

Lutz, Helma; Wenning, Norbert (2001): Differenzen über Differenz – Einführung in die Debatten. In: Helma Lutz und Norbert Wenning (Hg.): Unterschiedlich verschieden. Differenz in der Erziehungswissenschaft. Wiesbaden: VS Verlag für Sozialwissenschaften, S. 11–24.

Morokvasic, Mirjana (1984): Birds of Passage are also Women … In: International Migration Review 18 (4), S. 886–907.

Okin, Susan Moller; Cohen, Joshua; Nussbaum, Martha Craven; Howard, Matthew (Hg.) (1999): Is Multiculturalism Bad for Women? Princeton, N.J.: Princeton University Press.

Parreñas, Rhacel Salazar (2000): Migrant Filipina Domestic Workers and the International Division of Reproductive Labor. In: Gender & Society 14 (4), S. 560–581.

Parreñas, Rhacel Salazar (2001a): Mothering from a Distance. Emotions, gender, and intergenerational relations in Filipino transnational families. In: Feminist Studies 27 (2), S. 361–390.

Parreñas, Rhacel Salazar (2001b): Servants of Globalization. Women, Migration and Domestic Work. Stanford, Calif.: Stanford University Press.

Peng, Yinni; Wong, Odalia M. H. (2013): Diversified Transnational Mothering via Telecommunication. In: Gender & Society 27 (4), S. 491–513.

Piore, Michael J. (1979): Birds of Passage. Migrant labor and industrial societies. Cambridge, New York: Cambridge University Press.

Piper, Nicola (2005a): Gender and Migration. A paper prepared for the Policy Analysis and Research Programme of the Global Commission on International Migration. Geneva: Global Commission on International Migration (GCIM).

Piper, Nicola (2005b): Rights of Foreign Domestic Workers – Emergence of transnational and transregional solidarity? In: Asian and Pacific Migration Journal 14 (1-2), S. 97–119.

Rosewarne, Stuart (2012): Temporary International Labor Migration and Development in South and Southeast Asia. In: Feminist Economics 18 (2), S. 63–90.

Rother, Stefan (2009a): Arbeitsmigration zwischen Nationalstaat und Global Migration Governance: Das Beispiel des Entsendelandes Philippinen. In: Heribert Weiland, Ingrid Wehr und Matthias Seifert (Hg.): Good Governance in der Sackgasse? Baden-Baden: Nomos, S. 217–240.

Rother, Stefan (2009b): Graswurzel Global: Der Asian Migrants' Coordinating Body (AMCB) in Hongkong. In: Uwe Hoering, Oliver Pye, Wolfram Schaffar und Christa Wichterich (Hg.): Globalisierung bringt Bewegung. Lokale Kämpfe und transnationale Vernetzungen. Münster: Verlag Westfälisches Dampfboot, S. 136–151.

Rother, Stefan (2009c): Transnational Political Spaces: Political activism of Philippine labor migrants in Hong Kong. In: Jorge V. Tigno (Hg.): Changing Dynamics in Filipino Overseas Migration: Nationalism, Transnationalism, Regionalism and the State. Quezon City: Philippine Migration Research Network and Philippine Social Science Council Publishing, S. 109–140.

Rother, Stefan (2017): Indonesian Migrant Domestic Workers in Transnational Political Spaces: agency, gender roles and social class formation. In: Journal of Ethnic and Migration Studies 43 (6), S. 956–973.

Rothman, Barbara Katz (1989): Recreating Motherhood. Ideology and technology in a patriarchal society. New York: Norton.

Sauer, Birgit (2011): Migration, Geschlecht, Gewalt. Überlegungen zu einem intersektionellen Gewaltbegriff. In: GENDER – Zeitschrift für Geschlecht, Kultur und Gesellschaft 3 (2), S. 44–60.

Silvey, Rachel (2006): Consuming the Transnational Family: Indonesian migrant domestic workers to Saudi Arabia. In: Global Networks 6 (1), S. 23–40.

Sim, Amy (2009): Women Versus the State: Organizing resistance and contesting exploitation in Indonesian labor migration to Hong Kong. In: Asian and Pacific Migration Journal 18 (1), S. 47–75.

Stark, Oded; Bloom, David E. (1985): The New Economics of Labor Migration. In: The American Economic Review 75 (2), S. 173–178.

Tacoli, Cecilia (1999): International Migration and the Restructuring of Gender Asymmetries. Continuity and Change among Filipino Labor Migrants in Rome. In: International Migration Review 33 (3), S. 658-682.

United Nations, Department of Economic and Social Affairs, Population Division: International Migration Stock 2019: Ten Key Messages. New York, NY: UN DESA.

Valji, Nahla (2001): Women and the 1951 Refugee Convention: Fifty years of seeking visibility. In: Refuge: Canada's Journal on Refugees 19 (5), S. 25–35.

Warner, Michael (2011): Introduction. In: Michael Warner (Hg.): Fear of a queer planet. Queer politics and social theory. 8th print. Minneapolis, London: University of Minnesota Press, S. vii–xxxi.

Wee, Vivienne; Sim, Amy (2004): Transnational Networks in Female Labour Migration. In: Aris Ananta und Evi Nurvidya Arifin (Hg.): International migration in Southeast Asia. Singapore: ISEAS, S. 166–198.

Wessels, Janna (2017): Hat der Flüchtling ein Geschlecht? Feministische Einflüsse auf das Flüchtlingsrecht (Blogreihe des Arbeitskreises Flucht und Gender). Online verfügbar unter http://fluechtlingsforschung.net/hat-der-fluchtling-ein-geschlecht/, zuletzt geprüft am 30.08.2020.

Yamanaka, Keiko; Piper, Nicola (2005): Feminized Migration in East and Southeast Asia. Policies, actions and empowerment. Occasional Paper 11. Geneva: United Nations Research Institute for Social Development (UNRISD).

Yeates, Nicola (2012): Global Care Chains: a state-of-the-art review and future directions in care transnationalization research. In: Global Networks 12 (2), S. 135–154.

Migration und Demokratie

Bauböck, Rainer (2006): Migration und politische Beteiligung: Wahlrechte jenseits von Staatsgebiet und Staatsangehörigkeit. In: Manfred Oberlechner (Hg.): Die missglückte Integration? Wege und Irrwege in Europa. Wien: Braumüller, S. 115–129.

Boccagni, Paolo; Ramírez, Jacques (2013): Building Democracy or Reproducing 'Ecuadoreanness'? A transnational exploration of Ecuadorean migrants' external voting. In: Journal of Latin American Studies 45 (4), S. 721–750.

Chu, Yun-Han; Diamond, Larry; Nathan, Andrew J.; Shin, Doh Chull (2010): Introduction: Comparative perspectives on democratic legitimacy in East Asia. In: Yun-Han Chu, Larry Diamond, Andrew J. Nathan und Doh Chull Shin (Hg.): How East Asians view democracy. New York: Columbia University Press, S. 1–38.

Croissant, Aurel (2002): Von der Transition zur defekten Demokratie. Demokratische Entwicklung in den Philippinen, Südkorea und Thailand. Wiesbaden: Westdeutscher Verlag.

Dahl, Robert A. (1990): After the Revolution? Authority in a good society. Rev. ed. New Haven: Yale University Press.

Eschenburg, Theodor (1964): Die improvisierte Demokratie. Gesammelte Aufsätze zur Weimarer Republik. München: Piper.

Fakhoury, Tamirace (2015): Transnational Immigrant Narratives on Arab Democracy: The case of student associations at UC Berkeley. In: International Migration 53 (3), S. 8–21.

Hammar, Tomas (1990): Democracy and the Nation State. Aliens, denizens and citizens in a world of international migration. Aldershot: Avebury.

Hirschman, Albert O. (1970): Exit, Voice, and Loyalty. Responses to decline in firms, organizations, and states. Cambridge, Mass.: Harvard University Press.

Itzigsohn, José; Villacrés, Daniela (2008): Migrant Political Transnationalism and the Practice of Democracy: Dominican external voting rights and Salvadoran home town associations. In: Ethnic and Racial Studies 31 (4), S. 664–686.

Kessler, Christl (2009): Democratic Citizenship and Labour Migration in East Asia. Mapping fields of enquiry. In: European Journal of East Asian Studies 8 (2), S. 181–213.

Kessler, Christl; Rother, Stefan (2016): Democratization through Migration? Political remittances and participation of Philippine return migrants. Lanham: Lexington Books.

Krawatzek, Félix; Müller-Funk, Lea (2019): Two Centuries of Flows between 'Here' and 'There': political remittances and their transformative potential. In: Journal of Ethnic and Migration Studies 46 (6), S. 1003–1024.

Lafleur, Jean-Michel; Chelius, Leticia Calderón (2011): Assessing Emigrant Participation in Home Country Elections: The case of Mexico's 2006 presidential election. In: International Migration 49 (3), S. 99–124.

Leal, David L.; Lee, Byung-Jae; McCann, James A. (2012): Transnational Absentee Voting in the 2006 Mexican Presidential Election: The roots of participation. In: Electoral Studies 31 (3), S. 540–549.

Oberndörfer, Dieter (2016): Die Bundesrepublik Deutschland – Demokratisierung durch Zuwanderung? In: Stefan Rother (Hg.): Migration und Demokratie. Wiesbaden: Springer VS, S. 17–47.

Pérez-Armendáriz, Clarisa; Crow, David (2010): Do Migrants Remit Democracy? International Migration and Political Beliefs and Behavior in Mexico. In: Comparative Political Studies 43 (1), S. 119–148.

Pfutze, Tobias (2012): Does Migration Promote Democratization? Evidence from the Mexican transition. In: Journal of Comparative Economics 40 (2), S. 159–175.

Piper, Nicola (2009): Temporary Migration and Political Remittances: the role of organisational networks in the transnationalisation of human rights. In: European Journal of East Asian Studies 8 (2), S. 215–243.

Pries, Ludger (2001): The Approach of Transnational Social Spaces. Responding to new configurations of the social and the spatial. In: Ludger Pries (Hg.): New transnational social spaces. International migration and transnational companies in the early twenty-first century. London: Routledge, S. 3–33.

Pries, Ludger; Sezgin, Zeynep (Hg.) (2010): Jenseits von ‚Identität oder Integration'. Grenzen überspannende Migrantenorganisationen. Wiesbaden: VS Verlag für Sozialwissenschaften.

Rojas, Henry S. (2005): Overseas Absentee Voting. The Philippine experience. Quezon City Metro Manila: Center for Migrant Advocacy Phil.

Rother, Stefan (2009a): Changed in Migration? Philippine return migrants and (un)-democratic remittances. In: European Journal of East Asian Studies 8 (2), S. 245–274.

Rother, Stefan (2009b): Graswurzel Global: Der Asian Migrants' Coordinating Body (AMCB) in Hongkong. In: Uwe Hoering, Oliver Pye, Wolfram Schaffar und Christa Wichterich (Hg.): Globalisierung bringt Bewegung. Lokale Kämpfe und transnationale Vernetzungen. Münster: Verlag Westfälisches Dampfboot, S. 136–151.

Rother, Stefan (2009c): Transnational Political Spaces: Political activism of Philippine labor migrants in Hong Kong. In: Jorge V. Tigno (Hg.): Changing dynamics in Filipino overseas migration: Nationalism, transnationalism, regionalism and the state. Quezon City Metro Manila: Philippine Migration Research Network and Philippine Social Science Council Publishing, S. 109–140.

Rother, Stefan (2012): Immer wieder sonntags: Die Schaffung sozialer, politischer und transnationaler Räume durch migrantische Hausangestellte in Hongkong. In: Frauke Kraas und Tabea Bork (Hg.): Urbanisierung und internationale Migration. Migrantenökonomien und Migrationspolitik in Städten. Baden-Baden: Nomos, S. 167–180.

Rother, Stefan (2016): Demokratisierung und Migration – Ebenen, Akteure, Diffusionskanäle. In: Stefan Rother (Hg.): Migration und Demokratie. Wiesbaden: Springer VS, S. 255–282.

Rother, Stefan; Piper, Nicola (2015): Alternative Regionalism from Below: democratising ASEAN's migration governance. In: International Migration 53 (3), S. 36–49.

Rüland, Jürgen; Kessler, Christl; Rother, Stefan (2009): Democratization through International Migration? Explorative thoughts on a novel research agenda. In: European Journal of East Asian Studies 8 (2), S. 161–179.

Solomon, M. Scott (2009): State-led Migration, Democratic Legitimacy, and Deterritorialization: The Philippines' labour export model. In: European Journal of East Asian Studies 8 (2), S. 275–300.

Spilimbergo, Antonio (2009): Democracy and Foreign Education. In: American Economic Review 99 (1), S. 528–543.

Stahl, Vera (2000): Hans Haacke: „Der Reichstag ist ein imperialer Palast". Spiegel Online. Online verfügbar unter www.spiegel.de/kultur/gesellschaft/hans-haacke-der-reichstag-ist-ein-imperialer-palast-a-92860.html, zuletzt geprüft am 30.08.2020.

van Hoof-Maurer, Lisa (2016): Staatsbürger zweiter Klasse? Zum Status der Nicht-Bürger in Lettland. In: Stefan Rother (Hg.): Migration und Demokratie. Wiesbaden: Springer VS, S. 185–201.

Wee, Vivienne; Sim, Amy (2004): Transnational Networks in Female Labour Migration. In: Aris Ananta und Evi Nurvidya Arifin (Hg.): International migration in Southeast Asia. Singapore: ISEAS, S. 166–198.

Welzel, Christian; Inglehart, Ronald (2008): The Role of Ordinary People in Democratization. In: Journal of Democracy 19 (1), S. 126–140.

Migration und Sicherheit

Alpes, Maybritt Jill; Nyberg-Sørensen, Ninna (2015): Migration Risk Campaigns are Based on Wrong Assumptions. DIS Policy Brief, May. Copenhagen: Danish Institute for International Studies.

Angenendt, Steffen (2007): Irreguläre Migration als internationales Problem. Risiken und Optionen. Berlin: Stiftung Wissenschaft und Politik (SWP).

Balzacq, Thierry (2010): Constructivism and Securitization Studies. In: Myriam Dunn Cavelty und Victor Mauer (Hg.): The Routledge handbook of security studies. Milton Park, Abingdon, Oxon, New York: Routledge, S. 56–72.

Balzacq, Thierry (2011): A Theory of Securitization: Origins, core assumptions, and variants'. In: Thierry Balzacq (Hg.): Securitization theory. How security problems emerge and dissolve. Milton Park, Abingdon, Oxon, New York: Routledge, S. 1–30.

Balzacq, Thierry; Léonard, Sarah; Ruzicka, Jan (2016): 'Securitization' revisited. Theory and cases. In: International Relations 30 (4), S. 494–531.

Bigo, Didier (2002): Security and Immigration: Toward a critique of the governmentality of unease. In: Alternatives 27, S. 63–92.

Bigo, Didier; Guild, Elspeth (Hg.) (2005): Controlling Frontiers. Free movement into and within Europe. Aldershot: Ashgate.

Bonfadelli, Heinz (2007): Die Darstellung ethnischer Minderheiten in den Massenmedien. In: Heinz Bonfadelli (Hg.): Medien und Migration. Europa als multikultureller Raum? Wiesbaden: VS Verlag für Sozialwissenschaften, S. 95–116.

Buraczyński, Radosław (2015): Die Herstellung von Sicherheit an der EU-Außengrenze. Wiesbaden: Springer Fachmedien.

Butterwegge, Christoph; Hentges, Gudrun (Hg.) (2006): Massenmedien, Migration und Integration. Herausforderungen für Journalismus und politische Bildung. 2., korrigierte und aktualisierte Aufl. Wiesbaden: VS Verlag für Sozialwissenschaften.

Buzan, Barry (1983): People, States, and Fear. The national security problem in international relations. Brighton, Sussex: Wheatsheaf Books.

Buzan, Barry; Waever, Ole; de Wilde, Jaap (1997): Security: A new framework for analysis. Boulder, Col.: Lynne Rienner Publishers.

Ceyhan, Ayse; Tsoukala, Anastassia (2002): The Securitization of Migration in Western Societies: Ambivalent discourses and policies. In: Alternatives 27, S. 21–39.

Crépeau, François; Nakache, Delphine; Atak, Idil (2007): International Migration. Security concerns and human rights standards. In: Transcultural psychiatry 44 (3), S. 311–337.

Doty, Roxanne Lynne; Wheatley, Elizabeth Shannon (2013): Private Detention and the Immigration Industrial Complex. In: International Political Sociology 7 (4), S. 426–443.

Dreher, Axel; Krieger, Tim; Meierrieks, Daniel (2011): Hit and (they will) run. The impact of terrorism on migration. In: Economics Letters 113 (1), S. 42–46.

Drüeke, Ricarda (2016): Die TV-Berichterstattung in ARD und ZDF über die Silvesternacht 2015/16 in Köln. Studie im Auftrag des Gunda-Werner-Instituts für Feminismus und Geschlechterdemokratie der Heinrich-Böll-Stiftung. Online verfügbar unter www.gwi-boell.de/sites/default/files/web_161122_e-paper_gwi_medienanalysekoeln_v100.pdf, zuletzt geprüft am 30.08.2020.

Endreß, Christian; Petersen, Nils (2012): Die Dimensionen des Sicherheitsbegriffs. Bonn: Bundeszentrale für politische Bildung. Online verfügbar unter www.bpb.de/politik/innenpolitik/innere-sicherheit/76634/dimensionen-des-sicherheitsbegriffs?p=all, zuletzt geprüft am 30.08.2020.

European Migration Network (2016): Summary of EMN Ad-Hoc Query No. 2016.1100: Migration information and awareness raising campaigns in countries of origin and transit. Brussels: European Commission. Online verfügbar unter https://opmaat.sdu.nl/hulkStatic/SDU/OP/blg-803426/sharp_/ANX/blg-803426.pdf, zuletzt geprüft am 30.08.2020.

Faist, Thomas (2006): The Migration-Security Nexus: International Migration and Security before and after 9/11. In: Y. Michal Bodemann und Gökçe Yurdakul (Hg.): Migration, citizenship, ethnos. Houndmills, Basingstoke, Hampshire: Palgrave Macmillan, S. 103–119.

Georgiou, Myria; Zaborowski, Rafal (2017): Media Coverage of the "Refugee Crisis": A cross-European perspective. Council of Europe report, DG1(2017)03. Strasbourg: Council of Europe.

Global Commission on International Migration (GCIM) (2005): Migration in einer interdependenten Welt: Neue Handlungsprinzipien. Bericht der Weltkommission für Internationale Migration. Deutsche Ausgabe. Berlin: Deutsche Gesellschaft für die Vereinten Nationen (DGVN).

Greider, Alice (2017): Outsourcing Migration Management: The role of the Western Balkans in the European refugee crisis. Washington DC: Migration Policy Institute (MPI). Online verfügbar unter www.migrationpolicy.org/article/outsourcing-migration-management-western-balkans-europes-refugee-crisis, zuletzt geprüft am 30.08.2020.

Guild, Elspeth (2003): International Terrorism and EU Immigration, Asylum and Borders Policy: The unexpected victims of 11 September 2001. In: European Foreign Affairs Review 8 (3), S. 331–346.

Hammerstad, Anne (2012): Securitisation from Below. The relationship between immigration and foreign policy in South Africa's approach to the Zimbabwe crisis. In: Conflict, Security & Development 12 (1), S. 1–30.

Herz, John H. (1950): Idealist Internationalism and the Security Dilemma. In: World Politics 2 (2), S. 157–180.

Heyman, Josiah McC. (2011): Constructing a "Perfect" Wall: Race, Class, and Citizenship in U.S.–Mexico Border Policing. In: Pauline Gardiner Barber und Winnie Lem (Hg.): Migration in the 21st century. Political economy and ethnography. London: Routledge, S. 153–174.

Huntington, Samuel P. (2004): Who Are We? The challenges to America's national identity. New York, NY: Simon & Schuster.

Huntington, Samuel P. (2012): Kampf der Kulturen. Die Neugestaltung der Weltpolitik im 21.Jahrhundert. Vollst. Taschenbuchausg., 8. Aufl. München: Goldmann.

Huysmans, Jef (1998): Revisiting Copenhagen: Or, on the creative development of a security studies agenda in Europe. In: European Journal of International Relations 4 (4), S. 479–505.

Huysmans, Jef (2000): The European Union and the Securitization of Migration. In: Journal of Common Market Studies 38 (5), S. 751–777.

Huysmans, Jef (2008): The Politics of Insecurity. Fear, migration and asylum in the EU. London, New York: Routledge, Taylor & Francis Group.

International Organization for Migration (IOM) (2018): World Migration Report 2018. Geneva: IOM.

Jung, Matthias (Hg.) (1997): Die Sprache des Migrationsdiskurses. Das Reden über „Ausländer" in Medien, Politik und Alltag. Opladen: Westdeutscher Verlag.

Karyotis, Georgios (2012): Securitization of Migration in Greece. Process, motives, and implications. In: International Political Sociology 6 (4), S. 390–408.

Kicinger, Anna (2004): International Migration as a Non-Traditional Security Threat and the EU Responses to this Phenomenon. CEFMR Working Paper 2. Warsaw: Central European Forum for Migration Research.

Knelangen, Wilhelm (2014): Das Zusammenwachsen von innerer und äußerer Sicherheit. Bonn: Bundeszentrale für politische Bildung. Online verfügbar unter http://www.bpb.de/politik/innenpolitik/innere-sicherheit/190542/das-zusammenwachsen-von-innerer-und-aeusserer-sicherheit, zuletzt geprüft am 30.08.2020.

Massey, Douglas S.; Durand, Jorge; Pren, Karen A. (2016): Why Border Enforcement Backfired. In: American Journal of Sociology 121 (5), S. 1557–1600.

McDonald, Matt (2008): Securitization and the Construction of Security. In: European Journal of International Relations 14 (4), S. 563–587.

Nethery, Amy; Holman, Rosa (2016): Secrecy and Human Rights Abuse in Australia's Offshore Immigration Detention Centres. In: The International Journal of Human Rights 20 (7), S. 1018–1038.

Salter, Mark B. (2008): Securitization and Desecuritization. A dramaturgical analysis of the Canadian Air Transport Security Authority. In: Journal of International Relations and Development 11 (4), S. 321–349.

Sarrazin, Thilo (2010): Deutschland schafft sich ab. Wie wir unser Land aufs Spiel setzen. 8. Aufl. München: Deutsche Verlags-Anstalt.

Saulich, Christina (2015): Irreguläre Migration. In: Thomas Jaeger (Hg.): Handbuch Sicherheitsgefahren. Wiesbaden: Springer VS, 483–492.

Schneider, Jan (2012): Maßnahmen zur Verhinderung und Reduzierung irregulärer Miration. Working Paper der Nationalen Kontaktstelle des EMN und der Forschungsgruppe des Bundesamtes 41. Nürnberg: Bundesamt für Migration und Flüchtlinge.

Vaughn, Michael G.; Salas-Wright, Christopher P.; DeLisi, Matt; Maynard, Brandy R. (2014): The Immigrant Paradox: immigrants are less antisocial than native-born Americans. In: Social Psychiatry and Psychiatric Epidemiology 49 (7), S. 1129–1137.

Vogel, Dita (2015): Update Report Germany: Estimated number of irregular foreign residents in Germany (2014). Database on Irregular Migration. Online verfügbar unter https://www.researchgate.net/publication/270755606_Update_report_Germany_Estimate_on_irregular_migration_for_Germany_in_2009 zuletzt geprüft am 30.08.2020.

Waever, Ole; Buzan, Barry; Kelstrup, Morten; Lemaitre, Pierre (Hg.) (1993): Identity, Migration and the New Security Agenda in Europe. London: Pinter.

Weiner, Myron (1985): On International Migration and International Relations. In: Population and Development Review 11 (3), S. 441–455.

Wendekamm, Michaela (2015): Die Wahrnehmung von Migration als Bedrohung. Zur Verzahnung der Politikfelder innere Sicherheit und Migrationspolitik. Wiesbaden: Springer VS.

Migration und Integration

Alba, Richard; Handl, Johann; Müller, Walter (1994): Ethnische Ungleichheit im deutschen Bildungssystem. In: Kölner Zeitschrift für Soziologie und Sozialpsychologie 46 (2), S. 209–238.

Baraulina, Tatjana; Borchers, Kevin (2008): Wer migriert, der entwickelt? Bedingungen und Formen des entwicklungspolitischen Engagements von Diaspora. In: Heinrich Böll Stiftung (Hg.): Heimatkunde. Migrationspolitisches Portal. Online verfügbar unter https://heimatkunde.boell.de/de/2008/12/01/wer-migriert-der-entwickelt-bedingungen-und-formen-des-entwicklungspolitischen, zuletzt geprüft am 14.08.2020.

Baringhorst, Sigrid (2003): Australia – the Lucky Country? Multikulturalismus und Migrationspolitik im Zeichen neokonservativer Reformen. In: Aus Politik und Zeitgeschichte B26/2003, S. 12–18.

Beck, Ulrich (1986): Risikogesellschaft. Auf dem Weg in eine andere Moderne. Frankfurt am Main: Suhrkamp.

Bommes, Michael (1999): Migration und nationaler Wohlfahrtsstaat. Opladen/Wiesbaden: Westdeutscher Verlag.

Bommes, Michael (2003): Der Mythos des transnationalen Raumes. Oder: Worin besteht die Herausforderung des Transnationalismus für die Migrationsforschung.

In: Dietrich Thränhardt und Uwe Hunger (Hg.): Migration im Spannungsfeld von Globalisierung und Nationalstaat. Leviathan Sonderheft 22. Wiesbaden: Westdeutscher Verlag, S. 90–116.

Bommes, Michael (2011): Themenheft: Migration und Migrationsforschung in der modernen Gesellschaft. Eine Aufsatzsammlung. IMIS-Beiträge 38. Osnabrück.

Brubaker, Rogers (1992): Citizenship and Nationhood in France and Germany. Cambridge, Mass.: Harvard University Press.

Dieregsweiler, Renate; Thränhardt, Dietrich (1999): Bestandsaufnahme der Potentiale und Strukturen von Selbstorganisationen von Migrantinnen und Migranten mit Ausnahme der Selbstorganisationen türkischer, kurdischer, bosnischer und maghrebinischer Herkunft in Nordrhein-Westfalen. In: Ministerium für Arbeit, Soziales und Stadtentwicklung, Kultur und Sport des Landes Nordrhein-Westfalen (Hg.): Selbstorganisationen von Migrantinnen und Migranten in NRW. Wissenschaftliche Bestandsaufnahme, S. 11–73.

Elwert, Georg (1982): Probleme der Ausländerintegration. Gesellschaftliche Integration durch Binnenintegration. In: Kölner Zeitschrift für Soziologie und Sozialpsychologie 34 (4), S. 717–734.

Esser, Hartmut (1986): Ethnische Kolonien: „Binnenintegration“ oder gesellschaftliche Isolation? In: Jürgen H. P. Hoffmeyer-Zlotnik (Hg.): Segregation und Integration. Die Situation von Arbeitsmigranten im Aufnahmeland. Mannheim: Forschung Raum und Gesellschaft e. V., S. 106–117.

Esser, Hartmut (1999): Inklusion, Integration und ethnische Schichtung. In: Journal für Konflikt- und Gewaltforschung 1 (1), S. 5–34.

Esser, Hartmut (2001): Integration und ethnische Schichtung. Mannheim: Arbeitspapiere-Mannheimer Zentrum für Europäische Sozialforschung 40.

Faist, Thomas (2000): The Volume and Dynamics of International Migration and Transnational Social Spaces. Oxford: Oxford University Press.

Foroutan, Naika; Canan, Coşkun; Arnold, Sina; Schwarze, Benjamin; Beigang, Steffen; Kalkum, Dorina (2014): Deutschland postmigrantisch. Gesellschaft, Religion, Identität. Erste Ergebnisse. Berlin.

Foroutan, Naika; Canan, Coşkun; Schwarze, Benjamin; Beigang, Steffen; Kalkum, Dorina (2015): Deutschland postmigrantisch II. Einstellungen von Jugendlichen und jungen Erwachsenen zu Gesellschaft, Religion und Identität. Berlin.

Geißler, Rainer (2003): Multikulturalismus in Kanada – Modell für Deutschland? In: Aus Politik und Zeitgeschichte B26/2003, S. 19–25.

Glick Schiller, Nina; Basch, Linda; Blanc-Szanton, Cristina (Hg.) (1992): Towards a Transnational Perspective on Migration. Race, class, ethnicity and nationalism reconsidered. New York, NY: New York Academy of Sciences.

Groenendijk, Kees (1985): Die rechtliche Emanzipation der Einwanderer in Westeuropa. In: Zeitschrift für Ausländerrecht und Ausländerpolitik 5 (2), S. 74–79.

Heckmann, Friedrich (1998): Ethnische Kolonien: Schonraum für Integration oder Verstärkung der Ausgrenzung? In: Friedrich-Ebert-Stiftung (Hg.): Ghettos oder ethnische Kolonie? Entwicklungschancen von Stadtteilen mit hohem Zuwandereranteil. Bonn: Friedrich-Ebert-Stiftung, S. 29–41.

Hunger, Uwe (2004): Wie können Migrantenselbstorganisationen den Integrationsprozess betreuen? Wissenschaftliches Gutachten im Auftrag des Sachverständigenrates für Zuwanderung und Integration des Bundesministeriums des Innern der Bundesrepublik Deutschland. Münster/Osnabrück.

Hunger, Uwe; Metzger, Stefan; Bostancı, Seyran (2017): Migrantenselbstorganisationen. In: Ingrid Gogolin, Viola Georgi, Marianne Krüger-Potratz, Drorit Lengyel und Uwe Sandfuchs (Hg.): Handbuch Interkulturelle Pädagogik. Bad Heilbrunn: Verlag Julius Klinkhardt, S. 403–407.

Hunger, Uwe; Thränhardt, Dietrich (2001): Vom katholischen Arbeitermädchen vom Lande zum italienischen Gastarbeiterjungen aus dem Bayrischen Wald. Zu den neuen Disparitäten im deutschen Bildungssystem. In: Klaus J. Bade, Rat für Migration (Hg.): Integration und Illegalität in Deutschland. Osnabrück, S. 51–61.

Inglehart, Ronald (1983): Traditionelle politische Trennungslinien und die Entwicklung der neuen Politik in westlichen Gesellschaften. In: Politische Vierteljahresschrift 24 (2), S. 139–165.

Kluge, Friedrich (1989): Etymologisches Wörterbuch der deutschen Sprache. 22., völlig neu bearbeitete Aufl. Berlin/New York: Walter de Gruyter.

Koopmans, Ruud (2017): Assimilation oder Multikulturalismus? Bedingungen gelungener Integration. Berlin: LIT Verlag.

Koopmans, Ruud; Statham, Paul (1999): Political Claims Analysis: Integrating protest event and political discourse approaches. In: Mobilization. An International Quarterly 4 (2), S. 203–221.

Krüger-Potratz, Marianne (2001): Integration und Bildung: Konsequenzen für Schule und Lehrerbildung. In: Klaus J. Bade, Rat für Migration (Hg.): Integration und Illegalität in Deutschland. Osnabrück, S. 31–41.

Krüger-Potratz, Marianne (2003): Sprachförderung und mehr. Integration von (Neu-)Zuwanderern – politische, konzeptionelle und didaktische Notwendigkeiten. In: Landeszentrum für Zuwanderung NRW (Hg.): Werkstatt Weiterbildung: Sprachförderung und mehr Herausforderungen zur Integration von Zuwanderern. Solingen, S. 14–29.

Krüger-Potratz, Marianne (1998): Integration mit Tradition? Interkulturelle Pädagogik – eine Fachrichtung mit »kurzer Geschichte« und »langer Vergangenheit«. In: Forschungsjournal. Westfälische Wilhelms-Universität 7 (2), S. 13–19.

Metzger, Stefan (2015): Entwicklungspolitisches Engagement marokkanischer Migrantenorganisationen in Deutschland. Gutachten im Auftrag des Centrums für internationale Migration und Entwicklung. Eschborn.

Metzger, Stefan; Schüttler, Kirsten; Hunger, Uwe (2011): Das entwicklungsbezogene Engagement von marokkanischen Migrantenorganisationen in Deutschland und Frankreich. In: Tatjana Baraulina, Axel Kreienbrink und Andrea Riester (Hg.): Potenziale der Migration zwischen Afrika und Deutschland. Nürnberg/Eschborn: Bundesamt für Migration und Flüchtlinge, Deutsche Gesellschaft für internationale Zusammenarbeit, S. 216–239.

Portes, Alejandro; Escobar, Cristina; Radford, Alexandria (2007): Immigrant Transnational Organizations and Development. A comparative study. In: International Migration Review 41 (1), S. 242–281.

Portes, Alejandro; Zhou, Min (1993): The New Second Generation: Segmented assimilation and its variants. In: Annals of the American Academy of Political and Social Science 530 (1), S. 74–96.

Pries, Ludger (1996): Transnationale Soziale Räume. Theoretisch-empirische Skizze am Beispiel der Arbeitswanderungen Mexico-USA. In: Zeitschrift für Soziologie 25 (6), S. 256–372.

Pries, Ludger (2010): Transnationalisierung. Theorie und Empirie grenzüberschreitender Vergesellschaftung. Wiesbaden: Springer VS Verlag.

Riester, Andrea (2011): Diasporas im Vergleich: Bedingungen des entwicklungspolitischen Engagements afrikanischer Migranten in Deutschland. In: Tatjana Baraulina, Axel Kreienbrink und Andrea Riester (Hg.): Potenziale der Migration zwischen Afrika und Deutschland. Nürnberg/Eschborn: Bundesamt für Migration und Flüchtlinge, Deutsche Gesellschaft für internationale Zusammenarbeit, S. 275–291.

Schmidtke, Oliver (2003): Das kanadische Einwanderungsmodell: wohlverstandenes Eigeninteresse und multikultureller Ethos. In: Dietrich Thränhardt und Uwe Hunger (Hg.): Migration im Spannungsfeld von Globalisierung und Nationalstaat. Leviathan Sonderheft 22. Wiesbaden: Westdeutscher Verlag, S. 205–226.

Schulte, Axel (1998): Multikulturelle Einwanderungsgesellschaften in Westeuropa: Soziale Konflikte und Integrationspolitiken. Bonn: Friedrich-Ebert-Stiftung.

Taylor, Charles (1993): Multikulturalismus und die Politik der Anerkennung. Frankfurt am Main: Suhrkamp.

Thränhardt, Dietrich (2000): Einwandererkulturen und soziales Kapital. Eine komparative Analyse. In: Dietrich Thränhardt und Uwe Hunger (Hg.): Einwanderer-Netzwerke und ihre Integrationsqualität in Deutschland und Israel. Münster: Lit-Verlag, S. 15–51.

Trudeau, Pierre E. (1971): Federal Multicultural Policy. House of Commens Debates, October 8, 1971. In: Elspeth Cameron (Hg.): Multiculturalism and Immigration in Canada: An Introductory Reader. Toronto: Canadian Scholars' Press, 2004, S. 401-407.

Vertovec, Steven (2007): Super-diversity and its implications. In: Ethnic and Racial Studies 30 (6), S. 1024–1054.

Vertovec, Steven (2012): Superdiversität. In: Heinrich Böll Stiftung (Hg.): Heimatkunde. Migrationspolitisches Portal. Online verfügbar unter https://heimatkunde.boell.de/de/2012/11/18/superdiversitaet, zuletzt geprüft am 14.08.2020.

Migration und Entwicklung

Baraulina, Tatjana; Kreienbrink, Axel; Riester, Andrea (Hg.) (2011): Potenziale der Migration zwischen Afrika und Deutschland. Nürnberg/Eschborn: Bundesamt für Migration und Flüchtlinge, Deutsche Gesellschaft für internationale Zusammenarbeit.

Basch, Linda; Glick Schiller, Nina; Szanton Blanc, Cristina (1994): Nations Unbound. Transnational projects, postcolonial predicaments, and deterritorialized nation-states. London: Routledge.

Bercovitch, Jacob (2007): A Neglected Relationship: Diasporas and conflict resolution. In: Hazel Smith und Paul Stares (Hg.): Diasporas in conflict: Peace-makers or peace wreckers? Tokyo, New York, Paris: United Nations University Press, S. 17–39.

Bhagwati, Jagdish N. (1976): Taxing the Brain Drain. In: Challenge 19 (3), S. 34–38.

Bhagwati, Jagdish N. (1983): International Migration of the Highly Skilled: Economics, Ethics and Taxes. In: Robert C. Feenstra und Jagdish N. Bhagwati (Hg.): International factor mobility. Essays in economic theory 2. Cambridge, Mass./ London: MIT Press, S. 57–70.

Brinkerhoff, Jennifer M. (2011): Diasporas and Conflict Societies: conflict entrepreneurs, competing interests or contributors to stability and development? In: Conflict, Security and Development 11 (2), S. 115–143.

Brubaker Rogers (2005): The 'Diaspora' Diaspora. In: Ethnic and Racial Studies 28 (1), S. 1–19.

Candan, Menderes (2013): Die irakische Diaspora in Deutschland und ihr Beitrag im Wiederaufbauprozess im Irak nach 2003. In: Günther Schultze und Dietrich

Thränhardt (Hg:): Migrantenorganisationen. Engagement, Transnationalität und Integration. Bonn: Friedrich-Ebert-Stiftung, S. 65–75.

Castles, Stephen; Delgado Wise, Raúl (Hg.) (2008): Migration and Development: Perspectives from the South. Geneva: International Organization for Migration (IOM).

Clemens, Michael A. (2015): Global Skill Partnerships: a proposal for technical training in a mobile world. In: IZA Journal of Labor Policy 4 (2), S. 1–18.

Cohen, Robin (2008): Global Diasporas. An introduction. London/New York: Routledge Taylor & Francis Group.

Dannecker, Petra (2005): Bangladeshi Migrant Workers in Malaysia: The construction of the 'others' in a multi-ethnic context. In: Asian Journal of Social Science 33 (2), S 246–267.

De Haas, Hein (2007): The Impact of International Migration on Social and Economic Development in Moroccan Sending Regions: A review of the empirical literature. University of Oxford: International Migration Institute. Working Paper 3.

Faist, Thomas (2009): Transnationalization and Development: Towards an Alternative Agenda. In: Social Analysis 53 (3), S. 38–59.

Faist, Thomas; Fauser, Margit; Reisenauer, Eveline (2013): Transnational Migration. Cambridge: Polity Press.

Galeano, Eduardo (1988): Die offenen Adern Lateinamerikas. 13. Aufl. Wuppertal: Peter Hammer Verlag.

Glick Schiller, Nina; Faist, Thomas (Hg.) (2010). Migration, Development, and Transnationalization: A critical stance. New York, NY: Berghahn.

Great Britain. Committee on Manpower Resources for Science and Technology. Working Group on Migration (1968): The Brain Drain. Report. London, H.M.S.O.

Hillmann, Felicitas; Rudolph, Hedwig (1996): Jenseits des brain drain: zur Mobilität westlicher Fach- und Führungskräfte nach Polen. WZB Discussion Paper, No. FS I 96-103. Berlin: Wissenschaftszentrum Berlin für Sozialforschung (WZB).

Hunger, Uwe; Candan, Menderes; Krannich, Sascha (2011): Long-Distance Nationalism. Eine Fallstudie zu Online-Aktivitäten von Kurden in Deutschland. In: Samuel Salzborn (Hg.): Staat und Nation. Die Theorien der Nationalismusforschung in der Diskussion. Stuttgart: Franz Steiner Verlag, S. 225–238.

Hunger, Uwe (2000): Vom „Brain-Drain" zum „Brain-Gain". Migration, Netzwerkbildung und sozio-ökonomische Entwicklung: Das Beispiel der indischen „Software-Migranten". In: IMIS Beiträge 16, S. 7–21.

Hunger, Uwe. (2004): Indian IT-Entrepreneurs in the US and India. An Illustration of the "Brain Gain Hypothesis". In: Journal of Comparative Policy-Analysis 6 (2), S. 99–109.

Itzigsohn, José; Saucedo, Silvia Giorguli (2002): Immigrant Incorporation and Sociocultural Transnationalism. In: International Migration Review 36 (3), S. 766–798.

Kessler, Christl; Rother, Stefan (2016): Democratization through Migration? Political remittances and participation of Philippine return migrants. Lanham: Lexington Books.

Ladame, Paul (1970): Contestée: La circulation des élites. In: International Migration Review 8 (1/2), S. 39–49.

Levitt, Peggy (2001): Transnational Migration: Taking stock and future directions. In: Global Networks 1 (3), S. 195–216.

Levitt, Peggy (2003): "You Know, Abraham Was Really the First Immigrant": Religion and Transnational Migration. In: International Migration Review 37 (3), S. 847–873.

Levitt, Peggy, (2001): The Transnational Villagers. Berkeley/Los Angeles: University of California Press.

Levitt, Peggy; DeWind, Josh; Vertovec, Steven (2003): International Perspectives on Transnational Migration: An introduction. In: International Migration Review 37 (3), S. 565–575.

Levitt, Peggy; Lamba-Nieves, Deepak (2011): Social Remittances Revisited. In: Journal of Ethnic and Migration Studies 37 (1), S. 1–22.

Levitt, Peggy; Nyberg-Sørensen, Ninna (2004): The Transnational Turn in Migration Studies. Geneva: Global Commission on International Migration. Global Migration Perspectives 6.

López, Felipe (2007): Transnationalizing Development: The role of social capital in Oaxacan indigenous immigrant organizations in Southern California. Ph.D. dissertation, University of California.

Malone, Aaron (2020): Diaspora Policy's Impact on Migrant Organizations: fifteen years of the Tres por Uno program in Zacatecas, Mexico. In: Migration and Development. DOI: 10.1080/21632324.2020.1746022.

Marchand, Marianne H. (2015): Migrants as 'Experts' or 'Agents' of Development? A postcolonial feminist critique. In: Ton van Naerssen, Lothar Smith und Marianne H. Marchand (Hg.): Women, gender, remittances and development in the global South. Gender in a global/local world. London: Routledge, S. 189–203.

Martiniello, Marco (2006): Political Participation, Mobilisation and Representation of Immigrants and their Offspring in Europe. In: Rainer Bauböck (Hg.): Migration and citizenship: legal status, rights and political participation. Amsterdam: Amsterdam University Press (IMISCOE Reports).

Massey, Douglas S.; Parrado, Emilio (1994): Migradollars: The remittances and savings of Mexican migrants to the USA. In: Population Research and Policy Review 13, S. 3–30.

Mayer, Ruth (2005): Diaspora: Eine kritische Begriffsbestimmung. Bielefeld: transcript Verlag.

Metzger, Stefan; Schüttler, Kirsten; Hunger, Uwe (2011): Das entwicklungsbezogene Engagement von marokkanischen Migrantenorganisationen in Deutschland und Frankreich. In: Tatjana Baraulina, Axel Kreienbrink und Andrea Riester (Hg.): Potenziale der Migration zwischen Afrika und Deutschland. Nürnberg/Eschborn: Bundesamt für Migration und Flüchtlinge, Deutsche Gesellschaft für internationale Zusammenarbeit, S. 216–239.

Ministry of Overseas Indian Affairs (MOIA) (2014): About the Ministry. Online verfügbar unter http://moia.gov.in/services.aspx?mainid=6, zuletzt geprüft am 20.10.2014.

Naujoks, Daniel (2013): Migration, Citizenship, and Development: Diasporic membership policies and overseas Indians in the United States. Oxford: Oxford University Press.

Østergaard-Nielsen, Eva (2003): The Politics of Migrants' Transnational Political Practices. In: International Migration Review 37 (3), S. 760–786.

Piper, Nicola (2009): Temporary Migration and Political Remittances: the role of organisational networks in the transnationalisation of human rights. In: European Journal of East Asian Studies 8 (2), S. 215–243.

Piper, Nicola. (2017): Migration and the SDGs. In: Global Social Policy 17 (2), S. 231–238.

Piper, Nicola; Rother, Stefan (2014): More than Remittances: Resisting the dominant discourse and policy prescriptions of the global 'Migration-Development-Mantra'. In: Journal für Entwicklungspolitik (JEP) 30 (1), S. 44–66.

Portes, Alejandro (2007): Migration, Development, and Segmented Assimilation: A conceptual review of the evidence. In: The Annals of the American Academy of Political and Social Science 610 (1), S. 73–97.

Portes, Alejandro; Escobar, Cristina; Radford, Alexandria (2007): Immigrant Transnational Organizations and Development. A comparative study. In: International Migration Review 41 (1). S. 242–281.

Portes, Alejandro; Fernández-Kelly, Patricia; Haller, William (2009): The Adaptation of the Immigrant Second Generation in America: A theoretical overview and recent evidence. In: Journal of Ethnic and Migration Studies 35 (7), S. 1077–1104.

Rankin, Katherine N. (2001): Governing Development: neoliberalism, microcredit, and rational economic woman. In: Economy and Society 30 (1), S. 18–37.

Ratha, Dilip; De, Supriyo; Kim, Eung Ju; Plaza, Sonia; Seshan, Ganesh; Yameogo, Nadege Desiree (2019): Data release: Remittances to low- and middle-income countries on track to reach $551 billion in 2019 and $597 billion by 2021. Washington DC: Worldbank. Online verfügbar unter https://blogs.worldbank.org/peoplemove/data-release-remittances-low-and-middle-income-countries-track-reach-551-billion-2019, zuletzt geprüft am 13.08.2020.

Rother, Stefan (2013): A Tale of Two Tactics: Civil society and competing visions of global migration governance from below. In: Martin Geiger und Antoine Pécoud (Hg.): Disciplining the transnational mobility of people. Houndmills: Palgrave Macmillan, S. 41–62.

Rother, Stefan (2015): Auswanderung als Entwicklungsstrategie? Die Philippinen. In: Bertelsmann Stiftung (Hg.): Migration gerecht gestalten: Weltweite Impulse für einen fairen Wettbewerb um Fachkräfte. Gütersloh: Bertelsmann Stiftung, S. 211–224.

Safran, William (1991): Diasporas in Modern Societies: Myths of homeland and return. In: Diaspora: A Journal of Transnational Studies 1 (1), S. 83–99.

Saxenian, AnnaLee (2001): Taiwan's Hsinchu Region: Imitator and partner for Silicon Valley. Stanford Institute for Economic Policy Research Discussion Paper No. 00-44. Stanford, Calif.

SEDESOL (Secretaría de Desarrollo Social) (2013): Remesas Colectivas (internal document).

Sidel, Mark (2007): Vietnamese-American Diaspora Philanthropy to Vietnam, Working Paper, Iowa City: University of Iowa.

Skledon, Ronald (2014): Migration and Development: A global perspective. London: Routlegde.

Skrbis, Zlatko (2007): Mobilised Croatian Diaspora: Its role in homeland politics and war. In: Paul B. Stares und Hazel Smith (Hg.): Diaspora in conflict. Tokyo, New York, Paris: United Nations University Press, S. 218–238.

Smith, Hazel; Stares, Paul (Hg.) (2007): Diasporas in conflict: Peace-makers or peace-wreckers? Tokyo, New York, Paris: United Nations University Press.

Sökefeld, Martin (2006): Mobilizing in Transnational Space: a social movement approach to the formation of diaspora. In: Global Networks 6 (3), S. 265–284.

Thränhardt, Dietrich (2005): Entwicklung durch Migration: Ein neuer Forschungsansatz. In: Aus Politik und Zeitgeschichte B 27/2005, S. 3–11.

United Nations. General Assembly (2015): Transforming our world: the 2030 Agenda for Sustainable Development. New York, NY.

Van Hear, Nicholas (2003): Refugee Diasporas, Remittances, Development, and Conflict. Washington DC: Migration Policy Institute (MPI) (Migration Information

Source). Online verfügbar unter http://www.migrationinformation.org/feature/display.cfm?ID=125, zuletzt geprüft am 13.08.2020.

Weltbank (2019): Migration and Remittances. Recent Developments and Outlook. Washingto DC. Online verfügbar unter https://www.knomad.org/sites/default/files/2019-04/Migrationanddevelopmentbrief31.pdf, zuletzt geprüft am 30.09.2020.

Zamora, García R. (2006): El Programa 3×1 y los retos de los proyectos productivos en Zacatecas. In: Rafael F. de Castro, Rodolfe García Zamora und Ana Vila Freyer (Hg.): El programa 3x1 para migrantes ¿Primera política transnacional en México?. Mexiko: Miguel Ángel Porrúa, S. 157–170.

Zhu, Zhiqun (2007): Two Diasporas: Overseas Chinese and non-resident Indians in their homelands' political economy. In: Journal of Chinese Political Science 12 (3), S. 284–285.

Migrationspolitik im internationalen Vergleich

Ansprenger, Franz (1998): Entkolonialisierung. In: Wichard Woyke (Hg.): Handwörterbuch Internationale Politik. Wiesbaden: Springer VS, S. 55–61.

Bade, Klaus J. (2000): Europa in Bewegung. Migration vom späten 18. Jahrhundert bis zur Gegenwart. München: C.H. Beck.

Bade, Klaus J. (2013): Kulturwechsel „Willkommenskultur"? In: IQ Fachstelle Diversity Management (Hg.): Inklusiv, offen und gerecht? Deutschlands langer Weg zu einer Willkommenskultur, München, S. 37–38.

Bauböck, Rainer (1994): Transnational Citizenship. Membership and rights in international migration. Aldershot, UK: Edward Elgar.

Bauer, Werner T. (2008): Zuwanderung nach Österreich. Wien: Österreichische Gesellschaft für Politikberatung und Politikentwicklung.

Bednar, Kurt (2012): Österreichische Auswanderung in die USA 1900– 1930, Dissertation, Universität Wien.

Bhabha, Homi K. (1994): The Location of Culture. London, New York: Routledge.

Bloemraad, Irene (2014): Commentaries. In: James F. Hollifield, Philip L. Martin und Pia M. Orrenius (Hg.): Controlling immigration. A global perspective. Third edition. Stanford, Calif.: Stanford University Press, S. 276–279.

Brochmann, Grete (2014): Scandinavia. In: James F. Hollifield, Philip L. Martin und Pia M. Orrenius (Hg.): Controlling immigration. A global perspective. Third edition. Stanford, Calif.: Stanford University Press, S. 281–301.

Buchanan, Kelly; Ahmad, Tariq; Feikert-Ahalt, Clare; Umeda, Sayuri; Gesley, Jenny (2020): Points-Based and Family Immigration – Australia, Austria, Canada, Japan, South Korea, New Zealand, United Kingdom. Washington DC: The Law Library of Congress, Global Legal Research Center.

Carrel, Noemi (2012): Länderprofile Migration: Daten – Geschichte – Politik. Schweiz. Bonn: Bundeszentrale für politische Bildung. Online verfügbar unter https://www.bpb.de/gesellschaft/migration/laenderprofile/139678/schweiz, zuletzt geprüft am 15.08.2020.

Castles, Stephen; Vasta, Ellie; Ozkul, Derya (2014): Australia. In: James F. Hollifield, Philip L. Martin und Pia M. Orrenius (Hg.): Controlling immigration. A global perspective. Third edition. Stanford, Calif.: Stanford University Press, S. 128–149.

Chan, Anthony B. (2013): Chinese Canadians. In: The Canadian Encyclopedia. Historica Canada. Last edited 2019. Online verfügbar unter https://www.thecanadianencyclopedia.ca/en/article/chinese-canadians, zuletzt geprüft am 15.08.2020.

Chapnick, Adam (2007): The Gray Lecture and Canadian Citizenship in History. In: American Review of Canadian Studies 37 (4), S. 435–448.

Chung, Erin Aeran (2014): Japan and South Korea. In: James F. Hollifield, Philip L. Martin und Pia M. Orrenius (Hg.): Controlling immigration. A global perspective. Third edition. Stanford, Calif.: Stanford University Press, S. 399–420.

D'Amato, Gianni (2014): Switzerland. In: James F. Hollifield, Philip L. Martin und Pia M. Orrenius (Hg.): Controlling immigration. A global perspective. Third edition. Stanford, Calif.: Stanford University Press, S. 308–331.

Deak, Ernö (1974): Die Auswanderung aus Österreich im 19. und 20. Jahrhundert. In: Ferdinand Hirt (Hg.): Siedlungs- und Bevölkerungsgeschichte Österreichs. Wien: Schriften des Instituts für Österreichkunde, S. 163–198.

Destatis (2016): Nettozuwanderung von Ausländerinnen und Ausländern im Jahr 2015 bei 1,1 Millionen. Pressemitteilung vom 21. März 2016 – 105/16. Wiesbaden: Statistisches Bundesamt. Online verfügbar unter https://www.destatis.de/DE/Presse/Pressemitteilungen/2016/03/PD16_105_12421pdf.pdf?__blob=publicationFile, zuletzt geprüft am 15.08.2020.

di Muzio, Giorgia (2012): Italien. Historische Entwicklung der Migration. Bonn: Bundeszentrale für politische Bildung. Online verfügbar unter https://www.bpb.de/gesellschaft/migration/laenderprofile/145669/historische-entwicklung-der-migration, zuletzt geprüft am 15.08.2020.

Engler, Marcus (2017): Historische Entwicklung der Einwanderung und Einwanderungspolitik in Frankreich. Bonn: Bundeszentrale für politische Bildung. Online verfügbar unter https://www.bpb.de/gesellschaft/migration/laenderprofile/246828/historische-entwicklung, zuletzt geprüft am 15.08.2020.

Ersanilli, Evelyn (2014): Niederlande. Historische Entwicklung der Ein- und Auswanderung. Bonn: Bundeszentrale für politische Bildung. Online verfügbar unter https://www.bpb.de/gesellschaft/migration/laenderprofile/197366/historische-entwicklungen, zuletzt geprüft am 15.08.2020.

Faßmann, Heinz; Münz, Rainer (1995): Einwanderungsland Österreich? Historische Muster, aktuelle Trends und politische Maßnahmen. Wien: Jugend und Volk.

FitzGerald, David Scott; Cook-Martin, David (2014): Culling the Masses. The democratic origins of racist immigration policy in the Americas. Cambridge, Mass.: Harvard University Press.

Gilroy, Paul (1993): The Black Atlantic: Modernity and double consciousness. London, New York: Verso Books.

Givens, Terri E.; Navare, Rachel; Mohanty, Pete (2020): Immigration in the 21st Century: The Comparative Politics of Immigration Policy. London, New York: Routledge.

Hammar, Thomas (2003): Einwanderung in einen skandinavischen Wohlfahrtsstaat: die schwedische Erfahrung. In: Dietrich Thränhardt und Uwe Hunger (Hg.): Migration im Spannungsfeld von Globalisierung und Nationalstaat. Leviathan Sonderheft 22. Wiesbaden: Westdeutscher Verlag, S. 227–252.

Hampshire, James (2009: The Future of Border Control: risk management of migration in the UK. In: Heinz Fassmann, Max Haller und David Stuart Lane (Hg.): Migration and mobility in Europe: Trends, patterns and control. Cheltenham: Edward Elgar Publishing, S. 229–248.

Hanewinkel, Vera; Oltmer, Jochen (2017): Historische Entwicklung der Migration nach und aus Deutschland. Bonn: Bundeszentrale für politische Bildung. Online verfügbar unter https://www.bpb.de/gesellschaft/migration/laenderprofile/256269/historische-entwicklung, zuletzt geprüft am 15.08.2020.

Hansen, Randall (2014): Great Britain. In: James F. Hollifield, Philip L. Martin und Pia M. Orrenius (Hg.): Controlling immigration. A global perspective. Third edition. Stanford, Calif.: Stanford University Press, S. 199–219.

Herbert, Ulrich (2001): Geschichte der Ausländerpolitik in Deutschland. Saisonarbeiter, Zwangsarbeiter, Gastarbeiter, Flüchtlinge. München: C.H. Beck

Hermann, Vivian; Hunger, Uwe (2003): Die Einwanderungspolitik für Hochqualifizierte in den USA und ihre Bedeutung für die deutsche Einwanderungsdiskussion. In: IMIS-Beiträge 22, S. 81–98.

Hollifield, James F. (2003): Offene Weltwirtschaft und nationales Bürgerrecht: das liberale Paradox. In: Dietrich Thränhardt und Uwe Hunger (Hg.): Migration im Spannungsfeld von Globalisierung und Nationalstaat. Leviathan Sonderheft 22. Wiesbaden: Westdeutscher Verlag, S. 35–57.

Hollifield, James F. (2014): France. In: James F. Hollifield, Philip L. Martin und Pia M. Orrenius (Hg.): Controlling Immigration. A global perspective. Third Edition. Stanford, Calif.: Stanford University Press, S. 157–187.

Hollifield, James F. (2019): US Immigration Policy under Trump. Vortrag an der Hochschule Fulda (unveröffentlicht).

Hollifield, James F.; Martin, Philip L.; Orrenius, Pia M. (Hg.) (2014): Controlling Immigration. A global perspective. Third Edition. Stanford, Calif.: Stanford University Press

Kapur, Devesh (2003): Remittances: The new development mantra? G-24 Discussion Paper Series 29. Washington DC: The World Bank.

Knauß, Ferdinand (2017): Wahlen in den Niederlanden. Geert Wilders regiert die politische Debatte. In: WirtschaftsWoche. Online verfügbar unter https://www.wiwo.de/politik/europa/wahlen-in-den-niederlanden-wilders-aufhalten-als-historische-aufgabe/19462896-2.html, zuletzt geprüft am 16.08.2020.

Kohler, Georg (1994): Demokratie, Integration, Gemeinschaft: Thesen im Vorfeld einer Einwanderungsgesetzdiskussion. In: Migration: Und wo bleibt das Ethische? Zürich: Schweizerischer Arbeitskreis für ethische Forschung. S. 17–34.

Kolb, Holger (2003): Die ›gap-Hypothese‹ in der Migrationsforschung und das Analysepotential der Politikwissenschaft: Eine Diskussion am Beispiel der deutschen ›Green Card‹. In: IMIS-Beiträge 22, S. 13–37.

Maas, Willem (2014): The Netherlands. In: James F. Hollifield, Philip L. Martin und Pia M. Orrenius (Hg.): Controlling immigration. A global perspective. Third edition. Stanford, Calif.: Stanford University Press, S. 256–275.

Martin, Philip L. (2014): Germany. In: James F. Hollifield, Philip L. Martin und Pia M. Orrenius (Hg.): Controlling immigration. A global perspective. Third edition. Stanford, Calif.: Stanford University Press, S. 224–250.

Michalowski, Ines (2005): Was ist das „niederländische Modell"? Hintergründe, Entstehung, Merkmale. Bonn: Bundeszentrale für politische Bildung. Online verfügbar unter https://www.bpb.de/gesellschaft/migration/kurzdossiers/57470/hintergruende, zuletzt geprüft am 15.08.2020.

Murray, Alasdair (2011): Britain's Points Based Migration System. London: CentreForum.

Parusel, Bernd (2016): Das Asylsystem Schwedens. Gütersloh: Bertelsmann Stiftung.

Perchinig, Bernhard (2010): Von der Fremdarbeit zur Integration? Migrations- und Integrationspolitik in Österreich seit 1945. In: Vida Bakondy, Simonetta Ferfoglia, Jasmina Janković, Cornelia Kogoj, Gamze Ongan, Heinrich Pichler, Ruby Sircar und Renée Winter (Hg.): Viel Glück! Migration heute. Wien, Belgrad, Zagreb, Istanbul: Mandelbaum Verlag, 142–160.

Phillips, Janet (2006): Skilled Migration to Australia. Canberra. Online verfügbar unter https://www.aph.gov.au/About_Parliament/Parliamentary_Departments/Par

liamentary_Library/Publications_Archive/archive/Skilledmigration, zuletzt geprüft am 16.08.2020.

Phillips, Janet; Klapdor, Michael; Joanne Simon-Davies (2010): Migration to Australia since Federation: a guide to the statistics. Online verfügbar unter https://www.aph.gov.au/binaries/library/pubs/bn/sp/migrationpopulation.pdf, zuletzt geprüft am 16.08.2020.

Reitz, Jeffrey G. (2014): Canada. In: James F. Hollifield, Philip L. Martin und Pia M. Orrenius (Hg.): Controlling immigration. A global perspective. Third edition. Stanford, Calif.: Stanford University Press, S. 88–116.

Said, Edward (1978): Orientalism. New York, NY: Pantheon.

Schmidtke, Oliver (2003): Das kanadische Einwanderungsmodell: wohlverstandenes Eigeninteresse und multikultureller Ethos. In: Dietrich Thränhardt und Uwe Hunger (Hg.): Migration im Spannungsfeld von Globalisierung und Nationalstaat. Leviathan Sonderheft 22. Wiesbaden: Westdeutscher Verlag, S. 205–226.

Medick, Veit (2014): Einwanderungsbestimmung. Schulz warnt vor Drohkulisse gegen die Schweiz. Spiegel Politik. Online verfügbar unter https://www.spiegel.de/politik/ausland/eu-parlamentspraesident-schulz-warnt-vor-drohkulisse-gegen-die-schweiz-a-952563.html, zuletzt geprüft am 16.08.2020.

Sciortino, Giuseppe (2003): Einwanderung in einen mediterranen Wohlfahrtsstaat: die italienische Erfahrung. In: Dietrich Thränhardt und Uwe Hunger (Hg.): Migration im Spannungsfeld von Globalisierung und Nationalstaat. Leviathan Sonderheft 22. Wiesbaden: Westdeutscher Verlag, S. 253–273.

Sciortino, Giuseppe (2014): Commentary. In: James F. Hollifield, Philip L. Martin und Pia M. Orrenius (Hg.): Controlling immigration. A global perspective. Third edition. Stanford, Calif.: Stanford University Press, S. 366–369.

Somerville, Will; Sriskandarajah, Dhananjayan; Latorre, Maria (2009): United Kingdom: A Reluctant Country of Immigration. Washington DC: Migration Policy Institute (MPI) (Migration Information Source). Online verfügbar unter https://www.migrationpolicy.org/article/united-kingdom-reluctant-country-immigration, zuletzt geprüft am 16.08.2020.

Thränhardt, Dietrich (1988): Die Bundesrepublik Deutschland – ein unerklärtes Einwanderungsland. In: Aus Politik und Zeitgeschichte B24/1988, S. 3–13.

Thränhardt, Dietrich (1999): Closed Doors, Back Doors, Side Doors: Japan's nonimmigration policy in comparative perspective. In: Journal of Comparative Policy Analysis 1 (2), S. 203–223.

Thränhardt, Dietrich (2010): Integrationsrealität und Integrationsdiskurs. In. Aus Politik und Zeitgeschichte B46-47/2010, S. 16–21.

Thränhardt, Dietrich (2014): Commentary. In: James F. Hollifield, Philip L. Martin und Pia M. Orrenius (Hg.): Controlling immigration. A global perspective. Third edition. Stanford, Calif.: Stanford University Press, S. 422–425.

Thränhardt, Dietrich; Hunger, Uwe (Hg.) (2003): Migration im Spannungsfeld von Globalisierung und Nationalstaat. Leviathan Sonderheft 22. Wiesbaden: Westdeutscher Verlag.

van Amersfoort, Hans (2008): The Legacy of Empire: post-colonial immigrants in Western Europe. Migration citizenship education: information platform. Online verfügbar unter https://pure.uva.nl/ws/files/4291441/91523_HansvanAmersfoort_01.pdf, zuletzt geprüft am 16.08.2020.

van Amersfoort, Hans; van Niekerk, Mies (2003): Einwanderung als koloniales Erbe: Akzeptanz, Nichtakzeptanz und Integration in den Niederlanden. In: Dietrich Thränhardt und Uwe Hunger (Hg.): Migration im Spannungsfeld von Globalisierung und Nationalstaat. Leviathan Sonderheft 22. Wiesbaden: Westdeutscher Verlag, S. 135-160.

Vogt, Gabriele (2012): Länderprofile Migration: Daten – Geschichte – Politik. Japan. Bonn: Bundeszentrale für politische Bildung. Online verfügbar unter https://www.bpb.de/gesellschaft/migration/laenderprofile/149711/japan, zuletzt geprüft am 07.12.2020.

Weltbank (2005): Remittances Development Impact and Future Prospects. Washington DC. Online verfügbar unter: http://pubdocs.worldbank.org/en/419881444766663419/Remittances-DevelopmentImpcat-FutureProspects.pdf, zuletzt geprüft am 08.09.2020.

Wielenga, Friso (2007): Niederlande-Wissen: VI. Versäulung. Westfälische Wilhelms-Universität Münster. Online verfügbar unter https://www.uni-muenster.de/NiederlandeNet/nl-wissen/geschichte/nachkriegszeit/versaeulung.html, zuletzt geprüft am 16.08.2020.

Migrationspolitik der Europäischen Union

Angenendt, Steffen (2012): Migration, Mobilität und Entwicklung. EU-Mobilitätspartnerschaften als Instrument der Entwicklungszusammenarbeit. Stiftung Wissenschaft und Politik. Berlin: Stiftung Wissenschaft und Politik (SWP).

Bundesamt für Migration und Flüchtlinge (BAMF) (2020): Migrationsbericht 2018. Nürnberg.

Baumann, Mechthild (2014): Frontex und das Grenzregime der EU. Bonn: Bundeszentrale für politische Bildung. Online verfügbar unter https://www.bpb.de/gesellschaft/migration/kurzdossiers/179671/frontex-und-das-grenzregime-der-eu, zuletzt geprüft am 16.08.2020.

Bendel, Petra (2009): Europäische Migrationspolitik Bestandsaufnahme und Trends. Bonn: Friedrich-Ebert-Stiftung.

Bendel, Petra (2013): Nach Lampedusa: das neue Gemeinsame Europäische Asylsystem auf dem Prüfstand. Bonn: Friedrich-Ebert-Stiftung.

Bendel, Petra (2015): Flüchtlingspolitik der Europäischen Union. Menschenrechte wahren! Bonn: Friedrich Ebert Stiftung.

Bundesministerium des Innern (BMI) der Republik Österreich (2015): Legislativ- und Arbeitsprogramm der Europäischen Kommission für 2015. Bericht der Bundesministerin für Inneres an das österreichische Parlament. Wien. Online verfügbar unter www.parlament.gv.at/PAKT/VHG/XXV/III/III_00147/imfname_382886.pdf, zuletzt geprüft am 30.09.2020.

Borevi, Karin (2015): Family Migration Policies and Politics: Understanding the Swedish Exception. In: Journal of Family Issues 36 (11), S. 1490–1508.

Boswell, Christina/Geddes, Andrew, (2010): Migration and Mobility in the European Union. The European Union Series. Basingstoke: Palgrave Macmillan.

Clark, Nick; Hardy, Jane (2011): Arbeitnehmerfreizügigkeit in der EU. Der Fall Großbritannien. Bonn: Friedrich-Ebert-Stiftung.

Engler, Markus; Schneider, Jan (2015): Deutsche Asylpolitik und EU-Flüchtlingsschutz im Rahmen des Gemeinsamen Europäischen Asylsytems. Bonn: Bundeszentrale für politische Bildung. Online verfügbar unter: https://www.bpb.de/gesellschaft/migration/kurzdossiers/207542/deutsche-asylpolitik-und-eu-fluechtlingsschutz zuletzt geprüft am 28.07.2020.

European Commission (2020): EU Immigration Portal. Blue Card. Essential Information. Brüssel. Online verfügbar unter: https://ec.europa.eu/immigration/blue-card/essential-information_en, zuletzt geprüft am 30.09.2020.

Europäisches Parlament (EP); Europäischer Rat (ER) (2005): Gipfeltreffen 2005. Schlussfolgerungen des Rates. Bulletin vom 19.12.2005, PE 367.441. Brüssel.

Europäische Union (EU) (1997): Vertrag von Amsterdam zur Änderung des Vertrags über die Europäische Union, der Verträge zur Gründung der Europäischen Gemeinschaften sowie einiger damit zusammenhängender Rechtsakte. In: Amtsblatt der Europäischen Gemeinschaften Nr. C 340 vom 10/11/1997 S. 0001–0144.

Europäische Union (EU) (2003): Richtlinie 2003/86/EG. Family Reunification Directive. Artikel 3. Online verfügbar unter https://lexparency.de/eu/32003L0086/ART_3/, zuletzt geprüft am 16.08.2020.

Europäische Union (EU) (2009): Richtlinie 2009/50/EG über die Bedingungen für die Einreise und den Aufenthalt von Drittstaatsangehörigen zur Ausübung einer hochqualifizierten Beschäftigung. In: Amtsblatt der Europäischen Union vom 18.6.2009, S. L155/7–L155/29.

Europäische Union (EU) (2014): Richtlinie ist die über unternehmensinterne Transfer (2014/66/ERU). In: Amtsblatt der Europäischen Union vom 27.5.2014, S. L157/1–L155/22.

EU-Info (2016): Schengener Abkommen. Abschaffung der Grenzkontrollen. Online verfügbar unter http://www.eu-info.de/europa/schengener-abkommen/, zuletzt geprüft am 16.08.2020.

Europäische Union (1992): Vertrag über die Europäische Union. Amtsblatt Nr. C 191 vom 29/07/1992.

Eurostat (2020): Statistiken über Asyl. Online verfügbar unter https://ec.europa.eu/eurostat/statistics-explained/index.php?title=Asylum_statistics/de, zuletzt geprüft am 27.09.2020.

Fox, Benjamin (2020): EU präsentiert „Partnerschaftsplan“ für Afrika. Online verfügbar unter www.euractiv.de/section/eu-aussenpolitik/news/eu-praesentiert-partnerschaftsplan-fuer-afrika/, zuletzt geprüft am 30.09.2020.

Geddes, Andrew (2014): The European Union. In: James F. Hollifield, Philip L. Martin und Pia M. Orrenius (Hg.): Controlling immigration. A global perspective. Third edition. Stanford, Calif.: Stanford University Press, S. 433–451.

Gerken, Laura; Meininghaus, Esther; Röing; Tim; Rudolf, Markus (2017): Freiwillige Rückkehr von Asylsuchenden. Bonn: Bundeszentrale für politische Bildung. Online verfügbar unter https://www.bpb.de/gesellschaft/migration/kurzdossiers/243268/freiwillige-rueckkehr, zuletzt geprüft am 16.08.2020.

Groenendijk, Kees (2014): Einbürgerung als Alternative zum Ausländerwahlrecht? Bonn: Bundeszentrale für politische Bildung. Online verfügbar unter https://www.bpb.de/gesellschaft/migration/kurzdossiers/184443/einbuergerung, zuletzt geprüft am 16.08.2020.

Große Hüttmann, Martin; Wehling, Hans-Georg (2013): Das Europalexikon. Bonn: Dietz

Haase, Marianne; Jugl, Jan C. (2007): Asyl- und Flüchtlingspolitik der EU. Bonn: Bundeszentrale für politische Bildung. Online verfügbar unter: https://www.bpb.de/gesellschaft/migration/dossier-migration-ALT/56551/asyl-fluechtlingspolitik?p=all, zuletzt geprüft am 28.07.2020.

Haase, Marianne; Jugl, Jan C. (2008): Binnenmigration in der Europäischen Union. Bonn: Bundeszentrale für politische Bildung. Online verfügbar unter https://www.bpb.de/gesellschaft/migration/dossier-migration-ALT/56576/binnenmigration, zuletzt geprüft am 16.08.2020.

Heinen, Michael; Pegels, Anna (2006): Die EU-Osterweiterung und die Arbeitnehmerfreizügigkeit. Bonn: Bundeszentrale für politische Bildung. Online verfügbar unter https://www.bpb.de/gesellschaft/migration/kurzdossiers/57422/osterweiterung-und-freizuegigkeit, zuletzt geprüft am 16.08.2020.

Hollifield, James F.; Martin, Philip L.; Orrenius, Pia M. (Hg.) (2014): Controlling immigration. A global perspective. Third edition. Stanford, Calif.: Stanford University Press.

Hughes, Gerard (2011): Free Movement in the EU. The Case of Ireland. Bonn: Friedrich-Ebert-Stiftung.

Hunger, Uwe (2000): Der ‚rheinische Kapitalismus' in der Defensive. Eine komparative Policy-Analyse zum Paradigmenwechsel in den Arbeitsmarktbeziehungen am Beispiel der Bauwirtschaft, Baden-Baden: Nomos.

Hunger, Uwe (2001): Globalisierung am Bau. In: Leviathan 29 (1), S. 70–82.

Kolb, Holger; Fellmer, Simon (2015): Vom „Bremser" zum „Heizer"? Deutschlands europäische Arbeitsmigrationspolitik. In: Zeitschrift für Ausländerrecht und Ausländerpolitik 35 (3), 105–108.

Lavenex, Sandra (2015): focus Migration. Länderprofil Europäische Union. Bonn: Bundeszentrale für politische Bildung. Online verfügbar unter https://www.bpb.de/gesellschaft/migration/laenderprofile/57560/europaeische-union, zuletzt geprüft am 16.08.2020.

Lorenz, Frank (2010): Arbeitnehmerfreizügigkeit und Dienstleistungsfreiheit in der Europäischen Union Rechtliche Rahmenbedingungen und politischer Handlungsbedarf. Bonn: Friedrich-Ebert-Stiftung.

Sachverständigenrat deutscher Stiftungen für Integration und Migration – SVR (2013): Erfolgsfall Europa? Folgen und Herausforderungen der EU-Freizügigkeit für Deutschland. Jahresgutachten 2013 mit Migrationsbarometer. Berlin.

Thränhardt, Dietrich (2003): Der Nationalstaat als migrationspolitischer Akteur. Dietrich Thränhardt und Uwe Hunger (Hg.): Migration im Spannungsfeld von Globalisierung und Nationalstaat. Leviathan Sonderheft 22. Wiesbaden: Westdeutscher Verlag, S. 8-31.

Zandonella, Bruno (2005): Pocket Europa. EU-Begriffe und Länderdaten. Bonn: Bundeszentrale für politische Bildung.

Global Migration Governance

Bade, Klaus J.; Oltmer, Jochen (2004): Normalfall Migration. Bonn: Bundeszentrale für Politische Bildung.

Bauböck, Rainer (2003): Towards a Political Theory of Migrant Transnationalism. In: International Migration Review 37 (3), S. 700–723.

Behrens, Maria; Reichwein, Alexander (2007): Global Governance. In: Arthur Benz, Susanne Lütz, Uwe Schimank und Georg Simonis (Hg.): Handbuch Governance.

Theoretische Grundlagen und empirische Anwendungsfelder. Wiesbaden: VS Verlag für Sozialwissenschaften, S. 311–324.

Bendel, Petra (2009): Europäische Migrationspolitik. Bestandsaufnahme und Trends. Bonn: Friedrich-Ebert-Stiftung.

Castles, Stephen; Miller, Mark J. (2009): The Age of Migration. International population movements in the modern world. 4. ed. Basingstoke: Palgrave Macmillan.

Geddes, Andrew; Espinoza, Marcia Vera; Hadj-Abdou, Leila; Brumat, Leila (Hg.) (2019): The Dynamics of Regional Migration Governance. Cheltenham: Edward Elgar Publishing.

Georgi, Fabian (2010): For the Benefit of Some: The International Organization for Migration and its global migration management. In: Martin Geiger und Antoine Pécoud (Hg.): The politics of international migration management. London: Palgrave, S. 45–72.

Global Commission on International Migration (GCIM) (2005): Migration in einer interdependenten Welt: Neue Handlungsprinzipien. Bericht der Weltkommission für Internationale Migration. Deutsche Ausgabe. Berlin: Deutsche Gesellschaft für die Vereinten Nationen (DGVN).

Harns, Charles (2013): Regional Inter-State Consultation Mechanisms on Migration. Approaches, recent activities and implications for global governance of migration. IOM Migration Research Series 45. Geneva: International Organization for Migration (IOM).

Harvey, David (1989): The Condition of Postmodernity. An enquiry into the origins of cultural change. Oxford: Blackwell.

Hollifield, James F. (1992): Migration and International Relations: Cooperation and control in the European Community. In: International Migration Review 26 (2), S. 568–595.

Hollifield, James F. (2000): Migration and the "New" International Order: the Missing Regime. In: Bimal Ghosh (Hg.): Managing migration. Time for a new international regime? Oxford: Oxford University Press, S. 75–109.

Huysmans, Jef (2000): The European Union and the Securitization of Migration. In: Journal of Common Market Studies 38 (5), S. 751–777.

Kalm, Sara (2008): Governing Global Migration. Lund: Lund University.

Kapur, Devesh (2003): Remittances: The new development mantra? G-24 Discussion Paper Series 29. Washington DC: The World Bank.

Kneebone, Susan (2014): The Bali Process and Global Refugee Policy in the Asia-Pacific Region. In: Journal of Refugee Studies 27 (4), S. 596–618.

Koslowski, Rey (2004): Possible Steps towards an International Regime for Mobility and Security. Global Migration Perspectives 8. Geneva: Global Commission on International Migration (GCIM).

Lavenex, Sandra (2019): Regional Migration Governance – building block of global initiatives? In: Journal of Ethnic and Migration Studies 45 (8), S. 1275–1293.

Pécoud, Antoine (2013): "Suddenly, Migration Was Everywhere": The Conception and Future Prospects of the Global Migration Group. Washington DC: Migration Policy Institute (MPI) (Migration Information Source).

Piper, Nicola; Rother, Stefan (2014): More than Remittances: Resisting the dominant discourse and policy prescriptions of the global 'Migration-Development-Mantra'. In: Journal für Entwicklungspolitik (JEP) 30 (1), S. 44–66.

Risse, Thomas (2007): Global Governance und kommunikatives Handeln. In: Peter Niesen und Benjamin Herborth (Hg.): Anarchie der kommunikativen Freiheit. Jürgen Habermas und die Theorie der internationalen Politik. Frankfurt am Main: Suhrkamp, S. 57–86.

Rosenau, James N.; Czempiel, Ernst-Otto (Hg.) (1992): Governance Without Government. Order and change in world politics. Cambridge: Cambridge University Press.

Rother, Stefan (2005): Vom Feindbild Kommunismus zum Feindbild Migration. In: Zeitschrift Entwicklungspolitik 2 (1-2), S. 9–10.

Rother, Stefan (2009a): Arbeitsmigration zwischen Nationalstaat und Global Migration Governance: Das Beispiel des Entsendelandes Philippinen. In: Heribert Weiland, Ingrid Wehr und Matthias Seifert (Hg.): Good Governance in der Sackgasse? Baden-Baden: Nomos, S. 217–240.

Rother, Stefan (2009b): Graswurzel Global: Der Asian Migrants' Coordinating Body (AMCB) in Hongkong. In: Uwe Hoering, Oliver Pye, Wolfram Schaffar und Christa Wichterich (Hg.): Globalisierung bringt Bewegung. Lokale Kämpfe und transnationale Vernetzungen. Münster: Verlag Westfälisches Dampfboot, S. 136–151.

Rother, Stefan (2009c): „Inside-Outside" or „Outsiders by choice"? Civil society strategies towards the 2nd Global Forum on Migration and Development (GFMD) in Manila. In: ASIEN – The German Journal on Contemporary Asia (111), S. 95–107.

Rother, Stefan (2010a): „Inseln der Überzeugung" nicht in Sicht: Der Nationalstaat, NGOs und die globale Governance von Migration. In: Zeitschrift für Politikwissenschaft 20 (3-4), S. 409–439.

Rother, Stefan (2010b): The GFMD from Manila to Athens: One Step Forward, One Step Back? In: Asian and Pacific Migration Journal 19 (1), S. 157–173.

Rother, Stefan (2012): Standing in the Shadow of Civil Society? The 4th Global Forum on Migration and Development (GFMD) in Mexico. In: International Migration 50 (1), S. 179–188.
Rother, Stefan (2013): A Tale of Two Tactics: Civil society and competing visions of global migration governance from below. In: Martin Geiger und Antoine Pécoud (Hg.): Disciplining the transnational mobility of people. Basingstoke: Palgrave Macmillan, S. 41–62.
Rother, Stefan (2018a): Angry Birds of Passage – migrant rights networks and counter-hegemonic resistance to global migration discourses. In: Globalizations 15 (6), S. 854–869.
Rother, Stefan (2018b): Labour Migration in Southeast Asia: In search for regional governance. In: Alice D. Ba und Mark Beeson (Hg.): Contemporary Southeast Asia. The politics of change, contestation, and adaptation. 3rd ed. Basingstoke: Palgrave Macmillan, S. 181–197.
Rother, Stefan (2018c): The ASEAN Forum on Migrant Labour: a space for civil society in migration governance at the regional level? In: Asia Pacific Viewpoint 59 (1), S. 107–118.
Rother, Stefan (2019a): The Global Forum on Migration and Development (GFMD) as a Venue of State Socialization: A stepping stone for multi-level migration governance? In: Journal of Ethnic and Migration Studies 45 (8), S. 1258–1274.
Rother, Stefan (2019b): The Uneven Migration Governance of ASEAN. In: Andrew Geddes, Marcia Vera Espinoza, Leila Hadj-Abdou und Leila Brumat (Hg.): The Dynamics of Regional Migration Governance Cheltenham: Edward Elgar Publishing, S. 186–204.
Rother, Stefan; Steinhilper, Elias (2019): Tokens or Stakeholders in Global Migration Governance? The role of affected communities and civil society in the Global Compacts on Migration and Refugees. In: International Migration 57 (6), S. 243–257.
Santo Tomas, Patricia A. (2005): Filipinos Working Overseas: Opportunity and challenge. In: IOM (Hg.): World migration 2005. Costs and benefits of international migration. Geneva: International Organization for Migration (IOM), S. 239–251.
Schierup, Carl-Ulrik; Wise, Raúl Delgado; Rother, Stefan; Ålund, Aleksandra (2019): Postscript: The Global Compact for Migration: what road from Marrakech? In: Carl-Ulrik Schierup, Branka Likić-Brborić, Raúl Delgado Wise und Gülay Toksöz (Hg.): Migration, civil society and global governance. London: Routledge Taylor & Francis Group, S. 156–164.

Zürn, Michael (2005): Global Governance. In: Gunnar Folke Schuppert (Hg.): Governance-Forschung. Vergewisserung über Stand und Entwicklungslinien. Baden-Baden: Nomos, S. 121–146.

Migration ohne Grenzen

Anderson, Bridget; Sharma, Nandita; Wright, Cynthia (2009): Editorial: Why No Borders? In: Refuge: Canada's Journal on Refugees 26 (2), S. 5–18.

Carens, Joseph H. (1987): Aliens and Citizens: The case for open borders. In: The Review of Politics 49 (2), S. 251–273.

Carens, Joseph H. (2013): The Ethics of Immigration. New York: Oxford University Press.

Carens, Joseph H. (2015): The Case for Open Borders (Beyond trafficking and slavery). Online verfügbar unter www.opendemocracy.net/beyondslavery/joseph-h-carens/case-for-open-borders, zuletzt geprüft am 30.08.2020.

Clemens, Michael A. (2011): Economics and Emigration. Trillion-Dollar bills on the sidewalk? In: Journal of Economic Perspectives 25 (3), S. 83–106.

Collier, Paul (2016): Exodus. Warum wir Einwanderung neu regeln müssen. Unter Mitarbeit von Klaus-Dieter Schmidt. München: Pantheon.

Gauck, Joachim (2015): Bundespräsident Joachim Gauck zum Auftakt der 40. Interkulturellen Woche. Mainz: Bundespräsidialamt.

Giligan, Chris (2016): Is it Utopian to Argue for Open Borders? (Beyond trafficking and slavery). Online verfügbar unter www.opendemocracy.net/beyondslavery/chris-gilligan/is-it-utopian-to-argue-for-open-borders, zuletzt geprüft am 30.08.2020.

Gill, Nick (2011): Whose "No Borders"? Achieving border liberalization for the right reasons. In: Refuge: Canada's Journal on Refugees 26 (2), S. 107–120.

Gordon, Jennifer (2009): Towards Transnational Labor Citizenship: Restructuring labor migration to reinforce workers' rights. A preliminary report on emerging experiments. Warren Institute Working Paper Series on Immigration 9. Online verfügbar unter www.law.berkeley.edu/files/Gordon_Transnatl_Labor_Final.pdf, zuletzt geprüft am 30.08.2020.

Kahanec, Martin; Zimmermann, Klaus F. (2009): Migration in an Enlarged EU. A challenging solution? European Economy, Economic Papers 363. Brussels: European Commission, Directorate-General for Economic and Financial Affairs.

Kahlweit, Cathrin (2016): Wer hat Angst vor dem fremden Mann? In: Süddeutsche Zeitung, 22.07.2016, S. 8.

Kant, Immanuel (2008): Zum ewigen Frieden. AA VIII. Bonner Kant-Korpus (Elektronische Edition der Gesammelten Werke Immanuel Kants). Online verfügbar unter https://korpora.zim.uni-duisburg-essen.de/kant/aa08/358.html, zuletzt geprüft am 30.08.2020.

Pécoud, Antoine (2015): Thinking about Open Borders (Beyond trafficking and slavery). Online verfügbar unter www.opendemocracy.net/beyondslavery/antoine-pécoud/thinking-about-open-borders, zuletzt geprüft am 30.08.2020.

Pécoud, Antoine; de Guchteneire, Paul (2006): International Migration, Border Controls and Human Rights: Assessing the relevance of a right to mobility. In: Journal of Borderlands Studies 21 (1), S. 69–86.

Scherr, Albert (2013): Offene Grenzen? Migrationsregime und die Schwierigkeiten einer Kritik des Nationalismus. In: PROKLA. Zeitschrift für kritische Sozialwissenschaft 43 (171), S. 335–349.

Abbildungsverzeichnis

Tabellenverzeichnis